PEROLD'S PAPERS
VOL 1

PEROLD'S PAPERS
VOL 1

ARTICLES, REPORTS AND PAPERS
IN ENGLISH & AFRIKAANS
WRITTEN BETWEEN 1906 AND 1929 BY

A. I. PEROLD B.A., DR. PHIL.

EDITED BY PETER F MAY

This edition first published in Great Britain in
February 2014
by Inform & Enlighten

ISBN: 978-0-9561523-4-3

This edition Copyright © 2014 Peter F May

*

Peter F May has asserted his rights in accordance with the
Copyright, Designs and Patents Act 1988.

All rights reserved. No part of this publication may be
reproduced, stored in a retrieval system or transmitted, in
any form or by any means without the prior written
permission of the publisher, nor otherwise be circulated in
any form of binding or cover other than in which it is
published and without a similar condition on the
subsequent purchaser.

INFORM & ENLIGHTEN
47 FONTMELL CLOSE
ST ALBANS AL3 5HU

Books by

A I Perold

Handboek oor Wynbou

A Treatise on Viticulture

Peter F May

PINOTAGE: Behind the Legends of South Africa's Own Wine

A Year in Paarl with A I Perold: Vine & Wine Experiments 1916

Marilyn Merlot and the Naked Grape: Odd Wines from Around the World

A Users Guide To Managing and Monitoring IBM Tivoli Workload Scheduler - TWSz - with the Tivoli Dynamic Workload Console

End-To-End Scheduling With OPC and TWS: Mainframe and Distributed Environments (with Stefan Franke, Wilhelm Hillinger & Jari Ypya)

Peter F May is the editor & publisher of

A Treatise on Viticulture
by A I Perold

www.pinotage.org
and
www.winelabels.org

'May is an oenologist of some distinction'
– Satisfaction magazine

dedicated to

Beyers Truter

Winemaker Extraordinaire

ABRAHAM IZAK PEROLD

20 October 1880 – 11 December 1941

Table of Contents

Foreword and Acknowledgments 13
Notes on Terminology 15
A I Perold 17
Report of an Analysis of Samples of Brandy (1906) 21
Di Wijnbouw In Frankrijk En Hier (1906) 25
Onze Wijnbouw (1906) 51
Drainage (1910) 65
Belangrike Wynbouwkwessies (1911) 75
The Manuring of Vineyards (1911) 93
Establishment and Cultivation of a Vineyard (1913) 109
The Reconstitution of Vineyards in Lime Soils on Suitable American Stocks (1913) 149
Terug naar die Land (1914) 161
Manufacture, Properties, and Uses of Brandy (1914) 185
The Volatile Acidity of Wine: Particularly that Produced by Pure Cultures of Yeast (1917) 203
The Unions Viticultural Industry (1919) 223
Die Alkoholvraagstuk (1920) 255
Grafted Vineyards (1920) 301
Die Alkoholvraagstuk (1922) 315
Ondersoekings Omtrent Moskonfyt (1923) 327
    Investigations about Moskonfyt. 342
Enologiese Ondersoekings (1929) 345
    Oenological Investigations. 368

Foreword and Acknowledgments

This volume contains the full unabridged text of seventeen articles written or co-written by A I Perold between 1906 and 1929.

Abraham Izak Perold has a good claim to being the father of not only the modern South African wine industry but also those of brandy and table grapes. I became interested in A I Perold while researching my book on Pinotage. Up to then the only mentions of him that I had encountered were in relation to Pinotage, the wine grape variety that he bred. I soon came to realise what a pivotal role Dr Perold had played in South African viticulture.

Although Dr Perold wrote more than eighty pamphlets, articles and books none of them were in print. I decided to republish them once copyright had expired. First was an annotated version of his 1916 report on his work at the government viticultural research station at Paarl, near Cape Town, South Africa. I followed that by transcribing and publishing in both hard and softback his 700 page masterpiece *A Treatise on Viticulture*.

After recovering from that mammoth task I searched for copies of his other writings with the aim of making them available. This volume contains all that I could find, with the exception of an Afrikaans version of his 1916 Paarl report.

The originals were found in The National Library of South Africa, Stellenbosch University library, and the Nietvoorbij Institute for Viticulture and Oenology in Stellenbosch which now holds papers from Elsenburg College of Agriculture.

Spelling and much of the formatting used in the original documents have been maintained. Words considered to be typographical errors in the original have been noted in footnotes identified with initials PFM and publication year 2014. All other footnotes are as they appear in the original documents.

Perold was fluent in several languages. Nine of the articles are in English, six in Afrikaans and two are in Afrikaans with English summaries and English. Readers of Afrikaans will notice how the language has evolved and I am deeply grateful to Jeanette Stals, historian and author, and Anton Nel MSc, Lecturer in Viticulture at Elsenburg who worked their way painstakingly through the Afrikaans transcripts correcting and identifying words indecipherable in the original. I must also put in writing my thanks to Jan and Jeanette Stals for their help in dealing with libraries and making the necessary financial arrangements for purchase of copies of papers.

Many of the documents are in poor condition with words faded, partly missing or written over by students. Understandably the reader might have questions concerning the accuracy of the transcription or questions about the original documents: if so, please do not hesitate to contact me.

I would appreciate help in obtaining copies of, and information about, the rest of Perold's work for future volumes of *Perold's Papers*.

Peter F May
St Albans, England
February 2014
peter@pinotage.org

Cover photograph of vineyard at sunset by Peter F May.
Photograph of A I Perold courtesy of The Pinotage Association.

Notes on Terminology

An explanation of some of the terms to which Perold refers:

Cartier — an early French hydrometer used to measure the amount of sugar in a solution in order to calculate potential alcohol

Claret — a British name, dating from the 15th century, for the red wines of Bordeaux, France. Perold used 'claret' to describe wines of a similar style though not necessarily from the same grape varieties.

gal. — abbreviation for gallon. One gallon = 4.546 litres.

Hanepoot — the still current South African name for the large yellow Muscat grape of the variety Muscat d'Alexandrie. The grape is grown for dessert wines but at harvest time large trays of the succulent golden bunches are sold at the roadside and jars of delicious Hanepoot jams can be found in supermarkets and country stores. In *A Treatise on Viticulture* Perold gives the explanation that Hanepoot is a corruption of Hane Kloot, meaning the testicles of a cockerel, which the grape was jokingly said to resemble. My knowledge of this bird begins and ends at the dinner table so I am unable to comment.

lb. — abbreviation for pound weight. One pound = 453.59 grams.

Leaguer — Perold's definition (in *The Union's Viticultural Industry*) is that one leaguer = 127 Imperial gallons or 577.353 litres.

Money — In Perold's time the Cape was using the British currency system based on the Pound. One pound (£ or L) contained 20 shillings (s) and each shilling consisted of 12 pennies (d). The abbreviations of £ s d dates back to Roman times and originally referred to Libra, Solidus and Denarius. The South African Pound was replaced by the Rand in 1961 at a rate of 2 Rand = 1 Pound.

Morgen — In *The Union's Viticultural Industry* article Perold defines a morgen as being an area of 100 yards x 100 yards which is 0.836127 hectare. Morgen, meaning morning, was the area that could be ploughed by a man with an ox in the space of a morning. Used widely in Europe, its actual size varied depending on the region. When South Africa converted to metric measurements the South African Law Society established a conversion factor of *1 Morgen = 0.856 532 Hectares.*

Oz. — Abbreviation for ounce. One sixteenth of one Pound weight, 1 oz = 28.35 grams

Stein — in Perold's time it was thought to be a grape variety unique to South Africa and one of the first to be grown in the Cape, although Perold had doubts and suggested it might be related to Sauvignon Blanc. It wasn't until 1963 that the variety was finally identified as Chenin Blanc by Professor Chris Orffer, Professor of Viticulture at Stellenbosch University. Perold uses the spelling Stein but that later became Steen, a name that has now been dropped in South Africa in favour of Chenin Blanc. To get really confusing, there is a wine type in South Africa known as Stein which is a cheap semi-sweet blended white wine usually made predominately from Chenin Blanc. Chenin has long been the most planted variety in South Africa, and more Chenin is grown in the Cape than in the Loire, its original home, although Cape plantings are reducing year by year as farmers convert to red varieties. Much of Chenin goes to brandy production but there are stunning varietal versions in dry, sweet, wooded and unwooded styles.

Stukvat — a large wooden wine cask, literally a vat made from wooden sticks (or staves), rather than concrete. In Perold's day stukvats commonly had a capacity of 2,500 — 5000 litres. They could be upright and open-topped or on their side with an access hole distinctively shaped like an inverted letter U. The term stukvat is still in use for large wooden vats.

***

A I Perold

Abraham Izak Perold was born in the Cape on 20 October 1880, eldest son of Isaac Stephanus Perold and his wife Johanna Helena Brink. He was named for his grandfather Abraham Isaac, (1817-1875), who had been the first generation of the Perolds born in South Africa. Abraham Isaac's father had been brought to South Africa in 1814 as a prisoner of the Napoleonic wars, and he was the third son of Ronald Perot from Brittany, France.

Abraham Izak Perold went to school first at the Gedenkschool der Hugenoten (Memorial School of the Huguenots) in Wellington where he learned English and Dutch and made friends with other boys who shared his love of languages and who would later become prominent writers and champions of the Afrikaans language.

After Perold matriculated from Wellington in 1898 he continued his studies in mathematics, physics and chemistry at Victoria College in Stellenbosch where he achieved the degree BA cum laude Cape of Good Hope in 1901. He was awarded a bursary for overseas studies and, at the age of 21 he travelled to Halle an der Saale, Saxony-Anhalt, Germany to study at the United Frederick University. In 1904, he graduated with a D.Phil. in Chemistry for his thesis 'Über die Verbindungen der Wolle mit farblosen Aminen und Saueren' (About the Blending of Wool with colourless Aminos and Acids).

Perold did not immediately return to the Cape. His father had asked him to learn French, the language of his great-grandfather, so Perold journeyed directly to Paris and continued his chemistry studies under Henri Moissan who two years later in 1906 would win the Nobel Prize in Chemistry for his work in isolating fluorine.

Perold returned home in 1906 and took a position as temporary professor with the South African College in Cape Town but the following year he entered the service of the government of the Cape Colony. He'd been away for four years living and studying in Germany and France and taking time to travel through Europe. He was now fluent in French and German, as well as Dutch and English and was competent in Italian, Spanish and Portuguese. He also became deeply involved in the movement to formalise and get legal recognition for Afrikaans, the everyday local language then popularly known as 'kitchen Dutch', that was an amalgam of Dutch and the languages of the indigenous San and Khoi peoples, those brought as slaves from the Malay peninsula and Indonesia, and Xhosa, Zulu and other black tribes.

Perold was sent back to Europe to study grape growing and wine making. Perold spent much time travelling, but he managed to find time in 1908 to marry Bertha Elisabeth Muller whom he'd met in Halle in Germany, and in 1909 he was travelling again looking for new grape varieties. Perold sourced and propagated more than 60 varieties new to the Cape, including wine grapes such as Grenache and Barbera, but mostly table grapes.

Perold was also writing articles about viticulture and winemaking and encouraging a more scientific approach to the subjects. He had more than eighty pamphlets, articles and books published in English and Afrikaans between 1906 and 1940.

At the end of 1912 Perold was appointed head of the Elsenburg Agricultural College and in 1917 he became the first Professor of Viniculture and Oenology at the University of Stellenbosch.

The 1920s were a busy time for Perold. He was breeding new grape varieties, one of which was Pinotage and in 1927 Macmillan & Co in London published his masterpiece *A Treatise on Viticulture*. Later that year he moved from the University to the position of KWV's Chief Wine Expert, a post he took up on 3 January 1928. KWV had been given sweeping powers in 1924 over the grape growing and wine making industry with the dual intentions of bettering the lot of farmers and improving the quality of wines and brandy to make them more exportable. Now Perold could use his knowledge and, with the authority of KWV behind him, exert real influence to advance the industry. He advised farmers on the appropriate grape varieties to plant and he was instrumental in improving the quality of KWV brandy.

Professor Perold died of a heart attack on 11 December 1941 while in KWV's employment. "The farmers had no greater friend," said his colleague Chris Theron, "and I will always remember how old seasoned farmers cried at his funeral."

There is no statue to Abraham Izak Perold and no biography apart from R U Kenney's *Abraham Izak Perold – Wegwyser van ons Wingerdbou* which is a collection of reminisces from people who knew him. That book was published in Afrikaans in 1981 and is long out of print. Today A I Perold is mainly remembered in connection with the Pinotage wine grape variety that he bred in 1924-5.

***

Report of an Analysis of Samples of Brandy (1906)

REPORT of an Analysis of Samples of Brandy (1904, 1905 and 1906) submitted by the Agricultural Distillers' Association Limited, Worcester.

South African College,
Cape Town,
9th August, 1906.

To the Assistant Treasurer.
Cape Town.

Dear Sir,

The following are the results got on analysis of the three samples of Brandy (1904, 1905 and 1906) you submitted to me some time ago :—

Constituent	1904	1905	1906
1) Alcohol	51.9% by vol 44.8% by wt. 8.2 degrees U.P	51.1% by vol 44.0% by wt. 9.6 degrees U.P	52.0% by vol 45.2% by wt. 7.5 degrees U.P
2) Extract (in 100cc.)	0.1414 grs.	0.0952 grs	0.0412 grs.

Secondary products in parts per 100,000 absolute alcohol (grains per 100 litres absolute alcohol)

	1904	1905	1906
3) Volatile Acid (as Acetic Acid)	226.58	252.00	188.12
4) Fixed Acid (as Tartaric Acid)	27.41	24.00	10.16
5) Esters (as Ethylacetate)	237.78	206.98	197.05
6) Aldebydes	38.02	41.36	42.07
7) Furfurol	2.20	0.89	1.59
8) Higher Alcohols (Allen-Marquardt)	322.12	343.20	412.63

21

Total Secondary product	854.11	868.43	851.62
Ester Higher Alcohol Ratio	1:1:3	1:1:6	1:2:1
Lusson's coefficient of oxidation (i.e., aldehydes)	34	36	28

And Acids in 100 parts of total secondary products.

In studying the figures just quoted, it should be remembered that those samples of Brandy represent three different vintages (1904, 1905 and 1906), and various localities. so that the influence of age on these brandies may be somewhat obscured. We nevertheless observe certain indisputable influences of maturation.

Whereas the *Alcohol* varies but slightly in the three samples, we find the *extract* increasing as the brandy gets older. This is quite what we should expect from a pure brandy, in which the extract simply consists of the material dissolved from the wood in which the brandy was kept.

Exactly the same remarks apply to *fixed acid*.

The *volatile acid* invariably increases as the brandy gets older. We see, in fact, that, the volatile acid of sample 1906 is considerably lower than that of the other two although that of sample 1904 is lower than that of 1905.

Since the *esters* (or *ethers* as they are still frequently called), result from the interaction of acid and alcohols, it stands to reason that their quantity in a brandy will increase with its age. This is also clearly brought out by the analysis, where we find 197, 207 and 238 grs. ester for samples 1906, 1905 and 1904 respectively.

Since *Aldehydes* gradually get oxidised to acids, they usually decrease slowly as the brandy matures.

Again we find the analytical values 42, 41, 38 as we pass from sample 1906 to 1905 to 1904.

As the brandy matures, the higher alcohols (fusel oil) gradually undergo oxidation and esterification, so that a gradual diminution of the fusel oil should not astonish us. On inspecting the figures quoted above for the fusel oil in the samples 1906, 1905 and 1904 we and respectively 412.6, 343.1 and 322.1.

The *ester-Higher Alcohol ratio*, which for whisky is most frequently about 1:3, and for rum is just the reverse, namely, 3:1, lies between those extremes in case of genuine brandy, and very often approaches the ratio 1:1. In the above analysis we find it ranging from 1:1.3 to 1:2.1.

The values found for *furfurol* agree well with those of a genuine brandy.

Since 300 is generally looked upon as the minimum of the *total secondary products* in a genuine brandy, the above values (852, 868 and 854 for 1906, 1905 and 1904), which are far above this minimum, augur well for the genuineness of the article. Since the total quantity of esters largely decide the bouquet and the medicinal value of a brandy, the high values found in the above analysis for this constituent, distinctly indicate the high quality of the article.

I wish further to add, that these brandies showed only a faint reaction on *sugars*, most likely due to gums and allied substances extracted from the wood of the casks in which the brandy was stored.

There was not the slightest trace of hydrochloric or sulphuric acid in any of the samples analysed.

The sample of 1904 had a beautiful yellowish *colour* which was less pronounced in that of 1905, and only slightly visible in that of 1906.

For the above reasons then, I can without the slightest hesitation testify to the absolute genuineness of all three brandies, as well as to their high quality; and, from the consumers' point of view, they certainly deserve the highest recommendation.

(Sgd)   A. J. PEROLD, B.A.,[1]
Ph.D., Assistant Lecturer at the S.A.C.

---

[1] A misprint of Perold's second initial. (PFM 2014)

Report of an Analysis of Samples of Brandy
Sourced from: South Africa National Library
Publisher: 'Printed By Order of His Honour The President', Cape of Good Hope
Printer: Cape Times Limited, Government Printers
Dated: August 1906

Di Wijnbouw In Frankrijk En Hier (1906)

Ons wijnbouw is 'n o'erblijfsel fan di franse Hugenote, dus 'n o'ergeplante tak fan di franse wijnbouw, daarom is dit fer ons fan belang om te sien deur 'n fergelijking waar ons fandaag staan en waar Frankrijk aangeland is in di ontwikkeling op wijnbouwkundig gebied. Ni net di historise ferbinding waarin ons tot di franse wijnbouw staan noodsaak ons om hier so'n fergelijking te maak ni, maar ook di alom bekende fijt dat Frankrijk di 1e wijnproducerende land ter wereld is in elk opsig, en ferder di fijt dat ons wijnbouw fandag op 'n baing belangrike punt fan sijn ontwikkiling gekom is. Di phylloxera is nou reeds meer as 15 jaar in ons land en het met ter tijd fan di Kaap af beginnende di wingerde ferwoes. Nou is di eigenlike wijndistrikte fan ons land reeds weer fernieuwd op Amerikaanse wortels, en slechts in di laatste paar jaar het di phylloxera deurgedring naar di hoofdsakelik brandewijn producerende distrikte toe Nou is dus di tijd gekom fer di brandwijn boere om te besluit wat te doen. Di fraag is, sal ons ook in di toekoms mar net brandewijn boere blij, of sal ons nou regte wijnboere word. Om di fraag te beantwoord sal dit goed wees om di ferledene, di te'enwoordige tijd en di toekomst te beskou.

Mij dunkt dat soos in di meeste gefalle ook hier di geskiedenis ons 'n antwoord sal gé op di fraag, waarom in 'n seker deel fan ons land wijn, en in 'n ander deel brandewijn gemaak word. Di ou Hugenote wat hier gekom het, het in di wijndistrikte gaan woon o'er dit na an di Kaap was, en di land dieper in nog mar min beskaafd was. Daar hul hoofdsakelik uit wijndistrikte fan Frankrijk (voos bijf. Languedoc, Gironde, etc.) gekom het, het hul dégelike kennis fan di wijnbouw besit, sofer as dit destijds in Frankrijk ontwikkeld was. Dus is dit geen wonder dat hul ook hier wijn (en let wel goeie wijn!) kom maak het ni. Hul afstammelinge het toen ferder daarme foortgegaan, en naarmate di Kolonie sich dieper in di land ferbrij het, het di wijnbouw ook meegegaan, so fer as dit mo'elik was. Natuurlik was dit net daar mo'elik, waar di grond en klimaat dit toegelaat het. Ons brandewijndistrikte fertoon 'n groot ferskil fan klimaat fan di wijndistrikte, wat feral te wijte is an di bergketens en di rijs fan di land. Di gefolg hierfan is dat di druiwe in di brandewijn distrikte 'n hele ruk (amper 'n maand) later rijp word as in di wijndistrikte. Dus op 'n tijd as di grootste somerhitte reeds ferbij is. Dit op sich self beskou is baing gunstig fer di gistingsproces fan di most, en stel di brandewijndistrikte in staat om met minder moeite 'n goeie wijn te kan maak as di te'enwoordige wijndistrikte. Ek vermoed dat drie redes hoofdsakelik meegewerkt het dat in di brandewijndistrikte so min wijn gemaakt word. En dit is 1) moeielikheid fan transport, 2) goeie prijse fan brandewijn en 3) di gemaksug. Daar di drank froe'er mar hoofdsakelik an di Kaap ferkoop werd, was di transport kwessi fer di ferder afgele'e distrikte seker 'n groot struikelblok. En of 'n man nou 'n legger brandewijn of 4—5 leggers wijn moet ferfoer, maak daarom fer di transport 'n baing groot ferskil. Ferder was di prijse fan brandewijn en wijn froe'er in so'n goeie ferhouding, dat 'n man amper net so goed kon brandewijn as wijn maak. Eindelik glo ek dat di gemaksug 'n groot rol gespeel het. Dit het natuurlik gepaard gegaan met di langsamerhand ontstaande onkunde om goeie wijn te kan maak. Di man wat brandewijn maak, het mar min fan 'n kelder nodig, en staat ferder ni in di gefaar dat sijn produkt kan bederwe ni, wat wel met di wijnboer di gefal kan wees— dit behoort en behoeft egter ni te wees ni.

Dus het ons duidelik uit di ferledene gesien waarom in ons land brandewijn distrikte bestaan. Mar laat ons nou dinge neem soos hul fandag is. Di ferhouding tussen di prijse is heeltemal abnormaal en ongesond, namelik brandewijn: wijn = 12:6 = 2:1, in plaats fan 4:1. Natuurlik is dit in di eerste plaats te wijte an di accijns en an di Innes-drankwet. Die twe moet al twe 'n radikale ferandering ondergaan eer hul sal deug, of anders moet hul heeltemal afgeskaf word. Wat di transport betref meen ek dat di moeilikheid reeds bijna heeltemal weggefal het, daar ons nou ni net baing meer trijnferbindings het ni, mar—en dit is baing belangerik—daar di markt nou ook fer 'n groot gedeelte ferskuiwe is fan di Kaap af naar ander plekke in di binneland toe. Wat eindelik di gemaksug betref is dit 'n onferskoonlike skande wat ni behoort te bestaan ni. Dus sien ons dat al 3 di redes wat anlijding tot di ontstaan fan di brandewijndistrikte gegé het, nou sodanig feranderd geworde is, dat dit nou fer ons fer beter sal betaal om wijn as om brandewijn te maak.

Wat di toekoms betref is dit mar moeielik om te profeteer, mar ek is daarfan o'ertuigd, dat ons brandewijn markt ni maklik weer sal word wat hij foor jare was ni. En ek sou dit o'er twe redes ni graag sien ni, namelik 1) di fergiftende krag fan brandewijn, te wijte sowel an sijn ho'e sterkte (pct. inhoud) fan alkohol (spiritus) as an di ho'er alkohole, ook fusel olie genoemd, wat in 'n groter of kleiner hoefeelheid in ons brandewijn aanwesig is; 2) di gemakkelike ferfalsbaarheid van brandewijn deur water plus peper, tabak, enz. Dit is o'er en o'er bewese deur statistieke opgawe, dat di lande waar baing wijn gedrink word (soos bijf. Frankrijk, waar per dag 1½ bottel wijn per kop fan di befolking gedrink word) di alkcoholismus, d.w.s. al di siektes, alsook ander gefolge fan di misbruik fan sterke drank, 'n haast onbekende ding is, terwijl di lande inte'endeel waar baing brandewijn en dergelike sterke dranke gebruik word (soos bijf. Oost- en Noordoost Pruisen, waar baing "schnaps", d.i. koorn-brandewijn etc. gedrink word) sterk an di alkoholismus lij. Hier is dus di nadélige werking of beter gesê di fergifting deur di misbruik fan sterke drank (brandewijn, "schnaps", whiskey, etc.) feroorsaak ten duidelikste bewese ook foor diegene, wat di saak ni fan 'n medise standpunt kan beskouw ni. Di groot moeielikheid is hier dat di gebruik fan brandewijn en dergelike sterke dranke so maklik in 'n misbruik kan o'erslaan, wat dan di allertreurigste gefolge het. Bij di gebruik fan tamelik ligte wijne is di gefaar tot misbruik haast uitgeslote, en kan 'n man jou dorst o'ermaak sonder meer as wenselik is aangetast te word. Wat die bogemelde ferfalsing fan brandewijn betref, is dit 'n goed en algemeen bekende feit, dat sulks bestaan, en is dit ferder heeltemal duidelik, dat daardeur die klijn-handelaar 'n onwettige, fuil foordeel maak ten koste fan di producent. Di nadélige gefolge hierfan is ni net dat meer brandewijn so ferkoop word as gemaak word ni, mar—en dit weeg di swaarste—dat daardeur di produkt 'n slegte naam krij, waarfoor die boer foorwaar ni ferantwoordelik is ni.

Alforens nou ferder te gaan met ons ei'e wijnbouw, sal ek 'n kort algemeen o'ersig gé o'er di wijnbouw in Frankrijk, fer so fer as mijn ei'e onderfindings gaan, wat ek gedurende mijn reis deur di franse wingerde in Juni en Juli 1905 opgedaan het, en in so fer as ek meen dat dit fer ons wijnboere hier tot nut kan wees. Ek wil fooraf net nog sê, dat di franse wijnbouwdistrikten in heel ferskillende dele van Frankrijk lê, en ni almal diselfde klimaat het ni sodat wat ons onder di follende hoofde sal te sê hê fer di verskillende distrikte ook meestal verskillend sal wees. Ons sal hier di natuurlike orde neem, waarin di ferskillende ontwikelingsstadië mekaar folg fan di dag af dat di boer sijn wingerd stokke in di grond steek totdat hij di geld fer sijn verkogte wijn in sijn sak steek.

(1) Di grond. Dit lijkt mij die natuurlikste ding om mé te begin. Baing mense het al fer mij gefra, hoe di grond dan nou ei'entlik is waarop di Franse wingerde staan, Ek het natuurlik mar altijd moes sé, dat hul daar ook mar ongefeer diselfde soorte fan grond het, waar ons mé te doen het. Als 'n algemeen re'el kan gesê word, dat di beste wijne o'eral gemaak word fan di wingerde, wat te'en heuwels staan, en wel fan di kant wat di meeste son krij. Bij Gevrey-Chambertin in di Cote-d'Or, is 'n mooi foorbeeld hierfan hoe dat grond en di ligging fan di grond 'n kolossale infloed kan hê op di wijn wat op 'n plek kan gemaak word. Hier het ons te doen met 'n klein wijn distrikki, waarfan Chambertin, d.w.s. die wingerde wat di beroemde wijn fan di naam opgé, mar 'n klein gedeelte (80 lê'ers) uitmaak (enige mijlen lank bij ¼—½ mijl breed). Di wingerde wat di eerste klas wijn oplewer lê almal an di hang fan 'n heuvel wat hoofdsakelik uit kalkgrond met 'n seker hoeveelheid klij gemengd ("mergel") bestaan. Di wingerdgrond het hieruit deur ferrotting fan di' kalk klip ontstaan, en fonn nou 'n rooierige, lemerige (ek wil amper sê "karrooachtige") massa, wat nog met ni-ferrotte kalkklippe gemengd is. Di onderlaag fan di grond word geformd deur di oorspronkelike kalkklip. Di suidelike gedeelte fan di heuwel lewer ook noe wel goeie wijn, mar dis lank ni so goed soos di 1e klas wijn ni. Dan staan in di flakte nog mooi gijl wingerde op alluviaal of drijf-grond. Hul wijn is di swakste fan di distrikt. In di departement of

afdeling fan di Herault, wat 'n groot gedeelte fan di distrikt fan Languedoc uitmaak—baing fan di Hugenote het hier fandaan gekom—staan wingerde op di ferskillende soorte fan grond. Fan di Middellandse See af klim di grond langzamerhand naar di noorde toe, tot hij in di Cevennes (berge) 'n hoogte fan 3,000 foet en meer bereik. Di wingerde word naar di noorde toe minder en minder, naarmate di grond rijs, en naderhand staan nog net in di falleie wingerde. Di oostelike gedeelte fan di distrikt, waarin o.a. Montpellier lê bestaat hoofdsakelik uit kalk-, sandsteen en sand, terwijl di westelike gedeelte, waarin Beziers lê. hoofdsakelik uit graniet, kristallijne 'schistes', gneiss en klij bestaat. Uit di rotse kan dus di ferskillende soorte fan grond ontstaan. Di grond is o'er di algemeen hier tamelik frugbaar. Di streep land langes di seekust is baing sanderig tengefolge waarvan hul hierin mak wingerde geplant het, wat di phylloxera in di grond ni kan dood maak ni.

In di Médoc. waar di beroemde Franse rooiwijne ("Claret") gemaakt word, is ook baing sandgrond, waarop nog ou mak wingerde staan.

1)a. Grote fan ei'endomme.

Dit is 'n fraag, wat fan 't staathuishoudkundige oogpunt boskouw fan di allergrootste belang is. Fer 'n intensive wijnproduktie is dit van groter belang om baing boere te hê, wat mar klein wingertjes besit as 'n klein klompi met groot plase. In Bourgogne is di ou wingerde so fersnippard, dat partij wijnplase nou uit 15 tot 20 stukke bestaan, wat bont tussen ander mense sijn lê. In di Herault is di wingerdgrond gelukkig baing ferdeeld. Daar is wel boere wat 24, 60, 120 en bij uitsondering selfs 240 morgen wingerd besit, maar daarbij is di getal fan hul, wat 1—6 morgen wingerd besit, legio. In di 2 tot 300 dorpe fan di Herault, waarfan partij dik befolkt is, is daar mar min inwoners wat ni, alwas mar 'n stukki fan 'n morgen wingerd besit ni.

So is daar bijfoorbeeld 105,738 boere wat minder as 1 morgen wingerd besit, 62 pct.; 56,241 boere wat minder as fan 1 tot 12 morgen wingerd besit, 33 pct.; 5,945 boere wat minder as fan 12 tot 48 morgen wingerd besit, 3.5 pct.; 2,037 boere wat meer as 48 morgen wingerd besit, 1.5 pct.

Dus is daar 52 baing klijn wijnboertjes, te'en 1 baing groot wijnboer.

Di plase word hier meestal deur di besitter self bebouwd. In ander distrikte word baing keer stukke fan 'n plaas of di hele plaas in stukke an klijn boertjies ferhuurd, wat dan daarop om di helfte boer. Di druiwe bring hul naar di hoofdopstal toe, waar di besitter fan di plaas woon en waar di keller is. Dit is bijfoorbeeld reeds eeuwe lang di gebruik in Bourgogne, bisonder in di Máconnis.

(2) Di soorte wingerdstokke: mak en wild.

Daar dit omtrent 2 maande foor di parstijd was (hul pars te'en di end fan September) kon ek ni mooi uitfinde waffer soort fan mak wingerd hul daar kweek ni. Ook wissel di soort fan druiwe met di distrikte. Neem ons di wijndistrikt waarin Bordeaux lê, dan find ons dat op langs di rifier bij Cadillac en in di Sauternais di beste franse witwijne gemaak word terwijl af langs di rifier in di Médoc eerste klas rooiwijne gemaak word.

Hul gebruik in di streke di follende soorte duiwe fer: a) witwijn: Sémillon (75 pct.), Sauvignon (20 pct.), en Muscadelle (5 pct.); b) rooiwijn: Malbec (50 pct., 'n eerste klas dra'er), Cabernet-Sauvignon, Erapnut en Castets gelijk op fer di ander 50 pct.

Ferder plant hul in Bourgogne ook di Pinot fer rooiwijn. Ek meen dat di Pinot ook op Constantia angekweek is en daar 'n goeie rooiwijn gé. Hermitage en Pontac is ook bekend.

Di Amerikaanse stokke waarop hul nou meestal ent is: Rupestris du Lot (in di Midi). Riparia-Gloire de Montpellier, en fer kalkgrond sekere basters waarfan Berlandiêre 34E, 420A, en 41B di beste is. Métallica plant hul lank al ni meer ni, mar inte'endeel ferdoem hul dit als ni te'en phylloxera bestand ni. Dus sal ek enig man ten sterkste afraai om op Métallica te gaan ent. Dit ferwonder mij dat ons regéring in di saak nog ni kragtiger opgetre'e het ni, want hul sal hul tog seker ni met 'n foorgegewe onkunde kan en, ek hoop, wil ferontskuldig ni. Ek sal hier nou enige opgawe gé omtrent di uitgestrektheid fan di franse wingerde en hul opbrengst.

Lant ons eers 'n paar fan di 77 wijnbouwende departementen fan Frankrijk beskou

Di Wijnbouw In Frankrijk En Hier (1906)

Wijnoogst in 1899	Leggers wijn	Op mor. gen wingerd.	Maakt leggers per morgen.
Herault (quant. cent.)	2,140,821	222,485	9.7
Gironde (qualit. cent.)	602,512	163,356	3.7
Cote-d'or (qualit. cent.)	91,073	31,197	2.9
Opperflakte met wingerd beplant in Frankrijk in 1899.			

	Met wingerd beplant Morgen	Totale oppervlakte Morgen	Maak
Herault	222,485	741,617	30%
Gironde	163,356	1,150,294	14%
Cote d'Or	31,197	1,035,685	3%

As ons nou di Herault alleen beskouw dan het ons :

Opperflakte beplant met wingerd. Opbrengst in leggers.

An begin van. Morgen. Leggers.
19e eeuw. 147,625
in 1824   114,557   in 1850 ... 692,800
 „ 1860   188,960   „ 1854 ...
                       (oïdium) 173,200
 „ 1869 (max.) 266,906 „ 1869 ...
                       (max.) 2,598,000
 „ 1883 (min.) 56,098 deur phyllox-
                       era fer-
 „ 1892   192,503   minded in
                       1885 tot... 346,400
 „ 1899   °222,485   in 1899   2,078,400

*Hierfan is 210,423 morgen op Amerikaanse stokken geënt = 94.6 pct., en 12,062 morgen op franse of mak wingerd, ongeënt = 5.4 pct., totaal 100 pct. Fan di mak wineerd (ongeënt) staan 39.5 pct. in sandgrond en word 45.4 pct. onder water gesit.

Di ferlies fan di Herault deur di phylloxera gelij het word berekend op meer as 1,500 millioen francs, dus so wat £60,000,000.

Di wijnproduktie fan Frankrijk gedurend die laatste 50 jaar was als folgt:

Year		leggers
1850		7,794,000
1854	(deur di oïdium)	1,732,000
1875	(maximum)	14,375,600
1889	(deur phylloxera ferm. tot)	3,983,600
1899	gerijs tot	8,313,600
Middel fer di 50 jaar		6,928,00 p.j.

Ten opsigte fan ander Europese lande staan Frankrijk wat di produktie betref fer bo an, terwijl Italië bo staan wat di opperflakte deur wingerde beslaan betref. Dit blijk duidelik uit di follende statistieke opgawe:

Productie fan wijn in Europa in 1899.		%. fan gehele productie	Opperflakte fan di ingerde in Europa in 1892.
	leggers		morgen.
Frankrijk	8,313,600	37.4	2,169,500
Italie	5,369,200	24.1	4,050,830
Spanje	4,070,200	18.3	1,895,500
di 10 ander wijnbouwende lande	4,503,200	20.2	2,736,370
	22,256,200	100.0	10,852,2011

(3) Di plant en bewerking fan di wingerd.

Dit varieer ook met di distrikt. In Bourgogne het hul foor di phylloxera gekom het di wingerd mar dik geplant en di rije mar tamelik krom. Dit was ferder di gebruik om 'n stok net so wat 10 jaar oud te laat word en dan 'n inlê'er te maak, en di jaar daarop di ou stok uit te kap. 'n Stok het ook ni meer as een dra'er fan 2—3 o'e gehad ni. Di geënte wingerd staan o'er di algemeen mar tamelik dik, so wat 3 foet in di fierkant. Gedeeltelik word di wingerd an drade opgelij gedeeltelik ook net di lote fan 'n stok b.v. bij mekaar fas gedraai—dis bijna di re'el. Di wingerde word grotendeels en fernamelik di wat te'en di hange fan di heuwels groei, met pikkies 4 mal per jaar omgekap. Baing fan di geënte wingerd word daarom met Amerikaanse ploe'e bewerk soos bij ons. Hul top ni bra di wingerd ni.

In di Midi, dit sluit al di wijndistrikte in wat an di middellandse see grens, is di wijnbouw baing net soos bij ons. 'n Man kan 'n half dag met di trein altijd net deur wingerde rij. Di wingerd is hier ook meestal op Amerikaanse wortel fernieuwd. Ek het daarom mooi mak wingerde gesien wat in di sandgrond langes di seekust geplant is in di omgewing van Cette; en nabij Narbonne het ek 'n mooi gijl stuk mak wingerd gesien, wat daardeur te'en di phylloxera beskermd word, dat dit al jare in di winter fer twé maande onder water gesit word, wat di phylloxera dan versuip. Di mak wingerd het in 1899 nog 5.4 pct. fan di Herault sijn wingerde uitgemaakt. Di wingerd word hier fan 5 foet in di fierkant tot 6 foet in di fierkant geplant, sodat ongefeer 3,725 stok op een morgen gaan. Te'en 5 foet in di fierkant gaan daar 3,700 stok op een morgen. Hul bewerk di wingerde hier met Amerikaanse ploe'e compleet net soos ons, en knip di lote met skere ("seccateurs") af. Ferder lij hul met klein uitsonderings ni di wingerd op ni. Fan al di franse wijndistrikte het di Midi de meeste o'ereenkomst met ons wijnboerderij.

In di omstreke fan Bordeaux sien ons weer 'n ander soort fan kultuur. So bijfoorbeeld word in di Sauternais en bij Cadillac, waar hul di beroemde wit wijne maak, haast alle wingerde opgelei op drade (3—4). Di rije stokke staan 6½ foet uit mekaar, en die stokke staan 3¼ foet fan mekaar af in di rij. Dus 6½ × 3¼ .

Di "taille de Cadillac" word hier meestal gefolg. Dis 'n manier om de wingerd (jong) so te snij, dat di jong stokke in twé gelijke helftes gedeeld word, wat elkeen dan weer later in 3 of 4 hoofdlote gedeeld word, naar di getal drade wat daar gespan is. Di wingerd word in di rije met amerikaanse ploe'e bewerkt. In de Médoc (qualiteitscentrum fer rooiwijnï word baing wingerde ni opgelij ni. Hul werk hier ook mar met skëre en amerikaanse ploe'e. In di omgewings fan Saumur en fan Tours word di wingerde ook meestal opgelij.

(4). Bemesting. Waar hul dit kan doen gé hul kraal- en stalmist. In di laatste tijd kom hul ni meer daarmé uit ni en daarom gé hul ook kunstmeststoffe, on wel foornamelik drie soorte in di omgewing fan Cadillac soos folg:

Fer 1 morgen wingerd met 3,726 stok (dus so wat op vijf foet in di vierkant) gé hul jaarliks: chili salpeter 820 lbs., potassium sulfaat 410 lbs., rijk superphosphaat 1,230 lbs.

Di drie stoffe word gemengd met mekaar di dag as hul in di grond gebring word. Dit geskied an di uitgang fan di winter in Maart, wanneer di wingerde geploe'e word. Di mixtuur word in 3 gelijk dele gedeeld, waarfan 2 dele in di fore langes di stokke gegoi word, en di rest tussen di stokke en di wingerd rije.

In di Midi reken hul so wat £6 16s. per morgen per jaar fer bemesting. Natuurlik hang dit heeltemal fan di grond af waffer soort en hoefeel mist 'n mens di wingerd moet gé.

(5) Wingerd siektes en middels daarte'en.

Di foornaamste siektes is di mildew, blackrot, en di oïdium.

Hierfan is di mildew gelukkig bij ons so fer as ek weet nog onbekend. Mar dit kan natuurlik te eniger tijd hierheen o'ergebring word. Di blackrot is ons swart roest en di oïdium. is ons wit roest. Te'en di mildew en di blackrot word di wingerde met 'n oplossing fan blou fitrioel gespuit. Gewoonlik word di blou fitrioel met kalk gemengd. In di groot fabriek fan mnr. Vermorel in Villefranche, word 'n oplossing van blou fitrioel met natrium-acetat (2 NaA + CuSO4) ferdamp tot dit droog is, en dan met 'n seker hoefeelheid talk fijn gemaal. Die dro'e poeiers word dan ferkoop. 'n Mens moet dit met water anmaak en dan spuit. Di kimme fan die sicktes is gewoonlik in di lug en op di wingerdblare en druiwekorrels, So gou as daar nou koel, klam weer kom, is di moment fer di ontwikkeling fan di kimme gekome, en moet 'n mens di wingerd dadelik sulfateer (so noem hul di spuit fan di wingerd met di blou fitrioel, d.i. kopersulfaat mengsel). As 'n mens te lank wag help di spuiterij niks meer fer die bisondere ontwikkelingsperiode fan di siekte ni; en te'en 'n latere weersgesteldheid weer di ontwikkeling fan di siekte feroorsaaak, kan di gespuite stoffe reeds sofeel weg wees, dat hul ni di siekte kan keer ni. Dus as 'n mens te laat spuit beteken dit eenfoudig dat sofeel geld en moeite weggegoi word.

Ek sal dus alle wijnboere, wat weet dat seker stukke fan hul wingerd een met di ander jaar lij an swartroest, ten sterkste anraai om hul wingerde te sulfateer so gauw as daar klam, koel weer is. Di oïdium word bestrij deur swafel. Gewoonlik word blom van swafel in 'n pomp of blaasbalk gegoi, wat ongefeer ½—1 emmer swafel befat. 'n Mens moet jou wingerd swafel as dit nog dou op is, en dat meer of minder kere herhaal nadat dit 'n klam of dro'e jaar is. Di gebruik wat partij fan ons mense het om met sakkies te swais ten sterkste af te keur omdat di swafel op die manier te ongelijk ferdeeld word, sodat dit op partij plekke te dik fal, terwijl op ander plekke niks fal ni. Dit is natuurlik op sijn aller genadigste gesê half werk, en als sodanig ten sterkste af te keur.

In Bourgogne bij Romanèche-Thorius is 'n soort insekt "la Pyrale" in di wingerd wat jong lootjes en blare afkap, en dus met ons kalanders baing o'ereenkomst het wat di skade deur hul feroorsaak betref. Om hul uit te roei word water in di wingerd gekook en di kokende water op di ouhout fan di stok gegoi omtrent di tijd as di wingerd gesnij word. Let wel op di ou hout en ni op di dra'er in. Dis gewoonlik in di bas fan di ouhout dat di insect of di eiers bewaard blij. Ek raai alle wijnboere an wat moeite met kalanders het om die raad te probeer.

(6) Weersgesteldheid. In Bourgogne en al di noordelike wijndistrikte is sneeuw en ijs in di winter niks buitengewoons ni. In di suidelike distrikte is di winter baing milder. In di somer krij hul genoeg re'en (baing keer met donderweer) om di druiwe goed rijp te maak sonder dat hul ooit een enkele stok natlij.

In Bourgogne het di wingerde froe'er baing onder di ha'elstorms gelij. In di laatste 5 jaar weet hul so te sê ni meer fan skade deur ha'el feroorsaakt ni. Dis ni te wijte an 'n ferandering fan di weer ni, mar doodeenfoudig an di ha'elkanonne waarmé hul skiet as dit dreig om te ha'el. Di kanonne staan 800—1000 tré fan mekaar af en skiet so gelijk as mo'elik. Met onweer blij daar natuurlik dag en nag 'n man bij of nabij de kanon om te kan skiet as dit nodig mog wees. As jij sou skiet nadat di ha'el reeds in di lug geformd is, sal dit natuurlik niks help ni. Di doel fan di skiet is om te ferhinder dat di ha'el ooit geformd word.

In di somer word dit in Suid Frankrijk ruim so warm soos hier. Mar daar hul parstijd in di herfst (einde Sept.—, begin Oktober) fal, is di ergste hitte dan reeds ferbij. Ja in

Bourgogne en ander noordelike distrikte krij di druiwe partij jare mar net half swaar om behoorlik rijp te word, en di most gist dain ook mar langsaam. Die kuipe en stukfate is fan mekaar geskei'e.

(7) Di Kellers. Di is meestal lugtig en skoon. In di Midi, wat 'n quantiteitcentrum is, kan 'n mens mooi fatwerk gaan kijk. Hul stukfate hou deur di bank fan 30—50 lê'ers. Natuurlik in kellers fan wijnmaatskappije lijk dit heel anders. So het ek bijfoorbeeld in, mnr. Chauvin, grootwijnhandelaar te Cette, sijn keller 200 stukfate fan 86 lê'ers elk, en 'n kuip met deksel fan 100 lê'ers gesien.

Di "compagnie des Salins du Midi" het in hul kellers di follende:
Keller vaai Villeroy (nabij Cette)
Kellar van Jarras (nabij Aiguiers Mortes) 6,027 leggers. Keller van Le Bosquet (Aiguiers Mortes) 5,542 leggers. Keller fan Le Clavelet (nabij Cette) 2,078 leggers.
Totaal 25,234 leggers.
In de keller van Villeroy:
180 stukfate =9,180 leggers, dus @ 51 leggers per fat 22 cement fate =1,680 leggers, dus @ 76 leggers per fat 720 faatjes @
1-04 leggers = 727 leggers
Totaal ... 11,587 „

Hul stukfate sijn bome is hol en het twee dwarsklampe. Dis natuurlik om te ferhoede dat di bome kan uitspring. Di hout waaruit di stukfate gemaakt word is goeie, dro'e eike hout.

In di middel fan di fat sijn boom is gewoonlik 'n koper buisje wat met 'n sleutel opgedraai word om proefies fan di fat sijn wijn te kan neem sonder iets in di wijn testeek of daar lug bij te laat kom. Dit is iets wat ek bepaald kan anbefeel. In di qualiteitcentrums krij 'n mens meer klijn faatjes.

(8) Parstijd en di maak fan di wijn.

Di parstijd is gewoonlik fan di 2e helft van September tot di 1ste helfte fan Oktober. In di Suide, waar dit di warmste is, fal di parstijd froe'er as in di noorde. Een fan di belangrikste fra'e fer 'n wijnboer is om te weet wanneer hij moet pars. Daar dit hier ni mijn doel is om 'n boek o'er wijnmakérij ("vinificatie") te skrijwe ni, sal ek net korteliks andui'e hoe 'n mens di beste kan uitfinde wanneer jij moet pars. Dis bekend dat as druiwe rijp word, di suikerdele altijd meer word en di frugtesuurdele minder word. Na 'n seker stadium bereik te hê fermeerder di suikerdele ni meer ni. Dit is gewoonlik di beste tijd om te pars. Om prakties dit te weet moet 'n mens nou en dan 'n ontleding fan di druiwe laat maak om te weet hoefeel suikerdele en hoefeel furgtesuurdele daarin is. As di frugtesuur 'n seker minimum bereik het moet 'n mens pars. Di minimum moet fer elke land en fer elke soort druiwe fastgesteld word. Dit sal waarskijnlik meer wissel met die soort druiwe as met di land. Fer di Midi in Frankrijk is di minimum 9 gr. frugtesuur (als wijnsuur berekend) per liter fer Aramon druiwe en 11 gr. frugtesuur (als wijnsuur berekend) per liter fer Carignan druiwe. In di Midi soek hul ni di druiwe bisonder uit met de parstijd ni, mar in di distrikte waar hul di qualiteitswijne maak doen hul juist hiermee baing moeite. Hul snij, fer di 1e klas wijne, eenfoudig ni 'n tros druiwe af as hij ni goed is ni. Partijkeers knip hul selfs fan di hangertjes af en hul het mij glad fertel dat korrels ook uitgeknip word. Op die manier pars hul een stuk wingerd partijkeers 6 tot 10 mal. Mar sulke wijn ferkoop hul dan ook meer as tienmal so duur as di gewone wijn.

Kuip: Rooiwijn laat hul met sijn doppe kuip en witwijn sonder die doppe. In elk gefal word die stengels uitgehaal. In di suide laat hul ni te lank kuip ni. (4—5 da'e) mar in Bourgogne laat hul de rooiwijn tot drie weke kuip. Dis haast o'erbodig om te sê dat hul elk fat goed swafel foor dat hul wijn daarin o'ertap. Di jong wijn word 'n hele paar keer o'ergetap, en moet nooit lank op sijn moer blij lê ni.

Hul gebruik algemeen parsmachine en wijnperse. In di Médoc of Château Rosemont het di ei'enaar mij fertel dat hul di druiwe op 'n soort fan sif gooi en di trosse dan met di hand daarop wrijwe waarbij de korrels half stukkend deur di sif fal terwijl di stengels bo blij. Di korrels sal hierbij seker ni al te goed stukkend raak ni, maar daar dit fer rooi wijn is, laat hul tamelik lank knip, en so kom di ding weer reg. Om 'n goeie wijn te maak is nog al 'n kunst wat wil geleerd wees. Ek kan hier ni in bisonderheden gaan ni, mar wil net bemerk, dat ook hier soos o'erals di re'el geldt, "voorkomen is beter dan genezen."

(9) Wijnhandel. In di Midi, waar wijn baing folop en goedkoop is, hou di boere hul wijn gewoonlik ni al te lank ni.

As di wijn goed skoon is begin hul te ferkoop, meestal an di groot wijnhandelaars mar baing ook direct an di konsumente, en hul hou gewoonlik ni hul wijn 'n jaar o'er ni. Di groot wijnhandelaars soos bijf mnr. Chauvin in Cette, foer gewoonlik Spaanse rooi wijne in en meng dit met di Midi s'n om laatstgenoemde meer kleur te gé. Hul het groot pakhuise en ferkoop di wijn dan na dit een of meer jare oud is an di klijn wijnhandelaars. In di qualiteitscentrums soos bijf. Bourgogne en di Gironde hou di boere hul wijn langer eer hul dit ferkoop. En daar hul hier ni so baing wijn het ni, ferkoop hul dit self meestal bij di klijn maat (ankers, etc). In di Médoc gooi di boere hul nuwe, skoon wijn in nuwe eikehoutfaatjes (dink an di Bijbel sijn "nieuwe wijn in nieuwe lederzakken"), wat omtrent so groot soos 'n halfahm is. Dit word dan fer 'n paar jaar gehou foor dit ferkoop word. Mar 'n mens kan natuurlik ni 'n algemeen re'el fastel fer di hele distrik ni. In 1900 was di wijnbelastings hoofdsakelik (1) di "impôt de translation", d.w.s. fer elke lê-er wijn wat di boer ferkoop moet 'n belasting fan 7s. 6d. betaald word. (2) "droit de consommation" of belasting op di ferbruik fan wijn. Die twé belastings word deur di staat gelê, en bring gemiddeld £5,200,000— £6,400,000 per jaar op. Daar is nog ander belastingsdeur di staat gelê op wijn mar hul is fan minder belang. Fer di stede bestaan nog 'n derde groot belasting, (3) di "droits d'octroi", wat deur di stadsraad fan elke stad kan gelê word naar hul goeddenk. So moet bijf. op elke 22 gals. wijn wat in Parijs in kom 8/- stadsbelasting betaald word. Dit maak mar so efentjes £2 6s. 2d. per lê'er! So kom dit dat di ferbruiker fier en dikwijls ses mal so feel moet betaal fer sijn wijn als di boer daarfoor gekrij het. Ek wil net tussen hakies hier aanmerk, dat 'n soortgelike belasting op haast enig ding wat 'n mens gebruik deur di stad Parijs gelê is. So gebeur dit soms wel dat 'n reisiger iets o'er die franse grens smokkel en hom dan lelik fasloop bij di douane in Parijs.

Di noodwendige gefolg fan sulke ho'e belastings op drank is dat dit di ferfalsing en onwettige fermeerdering fan di drank feroorsaak. So foer di suikerboere fan Nord Frankrijk hul suiker in Parijs in, en dit word dan daar met di gemene wijn fan di Midi gemeng, en ondergaan nog 'n slag 'n gistings proces. Op die manier kan jij maklik fan een lê'er wijn twé maak, sonder dat di wijn juist te sleg word. Hul gooi gewoonlik 'n hele boel salicylsuur (wat gesondheidsskadelik werk indien in te groot hoefeelheid genote) in die ferfalste wijne om hul goed te hou. Dis so erg dat 'n mens gewoonlik 'n hele blink, kristallijne afsaksel daarfan kan sien op di bodem fan di bottels. Dit is di soort wijn wat 'n mens fer 1½ d.— 2d. per bottel in Parijs kan koop en wat mar baing gedrink word.

Di wijn prijse is baing ferskillend naar di soorte fan wijn. Di ferskil in di prijse fan bisonder goeie en gewone wijne is baing groter as bij ons, en dit bewijs fer mij dat di publick di ferskil tussen di ferskei'e qualiteite fan wijn kan waardeer. Ek hou dit fer 'n gesonde princiep, dat wijn naar sijn qualiteit moet betaald word, onder qualiteit iets meer te worde verstaan as net di sterkte an alkohol. Dit is juist di "iets meer" waarop ons moet let. Dit sluit o.a. in di deurskijnendheid, kleur en "brillant", geur en smaak fan 'n wijn. Di beste rooiwijn fan Chambertin in di Bourgogne ferkoop di boere tot fer 1200 frcs. per piece (@ 228 liter) d.i. so wat 3/2 per bottel of £122 per lê'er (duurste prijs), terwijl hul di gewone wijn fan Gevrey—Chambertin ferkoop fer £8 per lê'er. Fan di eerste soort maak hul elke jaar so wat 80 lê'er, te'en 1600 tot 2000 lê'er fan di 2e soort. Hul ferkoop ook druiwe fer 25—300 frcs. per 100 kilogrammes, d.i. £1—£12 per 220 lbs. druiwe, of m.a.w. @ 1d.—1s. 1d. per lb.

Fer di distrikt fan Cadillac (Gironde) was di prijse fer di beste wijne in 1900 soos folg:

	rooiwijn per legger.		per bottel.	
	£ £	s. d.	s. d.	
nabij di dorp Cadillac...	35 tot 70	0 11	tot 1 10	
°Loupiac ...	40 „ 70	1 0½	„ 1 10	
Sainte-Croix-Du-Mont	45 „ 65	1 2	„ 1 8½	
	witwijn per legger.		per bottel.	
	£ £	s. d.	s. d.	
nabij di dorp Cadillac...	40 „ 75	1 0½	„ 1 11½	
°Loupiac ...	70 „ 90	1 10	„ 2 4	
	fan 1 jaar oud			
	110 „ 120	2 10½	„ 3 1½	
	gewone wijne			
	50 „ 70	1 3½	„ 1 10	
Sainte-Croix-Du-Mont	70 „ 100	1 10	„ 2 7	
	(een jaar tot 150	...	3 10½	

Tot hier toe het ons di qualiteit centrums beskouw, en wel — dit moet ni fergeet word ni — di prijse fer hul beste wijne. Hul gewone wijne is baing goedkoper. Ongelukkig kan ek di juiste prijse ni angé ni. As ons nou di Midi, dus di quantiteitscentrum, beskouw, dan krij ons al dadelik baing la'er prijse. In di jaar 1889 toen di franse wijnoogst deur di Phylloxera tot so wat 4 millioen lê'ers ferminderd was (in 1899 was dit o'er di 8 millioen), was di prijs fan di gewone wijn ("vins ordinaires") in di Midi fan £10 7s. tot £11 10s. per lê'er; in di folop jare, toon hul ni behoorlik plek gehad het fer al di wijn ni, het di prijs gefal tot op £1 3s.—£1 7s. 6d. per lê'er. Di normaal prijs fer di gewone wijn in di Midi is nou fan £4 12s. tot £5 15s. per lê'er.

(10) Di arbeidskwessie.

Dit is fer mij mar moeielik om hiero'er te skrijwe, en tog foel ek dat dit nodig is fer ons boere om ook hiero'or iets te weet. Wel om mé te begin is al di arbeiders in Frankrijk natuurlik blanke. En as sodanig staan hul ho'er in beskawing en is meer geskik in di boerwerk (soos bijf. in di parstijd om di druiwe uit te soek) as ons arbeiders hier. O'er di algemeen ferdien di mansmense daar 2s. tot 2s. 6d. per dag sonder kost mar met 3—4 bottel wijn per dag, froumense di helfte. In di parstijd kom so wat 80,000 arbeiders fan di Pyreneé naar di Midi toe. Ferder kom 'n menigte Italianers en Spanjaarde bij di wijnboere werk soek. Di werkdag het gewoonlik mar 6—7 werkure, mar in di parstijd is dit 8—10 uur. In di Bourgogne kom parstijd baing arbeiders wat dan so lank in di dorpies op 'n klomp woon. Soggens om 3 uur staan hul soo's 'n klomp skape op di mark, en nou moet di wijnboere fer hul daar kom huur. Hul is gewoonlik in klompies ferdeel elk met 'n foorman. Di boere spook partij keer fan 3—5 uur in di oggend o'er di prijs fer di dag. As oon klompie eers fer 'n seker prijs gaan, dan is di prijs fer di dag fasgesteld. As daar baing boere kom en daar mar min arbeiders is, dan is di prijs hoog; is daar weer min boere en baing arbeiders dan werk hul spotkoop. Partij keer huur hul di arbeiders om al di werk te doen in di wingerd gedurende di hele jaar. Dit is meestal fer di wingerd wat sleg lê om te bewerk met ploe'e of wat te nouw geplant is. Hul moet dan di wingerd snij, 4 maal per jaar met pikkies omkap, skoffel top en opbinde. Hierfoor krij hul so wat £40 per jaar. Fer hul woning, kos en drank moet hul dan self sorre. Anders neem 'n arbeider an om di wingerd te bewerk gedurende die jaar te'en £12 4s. per morgen, en daar di wingerd hier dik staan, gaan op 1 morgen so wat 11,000 stokke, dus iets meer as £1 per 1000 stokke per jaar. O'er di algemeen het di arbeidsloon in di laatste tien jaar in Frankrijk beduidend gestege.

(11). Franse landbouwskole en oenologise of wijnbouwkundige staties: Soos ons reeds gesien het rust daar heel wat staats-belastings op di drankhandel. Mar an di ander kant doet di Franse regéring ook baing fer sijn wijnbouw. Fan di verksillende middels tot hulp en ferbetering fan di wijnbouw deur di staat gebruik sal ek net 'n paar woorde sê o'er di landbouwskole en di oenologise staties ("Stations oenologiques"). Fan di landbouwskole is di foornaamste: di Institut Agronomique fan Parijs, en di nationale landbouwskole te Grignon, Montpellier, Rennes, Tunis, Versailles, Douai.

Daar is nog di "Ecole Professionelle d'Agriculture et de Viticulture de Beaune, (Côte d'Or)", en di "Ecole primaire supérieure de Cadillac (Gironde)". Dat di wijnbouw in di skole di voornaamste plek inneem, behoef nauweliks gesê te word. Om di wijnbouw te gaan bestudeer is Frankrijk dan ook bij uitstek di land fan di wereld om heen te gaan. Ek skrijf di fooruitgang en di herhaalde segefiering fan di franse wijnbouw o'er nieuwe siektes, wat di wijnindustrie fan tijd tot tijd met ondergang bedreigd het, dan ook hoofdsakelik toe an di opfoedkundige inrigtings en proefstaties wat di regering opgerig het en nog in stand hou. Mnr. Leemhardt-Pomier sê in "Le Vignoble de l'Herault en 1900" blz. 37 : 'n Mens kan ni blij genoeg wees o'er di hulp wat di wetenskap en di studie breng an di handearbeid en an di praktijk ni, alsook o'er di gese'ende resultate wat alleenlik an hul folkomen samenwerking te wijte is. Dit is juist hierdeur dat, ten spijte fan 'n sterk fooroordeel op di punt, op glorierijke wijse getoond werd, wat di innigste samenwerking fan kennis, kapitaal en arbeid kan uitvoer. Ons het hier gesien dat hul samenwerking alles kan tot stand breng, terwijl 'n mens sonder dit niks duurrsaams kan begin ni. Ook is daar fandag ni een meer fan al di wijnboertjes, wat froe'er so onkundig en ongelofig omtrent wetenskappelike dinge was ni, wat ni fandag hierfan totaal bekeerd is ni, wat ni foortaan gedurig bij di wetenskappelike manne kom raad fra fer di strijd wat hij elke dag te strij het ni."

Wanneer sal een fan ons dit fan ons ei'e land kan sê?

Ek sal ni hier 'n nauwkeurige beskrijwing fan so 'n landbouwskool gé ni, mar net een en ander so in di algemeen daaromtrent sê. Elkeen wat in so 'n skool wil gaan studeer, moet reeds 'n seker algemene opleiding genote hê, en moet ferder kennis fan boerderij hê. Want dis ni di doel fan 'n landbouwskool om di kinders daar te leer spit, pleo'e, maai, enz. ni.

Na 'n studie fan sowat 3 jaar maak di student sijn eindexamen en krij dan di diploma fan di skool. Hul leer daar di fakke wat fer hul later sal nodig wees in di praktijk en doen natuurlik baing praktiese werk op di gronde wat an so'n skool bohoort. In di landbouwskool te Beaune (Côte d'Or), leer hul bijf. hul ei'e fatwerk en keller gereedskap maak, so dat hul 'n soort fan kou'e smid, kuiper en timmerman tegelijk is. Ferder leer hul werk met al di machine wat in di wijnbouw gebruikt word. Dan leer hul di nodige skeikundige ontledings fan meststoffe, most, wijn, etc. maak, om ni later nodig te hê 'n skeikundige fakman daarfoor duur te betaal ni. 'n Bietje onderwijs in bacteriologie word ook gegé om di toekomstige boer in staat te stel ou siektes te herken en nuwes te bestudeer en middels daarte'en uit te finde. Dit is eindelik onnodig om te sê, dat al di kinders di wingerd help bewerk, help pars, en wijnmaak. Wat nou di oenologise staties betref, kan ek sé, dat daar in al di foornaamste wijnbouwende centrums een is. So is daar een in Beaune, Montpellier, Bordeaux. Cognac, enz. Di doel fan so 'n statie is om experimente of proefe te maak omtrent di wijnbouw, ontledings en bacteriologise ondersoekings, enz. Di ontledings en ondersoekings is gratis fer landbouwskole, mar fer boere net in so ferre as dit 'n gefal is waarbij di hele publiek belang het, anders moet di boer daarfoor 'n matige prijs betaal. Di personeel an so'n statie bestudeer natuurlik elke nuwe siekte, wat in di wingerd kom om dit te kan bestrij. Di doel fan al di staties is om di wijnbouw te beforder, en tot hier toe het hul dan ook reeds feel fer di franse wijnbouw gedaan. Dit behoort ons alle hoogachting en respekt fer di franse regering in te boesem wat hierdeur toon, dat sij di belange fan di faderland op haar hart dra deur di ruggraat fan di land gesond te hou, en dit wel op so'n manier, dat di heerlike vrugte dubbel en dwars di rente en di kapitaal opbreng fan di onkoste daarfoor gemaak.

(12) Boerenferenigings. Di Franse wijnboer het lank al uitgefinde, dat eendragt magt maak. Di gefolg daarfan is dat daar fandag 'n menigte boerenferenigings of landbouwgenootskappe in Frankrijk bestaan, wat di redding fan di franse wijnbouw was en nog is. Reeds an di einde van di 18e eeuw het di minister Francois Neuchâteau, alles in sijn fermo'e gedaan om landbouwferenigings gestig te krij. Sodert di tijd is 'n trapsgewijze fooruitgane op di gebied te konstateer. Di departement fan di Herault het ni minder as drie landbouwferenigings ni namelik: 1) "La Société Centrale d'Agriculture de l'Herault" (di centrale landbouwgenootskap fan di Herault), 2) "La Société départementale d'Encouragement à l'Agriculture de l'Herault" (di departementele genootskap tot aanmoediging fan di landbouw fan di Herault), en 3) "Le Comice Agricole de l'arrondissement de Béziers" (di landbouwfereniging fan di wijk fan Béziers) Fan di drie is di eerste een reeds in 1798 gestig, en is fandag in 'n florerende toestand. Te Cadillac, nabij Bordeaux, bestaat 'n boerefereniging, genoemd di "Comice de Cadillac", wat in 1884 onder di drang fan omstandighede gestigd werd. Toen di boere in di Gironde nog onder di treurige gefolge fan di Frans-Duitse oorlog in 1871 gelij het, en di hoop gekoesterd het, om deur 'n flijtige bewerking fan hul wingerde weer hul faderland en so ook hul ei'e distrikt foor uit te help toen krij hul, om di naarheid te kroon, di treurige nuws, dat di phylloxera reeds groot ferwoestings in di Midi angerig het. Dat di meeste wijnboere sijn koppe toen gehang het gé ei'enskap. Niemand weet of sijn wingerd ni reeds deur di freselike siekte angetast is ni, en wat erger is niemand weet 'n raad daarte'en ni. So duur dit foort en reeds begin di frugtbare groene heuwels bleek te word die wingerde kwijn sietbaar weg, en ander jaar, miskien reeds fan jaar, sal dit ni meer nodig wees om daar te gann pars ni. Wat nou gedaan? Partij praat fan stoffe in di grond spuit om di phylloxera dood te maak, partij sê jij moet di wingerd onder water sit (en hoe wil jij nog al di heuwels onder water sit?), partij praat fan geheime middels en andere fan toefallig ontdekte middels, en eindelik praat partij fan Amerikaanse wingerd! Fer wie moet jij nou glo en wat moet jij op aarde anfang? Omtrent di jaar 1878 was di ferwoesting

ten toppunt geste'e. Toen het di mense gefoel, dat di ding ni langer so kan blij ni, en dat hul alle selfsugtigheid moet weggooi en saamwerk om di siekte op een of ander manier baas te raak. In di begin was hul mar 'n stuk of zes man later tien, en later twaalf. Hul het begin te ent op Amerikaanse wingerd, en het so 'n flou liggie ferbrij wat weldra so gegloei het, dat hij 'n groot lig on sigbare hoop o'er di hele distrikt ferbrij het. So was daar later ferskillende klompies wat deur di nood tesame gedrewe werd. So het hul leer foel dat net ferenigde kragte sterk is. En juist di gefoel was dit wat anleiding gegé het tot di stigting fan di "Comice de Cadillac", in 1884. Di fereniging het al spoedig so'n groot naam gehad, dat fan heinde en ferre boere, professors, en andere in di wijnbouw belangstellende mense gekom het naar Cadillac om di Comice op di brandende fraagstukke fan di dag te raadpleeg. Di Comice publiceer 'n weekblad, waarin artikels en foordragte o'er di wijnbouw, so wel as alle nuwe uitfindings hieromtrent gepubliceerd word. Verder het hul 'n meteorologise statie om fooruit te kan sê waffer soor weer 'n mens kan te wagte wees. So gou as hul bijf. sien dat koel, klam weer sal kom, wat fer di ontwikkeling fan di mildew en di swart roest bisonder gunstig is, dan laat hul o'eral op di dorpies in di distrikt kennisgevings opplak, en ferder per telefoon as anderszins di nuws fersprij, dat di mense dadelik hul wingerd moet beginne spuit met di blou fitrioel mengsel. Op di manier word groot skades ferhinderd. Di Comice bestaan (bestuurslede sowel as gewone lede) uit wijnboere, en elkeen deel sijn onderfindings mé in di fergaderings wat gere'eld gehou wordt. So'n fereniging is omtrent di nuttigste ding wat ek mij fer 'n wijndistrikt kan foorstel, en is tegelijkertijd 'n fertegenwoordigende liggaam fer di wijnboere fan so'n distrikt.

* * *

Laat ons nou sien wat daar fer ons te leer is uit di korte o'ersig wat ons nou o'er di franse wijnbouw gehad het. Ek dink dat ons in di eerste plaats in di toekomst moet probeer om ons wingerde meer optelij. Di hoofdfoordele fan wingerd op te lij is: a) deur di druiwe hoog hang kom dit ni an di grond ni en blij dus frij fan grond en nattigheid, en gaat ni maklik tot ferderf o'er ni; b) di druiwe is op die manier meer blootgesteld an di son, en word dus eerder en beter rijp, en kan ook makliker uitgesoek word in di parstijd; c) as di wingerd te'en swart roest en ander siektes moet gespuit word, sal dit baing beter kan gedaan word in gefal fan opgelijde wingerd, waar di lote, trosse en blare meer in een loodregte flakte staan, as anders met digte, ronde stokke soos ons dit nou het, di gefal is. Dis mar dood eenfoudig om di wingerd op te lij. Di beste is om sulke wingerd ses foet tussen de rije en 3—4 foet in di rij te plant. 'n Mens moet dan 3 of 4 drade (tamelike dun, gladde drade is goed) in di rije span, waarfan di onderste minstens 1½ —2 foet fan di grond af is en di ander een foet fan mekaar af. Een manier is dan om di jongstokki in twé helftes te ferdeel, waarfan elkeen in so feel lote ferdeeld word als daar drade is. Di lote word dan links en regts gelij en ontmoet so die fan di stokke wat langes an in di rij staan. Daar is wel ni groot gefaar dat di wingerd sal omwaai ni, mar dit sal in elk gefal goed wees om di rije in di rigting fan di heersende sterk winde te maak, wat in di betreffende distrikt waai gedurende di tijd dat di wingerd fol blare en druiwe is.

Di kunstmeststoffe is 'n ander saak waarop dient gelet te word. Ons het gesien dat di franse ni meer fan dag sonder dit kan uitkom ni. En dit sal bij ons ook eerlang nodig gefonde word. Ons boere behoort meer ontledings fan hul gronde te laat maak, en di regering behoort hul hierin te hulp te kom deur oprigting fan oenologise staties, waar sulke ontledings te'en 'n matige prijs kan gedaan word. Ferder moet di regering ons help met di infoer fan di nodige kunstmeststoffe, en wetgefing moet gepasseer word, dat elke ferkoper fan sulke meststoffe sal ferplig wees om een waarborg te gé, dat daar so en so feel procent nitraat, phosphaat, (oplosbaar deur di plantesappe) en potas in is. Met minder kan di boer ni tefrede wees ni.

Te'en swart roest en kalanders het di Franse ons twé beproefde middels gegé, wat ek reeds bespreek het. Ek weet dat daar plekke is waar muscadel, fransdruiwe en hanepoot baing an swart roest lij, en ek kan di boere ni genoeg anraai om di wingerd met di reeds genoemde koperfitrioelmengsel te spuit ni. En dit wel fer di 1e keer as di wingerd kort uitgeloop is, dan so wat 'n week foor di wingerd bloei, en fan nou af so gau as di weer klam en koel is.

O'er di algemeen ferstaan ons boere dit goed om hul wingerde te bewerk en mooi en goeie druiwe te produceer, mar nou hierfandaan word dit anders. Di franse wijnboere ferstaan di kunst om 'n goeie wijn te maak baing beter as ons, en dis juist hier waar ons nog omtrent alles te leer het. Daar is mar min fan ons wijnboere wat 'n goeie wijn kan maak. In di laatste tijd is daar al te baing fan hul wat spiritus op jong wijn gooi, en so 'n produkt maak wat wel ni suur word ni (want daar is gewoonlik so feel alkohol in, dat geen "mycoderma aceti" in so'n wijn kan lewe ni), mar wat ook ni di naam fan wijn ferdien ni, en seker ni di beste ding fer dageliks gebruik is ni. Dis intussen geen wonder dat di franse wijnboer beter weet om wijn te maak as ons ni.

Hij is nog altijd in direkte anraking met di europese beskawing, en woon in 'n land waar honderde wetenschappelike manne al hul kragte en tijd gé an di studie fan di wijnbouw sijn menigfuldige probleme, en waar hij dus maklik di frugte kan pluk wat uit di fereniging fan studie en ondervinding gebore word. En wat is nou bij ons di gefal? Ons boerebefolking is o'er di algemeen mar min geleerd, en sit hier op ses duisend mijle afstand fan Europa fan haast al di foorregte fan di Franse boer ferstoke. Is dit dan 'n wonder dat ons wijnboere fan dag ni meer weet omtrent wijnmakerij ni? Ek sou dink dat di te'endeel baing eerder 'n wonder sou wees. Dus hoef ons lank ni wanhopig te word o'er ons toestand ni, mar moet net fan nou af doen wat ons kan om dit feranderd te krij.

Dat dit fan di allergrootste belang is om op di regte o'enblik di druiwe te pars, sal elkeen wel insien. Ek meen dat ons boere o'er di algemeen hul druiwe 'n bietje te rijp pars. Nou moet ek sê, dat dit makliker is om goeie wijn te maak fan druiwe wat 'n bietje fris is, as fan druiwe wat o'errijp is. Di skeikundige ontleding is hier di enige sekere gids om na te gaan. Most-proe'ers kan ook gebruik word om di suikerdele an te wijs, mar is bij al di gemaklikheid daarfan toch ni so seker soos 'n chemise ontleding ni.

'n Ander ding waaran ons meer andag moet gé is di uitsoek fan di druiwe as dit gepars word. As 'n man eenmal di moeite en onkoste gedaan het om sijn wingerd di hele jaar lank te bewerk, dan sal dit hom goed betaal om in di parstijd di druiwe behoorlik te laat uitsoek, al moet hij dan drie mal sofeel an parsgeld betaal als nou. Want so sal hij instaat wees om 'n goeie wijn te maak, waarfoor hij ook 'n goeie prijs sal krij. Ferder behoort elke boêr di temperatuur of hittegraad fan di most as dit werk te neem en te sorge dat dit nooit te warm word ni. Hij moet sorge dat de temperatuur ni o'er 35° C. of 95° F (Fahrenheit is ongelukkig di thermometer wat hier algemeen in gebruik is) gaan ni, want gebeur dit dan gaan daar sekere gistings processe an wat haast alle kans uitsluit om 'n ordentlike wijn te kan maak. As hij dus sien dat die thermometer kort bij 95 graad F. of 35 graad Celsius wijs, dan moet hij een fan twé dinge doen: a) Hij moet di most aftap in 'n groot, plat, oop balie sodat dit met di lug in anraking kan kom om af te koel en weer op di kuip pomp; as hij dit deur di slang fan 'n koelfat of deur eigen hierfoor gemamakte machiene kan laat loop des te beter; b) of hij moet een ons "Potassic bisulfite" per lê'er most in 'n partij fan di warm most op los en dit op di kuip gooi en om roer so feel as mo'entlik. Dit sal di gistingsproces dan laat bedaar en di gewenste uitwerking hê. 'n Mens moet op pas dat hij ni te feel bisulfite neem ni. Dit behoort heeltemal rein te wees, en sekuur op 'n klein skaaltje afgewé'e te word.

Of 'n mens met di foete laat trap en of jij 'n parsmachine neem maak ni feel ferskil ni. Di stengels moet altijd fan di most en doppe geskije word en fer wit wijn moet ook di doppe fan di most geskije word foor dit werk. Een ding wat ook baing goed is om te doen, is om di koek doppe wat bo op di gistende most lê, onder di most te druk deur 'n houtraam wat in di kuip gesit word. As di doppe so in anraking met di lug blij lê, word hul gewoonlik suur as 'n mens enigszins lank laat kuip, en dit is dan ferder 'n bron fan gefaar fer di wijn.

Om te lank te laat kuip is bisonder fer wit wijn mar erg nadelig. As 'n mens di wijn nou aftap moet jij dit met 'n draai pomp doen, sodat geen lug daarbij kom ni, en di fat waarin jij dit tap moet natuurlik geen sleg ruik hê ni, mar moet silwer skoon en goed geswafeld wees. Daar dit sleg is om jong wijn op sijn moer te laat lê, moet 'n mens hom mar 'n hele paar keer o'ertap. Is di wijn eenmaal skoon en klaar, dan moet 'n mens di lug en alle sleg reuke fan hom af weg hou en hom an di uit gang fan di winter 'n slag o'ertap. Daarom kan ek ni genoeg darop druk ni, dat ons wijnboere hul kellers so skoon soos hul sitkamers moet hou. Di beste manier om dit te ferkrij is om nommer een 'n cementfloor in di keller te lê, wat fan di sijmure af naar di middel fan di keller toe hol loop met 'n cement slootje in di middel, om alle waswaters uit di keller weg te neem. Di keller floer en di fate

47

moet kort kort gewas en di mure en floer met kalk gewit word. As dar 'n solder is moet dit natuurlik ook skoon gehou word.

Di fate moet so lê, dat 'n mens rondom hul kan loop om hul skoon te hou. So gou as 'n fat leeg is, moet hij dadelik skoon uitgewas, sterk geswafeld en dan goed toegemaak word. Ferder moet 'n mens daarfoor sorge, dat niks wat reuke afgé, soos fis, nat felle, frot patats, enz., in di keller of op di keller solder kom ni. Sink emmers moet nooit met wijn in aanraking kom ni. Elke wijnboer moet sorge dat hij 'n stel goeie kajaathout emmers in sijn keller het, wat altijd in di keller blij en skoon gehou word. As 'n mens net op di bogenoemde punte wil let, dan is dit ni meer so'n groot kunst om 'n goeie mijn te maak ni. Di groot princiepwat an di fundament fan di hele saak lê, is net dit, "voorkomen is beter dan genezen". Boere, sorg dus, dat julle kellers en keldergereedskap silwer skoon is, gaat ni spaarsaam met swafelpitte om ni, laat jul druiwe in di parstijd goed uitsoek, en sorge daarfoor dat di most ni te warm word als hij werk ni, en dan sal jul wijn hom ferder self maak!

Ten slotte net nog 'n paar woorde o'er coöperatie of samenwerking op wijnbouwkundig gebied. Ons het reeds gesien, wat di landbouwferenigings door boere gestig en uit boere bestaande, fer di franse landbouw in di ferledene gedaan het en fandag nog doet, en kan dus ni meer an di goedheid of slegheid fan di saak twijfel ni. Daar ons regering nou in di laatste tijd met ernst an di saak geroer het, en bereid is om ons boere op di gebied te ondersteun, meen ik is di o'enblik bisonder gunstig, en ons moet hom ni ongebruikt laat ferbij gaan ni. Di idee fan centraal kellers is m.i. bisonder gesond. Dit is tamelik duidelik, dat 'n boer fer homself ni 'n deskundige kan anhou om di nodige ontledings en onderzoekings fan grond, meststoffe. druiwe, most, wijn en brandewijn te maak ni, en tog is dit hoog noodig, dat sulke ondersoekings moet gedaan word. As di boere fan 'n buurte samenspan, dan kan hul 'n centraal keller laat bouw met al di fereiste om goeie soorte fan wijn te kan maak. Ferder kan hul saam 'n deskundige anhou (wat hul goed sal betaal en onontbeerlik is), en (dis di allerfoornaamste argument fer coöperatie) hul kan een of meer soorte wijn maak fan 'n faste qualiteit waarop di wijnmarkt kan reken. Fer di brandewijn boere kom dit nog daar bij, dat di meeste fan hul ni ordentelike kellers het ni, daar dit tot dusferre ni so danig nodig was ni, mar as hul wil wijn maak —wat mij di beste plan lijk—dan moet hul goeie kellers gaan bouw, en dit is nou tog al te duidelik, dat dit fer di boere self baing goedkoper en makkeliker sal wees om saam een centraal keller te bouw as elkeen sijn ei'e. Onderling fertrou'e en 'n goeie bestiere is di twé dinge waarfan dit sal afhang of di systeem fan centraal kellers in ons land 'n succes sal wees né of ja. Laat ons toon, dat ons bereid is om onsself te help, en ons sal geholpe wees!

+++

Di Wijnbouw In Frankrijk En Hier
Sourced from: South Africa National Library
Publisher: Herdrukt Uit "Ons Land"
Printer: Van de Sandt de Villiers Drufers Maatschappij, Kaapstad,
Dated: 1906

Onze Wijnbouw (1906)

[Op verzoek behouden wij de Afrikaanse spelling.]

Verleden Zaterdag morgen werd in de stadzaal te Paarl de aangekondigde voorlezing over "de voornaamste vraagstukken in onze wijnbouw, en de weg langs welke een tevredenstelende oplossing moet worden gezocht", door dr. A. I. Perold voorgedragen.

De weled. heer C. Shaw Nicholson, voorzitter van de Paarl Boeren Vereniging, presideerde, en in een flinke toespraak stelde hij de redenaar aan de vergadering voor.

Wijnbouwers uit de Paarl, Klein Drakenstein, Daljosaphat, Groot Drakenstein en Achter Paarl waren ter vergadering tegenwoordig.

De redenaar sprak ongeveer als volgt:

Soos reeds blijk uit di vorm, waarin ek mijn onderwerp aangekondig het, is dit vandag ni mijn plan om o'er di voornaamste vraagstukke in ons wijnbouw te kom dogmatiseer ni. D'is te sê, ek wil ni vandag hier an di vereerde publiek 'n boel re'els of stellinge omtrent wijnbouw kom voorlê en bepleit ni, o'erdat ek dit ver di te'enwoordige tenminste als heetemal verkeerd beskouw. Moet dus geen geleerde betoog verwag ni! Ek neem hier di vrijmoedigheid om te sê, dat al die mislukking in di verledene op wijnbouwkundig gebied net te wijte was an di houding wat di deskundige destijds t'en o'er di wijnbouwende publiek ingeneem het. Di allergrootste fout was, dat hul al te haastig was om di ondervindings van ander lande in ons ei'e vaderland te kom toepas. Mar wat erger is, elkeen het gemaak alsof hij nou di beste metode ontdek het om wijn te maak, en het dit dan gewoonlik in 'n vaste geskrewe of gedrukte vorm neergelê. Dit moes o'er twee redes op 'n mislukking uitdraai: a) di wijnboere was ni in staat om di instrukties stip te kan uitvoer ni, en b) di wetenskappelike sij van di wijnbouw was nog mar min ontwikkeld.

Di twede punt het, wel is waar, na dit pragtige studies van di onvergetelike Pasteur en andere na hom, 'n geweldige stoot gekrij, sodat ons vandag op 'n oneindig sekerder basis staan as voor 'n twintig jaar, mar nog kan ons ni sê, dat ons di hoogste punt bereik het ni.

Mar d'is vernamelik di eerste moeilikheid wat vandag omtrent nog net so geldig is as voor twintig jaar. Di groot fout was, dat almal di gebouw van di wijnbouw van di dak af wou begin te bouw in plaas van met di fondamont te begin. Dit help niks om 'n man te vertel wat alles nodig is om goeie wijn te maak ni, as jij hom ni eers in staat gesteel het om di instrukties te kan uitvoer ni.

Ek ag dit dus van dag ni ver mijn taak om meer as net 'n voorbereidende werk te doen ni. Daar ek dit so ewe in andere afgekeur het sal ek self nou ni di fout begaan om soos 'n diktator an di verlichte Paarlse publiek sekere wette te wil kom voorskrijwe ni. D'is van di aller grootste belang om op di gewigtige mar tevens oek moeielike gebied van di wijnbouw met di grootste voorsigtigheid en langsaam mar seker te werk te gaan. Onder ons wijnboere bestaat daar natuurlik groot verskil. Almal weet ni ewe veel ni, en almal maek ni ewe goeie wijne ni. Wil jij nou so 'n gemengde publiek als, geheel sekere kennis meedeel, dan is dat absoluut nodig om an te neem, dat geen iets weet ni. Daarom moet nimand beledigd voel deur wat ek verder sal te sê hê ni. Ver enig mens is dit altijd goed om jou ei'e kragte ni te o'erskat ni.

D'is hier ni mijn doel om di opvoeding van ons toekomstige boere te bespreek ni. Veel meer wil ek mij hier met ons te'enswoordige wijnboere besig hou. Nimand sal ontken dat ons wijnbouw sich nou in 'n o'ergangsstadium bevind ni. Di phylloxera het sekere veranderings te weeggebracht; daarbij kom nou nog di begin wat met di co-öperatieve kelders gemaakt is, verder di feit dat di regering vier jong Afrikaners naar Europa weggestuur het om daar meer omtrent wijnbouw te gaan leer, en eindelik di wet te'en de vervalsing van wijn en brandewijn, wat in di afgelopen sitting van ons parlement aangeneem is. Di wijnbouw het dus in di laaste tijd meer as ooit te vore op di voorgrond getre'e. En dit ook met reg, want ik beweer dat di wijnbouw een van ons voornaamste industrië is. Di suid-westelike hoek van Suid Afrika lijk deur di natuur bestemd te wees om di o'erige deel van di land met zijn drank te voorzien. Ons het dus ons natuurlikste markt in Suid Afrika self, en dis ver ons wijnbouw om so te ontwikkel, dat hij die natuurlike markt kan verover en di vreemde, in gevoerde dranke hul regte plek kan anwijs.

So lank as 'n industrie sich in 'n o'ergangsstadium bevind, bestaat daar di beste kans om invloed op sijn toekomstige ontwikkeling uit te oefen. Alhoewel alle veranderings geen verbeterings is ni, sal niemand echter ooit 'n verbetering sonder 'n verandering kan maak ni.

Di eerste groot vraag was ons hier moet beantwoord is: "Wat is feitelik op di o'enblik di toestand van ons wijnbouw?" Ek het di toestand reeds als 'n o'ergangstoestand gekenskets, daar dit feitelik van dag di positie is. Van jaar tot jaar het ons wijnbouw sich hier en daar 'n bietje veranderd onder di invloede van experte, boeken enz., wat van buite ingekom is. Mar met uitsondering van 'n flou liggi hier en daar, is ons wijnboere o'er di algemeen tog nog mar heel te mal in di duister omtrent di verskillende processe wat sich dageliks in hul beroep afspeel. Dit is wel 'n treurige, mar geen alleenstaande verskijnsel ni.

Sonder 'n nadere kennis van zijn bizondere vak, kan geen mens verwag om dit ooit vèr daarin te breng ni. Dit gaat op elk gebied so, en is dubbel waar op wijnbouwkundig gebied. Dus het ons hier met een di grootste en di moeielikste vraag om op te los. Mar d'is ni al ni. Daar is te'enswoordig in ons wijnbouw te veel wisselvalligheid en gissing. Dit is minder van toepassing op de bewerking van di wingerde as op di maak van di wijn. Om gesonde wijn te maak is al 'n hele kunst, mar om 'n regte goeie wijn te maak, en om dit al jaar te kan maak, is nog 'n baing groter kunst. Min mense het mar 'n besef van di belangrikheid om op di regte tijd te pars want was elkeen ten volle hiervan o'ertuigd, dan sou ons ni meer van dag in so baing gevalle sulke primitieve methodes gevind het om di tijd vas te stel ni. Di meeste wijnboere proe tog mar net di druiwe om te weet of hul al moet pars. Ek weet-dat daar oek andere is wat suikerproe'ers gebruik mar hul is nog ni al te volop ni. En of hul nou al di beste gebruik daarvan maak, is nog di vraag.

Neem verder di keldera. Hoeveel kelders is daar van dag wat an di vereistes van 'n goeie kelder sal voldoen? En di vate? Word hul altijd so behandeld, dat 'n mens in hul goeie wijn kan maak? Le daar ni partijkeer goed in di kelder of op di keldersolder wat slegte reuke verbrei ni? Elkeen sal wel weet in hoe verre die beskuldigings op hom van toepassing is. Ek wens van harte dat dit op gean een van toepassing mog wees ni, mar so ver as ek bekend is, vrees ek dat sulke beskuldigings in baing gevalle ni heeltemal ongegrond sal wees ni.

In di meeste gevalle word di kolossale belangrikheid van di gistingsproces heeltemal buiten rekening gelaat. Hoeveel boere is daar wat de temperatuur gedurende de gistingsproces vervolg en di mos afkoel as dit te warm word. 'n Gisting bij al te ho'e temperatuur verloop altijd abnormaal, en sulke wijn is later gewoonlik an 'n hele boel siektes onderhevig. Oek hier geldt di ou spreekwoord: "Voorkomen is beter dan genezen." Is di wijn nou eenmal klaar, dan moet dit natuurlik nog verkoop word, m.a.w. waar di wijnbreiding ophou (wat di boer betref) begin di wijnhandel. Alhoewel die wijnhandel ons niks omtrent di maak van di wijn leer ni, het di een tog 'n direkte invloed op di ander. As di boer 'n goeie prijs ver sijn wijn krij, dan kan hij oek sijn methodes van wijnmaak verbeter is wijn echter weer spotkoop dan moet hij net spartel om kop bo water te blij. Di wijnkoper an di ander kant is absoluut nodig ver di wijnhandel, en om 'n gere'elde handel te kan drijwe, moet hij min of meer vooruit al kan reken op di wijne wat hij sal krij. Daarom is meer eenvormigheid in di wijnbereiding so wenselik en noodsakelik. Di boer op sijn beurt moet weer min of meer kan reken op sekere prijse ver sijn wijn om gewenste verbeterines te kan maak, daar nimand graag sijn kapitaal in heeltemal onseker ondernemings wil steek ni. Daar bestaan dus wedersijdse verpligtings tussen di wijnboer en di wijnkoper. Op di o'enblik kla di boere dat di wijnkopers net gé wat hul wil, en hul dus nooit op 'n normale prijs kan reken ni terwijl di wijnkopers weer kla dat hul ni di gewenste artikel in genoegsame hoeveelhede kan verkrij ni. Dit is natuurlik ver di wijnhandel van di uiterste belang.

Wel di klagtes is an albei kante min of meer gegrond. Dit moet en sal so ver kom, dat di boere an di koopmans di gewenste artikel sal kan lewer, mar tegeljkertijd behoort daar dan deur 'n algemene coöperatie van al di wijnboere 'n sekere maat van drukking op di wijn-kopers uitgeoefen te word om beter en bestendiger prijse ver di beter klas wijne te kan verkrij. Ek bedoel hier geen samenspanning tot enig soort van 'boycot' ni, mar net 'n sekere maat van voeling tussen di boer en di koopman ten einde 'n beter verdeling van di winste in di wijnhandel te verkrij.

Hiermee meen ek genoeg ver mijn doel o'er di te'enswoordige toestand van ons wijnbouw gesê te hê. Di kwestie is nou. in hoe verre moet di te'enswoordige toestand veranderd word en op waffer manier sal ons di gouste ons doel bereik. Soos ek reeds gesê het, bestaat daar te'enswoordig nog te veel gissing en wisselvalligheid op wijnbouw kundig gebied. Dit moet bepaald anders word. Deur di arbeid van so veel edele manne in di onselfsugtige dienst van di wetenschap is ons van dag in staat gesteld om haast alle gissing en skatting uit ons wjnbouw te verwijder. Ons sal bepaald dwaas wees as ons di vrugte van andere sijn dure ondervindings ni wil pluk ni. Mar ni net di resultate ni, di methodes wat daarbij gebruik werd is ver ons net so belangrik. Di geheim van al di methodes bestaat net daarin, dat proewe moet gemaak word, en di gevolge daarvan dan sekuur moet waargeneem en opgeskrijwe word. Net so min as één enkele paal ons 'n sekere rigting kan an wijs, kan één op sigself staande proef ons gewoonlik di gewenste informatie verskaf. In di re'el is n hele reeks van proewe eers nodig om ons 'n duidelike oplossing van ons vraag te gé. D'is ni dat ons boere geen proewe maak ni! O né, proewe word daar genoeg gemaak, mar di meeste proewe is onsamenhangend, en word ni sekuur genoeg vervolg, om al di vrugte daarvan te kan pluk ni. D'is 'n gevaarlike principe om an jou kop te veel toe te vertrouw. Om heeltemal seker van 'n proef te wees moet 'n mens alles sekuur opskrijwe in 'n boek wat net daarvoor gehou word. D'is waarlik tog ni te veel verlangd ni.

Laat dit nou met ons ni soos met Naäman di Syrier gaan ni. Partij mense glo net an 'n ding wat ver hul baing, geleerd en onverstaanbaar klink. Is 'n ding so eenvoudig dat elkeen dit kan verstaan, dan meen partij dat hul baing slim is, dat dit nou wel ver di domkoppe kan goed wees, mar ver hul is dit bijna 'n belediging om van so iets notitie te neem.

Hoe moet 'n mens een strenge proef maak?

D'is glad ni so 'n eenvoudige saak soos baing dink ni. Nct soos 'n ketting sijn waarde verloor deurdat een van zijn skakels breek, so verloor 'n proef waarbij di een of ander omstandigheid buiten rekening gelate is, sijn hele waarde, en lij hij ons partijkeer van di wal in di sloot. Dus verstaat elkeen al dadelik, dat 'n proef nooit els streng en o'ertuigend kan beskou word ni, tensij daarbij met al di omstandighede of factore rekening gehou geworde is. An di vereiste kan alleenlik voldoen word as 'n mens 'n skerpe waarnemingsvermo'e besit en alles sekuur opskrijwe. As ons wijnboere elkeen sijn ei'e ondervinding in di laaste tien of vijftien jare sou te boek gesteld hê, dan sou dit ver ons wijnbou van dag van onskatbare waarde geweest hê. D'is ver di grootste gedeelte 'n verlore skat wat ni terug te krij is ni. Mar dit mag ni langer so voortgaan ni. Di verledene kan ons nou wel niks meer an doen ni, mar di toekomst is tog daarom nog ons sijn. As elke boer di resultate van sijn proewe ver hom self sou hou dan sal ons wijnbou nooit vinnig genoeg kan ontwikkel ni. Ons moet oek hierin di voorbeeld van Frankrijk en andere lande volg. Di ou'e leus, "Eendracht maakt macht", moet oek ons sijn wees. Ons moet ons verskei'e ondervindings verenig om daaruit dan di beste gevolge te kan trek. Daarvoor moet ons self eers verenigd wees. Hoe moet dit nou gedaan word?

BOEREN-VERENIGINGS.

Volgens mijn beskei'e opvatting moet al di wijnboere deur 'n wijd versprijde netwerk met mekaar verbonden wees. Om mee te begin, moet elke veldkornetskap sijn boere 'n plaatselike vereniging vorm. Hul kan dan zegge maandeliks een slag bij mekaar kom om plaatselike belange te bespreek, en enige ondervindings wat hul in tussen nog opgedaan hê an di vergadering meetedeel. Al di verenigings moet dan weer één groot vereniging ver di hele distrikt vorm, soos bijv di 'Paarl Boeren Vereniging", en di laasgenoemde moet dan weer onderling verbonde wees, sodat feitelik per slot van rekening al di wijnboere lede is van één groot vereniging of associatie, wat dan di algemene belange van di hele wijnindustrie kan behartig. Het ons eers dit tot stand gebring dan sal di wijnindustrie 'n heel ander positie inneem as van dag di geval is.

Dit is oek duidelik di ideaal waarna ons almal moet strewe. Di ding is nou net om ni al te haastig te werk te gaan ni en bij di regte end te begin. D'is bij di boer en in sijn kelder waar ons moet begin. Di gesegde, dat ons kelders net so skoon soos ons sitkamers moet kan nooit genoeg herhaald word ni. Voor ons kelders en vate ni silwer skoon is en lekker ruik ni, kan ons nooit verwag om goeie wijn te maak ni. As 'n stukvat leeg getap is, moet hij dadelik sterk geswawel en dig toegemaak word, daar di wijn wat altijd daarin o'erblij 'n baing geskikte voedmiddel ver di kimme van di asijnsuur is, en zo 'n vat bijgevolg dus altijd suur wordt as hij oop blij staan. Elke boer moet daarvoor sorre, dat hij sijn vate ni muf of suur laat word ni. D'is baing makliker om 'n goeie vat goed te hou as om 'n slegte vat goed te maak. Dit sou dwaas wees om jou gesondheid mar te verwaarloos o'er dat zij weet dat daar 'n knap dokter in jou nabijheid is. As di kalf egter eenmal in di put lê, dan moet hij natuurlik dadelik daaruit gehaal word.

Om nou 'n muf of 'n suur vat reg te krij is daar verskillende maniere. Baing boere wit di vat met kalk uit. Ek is te'en di gebruik van kalk omdat de kalk bij de witterij sig mar net ver 'n klein gedeelte in oplossing bevind. Di gevolg is dat di suur in di hout ni so goed geneutraliseerd word ni, en dat daar in so 'n vat altijd 'n partij kalk agter blij wat ni uitgewas word ni. Bring jij nou mos (of wijn) in so 'n vat, dan neutraliseer di kalk 'n evenredige hoeveelheid vrugtesuur, wat ver di mos (of wijn) uiterst nadelig is. Verder is di antiseptise (kimmen dodende) krag van kalk mar gering "Caustic soda" is in alle opsigte geskikter ver die doel as kalk. Dit los baing maklik in water op, en besit 'n baing groter antiseptise werking as kalk. Volgens mijn ei'e ondervinding tot hier toe, blijk 'n eetlepel caustic soda op 'n emmer water di gewenste sterkte (of concentratie) te gé. Twee tot drie emmers van so 'n oplossing sal gewoonlik ver 'n stukvat genoeg wees. Di oplossing word in di vat gegooi nadat daar al een in is, en di vat daarmee dan goed uitgewit. Na 'n rukkie word so 'n vat dan vier mal agter mekaar met so wat drie emmers water uitgewas om al di "caustic soda" uit di vat te verwijder. Dit sal na 'n viermalige wassing oek di geval wees omdat di "caustic soda" in water baing maklik oplosbaar is. Was dit 'n suur vat, dan sal dit di beste wees om hom dadelik toe te maak en sterk te swawel. Dit sal baing goed wees om so 'n vat nog uit te stoom voor hij geswawel word. Sonder mij verder met di vate en kelders besig te hou, wend ik mij nou tot di waarskijnlik allerbelangrijkste vraag, namelik:

WANNEER MOET ONS PARS?

Min wijnboere het 'n regte besef daarvan hoe belangrik dit is om net op di regte tijd te pars. Di beste tijd om te pars hang van 'n hele partij dinge af. Mar daar is twee dinge wat tot gids kan dien om di tijd di beste te bepaal:
    a) di hoeveelheid suiker in di druiwe, en
    b) di hoeveelbeid vrugtesuur in di druiwe.

As druiwe so ver is, dat dit al begin rijp te word, dan word di vrujgtesuur al dag minder terwijl di suiker weer al dag meer word. As di druiwe al mooi rijp is, dan word di suiker baing skerp meer, totdat 'n sekere maximum bereikt word. Daarvandaan word daar ni weer suiker gevormd ni mar deur di druiwe deur verdamping van sijn water verloor, word hij natuurlik altijd nog soeter totdat alles naderhand rosijntjies geworde is. Wil 'n mens nou net spiritus fabriceer, dan sal dit goed wees om met die parserij te wag totdat de maximum van suiker gevormd is. Wil jij echter wijn maak dan kan jij ni net naar di suiker kijk ni, mar dan moet jij wel degelik oek met di vrugtesuur rekening hou. Di vrugtesuur speel 'n verskrikkelik belangrike rol in di wijn, wat later uit sulke mos sal ontstaan. Sijn rol is 'n drieledige: a) als estervormer, b) direk ver di smaak van di wijn, en c) als antisepticum.

Soos algemeen bekend is moet di geur of bouquet van 'n wijn hoofdsakelik an di esters toegeskrijwe word, wat daarin anwesig is. Die esters ontstaan deur di inwerking van di vrugtesure op di alkohol (spiritus). Het jij dus genoegsaam vrugtesuur in 'n wijn, dan sal meer en meer van di esters vorm hoe ou'er di wijn word. Was di mos egter arm an vrugtesuur bij di pars, dan sal di wijn noodwendig oek arm daaran wees, en sulke wijn sal nooit 'n waffer bouquet krij ni. Mar oek die smaak van 'n wijn word merkbaar deur di vrugtesuur geinfluenceerd. Wijn wat tamelik baing vrugtesuur bevat het 'n aangenaam koel en vrisse smaak. Verder het di vrugtesuur 'n merkbaar antiseptise werking. Di suur reactie van so'n wijn is ongunstig ver di ontwikkeling van di kimme wat di meeste wijnsiektes veroorsaak. Di moeielikheid is dus om vas te stel hoeveel vrugtesuur di beste resultaat sal lewer. Wat di suiker betref, is dit tamelik maklik. Ver elke volumpercent alkohol wat di wijn later sal hê moet di mos so wat 17 gram suiker per liter bevat. Moet di wijn dus 'n ligte wijn wees, d.i. moet hij ongeveer 10—12 volumpercent alkohol bevat, dan moet di mos 170—204 gram suiker per liter bevat. D'is mar selde dat 'n natuurlik gegiste wijn meer as 15 volumpercent alkohol bevat. Dit staat gelijk an 255 gram suiker per liter mos. Bevat di mos nog baing meer suiker as dit, dan sal 'n heel partij daarvan ni uitwerk ni en baing keer kraak sulke wijn hom dan in di najaar suur. Om vas te stel hoeveel suiker in di druiwe is, moet 'n mens 'n goeie monster van 6—8 trosse druiwe snij en dit (met jou hande) uitdruk. Di mos kom dan in 'n dro'e glascylinder, waarin dan 'n saccharometer of suikerproe'er gebring word. Di proe'er sal in di mos drijwe en d'is dan net nodig om af te lees waffer streep op di steel van di proe'er in di oppervlakte van di mos is. Di so verkre'e getal stel ons dan in staat om di gramme suiker per liter mos te bereken. Elke instrument sal egter net bij een sekere temperatuur reg lees. Dus is dit nodig om tegelijkertijd di temperatuur van di mos met 'n thermometer te neem. Die moeielikheid is daardeur verminderd geworde, dat a) di Balling saccharometer tegelijkertijd 'n thermometertje an hom het, en b) di sogenaamde "Standard saccharometer" wat Heynes Matthew en Co. verkoop (op 24° C. of 75° F.) reg lees en verder te'eno'er di temperatuur mar weinig gevoelig is. Van die twee proe'ers gé di eerste ons di getal gramme suiker per liter mos an, deurdat elke 10 gram suiker per liter mos verte'enwoordig, terwijl graad op di tweede proe'er één percent suiker in di mos anwijs. Bij gebruik van de "Standard saccharometer" sal daar gewoonlik ni 'n groot fout ontstaan as 'n mens di temperatuur buiten rekening laat ni, dat dit gewoonlik ni ver van 24° C. verwijderd sal wees ni en di instrument oek ni groteliks deur di temperatuur geinflueenceerd word ni. Daar ons op di Balling saccharometer direkt kan aflees hoeveel gramme suiker di mos per liter bevat, hou ek hom ver di praktieste. Di temperatuur correktie bedra + 0.8 graad fer elke 10° C. wat di temperatuur van di mos bo 15° C. is.

Enige voorbeelde sal dit duidelik maak:

Direkte bij lesing	Temp	Korrektie	Regtelesing
23.4 graad	25°c.	+0.8 graad	24.2 graad
21.9 "	30°c.	+1.2 "	23.1 "
18.4 "	20°c.	+0.4 "	18.8 "
20.4 "	18°c.	+0.2 "	20.6 "

In die vier gevalle sou di mos dus 242, 231, 188 en 206 gram suiker per liter bevat hê. As ons 17 gram suiker per liter ver 1 volumpercent alkohol in di wijn reken, dan sal ons in di vier gevalle wijne gekrij het met ongeveer 14.2, 13.6, 11.1 en 12.1 volumpercent alkohol. Dit sal natuurlik baing afhang van di soort wijn wat 'n man wil maak of jij di druiwe 'n beetje vris of rijper sal pars. O'er di algemeen sal di beste o'enblik om 'n seker soort druiwe te pars die wees, wanneer di suiker ver di wijn wat moet gemaak word reeds hoog genoeg is, terwijl di vrugtesuur nog ni te laag geval het ni. Om dit sekuur te kan uitvinde moet elke wijnboer di suiker sowel als di vrugtesuur bepaal in sijn mos ver elke kuip wat gepars word, en dit in 'n boek opskrijwe. Daar di parserij gewoonlik 'n hele titjtje duur, sal di druiwe wat laaste gepars word gewoonlik heel wat rijper wees as die wat eerste gepars werd. An di uitslag van di oes sal 'n mens gewoonlik gou kan oordeel waffer druiwe di beste wijn gegé het. Di volgende jaar moet di druiwe dan van tijd tot tijd op sijn suiker en vrugtesuur ondersoek word, en zo gou as di gunstigste o'enblik gekome is, moet di druiwe dan gepars word. Op hierdie punt kan ons ons ni op resultate in ander lande verkre'e verlaat ni. Ons moet dit eenvoudig ver elke plek en ver elke soort druiwe hier self deur di proef vasstel. Hoe eerder ons dus daarmee begin hoe beter. D'is dus uiterst wenselik dat elke wijnboer hierin sal saamwerk. Dit kan hij daardeur doen, dat hij hom een of ander van di genoemde suikerproe'ers anskaf, en ten minste di hoeveelheid suiker in sijn mos bepaal soos reeds angetoon. Dit moet dan dadelik in 'n boekie opgeskrijwe word. Hij moet verder daarbij skrijwe wat hij met di mos gemaak het. Bijvoorbeeld wanneer hij dit elke slag af en o'vergetap het en hoeveel pitte zwawel hij dit elke slag gegé het. Eindelik wanneer di wijn skoon was of dit toen nog soet was, enz tot dit ver koop werd.

Hierdie idee sal ons di beste kan verwesenlik deur minstens in elke wijk of veldkornetskap 'n
COOPERATIEVE KELDER
op te rig. Daar enige coöperatieve kelders nou reeds bestaan en ek dit als uiterst wenselik beskouw ver di ontwikkeline van ons wijnbouw, dat baing meer van sulke kelders moet opgerig word wens ek hier net korteliks di hele kwestie van di coöperative kelders te behandel. Di feit dat dit

in andere lande 'n sukses was, is al reeds 'n soort van 'n argument daarvoor. Mar sonder hierop te veel te gaan bouw, hoop ek hier te kan aantoon, waarom dit ni net wenselik is ni, mar selfs hoog nodig om oek hier di systeem van coöperatieve kelders in te voer. Een van di eerste argumente daarvoor wat ek hier wil noem is di onomstotelike feit, dat di o'ergrote meerderheid van di kelders in al ons wijndistrikte ni in di geringste an di vereistes van 'n goeie kelder beantwoord ni, ja die meerderheid verdien ni eens di naam van 'n kelder ni. As ons goeie wijn wil maak moet dit glad anders word. Mar wat sal nou voordeliger wees: dat elke boer ver hom self 'n ordentlike kelder sal bouw? of dat 7 of meer boere saamspan en één goeie, centrale kelder gaan bouw? Di onkoste sal in di laaste geval natuurlik baing minder wees as in di eerste. Daar di regering verder bereid is om geld op baing gunstige terme an sulke associaties voor te skiet word di saak al annemeliker. In so'n kelder kan alles dan ingerig word volgens di vereistes van 'n eerste moderne kelder. Wat di vatwerk betref, kan di boere hul ei'e vatwerk oek verder in so'n kelder gebruik, waar di vate goed genoeg is.

Di voorgaande argument is wel baing gewigtig, mar hij is lank nog ni di allergewigtigste ni. As ons Suid-Afrika 'n wijn drinkende en dus 'n sobere land wil maak, dan moet ons plaatselik ligte, gesonde wijne te'en billike prijze verskaf. As ons 'n ligte wijn soos in Frankrijk kan maak, waarvan 'n man op een slag 'n bottel vol kan drink sonder om daarvan iets o'er te kom, dan gé dit ei'enskap, dat baing meer wijn sal gedrink word, en dat de wijn gou-gou ons nationale drank sal wees. Dan sal ons ni in di buiteland o'er 'n markt hoef te gaan rond val ni, en sal ons hier baing minder dronkenskap hê as vandag. D'is geen gekheid ni, want de ondervinding van Frankrijk en andere wijnbouwende lande bewijs dit al te duidelik. Ons moet dus in di toekomst hoofdsakelik ligte wijne maak. Daar alkohol di ontwikkeling van nadélige kimme in di wijn te'enwerk, is dit maklik te verstaan dat swaar wijne — wat dus baing alkohol bevat — minder an allerhande siektes onderhevig is as ligte wijne. Daarvandaan komt dit dan oek, dat dit baing moeiliker is om 'n ligte wijn te maak wat goed hou as 'n swaar wijn. Di treurige feit bestaat daar van dag nou een mal, dat di grote meerderheid van ons wijnboere van wijnmaak tog mar min af weet. Voordat elke boer dit sal geleerd hê sal nog heel wat water in di see loop. Ver di te'enwoordige sal dit dus di beste wees om iemand te krij wat nadere kennis van die saak het. Mar daar is glad ni an te dink, dat elke boer ver hom 'n wijnexpert of iets dergeliks kan anskaf ni. Bij so 'n coöperatieve kelder egter is di saak heel wat veranderd, en daar sou an 'n expert nog al te dink wees. Ek sal hierop later weer terugkom.

Mar daar is nog baing meer voordele as di reeds genoemde an so'n coöperatieve kelder verbonde. Een van di grootste is, dat di boere op di manier verenigd raak, en hul onderlinge belange beter kan behartig. Een van die voordele wat hieruit ontstaan, is dat hul alles wat in di boerderij nodig is saam kan koop en dit dus te'en billiker prijse kan verkrij. Deur dat hul oek saam verkoop sal hul hul belange ook in die opsig beter kan beskerm. Mar wat ver di wijnhandel en dus oek ver di wijnindustrie als geheel van di grootste belang sal wees is di mogelikheid wat deur coöperatieve kelders gegé word om grote hoeveelhede wijn van één en dezelfde soort in di handel te kan bring. D'is 'n punt die, waarop ni genoeg kan gedruk word ni. Di koopman wil 'n artikel hê, waarop hij van jaar tot jaar kan reken. As hij ver homself eenmal 'n goeie naam ver 'n seker artikel verwerwe het, dan moet hij oek in staat wees om altijd di selfde stof te kan lewer. Doet hij dit ni, dan sal hij gou genoeg sijn goeie reputatie verloor en sal sijn handel natuurlik daar onder lij. Dus siet elkeen hoeveel ons deur coöperatie op die punt sal wen.

Mar soos reeds gesê is, het ons speciaal opgeleide mannen nodig om an di hoofd van so'n coöperatieve kelder te gaan staan om di wijn te maak. Dus kom ons nou bij di kwestie van

ONS TOEKOMSTIGE WIJNEXPERTEN.

Wie sal hul wees? Ons ei'e mense natuurlik! Ons het in di verledene mar uitlandse experte moes neem omdat ons self ni di nodige manne gehad het ni. Van dag is ons egter al 'n bietji verder. Di land en di regering lijk nou tog ingesien te hê, dat dit ver ons op elk gebied beter sal betaal om ons ei'e manne ver plaatselike betrekkings te laat oplei as om vreemdelinge hier in te voer. Di stap wat di regering geneem het om vier van ons jong kerels Europa toe te stuur om di wijnbouw daar prakties te gaan bestudeer, kan ons ni anders as toejuig ni. Ek het heeltemal 'n goeie verwagting van hul. Hul sal bij hul terugkomst natuurlik hier nog baing moet kom leer en experimenteer, mar hul sal ten minste weet hoe om dit te doen, en sal 'n gesonde basis hê om verder op te kan gaan bouw. Daarmee is al baing gewonne.

In di verledene was di idee om één goevernements wijnexpert op Constantia te hê om dan daar wijn te maak volgens di beste en nieuwste methodes, en dat di boere dan daarnatoe moes kom om dit alles te sien en iets daaruit te leer. Die idee baseer op 'n glad verkeerde veronderstelling. As 'n boer eenmal op sijn plaas is dan gaat hij ni maklik meer skool toe ni. Di enigsteplan is dan om di skool na hom toe te bring. D'is waar in di verledene di grootste fout gemaakt werd. D'is dan oek geen wonder dat ons wijnboere o'er di algemeen niks deur sulke experte geprofiteer het ni. Wat ons land nodig het is 'n rondgaande expert. Imand wat deur al di wijndistrikte moet gaan, en di boere sijn kelders en wingerde moet gaan inspekteer om te kan weet wat daar op di o'enblik gedaan word. Imand wat in persoonlike verkeer met di wijnboere sal staan en so hul vertrouwe sal win. So een sal di beste in 'n positie wees om te weet wat daar moet en kan gedaan word, en sal dus oek di meeste ver ons sukkelende wijnindustrie kan doen.

Toen ek so ewe di systeem van coöperatieve kelders bespreek het, het ek belowe om later op di punt terug te kom: wie moet daar di wijn maak? Wel as di vier kerels van Europa af terug kom sal hul wel di wijn in so'n kelder kan maak. Mar vier is lank ni genoeg ni! Dus moet daar 'n ander plan gemaak word. Volgens mijn opinie lijk di volgende plan di beste oplossing van di moeilikheid. Dit kom net daarop neer: jij moet di boere in staat stel om di werk self te kan doen. Deur reeks van praktiese voorlesings onder di boere kan jij hul langsamerhand op hoogte van sake bring. Mar ver di coöperatie kelders is hulp dadelik en dringend nodig. Di beste sou in die geval wees, dat uit elke wijk of veldkornetskap die boere self één uit hul midde kies ver di werk. Di geskikste sal 'n betrekkelik jonge boer wees, wat 'n tamelik goeie algemene opvoeding genoten het. Sulke kerels kan dan 'n speciale, hoofdsakelik praktiese kursus ergens volg onder leiding van imand, wat deur di regering ver sulke soort werk angesteld is. Op di manier kan hul dan in so wat 'n maand di aller nodigste informatie opdoen. Hul kan dan in hul ei'e wijk di nodige, eenvoudige ontledings van vrugtesuur en suiker in di druiwe uitvoer en oek opsig hou o'er di maak van di wijn. Verder kan hul algemeen behulpsaam wees in di verspreiding van nuttige informatie.

    Op die manier sal ons wijnboere langsamerhand de nodige kennis omtrent hul ei'e, moeielike vak verkrij, en sal ons wijnindustrie spoedig sodanig ontwikkel, dat ons ver ander lande ni meer sal hoef agteruit te staan ni.

+++

Onze Wijnbouw
Sourced from: Nietvoorbij
Publisher: none shown
Printer: none shown*
Dated: none shown*
* Van de Sandt de Villiers, Kaapstad, 1906 according to Perold's bibliography in R U Kenney's book *Wegwyser van ons Wingerdbou.*

Drainage (1910)

A Paper read before the Paarl Farmers' Association.

However indispensable and valuable water may be to all plant life, its injurious effect is undeniable when it is present in the soil in too large quantities.

Let us briefly consider the principal disadvantages of the presence of too much water in the soil. They are as follows:—

(a) A deficiency of air in the soil;
(b) Too low a temperature of the soil;
(c) Difficulty of cultivation;
(d) Unhealthiness of the soil;
(e) Growth of noxious weeds;
(f) Failure of beneficial effects of manures;
(g) Production of watery and tasteless fruit.

More disadvantages might be mentioned, but the above will suffice for a brief discussion.

(a) A deficiency of air in the soil.

Everyone knows that our fertile humus soils are very loose, consequently aeration has free play in them. Aeration decreases in proportion to the depth to which we penetrate into the soil. The presence of air is indispensable for the development of higher plant-life. Not only the leaves, but the roots also require air for their healthy growth. If, therefore, the ground is too wet the superabundant moisture occupies the place of the air, and the roots cannot develop properly. The continuance of this state of affairs for any length of time causes the roots to become water logged, and to be attacked by certain bacteria which kill them; in other words, the roots decay. The plant here shows a tendency to develop its roots as much as possible in the upper layers of the humus.[2] It follows, therefore, that these very roots do not find an adequate amount of water in the soil during summer, and as a result the plants *visibly suffer from drought.*

If the ground had not been water-logged during winter the reverse would have taken place. With the percolating water air enters the soil, and if the moisture is enabled to penetrate to an adequate depth, and can then be removed either by artificial or natural drainage, the soil will be aerated simultaneously with the circulation of the water. Thus the presence of both air and water in the subsoil will cause the roots to penetrate to a level where even in the driest summers they will find the moisture necessary for their proper development. At the same time the lower strata of humus through the action of the now prevailing influences are gradually "slaked" or "*gebluscht,*" that is to say, the layer of humus increases in thickness. For it is to be remembered that the humus is the habitat of many millions of different kinds of living beings (both lower creatures and plants), which here play a most important part in the fertilisation of the ground, especially certain kinds of soil bacteria, which develop most favourably in well aerated soils. A plant in such ground is, therefore, enabled to gather nutriment from the lower levels of the soil, which under different conditions would have been impossible. Well-aerated soil is always of a higher temperature than wet soil, heat being liberated whenever air moisture is condensed to water.

(b) Too low a temperature of the soil.

Most of you undoubtedly know that heat is necessary for water to evaporate. A continuous evaporation of water always being present in wet soils, tho soil is kept at a low temperature as long as an excess of water is present. This low temperature again is unfavourable to the growth of crops. *Wet* soils are often mentioned as synonymous with *cold* soils.

---

[2] Every Wine-farmer knows that vines develop an abundance of thin hairy roots wherever the soil contains too much moisture.

(c) Difficulty of cultivation.

This fact is undoubtedly familiar to all of you. The ground "swells" or "bulges," as we say in these parts, when there is no outlet for the water. It gets so soaked and sodden that for the time being it is impossible to work it; and when after a space this seems possible, the soil is found to be so hard and compact as to render a thorough cultivation exceedingly difficult. An additional drawback is the weeds, which meanwhile have formed a dense growth on the land. After ploughing such land compact sods and "clods" are formed, which ere long become hard and dry, taking a rather long time to be again converted into soft and friable soil. The worst feature, however, is the probable formation of a hard pan in the subsoil, rendering a thorough aeration almost impossible. The important part which air plays in the soil has already been referred to. We may add that loose, friable soil attracts more moisture from the atmosphere than hard soil, the moisture-laden air being able to enter it and thus giving rise to the formation of dew *in the soil itself*. The greater the distance from the surface at which the latter is developed the more difficult its evaporation during the heat of the day. And by keeping the top layer in a fine and friable condition evaporation may be reduced to a minimum.

(d)   Unhealthiness of the soil

The fact of its being unhealthy for plants—I chiefly mean our cultivated crops—must be evident from what has been said above. But I wish to point out more particularly that areas with wet soils affect the health of human beings most seriously. I have in my mind such diseases as malaria, etc., which are conveyed to the human subject by mosquitos and such like insects. In such areas the ground *must* be drained before being cultivated.

(e)   Growth of noxious weeds.

Many plants only thrive luxuriantly when provided with an abundance of moisture. These are the so-called aquatic plants. But most varieties of weeds like any amount of water. Only think of our "*water weed,*" which fully deserves its name. Then it is well known how terrible are the ravages caused by various noxious weeds in our cultivated crops.

(f) Failure of beneficial effects of manures.

This need not surprise us, considering the many obstacles to the development of plants in wet soils and the fact that plant-food is only available in a greatly diluted solution. Moreover, certain manures have to undergo, through the agency of soil bacteria, some chemical alterations before being available as plant-food for the crops. Farmyard manure and kraal manure may be mentioned as good illustrations of the fact. Thus the ammonia in these manures has first, through the agency of nitrite and nitrate bacteria, to be converted into nitrite and nitrate respectively before being available as plant-food. But the proportion of air in water-logged soil is far too small, and the general condition for the existence of the above bacteria much too unfavourable to effect the conversion of ammonia into nitrate. The same remarks apply to the complete decay of straw, often a constituent of these manures.

(g) Production of watery and tasteless or unripe fruit.

In most vineyards it is those spots which suffer from too much moisture in winter where grapes do not attain to perfect maturity during summer, if the soil remains too wet throughout the year, or is too moist during the fruit season, the fruit is watery and possesses little aroma. Under these conditions it moreover does not always attain to perfect maturity.

Too much water in the soil is therefore always a disadvantage, and consequently such soils should be thoroughly drained. Two possibilities may arise in connection with this fact:

(a) The land is on a very low level and should be drained, or (b) the soil is too wet for cultivation, and the excess of water should be removed.

The first case is of frequent occurrence in the Netherlands, where "polders" (tracts of drained lands) have been created by pumping out the superabundant amount of water, now carrying most profitable crops where previously hardly anything would grow or the whole area was one sheet of water. But also in certain low valleys cultivation is totally impossible unless the excess of water has been removed. This is best effected by digging open trenches or canals, rather wide and deep, to divert the water.

With us, however, the second case is more usual, so I wish to confine myself to its aspects alone.

The first question presenting itself in this connection is: *How am I to know which ground should be drained?*

By way of answering this question one might say that the presence of an abundance of weeds and water-grasses is in itself an indication of a great deal of water in the soil. According to *Risler and Wery*, from whose excellent work on "*Irrigations et Drainages*," I have freely borrowed, the best way of finding out whether a piece of ground should be drained or not would be as follows: —

A few holes, 4½—6 feet deep are dug in the ground. If after a rainfall the water remains stagnant in the holes for some time at a distance of 1½ to even 3 feet from the surface of the ground, this demonstrates clearly that the ground should be drained. Many people will doubtless say that few soils which give satisfactory results without draining would have to be drained according to this rule. But it is also far from certain that such soils, if drained, will not produce much better results than before. For, as has already been said, the capacity of such soils, if drained, for absorbing and retaining more water and air during summer in their lower layers is considerably increased, hence they become cooler and deeper than they used to be.

We shall deal firstly with some general questions in connection with drainage, and then proceed with the discussion of the practical application of a drainage system.

Each drainage system is composed of a series of smaller drainage pipes running parallel, all converging into a larger pipe. The latter may be called the outlet pipe or discharge pie. Circumstances may render it expedient that these outlet pipes should again terminate in larger ones, the latter ultimately converging into one main outlet pipe.

Let us now briefly discuss the following points: -

1. The *direction* of the draining and outlet pipes in connection with the natural incline of the ground.

2. The depth at which the draining and outlet pipes should be laid.
3. The *distance* between the draining pipes.
4. The *length* of the rows of draining pipes and of the outlet pipes.
5. The *gradient* of the draining pipes and of the outlet pipes.
6. The *dimensions* of the draining pipes and of the outlet pipes.

1. The direction of the draining and outlet pipes in connection with the natural incline of the ground.

Here we have evidently two possibilities. Either draining pipes may run in the direction of the greatest incline, and outlet pipes in a slanting direction, *e.g.*, in an angle of 45°—60° with them, or the reverse plan may be applied. The former plan is the older one, and generally recommended in the majority of works on drainage. The latter plan was published for the first time by Risler before the French National Association for Agriculture in 1890, after having practised it for thirty years on his own estate. It offers far greater advantages than the first-named system. By it the soil is drained in much less time and the danger of pipes becoming choked is almost entirely obviated. The outlet pipe running in the direction of the greatest incline of the ground offers the best facilities for the water to be carried off as quickly as possible. Consequently it is practically impossible for fragments of soil to be left behind in the outlet pipe, obstructing the free passage of water. It is further a most important fact that the surface drained in this manner is considerably larger for the same length of draining pipe than if would have been if the other system had been applied. For this reason the draining pipes may be laid with a somewhat greater distance between them, saving in this way 10 per cent, in the costs of drainage.

The water being carried off very rapidly through the draining pipes, the latter will hardly ever be completely filled. If this should be the case —and it is very liable to occur with the other system—they act like a sucking-punm,[3] causing fragments of soil to enter the draining pipes, rendering them

---

[3] This is surely a misprint of *pump*. (PFM 2014)

liable to become choked. The draining pipes should form an angle of 45°—60° with the outlet pipes.

2. The *depth* at which the draining and outlet pipes should be laid.

In connection with this matter it is impossible to lay down a general rule applying to all lands. Everything depends on local conditions. The chief factors to be taken into consideration are the following, viz.: —

(a) The largest amounts of rain falling daily during the rainy season and generally the distribution of rain over a smaller or larger number of rainy days. Thus it will be found that in countries with, many rainy days during the year, but with not too excessive a daily rainfall, intensive drainage is less necessary than with us. Here in the South-West we have to take into account our heavy winter rains, occasional falls of 4—6 inches a week being nothing unusual. It will, therefore, also be found necessary to lay our draining pipes at a deeper level and to make them of a larger size than they do in England and Central Europe. In England, for instance, drainage is effected at a depth of from 2—3 feet. Mr. Hall, Dr. Gilbert's successor as Director of the celebrated Rothamstead Agricultural Experimental Station in England, attributed the frequent failures in drainage to the excessive depth (4 feet) at which draining pipes in many large areas of England were laid between 1830 and 1870. As a general rule, we should lay our draining pipes at a depth of from 4—6 feet. The reason why our system of drainage should be of so intensive a character is, therefore, due to the large quantities of water which accumulate suddenly in the soil, and *should be removed as soon as possible* (to a reasonable extent).

(b) The nature of the soil. If the surface soil has only a depth of 3 feet, and is lying on an impervious, hard pan, the draining pipes should be laid on the latter—at any rate, not deeper. In solid clays, the draining pipes should be laid more shallow than in sandy soils. If placed too deep in clays there might be a risk that, although a drainage system was established, no drainage would take place. With us it may safely be assumed that a depth between 3 feet and 6 feet is most desirable, according as we have to deal either with tough clays or deep and loose sandy soils. For "broken" ground 4½–5 feet depth might be recommended. These are, however, no standard figures, the most convenient depth always depending on local conditions.

(c)   The pipes should be laid at such a depth as to be beyond the reach of roots.

(d)   The outlet pipes should be laid 3 inches deeper than the draining pipes, and the former again about 1 foot higher than the highest level of the water in the trench or river receiving the drainage water.

3.   The *distance* between the draining pipes. This should be so large as to allow a thorough drainage of the whole of the ground, leaving no wet "kollen." Hence the object is for each pipe to drain the largest possible surface.

This will depend on: —

(a)   The *depth* at which the pipes are laid; the deeper they lie the greater will be the surface they are able to drain. There is, of course, a limit of depth, drainage becoming a failure at too great a depth.

(b)   The incline of the ground. The greater the incline, the farther apart the pipes may be laid.

(c)   The direction of the draining pipes. If laid according to the modern system the distance between them may be somewhat greater than it would be if the older system wore adopted.

For Central Europe, at a depth of about 4 feet and a gradient of 3-4 per 1,000, the following figures have been adopted: —

For heavy clays, 12 yards.
For broken soils, 10-20 yards.
For light sandy soils, 21 yards.

In the case of grounds with a greater incline these figures may he increased by 20 per cent.

4.   The length of the rows of draining pipes and of the outlet pipes.

The length of the rows of draining pipes will depend, on the diameter of the pipes, the incline of the ground, the distance between the rows of draining pipes, and, lastly, on the quantities of water which at certain times of the year should be removed from the soil as rapidly as possible. As an average length for the rows of draining pipes 120-150 yards is usually adopted. As to the outlet pipes, an average length of 500 yards may be recommended. It is desirable to have at the end of each 500 yards a catch-hole ("vanggat"). Such catch-holes can be opened, and effectually prevent the choking up of the outlet pipes. They are frequently fixed at the point where two or three outlet pipes run into a larger pipe. How they are constructed we shall see later on.

5. The *gradient* of the draining pipes and of the outlet pipes.

For draining pipes a fall or gradient of 1 per 300, *e.g.*, 1 foot for each 100 yards, is usually fixed. Wherever the ground is sloping a greater fall may be easily made. This is always an advantage. When, however, the ground is fairly level, the former gradient will suffice. For the outlet pipes a fall of 2 per 1,000 or 3 feet for each 500 yards is generally taken. A greater fall would, of course, be an advantage here as well.

With regard to this matter it is, however, most essential to be extremely careful in laying the pipes, and to see that a *regular fall* is obtained, enabling the water to run off freely everywhere, and preventing it from "damming" anywhere in the pipes. Any hollow in the pipes might cause them to become choked.

6. The *dimensions* of the draining pipes and of the outlet pipes.

In Central Europe 2 and 3 inch pipes respectively are considered sufficient. Here we generally use draining pipes of 3 inches in diameter, the outlet pipes having a diameter of 5 inches. Wherever no large quantities of water are to be removed in winter smaller pipes will be found efficient. *Yet it is better to have your pipes too large than too small.*

+++

Drainage
Sourced from: Nietvoorbij
Publisher: Dept of Agriculture, Cape of Good Hope.
Reprinted from Agricultural Journal of 1910
Printer: Cape Times Limited, Government Printers
Dated: 1910

Belangrike Wynbouwkwessies (1911)

(Toespraak gehou aan die Paarl deur Dr. A. I. Perold onder beskerming van die "Paarl Boeren Vereniging" op Maandag, die 24ste deser.)

Meneer die Voorsitter en Here.

Dit was vir my 'n groot genot om die uitnodiging van uw vereniging te ontvang om hier onder uw beskerming myn eerste publieke toespraak o'er wynbouwsake sedert myn aanstelling als Goevernements wynbouwdeskundige te kan hou. Terwyl ek u vir die uitnodiging myn hartelikste dank toebring, wens ek die hoop uit te spreek, dat dit nie die laaste maal mag wees dat so'n eer my mag te beurt val nie. Na enige jare van plaatselike studie en ondersoek hoop ek u op nieuwe bane in die wynbouw te kan voortlig. Vir die te'enwoordige moet u egter tevrede wees wanneer ek u in aanraking bring met die grondbeginsels waarop die wynbouw in andere lande berus, en u op die vooruitgang wys, wat in lande soals Algiers, in die laaste tyd op die gebied van die wynbereiding gemaakt is.

Soals u in die oproeping vir hierdie vergadering sal gesien hê, werd vyf punte aangegee waaro'er ek sou spreek. Alhoewel elke punt op sigself 'n hele voorlesing wêrt is, sal ek tog probeer om die hoofd feite in verband met elkeen korteliks te bespreek.

1. HOE OM 'n LIGTE, NATUURLIKE WIJN TE MAAK.

Hierdie punt sal ek die eerste bespreek omdat hy die gewigtigste is. Want het jy eers 'n goeie natuurlike wyn, dan kan jy ook goeie wynbrandewyn en goeie wynasyn maak.

Verder is ons hoofddoel tog ook om goeie natuurlike wyne te maak. Elke wynboer behoort syn eer daarin te stel om die beste wyn te maak wat onder omstandighede op syn plaas te maak is. Dit kan hy doen deur o.a. op die volgende punte te let:

(a) SKOON VATWERK EN KELLERS.

Daar is baing min van ons wynboere wat die absolute noodsakelikheid van skoon vate en kellers besef, want anders sou kellers en vate daar beter uitsien als werkelik die geval is. Natuurlik is daar ook gunstige uitsonderinge, maar dit neem nog nie weg nie, dat ons in hierdie opsig nog lang nie is waar ons moet wees nie. Die grootste moeilikheid is, dat die vyand vir die gewone boer onsigbaar is. Want met die blote oog kan 'n mens die kieme nie sien wat die wyn siek maak nie. Daarom is dit die veiligste om aan te neem dat die vyand altyd daar is en die wyn bedreig. Als die keller nou vuil is dan beteken dit dat die vyande van die wyn in grote getalle aanwesig is. Die man wat syn keller baing skoon hou het dus veel meer kans om goeie gesonde wyne te maak als die ander wat vuil kellers het. *Besems, water en kalk moet in 'n keller nie gespaar word nie Die* kellermure moet van buite en binne altyd goed gewit word. Die solder moet ook skoon gehou word, en daar moet op gelet word dat nergens spinnerak aansamel nie. Maar voornamelik die vatwerk moet skoon en gesond gehou word, omdat die wyn in direkte aanraking daarmee kom. Niemand kan ooit verwag om goeie wyn in 'n slegte vat te maak nie. Daar is selfs boere wat meen dat 'n goeie wyn 'n slegte vat weer reg maak. Dit is egter die grootste kettery wat jy jou op wynbouwkundig gebied kan dink. Soals in die geneeskunde is ook hier die spreuk. "Voorkomen is beter dan genezen," van krag. Want is 'n wyn eers siek dan moet hy gewoonlik ophou wyn te wees en o'ergaan in asyn of brandewyn. En selfs dan is dit nog nie altyd 'n goeie produkt wat jy daaruit kan maak nie. 'n Sieke wyn sal slegs dan 'n goeie asyn gee, wanneer hy net aan die asynsuursiekte gely het, d.i. wanneer hy net 'n asuurkraak gehad het. Was hy suur geword maar was dit 'n ander soort suur als asynsuur wat daarby ontstaan het, dan sal so'n wyn gin goeie asyn gee nie. Verder sal 'n siek wyn nooit goeie brandewyn gee nie. Die beste is om daarvan asyn te maak, en gaat dit o'er die reeds genoemde redes nie, dan moet die wyn op 'n baing ho'e graad gestook word deur middel van rektifiëer kolomme. Die produkt is dan gin brandewyn nie maar wynspiritus.

Hieruit sal elkeen wel verstaan, dat daar aan siek wyn gewoonlik nie veel te kwaksalwer val nie, en dat alle wyne dus gesond behoort gehou te word. Skoon vate is een van die dinge wat hiertoe nodig is. Om 'n vat skoon te hou moet jy hom met goeie skoon water terdege laat was nadat die wyn van syn moer af getap is, goed laat uitdro'e en poort en spons uithaal tot die vat goed winddroog is, dan die poort insit en die tap inslaan, nou die vat goed swawel—met pitteswawel, maar die swawel moet nie te dik op die pit wees nie, daar gesmolte swawel anders op die bodem van die vat sal val, wat sleg is—en dan die spons dig opsit. Die le'e vate behoort elke maand ten minste 'n goeie pit swawel te kry en goed dig gehou te word.

Gebeur dit dat 'n wyn siek word dan sal dit natuurlik nodig wees om die vat weer gesond te maak so gou als die wyn daaruit is. Dit sal van die biesondere siekte afhang hoe jy die vat sal moet behandel. O'er die algemeen kan 'n mens sê, dat dit altyd goed sal wees om 'n siek vat terdege uit te stoom. Suurvate kan ook op die volgende manier gesond gemaak word: Neem 'n goeie eetlepel bytende soda ("caustic soda") op 'n emmer water, roer goed om en laat 'n jong die vat van binne met 'n lap goed was met hierdie loog. Hy moet oppas dat dit nie in syn o'e kom nie. Als die eerste emmer op is, laat dan 'n twede emmer so opgewas word. In die poort van die vat sal natuurlik onder iets gesit word sodat die loog nie kan uitloop nie. Die loog moet ook te'en die vat gegooi word. Laat dan na verloop van 'n half uur die vat goed was met skoon water. Eers word al die loog uit die vat verwyderd, dan word hy met twee emmers skoon water gewas. Hierdie waswater word uit die vat verwyderd en die wassery met 2 emmers skoon water tot vier maal toe herhaald. Dan sal die vat skoon wees als die werk behoorlik gedaan werd. Die vat word dan uitgedro'e en blyf oopstaan tot hy goed winddroog is. Dan word hy soos reeds beskrewe sterk geswawel en toegemaak.

Waar dit kan gedaan word sal die beste wees om die vat eers soos bobeskrewe met die loog en dan water te was, en ten slotte goed uit te stoom om die o'ergeblewe asynbakterië dood te maak.

Voor van hierdie punt af te stap wil ek net nog daarop wys dat nattigheid in 'n keller baing nadelig is, en biesonder dan wanneer dit 'n bietjie wyn is. Wyn behoort nooit op die keller syn vloer gegooi te word nie, net so min als bietjies wyn in die keller mag oop staan, hetsy in die kim van 'n vat wat lek of in 'n emmer of bakkie. Want sulke wyn is 'n geskikte aanteelplek vir alle kieme wat in die lug rondvlieg en die wyn kan siek maak sodra hul daartoe 'n gunstige kans kry.

Ook alle kellergereedskap moet skoon gehou word. So moet byv. na 'n pomp gebruik werd om wyn mee te pomp eers 'n party skoon water daardeur gepomp word voor hy opsy gesit word om alle wyndele uit die pomp en die ly'ers uit te was en te verhinder dat die wyn die pomp kan vreet en als 'n vermeerderplek vir skadelike kieme kan dien. Die waswater moet natuurlik goed uit die pomp verwyderd word. Ook alle wynpompies of proe'ers (wat by voorkeur van glas en ternoods ook van blik of gomelastiek moet wees) om proefies wyn uit die vate te haal, moet dadelik na gebruik met skoon water gespoel word, daar hul anders skadelike kieme aansamel en by die volgende gebruik 'n hele vat wyn kan siek maak.

(b) DRUIWE GOED RYP TE LAAT WORD EN GOED UITSOEK BY PARS.

In ons land was daar reeds 'n hele party wyneksperte wat elkeen 'n ander manier van wynmaak aanbeveel het. So verstaan ek dat Fientes aanbeveel het om die druiwe tamelik groen te pers, terwyl Von Babo gesê het, dat die druiwe goed ryp (nie o'er ryp nie) moet gepars word.

Laat ons nou korteliks sien wat elkeen vir homself te sê het. Wel, die eerste opvatting word gesteun deur die feit dat ons druiwe, wanneer hul goed ryp is, maar min vrugtesuur het, daar laasgenoemde skerp verminder naar mate dat die druiwe ryper word. Aangesien vrugtesuur baing goed is om saam met die alkohol die wyn te'en siektes te beskerm, hom fris te maak en met die ou'er word syn geur te vermeerder, en—wat misskien die hoofdsaak is—die mos 'n gesonde gisting te laat deurmaak, kan 'n mens Fientes syn ywer om die druiwe tamelik groen te laat pars, goed verstaan. Aan die ander kant kan Von Babo weer sê, dat eers die goed rype druiwe die volle geur van die biesondere druifsoort het, en dat eers dan die pitjies ryp is. Die doppe is dan nie net geuriger nie, maar hul gee die geurstof ook makliker af en is sagter als wanneer die druiwe nog nie heeltemaal ryp is nie.

Verder is die pitjies van onrype druiwe nog groen en houterig en half sag. Hul gaan makliker stukkend by die trap of maal van die druiwe en gee dan 'n onaangename smaak aan die wyn. Is die druiwe eers goed ryp, dan is die pitjies ook ryp en hard. Hul gee dan gedurende die gisting hoofdsakelik looistof aan die wyn af, wat vir die verder ontwikkeling van die wyn tot groot nut is. Ook die stengels, wat ongelukkigerwys meestal saam met die doppe en mos bly gis, is wanneer hul goed ryp is baing minder nadelig vir die wyn als wanneer hul nog groen en so baing houterig is. Die stengel is feitelik net n' voortsetting van die loot en behoort dus als hout beskouwd te word, en als sodanig altyd van die doppe en mos voor die gisting geskeie te word.

Beskouw jy dus die saak als 'n geheel, dan moet jy noodwendig tot die konklusie kom, dat Von Babo op die regte spoor was. Als jy die druiwe goed ryp laat word en dan pars, dan kan jy die suur nog altyd verhoog, deur 'n toevoeging van wynsuur (sê 1½ lbs. per legger mos wat jy van tyd tot tyd in die kuip strooi, terwyl hy volgepars word, dus vir 'n 6 legger kuip wat ongeveer 3 leggers mos sal gee, sal jy omtrent 5 lbs. wynsuur neem) en dan het jy nog al die voordele wat ryp druiwe bied en nie die nadele van halfgroen druiwe nie.

Myn raad is dus dat elke boer syn druiwe goed ryp moet laat word voor hy dit pars, maar dan moet hy hul pars, omdat o'erryp druiwe vir dro'e ligte wyne nie so goed is nie als druiwe wat net goed ryp is. Die praktiese moeilikheid is nou om die juiste o'enblik te bepaal wanneer die druiwe net goed ryp is, En tog sal die opmerksame praktiese boer tamelik goed hierdie o'enblik vasstel net deur die druiwe te bekyk en te proe. 'n Nuttige hulpmiddel hierby is 'n suikermeter, waarvan daar 'n hele party bestaan wat almal op verskillende principes gebaseerd is. Ek wens biesonder die van Balling aan te beveel. Dit sal o.a. by Heynes Mathew en Co. in die Kaapstad te verkry wees. Dit sal kompleet met een passende glascilinder afgelewerd omtrent 8s. kos.

Elke boer moet van jaar tot jaar die suiker in die druiwe meet wanneer hul goed ryp is, om uit te vinde op welke suikergraad hy moet pars. Die verskillende gedeeltes van syn wingerd en die verskillende soorte druiwe sal in die meeste gevalle nie dieselfde suikergraad wys wanneer die druiwe goed ryp is nie. Dit moet deur die plaatselike ondervinding vasgestel word. In die meeste gevalle in die Westelike Provincie sal groen- en steendruiwe goed ryp wees als hul 20—21 percent suiker (d.i. 22—23 graad Balling) het. Natuurlik sal dit al selde of ooit die geval wees dat al die trosse gelyk sal ryp wees. Daarom is dit nodig om met die pars te begin sodra omtrent die helfte van die druiwe goed ryp is. Al die ryp trosse moet dan voorsigtig uitgesoek word. Groenerige trosse moet bly hang vir later. Aan die ander kant sou dit verkeerd wees om—soals party boere by ons maak—so lang met die pars te wag tot die rypste trosse naderhand half rosyntjies geword is terwyl die agterste trosse tog nog nie goed ryp is nie. *Half ryp en o'erryp druiwe, gee tesame nog lang nie die wyn wat goed rype druiwe sal gee nie.*

  Daarom herhaal ek, dat die trosse wat goed ryp is, sodra dit die geval is, moet weg gepars word, en hul alleen. 'n Man kan dit goed so inrig, dat hy in drie keer syn wingerd kaal pars. Die eerste keer laat hy die goedrype, gesonde druiwe afsny, dan (misskien 'n week later) weer een slag gesonde ryp druiwe saam met die deurloop druiwe en hou dit apart van die eerste twee kere syn druiwe. So pars jy dan feitelik net een keer meer als gewoonlik en kry daarvoor 'n uitstekende resultaat. Natuurlik altoos onder die verstandhouding dat die wyn later goed sal behandel word.

  Gewoonlik sê boere vir jou dat die uitsoek van druiwe by die pars te veel moeite gee en te veel sal kos. Laat ons nou eens nagaan wat dit geldelik sal beteken. Volgens 'n algemene rekening sny 'n jong per dag omtrent een legger wyn syn druiwe af. Veronderstel dat die jong 2s. per dag krv en dat hy, deur uit te soek, net 'n half legger per dag sny, dan sal 'n legger wyn vir die boer hoogstens van 2s. tot 2s. 6d. per legger meer kos. Maar wat sal die verskil in die prys wees? Dit sal moeielik te sê wees. In elk geval sal sulke wyn minstens 5s. per legger meer wêrt wees, en in menig geval kan dit 'n verskil van ponde beteken. Dat dit nie maar denkbeeldig is nie, bewys manne soals o.a. mnr. Köhler, die baing sekuur is om die druiwe by die pars goed te laat uitsoek, en die wyn gedurende syn wording sorgvuldig behandel.

  Ons moet nie net die ryp druiwe uitsoek nie, maar ook net die gesonde. Siek druiwe—hetsy van oidium, swartroes, verrotting, kwetsure van wind of hagelslag, ens.—moet nie saam met die goeie gesny word nie. Is in 'n tros net enkele siek korrels, dan moet hul sorgvuldig uitgebreek word.

Reeds die tweede dag van die parstyd sal ons werksvolk heel goed weet wat vir druiwe om te sny en wat nie.

Goeie gesonde goede rype druiwe is die fondament van alle goeie wyn.

(c) DRUIWE KOEL PARS.

Daar die meeste van onse boere gin afkoel toestel het nie, moet hul die druiwe so koel als mo'elik in die keller bring. Daarom moet die parsery soggens begin so gouw als jy goed kan sien om die druiwe in die wingerd uit te soek. Soggens om 5 uur meen ek is dit in Februari maand lig genoeg om te begin te pars. Om tien uur moet jy dan ophou. Die agtermiddag kan jy weer om 3 uur begin en tot goed sononder aanhou. Die beste sal wees om al die kuipe in die oggend iets minder als half vol te pars, en dan die agtermiddag weer by die eerste kuip van die oggend te begin en hom ongeveer driekwart vol te pars. Dan die ander in dieselfde volgorde als die oggend. Op die manier kom die warmste en die koudste druiwe by mekaar. Dit sal goed wees om 'n jong op die kuipe te stuur met n stok om die inhoud soveel als mo'elik te vermeng.

Die hoofdrede waarom die druiwe so koel als mo'elik gepars moet word, is om 'n beter gisting te verkry en so veel als mo'elik die geurstoffe (ook boeketstoffe genoemd) van die druiwe in die wyn te behou. Verder gaat daar by 'n stormagtige gisting 'n hele party alkohol verlore. Word die wyn als 'n natuurlike ligte wyn gedrink, dan sou dit (die alkohol verlies) op sigself beskouwd nog nie sleg wees nie, maar word die wyn later verstookt, dan beduie dit eenvoudig 'n direkte verlies, wat des te groter is hoe ho'er die temperatuur gedurende die gisting was.

(d) KUIPE NIE TE VOL PARS NIE.

Dit is o'er twee redes nodig. Eerstelik omdat—soos elke wynboer weet —gedurende die gisting die koekdoppe deur die ontwykende koolsuurgas opgelig word en daar tegelykertyd 'n klomp skuim ontstaan wat sou o'erwerk als die kuip te vol gepars werd. Maar die hoofdrede is dat jy 'n tamelike dik laag koolsuurgas o'er die koek doppe moet hê om dit gesond te hou en dus te verhinder dat daar 'n speul nadelige bakterie ontstaan wat al te maklik in die wyn kan o'ergaan en dit later kan siek maak. Die gaslaag het verder 'n gunstige invloed op die wyn deur dit frisser te hou. Daarom behoort die kuipe net half tot hoogstens ¾ vol gepars te word, en dan behoort hul met goed sluitende houtdeksels toegemaak te word om te veel aanraking met die buitelug te verhinder. So'n deksel sal nooit so dig sluit, dat die gas, wat by die gisting ontstaan, nie sal kan ontwyk nie. Op die beroemdste plaats vir rooiwyn in die Médoc (naby Bordeaux), namelik Château Lafite, maak hul precies soals ek nou hier aangegee het.

(e) KUIPTYD SO KORT ALS MO'ELIK.

Die doel waarom 'n mens die doppe saam met die mos laat kuip, is voornamelik om die geurstoffe en die looistoffe uit die doppe so veel als mo'elik in die wyn o'er te voer. In die geval van rooiwyn moet die mos en doppe natuurlik saam kuip om ook die kleurstoffe uit die doppe te trek. Witwyne word haast o'erals buiten Suid Afrika so gemaak, dat die mos alleen gis, dus voor die gisting van die doppe geskeie word. Wil jy 'n tamelik volle, mondige wyn hê, dan sal dit meestal die beste wees om die mos saam met die doppe (vir witwyn) te laat kuip. Wil jy egter 'n fyne, keurige ligte wyn hê, dan sal beter wees om doppe en mos voor die gisting te skeie. In die geval sal jy dan dikwels buiten wynsuur ook nog looistof ("tannic acid") moet by sit by die mos. Om al die nodige stoffe in die kortst mo'elike tyd uit die doppe uit te trek moet die mos so spoedie mo'elik aan die werk raak en so veel als mo'elik met die doppe in aanraking gebring word.

Eerstgenoemde word daardeur bereik dat die druiwe—voornamelik als die kuip die eerste keer vol gepars word—nie te koud in die keller kom nie. Hiervoor is dit dus ook goed als die warm druiwe van die agtermiddag met die koue druiwe van die oggend gemeng word. Als die weer by die afsit te koel is, sal dit goed wees om 'n party mos van elke kuip in 'n skoon rosyntjieketel goed warm te maak (nie kook nie!) totdat jy jou hand net skaars nog daarin kan hou, en dit dan op die kuip te gooi om die mos iets warmer te maak. Als daar vir die tweede keer in 'n kuip gepars word sal dit feitelik nooit nodig wees om die gisting aan te help nie, daar dit by ons in die parstyd gewoonlik warm genoeg is en so'n kuip dan reeds 'n hele boel gis in hom het.

Gedurende die gisting en sodra als die mos goed wil loop, moet die mos onder uitgetap en bo op die doppe opgepomp word. Dit het 'n tweeledige doel: ten eerste was die mos die doppe uit en ten tweede is die mos wat onder op die bo'em van die kuip is altyd koeler als die wat bo naby en tussen die koek doppe is. Sodat die bo'enste laag gistende mos daardeur afgekoel word. Die oppomp behoort met elke kuip vir minstens 'n kwartier sê om 9 v.m., 3 n.m. en 9 n.m. gedaan te word. Anders so nie moet 'n jong die koek doppe (stengels uitgehaal waar mo'elik) met 'n paal minstens 6 maal per dag onderdruk. Een moet dit o'er dag en een snags doen; want die gisting gaat dag en nag voort. Aan die onder einde van die paal moet ten minste twee penne van elk omtrent een voet lang deur die paal gesteek wees. Hul moet haaks staan

Word die onderstoot of die oppomp of albei vlytig gedaan, dan moet die witwyn wat met syn doppe kuip— indien hy dadelik begon te werk—na 24 tot sé 36 uur afgetap word. Als die mos die eerste 12 tot 24 uur nog nie veel gewerk het nie, dan sal hy goed 2—2½ dag moet kuip. Rooi druiwe sal langer moet kuip. Maar ook hier moet die kuiptyd so kort mo'elik gehou word deur vlytig die doppe dag en nag te laat onderstoot. Na 'n dag of 5 behoort die mos donker genoeg van kleur te wees om afgetap te kan word. Als dit dan nog nie die geval is moet hy langer kuip. Misskien nog 'n 5 da'e of so. Die aftap van die doppe het daar niks mee te doen of die mos droog gewerk het of nie, daar hy nog altyd later in die stukvat kan droog werk.

Wanneer wit wyn so gemaak word dat die mos reeds van die begin af sonder die doppe werk, dan sal dit die beste wees om die mos dadelik in 'n stukvat te laat gis. Is die mos reeds by die begin te warm dan sal dit goed wees om die vat eers goed te swawel om die gisting nie al te vinnig te laat gaan nie. Dit is ook goed wanneer die mos in die kuip te warm word (byv. o'er 95 graden Fahrenheit) om na 12 uur kuip af te tap in 'n geswawelde stukvat waar die gissing dan langsamer gaan en die mos koeler kan word. Op die stukvat behoort in die sponsgat 'n toestel gesit te word soals Von

Babo reeds vroe'er aanbeveel het, want die inhoud van die vat van die buite lug afsluit. Die gistingsgas ontwyk deur water. Wie so'n toestel nie het nie, moet sandsakkies op die sponsgate sit. Let wel, gin kalksakkies nie, omdat die kalk klipsteen hard word onder die inwerking van die ontwykende gistingsgas en dan nie meer o'erals dig sluit nie. Die sand moet skoon fyn riviersand wees, wat gin stof bevat nie— uitsif!

Die sakkies moet van 9 duim tot 1 voet in die vierkant wees, omdat die rand van die sakkie ver o'er die sponsgat moet reik om alle skadelike kieme uit die vat te hou. Verder moet die sakkies kurkdroog en silwerskoon wees. Sodra het nie meer die geval is nie moet 'n nieuwe sakkie op die plek van die oue kom. Ten einde te verhinder dat die sakkies nat word, moet die stukvate nie al te vol gemaak word so lang als die wyn nog werk nie.

(f) WYN GEDURIG KONTROLEER EN VOOR DIE WINTER LAAT DROOG WERK.

Die stukvate moet gedurig gekontroleer word om te sien hoe die gisting aangaan. Als hy baing swak word, moet die wyn geproe word of die suikerdele reeds almal uitgewerk het of nie. Is die wyn droog, dan kan hy ongestoord bly lê tot die hoofd moer afgesak het en die wyn tamelik skoon is. Om te sê wat die beste o'enblik is om die jong wyn van die eerste moer af te tap is vir my nou moeilik, omdat ek daaromtrent nog gin eksperimente gemaak het nie en my gin resultate van andere daaromtrent bekend is nie.

In die meeste gevalle, vermoed ek, sal die beste wees om die wyn nadat hy 8—14 da'e in die stukvat gelê het, aan die lug o'er te tap in 'n ander stukvat, wat reeds da'e van te vore pit swawel gekry het. Daar kan hy dan bly lê tot by die begin van die winter, wanneer die dro'e wyn weer in 'n goedgeswawelde vat o'ergetap word. Hier bly hy lê tot te'en die uitgang van die winter—sê einde Juli—, wanneer hy weer o'ergetap word in 'n goed geswawelde vat. Die doel hiervan is om die skoon wyn te skeie van die stoffe wat in die winter daaruit uitgeskeie het, eer dat hul hul weer met warmer lenteweer in die wyn kan oplos.

Dit sal vir gewoonlik die loop van sake wees. Maar veronderstel nou dat o'er een of ander rede die wyn ophou met werk voor hy droog is, d.w.s., voor al die suiker uitgewerk is. Wat dan? Wel, reeds voor sulke wyn heeltemal ophou met werk, moet hy in 'n groot balie aan die ope lug afgetap en in 'n gesonde stukvat gepomp word, wat nie al te kort van te vore geswawel was nie. Als daar nog gistende mos is, kan daarvan 'n paar emmervol op die vat gegool word om die gisting makliker te laat vervat. Anders kan ook 'n party gesonde moer van 'n goeie vat wyn met sulke wyn gemeng word om die suikedele wat nog voorhande is te laat uitwerk. In elk geval moet alle wyne, wat bedoeld is vir dro'e wyne, voor die winter droog werk, daar hul anders baing maklik die volgende lente of somer suur word. Maar meer nog. So 'n wyn is min of meer altyd aan die werk—al is dit soms baing gering—en word nie skoon nie, terwyl die wyn wat reeds voor die winter drooggewerk het, na die winter silwer skoon is, en nie blootgesteld is aan al die gevare, waaraan die soeterige wyne altoos blootstaan nie.

(g) VATE VOL WIJN OF SWAWEL HOU.

Dis 'n baing goeie re'el om te volg. Sodra als die hoofdgisting o'er is, moet die vate al om die ander dag, later alle weke opgevul word. Die vat moet (sodra die wyn heeltemal droog gewerk het en stil is) tot in die sponsgat vol wees, en die dig sluitende houtspons, sonder lap, moet dan ordentlik vas geslaan word. Die opvulwyn moet so ver als mo'elik is dieselfde wyn wees als die, waarop hy gevul word. Dit is goed om die opvul-wyne in halfleggers, leggers, of klein 2—3 legger stukvaatjes te hou. Hul sal dan nie kan vol bly nie, maar als hul altyd sterk geswawel word dan sal die wyn niks o'erkom nie. Al sou die opvul-wyn sterk naar swawel smaak, dan maak dit nog niks nie, omdat die hoeveelkeid wat hiervan nodig is om die stukvate op te vul nie genoeg is aan die groot massa wyn 'n swawelsmaak te kan gee nie.

Een van die groot redes waarom by ons so baing wyn suur word is juis omdat die meeste boere hul vate nie vol hou deur op te vul nie.

Maar ook le'e vate moet minstens alle maande een keer goed geswawel word en dan goed toegemaak word. Dit hou die vat gesond en ook dig, deurdat die swaweligsuur die vat klam hou.

(h) KOEL KELLERS.

Ten slotte wens ek nog op die groot voordele van koel kellers te wys. Ons ou mense het eigenlik die beste kellers gebouw, want hulle kellers was baing koel. En waarom dit? Wel, doodeenvoudig omdat hul kellers doeltreffend gebouw werd. Die ou kellers had almal dik mure, klein skuiwergaatjes en hoogstens een kellervenster, dan was op die kellersolder 'n dik kleiblad en die dak was van strooi of strandriet, terwyl rondom die keller gewoonlik nog mooi groot eikebome gestaan het, sodat die keller die meeste van die tyd in die skaduw was. Ook die kellerdeure was dik en het dig gesluit. Sulke kellers is ook vir ons nog nabootsenswaardige modelle.

Ons kellers moet ons soveel als mo'elik toe hou, en net nou en dan smorrens vroeg die deure en vensters oopmaak om varse lug te laat deurtrek. Hiervoor moet die koudste oggende uitgesoek word.

Here, hiermee meen ek u die voornaamste punte in verband met die ontstaan en ontwikkeling van 'n natuurlike, goeie ligte wyn voor o'e gevoer te hê. Ek hoop dat dit u tot hulp mag wees gedurende die parstyd wat op hande is, om beter en meer goeie wyn als in die verledene te maak.

2. WYNBRANDEWYN.

Hierdie punt en die ander drie punte sal ek maar kort behandel. Ten eerste omdat hul lang nie so belangrik is als die eerste punt nie, en ten tweede omdat die tyd my dit nie sal toelaat nie.

Die eerste vraag hier is: Wat is wynbrandewyn? Volgens die geamendeerde accynswet is wynbrandewyn brandewyn wat van wyn gestook is. Onder wyn word verstaan òf die wyn wat jy van die doppe aftap, òf die wat jy uit die in die kuip agter geblewe doppe (en stengels) uitpers met 'n pers. Sodra egter water by die druiwe of doppe gegooi word, kan daar in gin geval meer wynbrandewyn uit gemaak word nie. Verder is enig mikstuur van wynbrandewyn met ander brandewyn nie meer wynbrandewyn nie, en moet dus 6s. per gelling accyns betaal.

Die tweede vraag is: hoe word wynbrandewyn gemaak? Seker nie met rektifieer kolomme nie! In Cognac, waar die wereld syn beroemdste wynbrandewyne gemaak word, word gewone brandewynsketels van 1—2 legers inhoud gebruik. Die groot kunst is om die vuur gere'eld te maak, sodat jij nie een keer te vinnig en dan weer te stadig stook nie. Verder moet dag en nag gestook word. In Cognac word die jong wyne van 2½ —3 maande oud vir 'n groot gedeelte saam met hul moer verstook. Die eerste keer word so lang gestook tot die proe'er gin alkohol meer aanwys nie. Als al die wyne dan klaar gestook is, word hierdie ruwe brandewyn weer gestook, waarby voorloop en naloop voorsigtig van die eigenlike wynbrandewyn of Cognac geskeie word. Die koppe en stêrte wat hierby ontstaan word weer by die volgende stooksel gevoeg. Die eigenlike Cognac bevat 67— 70 volume persent alkohol, is dus ongeveer 17—23 graad o'er proefsterkte. Nadat hy in houtvaatjes ryp geword het, is hy baing flouwer. Wynbrandewyn behoort syn kleur en geur of boeket te kry deur ten minste 5—10 jaar in hout te lê.

Die redes waarom die Cognac distrikt so 'n uitmuntende Cognac lewer, is:

1) die grond (hoofdsakelik ryk aan kalk),

2) die klimaat (gemengd en byna mild),

3) die druifsoorte, waarvan Folle Blanche die meest verbreide is. Die mos en ook die jong wyn is baing ryk aan vrugtesuur. Volgens professor Guillon, het hierdie wyne dikwels 5—6 per duisend dele vrye wynsuur, terwyl ons wyne meestal uiterst geringe hoeveelhede, indien enige, vrye wynsuur sal bevat.

4) Die manier van stook en die voorsigtigheid en sekuurheid, waarmee dit gedaan word. Gedurende die stook meen ek bepaald, dat deur etherifikasie tussen die alkohol en die menigte vrugtesuur, 'n groot deel van die boeketstoffe ontstaan, wat later met die ouer word van die Cognac nog vermeerderd word deur inwerking van die lug syn suurstof.

3. WYNASYN.

In die oog van ons wet is "asyn" bedoeld vir "wynasyn." So behoort dit ook te wees. Maak jy bierasyn of enig ander soort asyn dan moet dit duidelik op die bottel aangegee wees, als jy jou nie aan 'n geregtelike vervolging wil blootstel nie.

Voor ek tot die bereiding van asyn o'ergaan, wil ek eers daarop wys hoe uiterst gevaarlik dit is om 'n asynvat in jou keller te hou. Die feit dat dit 'n asynvat is moet vir elkeen 'n klaar bewys wees, dat so 'n vat miljoene en miljoene van asynvlie'e en asynbakterië in die keller sal versprei. 'n Mens sou dan net so goed iemand wat aan die aller aanstekelikste siekte ly tussen die gesonde mense kon laat loop! Maar selfs al is die asynvat nie in jou keller nie, dan behoort hy nog so ver als mo'elik daarvandaan te wees en wel in 'n gebouw wat dig sluit, en waar die asynvat in die agterste hoekie lê. Omtrent die ergst denkbare geval is die, wanneer 'n asynkeller nabij jou wynkeller is. 'n Wynboer of koöperasie van wynboere moet of asyn maak of wyn, maar nie al twee nie. Vir gewoonlik het gin een van die twee die nodige kennis, inrigtings en kapitaal om 'n asynfabriek op te rig nie en die asyn dan gebotteld in die handel te bring nie. Wat ek aanbeveel is die oprigting van goeie asynfabrieke deur niet-wynboere met die nodige kapitaal. Sulke fabrieke moet so ver als mo'elik nie in die Paarl of Wellington opgerig word nie, omdat hier te veel wyn gemaak word, wat dan in 'n gevaarlike posisie sou geplaas word. Die Paarlse wynboere sal dus goed doen om te'en die eventuële oprigting van 'n asynfabriek in die Paarl self energies te protesteer.

Als ons nou tot de bereiding van asyn o'ergaan, dan is die eerste vraag: uit wat vir wyn moet asyn gemaak word?

Die beste asyn sal jy onte'enseggelik van goeie, gesonde wyn maak. Maar jy kan ook goeie asyn maak van tamelik goeie wyn wat net 'n asynsuur kraak het. Sulke wyne word gewoonlik bij voorkeur deur asynfabrieke gekoop, daar hul goedkoper als gesonde wyne is, en tog ook goeie asyn sal gee in so verre als hul nie nog aan ander siektes ly nie. Dit is ook die allerbeste wat daar van sulke wyne kan gemaak word. Hul behoort in gin geval gedrink te word nie.

In Orléans, die beroemdste centrum vir asyn (d.w.s. wynasyn) in Frankryk en feitelik in die wereld, word asyn volgens die Orléans-methode gemaak, wat ek nou korteliks sal beskrywe volgens eie waarnemings te Orléans self gemaak.

Sodra die vaatjies wyn (halfleggers of so) aankom, word hul met 10 persent asyn gemeng om die wyn van die accyns te bevry, wat anders daarop sou wees, en dit tegelykertyd te'en ander siektes te beskerm. Die asynkeller is ' n gebouw met min vensters en die geheel moet goed gesluit kan word, omdat 'n asynkeller deur stoompype altyd warm moet gehou word. In Orléans hou hul die temperatuur van die asynkeller op ca. 28 gr. C, d.i. 82½ graad Fahrenheit. En dit natuurlik dag en nag van Januari tot December, daar so 'n fabriek gedurig moet werk. Die warmte is nodig, opdat die vorming van asynsuur vinnig kan plaasvinde. Die een of die ander ras van asynbakterië het verskillende temperatuur-optima, d.i. warmte-grade, waarop hul die vinnigste asynsuur vorm. Maar waar jy nie met reinkulture van asynbakterië werk nie, sal die aangegewe temperatuur wel die beste wees. In die keller lê die asynvaatjies op 'n ysterraamwerk, en wel drie rye bo mekaar. In die buitenste bo'em van elke vat is twee gate skuins bokant mekaar geboor. Die onderste gat is net 'n bietjie ho'er als die oppervlakte van die wyn in die vat. Hul is net so groot dat daar 'n gewone hoendereier kan deurgaan en bly altyd oop. Die vaatjies hou almal 56 gellings, maar daar wordt nooit meer als 50 en drie-vyfde gellings wyn in gedaan nie. By die begin moet die wyn met 'n reinkultuur van wynasynbakterië geent word of met goeie asyn gemeng word. Sodra die asyn sterk genoeg is, word asyn soals volg uitgehaal:

Met 'n gomelastiek hewertjie wat deur die onderste gat van die buitenste bo'em voorsigtig in die asyn gesteek *word sonder die kim van asyntbakterië wat op die asyn drywe daarby te veel onder te druk en stukkend te maak*, word op een keer 4 en tweevyfde gellings asyn uit elke vaatjie gehewer. Dadelik daarna word dan weer 2 en twee-vyfde gellings wyn voorsigtig met 'n krom houttregter by die onderste gat in die bo'em ingegooi sonder die kim van asynbakterië daarby te veel te breek. Na 'n week word weer 2 en een-vyfde gellings wyn bygevoeg. Na 14 da'e word weer 4 en twee-vijfde gellings asyn uitgehewer en so voort. Veronderstel jy begin die le Maart asyn uit te hewer, dan het jy die volgende skema:

le Maart, 4 en twee-vyfde gellings asyn uitgehewer, en daarna weer 2 en een-vyfde wyn bygevoeg.

8e Maart, weer 2 en een-vyfde wyn bygevoeg.

15e Maart, 4 en twee-vyfde asyn uitgehewer en daarna weer 2 en een-vyfde wyn bygevoeg. En so voorts.

Dus produceer jy op die manier per jaar en per vaatjie 4 en twee-vyfde X 26 = 114 en twee-vyfde gellings asyn. Wil jy dus per jaar 1,000 leggers asyn maak, dan sal jy volgens hierdie sisteem van die aangegewe vaatjies omtrent 1,110 stuk nodig hê. Die asyn het in Orléans 6—8 percent asynsuur. Ik vind dit jammer dat die wet by ons sulke swak asyn als sulks laat verkoop, wat net 3 percent asynsuur het. Die meeste asyn wat nou te kry is smaak dan ook daarna.

Laat ons nou verder sien wat met die uitgehewerde asyn gemaak wordt. Eers kom die jong asyn in 'n stukvat, waar hy 'n maand lang *met die ope spons* bly lê. en dan net soals wyn met visleim gebrei word. Die helder asyn word dan in 'n ander stukvat o'ergetap, waar dit ook met die ope spons bly lê tot die asyn verkoop word.

Sodra als ek in besit is van 'n behoorlik ingerigte instituut, waar ek sulke ondersoek kan doen, hoop ek die kwessie van die asynbakterie—wat ek reeds in Switserland gestudeer het—hier verder te bestudeer, sowel als die fabrikasie van asyn. Dan sal ek in staat wees om meer biesonderhede omtrent asynmakery te gee.

Ten slotte net nog dit, dat in 'n asynkeller die asyn nergens met metale direkt in aanraking moet kom nie. Daarom moet alle krane van hout wees, ens.

4. MOSKONFYT.

Elkeen weet reeds wat moskonfyt is. En nou dat suiker nie meer kan gebruik word om wyn (met uitsondering van skuimwyne) soet te maak nie, sal elkeen verstaan dat die aanvraag vir goeie moskonfijt baing groot sal en moet word.

Vir moskonfyt moet die druiwe goed doodryp word, totdat die suikermeter aantoon dat die hoogste suikergraad bereikt is. Natuurlik weet elkeen dat die suikerdele in een en dieselfde hoeveelheid mos altyd sal klim naarmate die druiwe meer en meer rosyntjies word. Maar dit bedoel ek nie. Die druiwe sal reeds hul hoogste absolute suikergraad bereik hê voor die druiwe rosyntjies word. Die mos behoort dadelik van die doppe geskeie te word en doodgeswawel te word. Tegelykertyd kan sooveel kalk (met water te vore aangeroer tot 'n dik melk) langsaam bygevoegd word onder gedurige omroering van die mos tot die voornaamste hoeveelheid suur weg is. Maar die mos moet altyd nog suur wees! Sodra die speul afgesak het, word die helder mos in groot, vlak ketels van koper gekook. Die beste is dat die ketels onder 'n watermantel het om nie die vuur in direkte aanraking met die ketel te bring nie. Daar moet dan 'n flukse vuur onder gemaak word. Veronderstel nou die konfyt moet gekook word tot hy sê 70 graad volgens Balling wys. Dan moet by die eerste kooksels van tyd tot tyd monsters konfyt geneem en met tweemaal soveel (volgens maat, nie gewig nie) skoon water verdun word. Dan kyk jy hoeveel grade die Balling suikermeter in hierdie verdunde stroop wys. Als die konfyt 70 graad het, sal die verdunde stroop een-derde daarvan, dus 23½ graad wys. Dan moet die konfyt dadelik uitgeskep word. Jy moet begin uit te skep als die konfyt 69 graad (dus verdund 23) wys, dan kom hy net goed. Sodra die konfyt goed is vul jy daarmee sekuur 'n blikkie wat ekstra daarvoor met 'n enge hals gemaak is, en weeg dit op 'n fyn skaal wat naby die pot staan. Als jy dit met drie kooksels herhaal het, behoort jy drie gewigte gevonde te hê wat naby mekaar lê. Tel die drie by mekaar en deel met drie daarin. Dit is dan die gewig wat die blikkie vol warm (die konfyt word altyd warm gemeet en geweeg) konfyt het sodra di konfyt goed is. Die gewig sit jy dan eens vir altyd op die skaal. Al wat nou nodig is, is om van tyd tot tyd terwyl die konfyt kook die blikkie voorsigtig met die konfyt te vul, sonder dat iets o'erloop, en so lang te kook tot die vol blikkie net die regte gewig het. Dan moet jy dadelik jou konfyt uitskep.

N.B. Die blikkie moet omtrent een bottel hou. Is die blikkie te klein dan kan die fout, wat by die we'e kan ontstaan, te groot word.

5. DIE WYNVERVALSINGS AKTE.

Hiermee word bedoeld die wynvervalsings wet van 1906, soals geamendeerd in 1908. Die wynhandelaars sal en behoort die wet haarklein te ken. Wat die wynboere betref wil ek net sê dat, indien hul wyn maak soals ek aanbeveel het, hul die wet nie sal o'ertre'e nie. Swawel, bisulfiet van potassium, wynsuur, looistof, en andere stoffe wat in die gere'elde loop van 'n fatsoenlike wynbereiding gebruikelik is, kan nou nog gebruik word. Net stoffe soals salicylsuur, saccharine, en riet- of beetsuiker is verbode. Maar by die soort van goed het 'n ordentlike wynboer ook niks te soek nie, en hy heft hul ook nie nodig nie als hy myn raadgewing stipt wil volg.

Wie in 'n posisie is om meer van die wet te moet weet, moet hom 'n eksemplaar daarvan verskaf; maar 'n wynboer wat behoorlik wyn maak, behoef hom nie verder o'er die wet te bekommer nie.

+++

Belangrike Wynbouwkwessies
Sourced from: South Africa National Library
Publisher/Printer: Van de Sandt de Villiers Drukpers Maatschappij, Berperkt, Kaapstad
Dated: none shown. 1911 according to SANL catalogue, 1913 according to Perold's bibliography in R U Kenney's book *Wegwyser van ons Wingerdbou*

The Manuring of Vineyards (1911)

Lectures delivered at the Paarl on the 16th and 31st of May 1911

PART I

IN order to produce as economically as possible, every farmer should know exactly how much of the different fertilizers his soil requires for the crops which he grows on it, as it must be borne in mind that different crops require different nourishment from the soil. Manuring lands for wheat is not the same thing as manuring them for vines. In order to get at the exact formula of manuring for each case, one must investigate what quantity of each kind of plant food is available for the plant in the soil, and how much of this plant-food is used yearly by each separate crop.

The chemical analysis of the soil gives an answer to the first of these questions. We must however, always keep in mind that this answer never can be a decisive one. I say this because: —

1) It is always very difficult to get a good sample of soil which truly represents the average composition of a relatively large piece of ground. Various kind of soil may not be mixed together. The samples must be taken carefully, and there must be many of them.

2) It is also very difficult to determine how much plant food there is in the soil *available for the plant.*

Attempts have been made to get at the truth in this matter as near as possible, by applying diluted solutions of ammonium citrate on the soil to be analysed, but it is difficult and practically impossible to do this in the laboratory in the same manner as it is done in the open. The plant produces certain acid substances which, under certain weather conditions, act continually during a long period on the soil, and by so doing so dissolve the plant food and render it available for the plant. In the laboratory we do not work with the same acid substances as the plant produces, and we do not work under the same weather conditions as prevail in the open. Moreover, the experiment cannot be made to last as long as it does in the open air. Therefore the results of a chemical analysis of the soil must be taken with caution. Sometimes, it may be of great value if one knows how to make proper use of it. In any case an analysis must always be considered as a first advice, in the selection of one or other formula for manuring. The correct answer can only be given by practical results, obtained after several years of experiment.

An answer to the second question, i.e. how much plant-food the crops take yearly out of the soil, can immediately be obtained by chemical analysis. It was in consequence of such analysis that Professor Von Liebig came to the conclusion that all soils will in time get completely exhausted if the same quantity of mineral constituents which is taken from the soil by the crops is not restored

I think, however, that this is viewing the matter from an exaggerated standpoint, because I cannot see—although the assertion itself is quite correct—why plants should not be able to thrive or at least partly thrive, on the nearly inexhaustible stock of certain kinds of plant food in the soil. I therefore consider that a "soil exhausting cultivation", against which Professor Von Liebig so strenuously fights, is not always to be rejected, if it is not exaggerated.

By and under the supervision of Dr. Juritz much has already been done here in the analysis of soils; but up to the present we have, not yet had a series of analyses—done systematically and on a great scale—of those constituents, which our crops take out every year from our fields. This is however, urgently needed because this second investigation will serve to complete the first one and because without it we will be unable to get even a satisfactory formula for manuring.

That this applies more perhaps to the culture of the vine than any other culture is proved by M. Mǔntz in his work "Les Vignes", Paris, 1895. Later I will confirm this view by reading extracts from this work.

It is to be hoped that such investigations will also be made as soon as possible in this country. We ought to know how much plant-food we yearly take out from our vineyards with our vines, because most of it is lost for the vineyard. It would also be well to know how much plant-food is contained in the leaves and how much in the shoots, as both are very often removed from the vineyard.

Such investigations should be made in different wine districts, with different kinds of vines, on different soils, and in poor as well as in rich vineyards.

Before I begin to lecture on my subject I wish to draw your attention to certain matters of general interest concerning manuring.

(a) *Cultivation of the. Vineyard.*—It is impossible to expect the full results of good manuring if the vineyard has not been well cultivated. The soil should be kept well loosened and where necessary well drained in order that any surplus water may be removed speedily. Special care should be taken that no grass grows in the vineyard. If this is done during several consecutive years there will be little difficulty with grass in the future. Sorrel on heavy clay soils forms an exception, and is useful.

(b) *Time for Manuring:*—Here the nature of the manures which are to be used must be taken into account. For instance kraal and stable manure can he applied rather early in the season. The same can be said of basic slag, bone meal, kainit, etc. Guano, however, may only be applied in July, and nitrate of soda not before August, while sulphate of ammonia can he applied earlier.

(c) *Manner of Manuring.*—Amongst our wine farmers it is the custom to make deep holes between every four vines or deep furrows between the rows of vines, and then to bury the manures these holes or furrows. I cannot agree with this manner of manuring. The aim must, always be to make the plant develop its roots in every direction in the soil. It is then able to feed evenly over the soil and take the necessary moisture out of it. I therefore strongly recommend the spreading of the manure evenly over the soil, and then to plough or dig it under. Guano and such manures as are used in small qualities can be sown over the soil.

(d) *Economic Value of Manuring.*—Very often this point is completely lost sight of. Some farmers admit openly that they give no manure at all to their vineyards, or at least very little. Their crops are then generally small. If asked why they do not manure, they simply answer you that they have no money to buy fertilizers. This may be so, but the principal reason is that they do not know the great value of proper manuring. Otherwise they would not sit still, but do all in their power to get fertilizers. The necessary money could even be borrowed. They will then find out that with correct manuring their vineyards will improve in growth as well as in returns. Every pound sensibly spent on manuring will give two, three, and more pounds in return.

Many farmers have too large vineyards; 50,000 vines, well looked after and thus well manured, will give a greater yearly profit than 100,000 vines which have been badly cared for and have had little or no manure. The ploughing, pruning, etc., of a vineyard remain the same whether the vineyard produces one or four leaguers per 1000 vines, but in the latter case four times as much money is obtained for the product as in the first case. Now, you might say, that with such a large production the wine will be of inferior quality. *That is not at all necessary.* Professor Zacharewicz, in France, and others have proved that a larger production does not necessarily involve an inferior quality. This, of course, applies only as long as reasonable limits are observed.

It should be borne in mind that by continuously applying more manure the production cannot be increased *ad infinitum.* Later on the increased production is no more in a favourable proportion to the increased cost of manuring. Therefore certain manure formulae must be used which have been found out by practice, and which can be altered if necessary according to circumstances. But in choosing between two or more formulae which perhaps are all suitable for the soil, one must also keep in view the cost of manuring per morgen of vineyard.

In connection herewith it must not be forgotten that the cheapest fertilizers (always taking into consideration their feeding value for the vine) are those which are produced on your own farm. Next come the fertilizers which are produced in our own country—thus, our Government guanos, Karoo sheep manure, or Karroo ash, and only then come the artificial manures (which are mostly imported, and are therefore much more expensive than our local manures). Later, in discussing manuring formulae, we shall see that local (guano and Karroo) manures, containing the same amount of plant-food, are two to three times cheaper than the artificial manures. The latter are no doubt very useful, but they cannot compete against guano and Karroo manure as regards price.

For instance, the price of a ton of guano is £6 and of a ton of nitrate of soda about £14. 10s. However, the former contains not only nearly as much nitrogen as the latter, but contains also 10 lb of potash and 220 lb. phosphoric acid, the value of which is respectively 14s. 6d. and 63s., or a total value of £3 17s. 6d, Therefore one pays in both cases for the same amount of nitrogen (guano contains one-fifth less nitrogen than nitrate of soda) £2. 2s. 6d. and £13. 10s. respectively. It can therefore be clearly seen that the *unit of nitrogen in nitrate of soda is six times more expensive than that in Government guano.*

Good manuring is the most economical way of manuring. An important point is: —

(e) *To give always a Complete Manuring*—-It would be unprofitable to manure only partly where a complete manuring is necessary. In order to explain this I cannot do better than to give the following example:— A heavy object has to be transported, and ten men can do this *together*, but instead of the ten men laying hold of it *all at the same time*, five try it first, and then again the five others, with the result that they are unable to move the object. So the task remains undone. In the same way every plant must get enough of the different constituents in order to give the highest return. If the soil is deficient in certain constituents, or if they are present in very small quantities these constituents must be included in the manuring formula.

A soil will be deficient in the first instance in three constituents. These are nitrogen, potash, and phosphoric acid. Therefore every manuring formula must he based principally on these constituents. In soils which contain a great proportion of one of these constituents the latter can be left out from the formula during several years, but even in this case one must try whether the addition of this constituent will not prove advantageous, as one special plant might use more of this substance than another.

Generally it can be safely asserted (and the experiments of Professor Zacharewiez have conclusively proved it) *that a complete manuring formula is the best.*

It will only be necessary to alter slightly the proportion of the different constituents according to circumstances.

Before discussing certain definite manuring formulae I wish to point out the most important results of the latest investigations.

Let us start with the work of M. Műntz, "Les Vignes", which we have mentioned before. During a, series of years, he made careful analyses of typical soils from all the French wine districts, as well as of grapes, wines, shoots, leaves—each separately. In this manner he determined how much plant-food was removed from the soil in each instance. On page 447 of his book he says, speaking of the vineyards of Southern France (Midi):—"If one compares the vineyards in the south, where the crop is in some cases twice as large as elsewhere, one finds that in several cases different quantities of plant-food are absorbed. These differences, however, seem to stand more in proportion to the production of leaves and shoots than to the crops. Indeed, the leaves contain the largest quantity of plant-food . . . . In Caudillargues a vineyard with a return of 14.8 leaguers per morgen has absorbed 117½ lb. nitrogen, while a vineyard at Labrousse, with a return of 20.7 leaguers per morgen absorbed only 95 lb. nitrogen. But the former had produced 4440 lb. of dry leaves, which alone had absorbed 95 lb. of nitrogen, while in the latter case' only 3080 leaves absorbed 57 1b.

"*The great requirements by certain vineyards in the way of fertilisers are thus dependent on their large production of leaves and shoots, or, in other words on their rank growth and not on their crops.*

"This appears, from the following average figures, calculated for the whole of France (per morgen):—

	Whole vineyard absorbs:	Leaves absorb:	Shoots absorb:	Produced wine contains:
Nitrogen	86 lb.	55 lb.	13 lb.	2 lb.
Phosphoric acid	19 lb.	9½ lb.	3.7 lb.	2 lb.
Potash	94 lb.	18 lb.	22 lb.	5½ lb.

"Experiments made with different kinds of grapes have proved that the variety has little influence on the quantity of plant-food which is taken from the soil. The rankness or thinness of growth of the vineyard always remain the principal factors here."

On pages 451-453 he gives his "Practical Views on Vineyard Manuring":—

"In comparing the different kinds of plant-food taken from the soil by the vine, it clearly appears that in the south the quantity of nitrogen is much larger than the quantity of potash, notwithstanding the high production of wine, in which the potash concentrates itself. . . . .In the south the vineyards principally exhaust nitrogen from the soil, and further north principally potash. Farmers in the south must take this fact into consideration and give their vineyards a good nitrogen manuring........

"It seems that in the Medoc and Champagne Districts a greater quantity of phosphoric acid is absorbed than in the south. The: quantity, however, is never large, and one could infer that a phosphoric acid manuring is unnecessary. Some practical wine farmers, however, seem to have observed that the grapes blossom and mature better when they have been well manured with phosphates. In any case it will be well not to reduce the phosphatic manuring before it has been clearly shown by practice that it is not necessary to add to the soil more phosphoric acid than the plant takes from it. Potash, of which the vine absorbs much, is generally present in the soil in great quantities, especially in clay soils. Generally speaking I think that potash manuring is of little use. It is only to be recommended for light, sandy soils and soils which are rich in lime. Further, it must be borne in mind that more potash than nitrogen is added to the soil with a natural manure such as kraal or stable manure. Only in the case of manuring with nitrate of soda, sulphate of ammonia, ground horns, dried blood, etc., which contain scarcely any potash, a special potash manuring with commercial alkaline salts is to be recommended for those soils which are deficient in potash."

On page 457 Müntz says:— "If you calculate for the different vineyards the quantities of plant-food which are necessary to produce one leaguer of wine you will find that in the Medoc and northern districts, where such excellent wines are made, much more plant-food is required than in the south, where generally ordinary wines are made."

Page 181:—"In the south-west (Medoc, etc.) where wines of such excellent quality are made, great quantities of phosphoric acid are used, casually or intentionally, in manuring (perhaps in order to keep the quality of wine so high). In addition to stable manure, also oilcake, refuse, etc., are given, which work slowly. In Burgundy stable manure, with phosphates, is mostly used. At Gevrey-Chambertin, where the best Burgundy wines are made, the following quantities of plant-food per morgen are used in manuring: —

	Nitrogen	Phosphoric Acid	Potash
Applied to the soil	101 lb.	304 lb.	101 lb.
Taken from the sol by the vines	55 lb.	17 lb.	63 lb.

"The phosphoric acid manuring is very high."

On pages 485-486, Mŭntz says:—"Contrary to the general opinion it must he stated that profuse manuring of a vineyard, at least with natural fertilizers, has no detrimental effect on the quality of the wine. For it is in the Medoc and Champagne Districts, which are so famous for the high quality of their wines, that great quantities of manure are applied."

"*Conclusion:*— As a practical conclusion of these numerous investigations we can take it for granted that it is more the economic situation of the vineyard than its requirements which must decide the use of fertilizers.

"In vineyards which produce very expensive wine, profuse manuring is of great importance, as a small increase in crop is already sufficient in such a case to compensate the additional cost. Such vineyards, however, which produce much wine of ordinary quality must get no more manure than is strictly necessary, as it is quite possible that the additional cost for the manure will not be covered by a larger crop... It is important to use in these vineyards only such fertilizers *as act quickly*, and the effect of which can be perceived in the same year. In the south preference must be given to those fertilizers which are rich in nitrogen."

So far M. Mŭntz.

Let us now have some extracts from the pamphlet of Professor Zacharewicz. "Experiences sur les Engrais appliqués à la Culture de la Vigne" On page 114 of this work we read as follows:—

"*Nitrogen.*—For the diluvium of the Alps, nitrate of soda (Chili saltpetre) is the best nitrogen fertilizer. These soils dry up quickly and therefore the roots can soon get their nitrogen in the form of nitrate. In other soils ammonium sulphate is a good substitute.

"*Potash.*—Carbonate of potash produces the largest crops, but sulphate of potash is more profitable (it is cheaper than the carbonate) and it increases the sugar percentage

"*Phosphoric Acid.*—Superphosphate has a visibly good effect on the crop, and the shoots mature better.

"*Plaster of Paris* can always be applied on account of its favourable effect on the soil.

"*Composition of Manures.*—Generally speaking a complete fertilizer is the best.

"Nitrate may not be mixed too long beforehand with super phosphate, as this will cause a loss in nitrogen.

"*Time of Manuring.*—Sulphate of potash and calcium super phosphate are pulverized, thoroughly mixed together, and then spread over the vineyard and ploughed under immediately. (Professor Zacharewicz has also proved experimentally that it is better to *spread the manure evenly over the soil,* thus not burying it in holes or furrows.) This is done about the end of April. Nitrate of soda and plaster of paris are ploughed under together early in August.

"Sugar.—It is of great importance for the wine farmer that while chemical fertilizers increase the crop they do not decrease the sugar percentage in mature grapes."

The above results were obtained by Professor Zacharewicz after twenty years' experiments with manuring of vineyards. They are therefore reliable. Here, however, the high price of these fertilizers, compared with guano and stable manure, are an obstacle to their use (at least for most of the chemical fertilizers).

An excellent work on vineyard manuring is "Les Engrais de la Vigne", by Michaut and Vermorel, Third Edition, 1905. It is a pity that so few here understand French. I will, however, quote some extracts from this work. We find on page 106:—

"If we apply on an average 83 lb. nitrogen, 27.6 lb. Phosphoric acid, and 92 lb. potash per morgen, then our vineyard will be in a favourable condition to convert the raw substances into grapes (wine). This opinion is now generally considered as correct.

On page 114:—"Experiments made on different farms have proved that in lime soils potash gives the best results. In soils more or less deficient in lime, phosphoric acid and potash together are the most profitable. We recall the words of M. Műntz, that nitrogen is the best fertilizer for vineyards with a large production in the south. According to Dr. Wagner, of Darmstadt, phosphoric acid insures a good quality (of the wine), a more regular production by preventing the berries from dropping off the bunches, makes the vineyard more resistant against disease, and lastly, causes the grapes to be of a good standard and to ripen well."

Page 141:—"In 1902 Guillon and Gourand in discussing their five years' experiments with vineyard manuring on calcareous soils (25-30 per cent, lime) near Cognac, showed that potash had given the best results there. The curious part of the matter is that this soil was rather rich in potash. In this case the chemical analysis of the soil had been of no use for laying down a manuring-formula."

Then they continue as follows:—"If, instead of trying to ascertain in what direction the soil is deficient, one were to determine how much plant-food is taken from the soil our results would be fully corroborated. Indeed, Műntz has already proved that, while the vineyards in the south use much nitrogen, they remove in the south-west, east, and north-east mostly potash from the soil."

Further, they come to the conclusion that (for their calcareous soils of course) the principal fertilizers are potash, then phosphoric acid, and lastly nitrogen. They also state that kraal and stable manure are excellent fertilizers. And, finally, they are of opinion that the chemical analysis of soils does not show sufficiently what kind of fertilizer must be used. Only systematic experiments, continued for several years, can procure the farmers the required information.

This was also proved by Prosper Gervais. On page 159 of his work he says:—"During all my experiments with vineyard manuring it struck me especially that potash seems to have but a small effect on the final result, whilst phosphoric acid has a predominant influence. Yet my soils are deficient in potash, and one would think that a potash fertilizer should be necessary in this case. They, however, are rich in phosphoric acid, or at least contain enough of it, and yet a phosphatic manuring has always given very good results."

These are the words of a person who can speak with authority on the subject. Not too great a value must therefore be attached to soil analysis, but careful attention must be given to the effect of the different fertilizers.

Let us have one last quotation. This time on the *effect of manuring on the quality of the wine.*

Professor Ravaz, the famous authority on viticulture of the Agricultural College at Montpellier, in his pamphlet, says on page 161: —"The strongest (largest) vines give the heaviest and best wine. The quality of the grapes not only depends on the activity of the leaves but also on the reserve of plant-food which the plant has gathered in the preceding year. This explains why *old vineyards* with relatively few shoots, as compared with the enormous development of their roofs underground, produce a *better wine* than young vineyards. Further it proves that vines with a scarcity of shoots, or producing a great quantity of wine of inferior quality, will be able to produce a much better wine if less is required from them and if they are cut down shorter."

Therefore quality as well as quantity can be obtained from weak vineyards by proper and sufficient manuring.

As I intend discussing the principal fertilizers in detail I will do so at the end of my lecture, and speak now about the different

Vineyard Manuring Formulae.

At the Congress of Viticulture, held at Montpellier in 1893 the following formulae were mentioned : —

1st *Period.*—Vineyard produces less than 7 leaguers wine per morgen.

1st *year per morgen*—

9 tons stable or kraal manure, or its equivalent in organic fertilizers, f.i. linseed cakes.

And 920 1b. of the following—

Formula No 1 }
400 lb. calcium superphosphate.
200 lb. sulphate of potash.
400 lb. plaster of paris.

2nd *year per morgen—*
    1472 1b. of Formula No. 1.
    184 lb. nitrate of soda.
3rd *year per morgen—*
    1840 lb. of Formula No. 1.
    276 lb. nitrate of soda.

2nd *Period.*—Vineyard produces 7 to 14½ leaguers wine per morgen.

1st *year—*
    9 tons stable or kraal manure.
    1104 lb. of Formula No. 1.
    184 lb. nitrate of soda.

2nd *year—*
    2208 lb. of Formula No. 1
    276 lb. nitrate of soda.

3rd *year—*
    9 tons stable or kraal manure.
    1288 lb. of Formula No. 1.
    276 lb. nitrate of soda.

3rd *Period.*— Vineyard produces more than 14½ leaguers wine per morgen (i.e. 4 leaguers per 1000 vines of 5 by 5 feet).

1st *year—*
3½ tons sheep manure (fresh), not Karroo manure.
1104 lb. of—
        400 lb. bone superphosphate (18 percent.).
Formula No. 2 } 400 lb. plaster of paris.
        200 lb. nitrate of potash.

2nd *year—*
    3½ tons sheep manure (fresh).
    1288 lb. of Formula No. 2.
    460 lb. nitrate of potash.

3rd *year—*
    3½ tons sheep manure (fresh).
    1472 lb. of Formula No. 2.
    502 lb. nitrate of potash.

4th *year*—
   3½ tons sheep manure (fresh).
   1840 lb. of Formula No. 2.
   552 lb. nitrate of potash.

For the *calcareous soils* of the Cognac District, M. Guillon recommends the following : —
   552 lb. nitrate of soda per morgen.
   276 lb. sulphate of potash per morgen.
   552 lb. calcium superphosphate per morgen.

Where chlorose is to be feared he recommends the addition of 552 to 920 lb. ferrous sulphate.

For sandy, clay soils (which after rain adhere to the shovels) he recommends:—
   460 lb. sulphate of ammonia per morgen.
   368 lb. sulphate of potash per morgen.
   552 lb. calcium superphosphate per morgen.

In this case it would be well to replace nitrate of soda by ammonium sulphate, because the soil-water enters more easily the deeper layers of soil. Nitrate of soda would be too easily washed off by the rain.

These formulae have been prepared in France, but are too expensive for us.

I propose the following formulae for our wine farmers, all per morgen of vineyard : —

(1)   600 lb. Government guano.
      160 lb. sulphate of potash (60,per cent.).
      400 lb. basic slag, or 300 lb. bone meal.

(2)   600 lb. Government guano.
      600 lb. fresh kraal ash,
      280 lb. basic slag, or 210 lb. bone meal..

(3)   500 lb. Government guano.
      1500 lb. Karroo sheep manure.
      350 lb. basic slag, or 200 lb. bone meal.

(4)   9 tons stable manure.
      560 lb. basic slag, or 420 lb. bone meal.

(5) 560 lb. nitrate of soda (15 per cent.).
180 lb. sulphate of potash (50 per cent.).
880 lb. basic slag, or 660 lb. bone meal.

The feeding value of each formulae is shown in the table:—

Formula No.	Nitrogen.	Potash.	Phosphoric Acid.	Price.
1.	84 lb.	92 lb.	123 lb	80s.
2.	84 lb.	87 lb	126 lb	54s. 6d.
3.	91 lb.	86 lb	126 lb	53s. 6d.
4.	90 lb. (about)	95 lb (about)	127 lb (about)	52s. 6d. (about)
5.	84 lb.	90 lb	126 lb	148s.

NOTE No. 1.—As will be seen, the quantities of nitrogen, potash, and phosphoric acid in the different formulae are nearly the same.

NOTE No 2.—There is, however, a great, difference in price. These are calculated on the following basis, but must, be considered as liable to variation:—

	Per ton
Government guano	£6 0 0
Fresh Karroo ash, for an 8-ton wagon £10 or	1 5 6
Stable manure, for a 6-ton wagon £1 or	0 3 4
Karoo sheep manure, for an 8-ton wagon, £6 or	0 12 6
Sulphate of soda (50 per cent)	18 0 0
Nitrate of soda (15 per cent)	14 10 0
Basic slag (14.3 per cent)	4 0 0

If the prices of the five formulae (i.e. of the quantities of fertilizers mentioned in each) are compared with each other, it will immediately be seen that the chemical fertilizers (Formula No. 5) are nearly *three times as expensive* as the natural fertilizers (Formulae Nos. 2, 3, 4, of which only basic slag is a chemical fertilizer).

NOTE No. 3.— I have included large quantities of basic shag in my formulae because (a) in addition, to 14.3 per cent, phosphoric acid, it contains 40 per cent. lime (very active); (b) as we have seen already, phosphoric acid improves the quality of the wine.

NOTE No. 4.—Time of manuring:—

Formula No. 1.—Basic slag and sulphate of potash together in April-May; guano in July.

Formula No. 2.—Basic slag, and kraal ash together in April-May; guano in-July.

Formula No. 3.—Basic slag in April-May; Karroo sheep, manure, May-June, guano in July, or the two last named together in June.

Formula No. 4.—Basic slag in April-May; stable manure in May-June.

Formula No. 5.—Basic stag and sulphate of potash together in April-May; nitrate, of soda beginning of August.

NOTE No. 5.—Basic slag, lime, kraal ash, or other ash may never lie mixed with manure (stable, kraal, Karroo sheep), sulphate of ammonia, or guano, as this would cause the ammonia to evaporate, which would result in a great loss of nitrogen.

NOTE No. 6.—These formulae can be changed somewhat according to circumstances. The quantities given of the different fertilizers for one morgen of vineyard can be increased or decreased in the given proportions according to the fertility of the soil and the vineyard.

+++

The Manuring of Vineyards
Sourced from: Nietvoorbij
Publisher: 'Reprinted from Agricultural Journal of the Union of South Africa, July 1911
Printer: none shown
Dated: none shown

The Establishment and Cultivation of a Vineyard (1913)

Agricultural Journal of the Union of South Africa
January, February, and March 1913

SINCE recently I repeatedly received letters from different parts of the Union asking for detailed information on the establishment and cultivation of vineyards, and since it is impossible to give the desired information in a letter, I wish to give the necessary information by means of this article.

This can best be done by answering the following questions: —
1. Where can I establish a vineyard?
2. How must I prepare the soil?
3. Which varieties of grapes should I grow?
4. On which stocks must they be grafted?
5. When and how must I plant the vines?
6. How must I cultivate my vineyard soil?
7. How must I treat the vine itself?

In the first place, then—

1.—WHERE CAN I ESTABLISH A VINEYARD?

The vine grows over a very extended area. But as it is practically always cultivated for the production of grapes, be it for wine or table grapes, the above question really means: "Where can I establish a vineyard with fairly good prospects of obtaining a good and regular crop?" In this form the question is by far not so vague as at first. The three main factors that should be taken into consideration are climate, site, and soil.

Since the young shoots, etc., of the vine are very much affected by frost, viticulture is and remains a dangerous and uncertain under-taking in districts where practically every spring one may expect frosts. Therefore viticulture is most remunerative in those parts where a temperate climate prevails. As soon as the climate becomes sub-tropical, as in the coast districts of Natal, the vine grows so vigorously that it produces an unsatisfactory crop and lots of wood. Should, moreover, much rain fall during the summer months, then the grapes easily rot during the process of ripening. Hence the most favourable climate for viticulture is a wet winter, mild spring with occasional rains in the early part of summer, followed by a dry summer and autumn. All these circumstances are best realized in the south-western districts of the Cape Province, where viticulture on a large scale has been in existence for a long time. Viticulture, as an agricultural pursuit, will therefore in future remain established in these parts. This, however, does not do away with the fact that one can also have small vineyards in the interior of the country for one's pleasure and personal use where rains, sometimes accompanied by hailstorms, are prevalent during the summer months. Should the crop in this case be destroyed, it does not mean a serious loss to the farmer.

The site of a vineyard is a matter of great importance. Generally, one may say that a northerly site is the best. This means a gentle slope which is so situated that the rays of the midday sun stand almost perpendicular to the surface of the vineyard soil. Since the sun stands in the north at noon in these southerly parts, the slope must necessarily have a northerly site. Then it is also a very good thing if the first rays of the morning sun can fall on the vineyard. This must, on the whole, be considered as the most ideal site. One is frequently, however, forced to depart from this rule. For instance, it may be that the best vineyard soil is situated otherwise, or that a vineyard on such a site will suffer too much from frosts and strong winds. When selecting the site for one's vineyard, one should take all circumstances into consideration. The *nature of the soil* is here of the utmost importance. It is, for instance, wiser to establish one's vineyard in a fertile, cool soil than in a shallow, poor soil that sometimes gets too wet and then, again, too dry. Sometimes the surplus water in the soil can be got rid of by draining (see my pamphlet on "Drainage"). Where the mean rainfall in a year is not less than 20 inches, no summer irrigation should be necessary if a suitable cultivation of the soil is adopted. Very poor, sandy soils require much manure in order to produce good vintages, whilst very fertile soils frequently cause such a luxuriant growth that the vines grow too vigorously and produce either too little grapes or produce grapes of an inferior quality. Fairly fertile, deep, cool soils are the most suitable for viticulture. We shall see later on that the different varieties of grapes answer better in certain soils than in others.

2.—HOW MUST I PREPARE THE SOIL?

On soils which already bore vines, one should generally first grow other crops (cereals, vegetables, potatoes, etc.) before again planting them with vines. On virgin soils poor in vegetable matter (humus) one should first grow cereals or vegetables or potatoes for some years. A good preparation of the soil at the beginning prevents many disappointments afterwards. In case of deep, loose (sandy) alluvial soils, deep ploughing may frequently suffice. In the south-westerly coast districts of the Cape Province most vineyard soils must be trenched from 24-30 inches deep. One has, of course, to trench in the right manner. Where the sub-soil is a heavy clay, this must not be brought to the surface but only loosened in the furrow by means of a fork. One should not trench before the soil is moist enough, and, at the same time, dry enough. In case the soil is too dry, the work proceeds but slowly and is very hard, whilst too wet a soil is just as unsuitable, since it adheres to the spades and the trenched soil is then not loose enough and not sufficiently aerated. One should always try to make the soil as level as possible, as this facilitates the planting of the vineyard and the later cultivation to a great extent. Under all circumstances one should provide for appropriate drainage by putting down drainage pipes or by other means. It is also desirable to leave the soil lying for about one month before planting it to give it a chance to settle. Instead of trenching one can plough in the soil and then loosen it by exploding dynamite cartridges in the soil after having planted the vines, or the other way round. Only since quite recently has dynamite been used in this country for the above purpose. So far, the results have nearly always been very satisfactory.

3.—WHICH VARIETIES OF GRAPES MUST I PLANT?

In the first place one must decide whether wine or table grapes are to be grown. Further, it should be decided what kind or kinds of wine one intends to make—whether table grapes for export or for local consumption, or for raisins, are to be grown. We shall treat the last case first.

Table Grapes.

Soil, climate, as well as *site* are also here of the utmost importance. Early varieties of grapes should only be grown where they are *really early*, as, taken as such, they are by far not of the same quality as those ripening only slightly later. Their value lies in the fact that they are *the first*. If they are really early then they are well paid for. Generally, they do not bear as much as the later varieties. The late varieties can only be cultivated where they are *really late* and where they can remain on the vine for a long time without rotting. Therefore no late can be grown where rains are to be feared at that time of the year.

Some of the best table varieties are mentioned in the following list, approximately in the order in which they ripen. The asterisk indicates that they are suitable for export.

Grapes for Raisins.—Almunecar, Hanepoot, Currant (black and white), Sultanina.

Early White Table Varieties.—Madeleine Angevine, Précoce de Malingre, Précoce de Courtiller, Agostenga, Madeleine Royale.

Early Black Table Varieties.—Gamay hâtif Dormoy (Gamay hâtif des Vosges), Noir hâtif de Marseille, Black Prince.

White Table Varieties for Main Season.—White Muscadel, Chasselas doré de Fontainebleau, Foster's White Seedling, Sultanina (Sult. blanc), *Dattier de Beyrouth, Cornichon Blanc, Muscat Cannon Hall, *Muscat d'Alexandrie (Hanepoot), *Raisin Blanc, *Waltham Cross, Crystal Grape.

Red and Rose Coloured Table Varieties for Main Season.—Red Muscadel, *Karroo Belle, Grec Rouge, *Laubscher's Gem, *Molinera Gorda, Sultanina Rose, *Red Hanepoot, Flame-coloured Tokai.

Black Table Varieties for Main Season.—Muscat Hamburgh, Black Hamburgh, *Cinsaut, *Hermitage, Frankenthal, *Lady Downe's Seedling, Gros Maroc, *Black Spanish (Black Alicante), *Tribodo Nero, *Grossa Vivarais, *Bonnet de Retord.

Late Varieties.—(a) *White*: *Olivette Blanche, *Servan Blanc, *Ohanez (Almeria grape). (b) *Rose-coloured*; Olivette Rose, Sabalkanskoï. (c) *Black*: *Barbarossa, *Gros Colman (Dodrelabi), *Henab Turki, *Barlinka, Malakoff Isjum (Olivette Noir), Danugue (Gros Guillaume), Prune de Cazouls.

Wine Grapes.

Here one must first make out what kinds of wine can be produced with the greatest success under the given conditions of climate, soil, and site. As a rule, one will in most cases be able to make different kinds of wine on the same farm. One should, however, try to make principally a type of wine for which the circumstances are specially favourable.

One may distinguish between red and white wines. These, again, can be classed under the following types: —

Red Wines.—Port, red sweet wines, Burgundies, Clarets (Médoc or Bordeaux wines), other red wines, such as Chianti, Hermitage, etc.

White Wines.—Marsala, Madeira, Sherry, white sweet wines (Sauternes, etc.), Rhine wines, Chablis (white Burgundy wines), Hock (Moselle wines).

Although it is possible to make more or less the same type of wine from different varieties of grapes and different wines from the same variety of grape, I still wish here to quote the principal varieties of grapes from which the abovementioned kinds of wine are made.

Port.—So far, Muscadel and Pontac are more or less the basis of our best Port wines. Undoubtedly Hermitage and other varieties are also used. In the Douro valley (above Oporto) where the genuine Port wines are produced, one finds from 10-20 different varieties of grapes in one and the same vineyard. The principal varieties are: Alvarelhao, Tinto Cao, Mourisco Tinto (and Mourisco de Semente or Albino de Souza), Tinta Francisca, Malvasia Rey, Malvasia Preta, Tinta

Roriz, Codega, Touriga, Bastardo de Menudo (and Bastardo de Castello), Red Muscadel, Formosa.

Red Sweet Wines.—They are made mainly from Muscadel and Muscat de Frontignan.

Burgundies.—The best Burgundies are made from the Pinot Noir (or Pinot Fin). The wines of inferior quality are mainly made from Petit Gamay or Petit Noir. In this country the Burgundies are principally made by blending Hermitage, Cabernet Sauvignon, and Pontac. They are frequently slightly fortified.

Clarets.—The genuine Clarets or Médoc wines are made from Cabernet Sauvignon with a much smaller quantity of Cabernet Franc, Verdot, Malbec, and Merlot. In this country the Clarets are made from Cabernet Sauvignon with Hermitage, and, sometimes in addition, Malbec, Schiraz, and a few other varieties.

Chianti.—That famous Tuscan wine is made from Sangioveto Chiantigiano, and Trebbiano Fiorentino.

Marsala (Sicily) is mainly made from Catarratto and Inzolia.

Madeira.—The principal varieties here are Verdelho de Madère, Sercial de Madère and Boal, of which the first one is the most important.

Sherry.—The principal varieties from which the Sherries at Jerez (or Xeres) in southern Spain are made are: Palomino (Listan), Mantuo de Pilas, Mantuo Castellano, Albillo Castellano (Arvillo), Pedro Jimenez (Pedro Ximenes).

Sauternes, etc.—The Sauternes wines are mainly made from Sauvignon Blanc and Semillon. Further different Muscat varieties are used for white sweet wines.

Rhine Wines.—These are mainly made from the Riesling grape. For inferior Rhine wines the Oesterreicher or Sylvaner is cultivated.

Chablis.—This famous wine of Burgundy is made from Pinot Chardonnay.

Hock (Moselle Wines).—The genuine and by far the best "Hocks" are those from the Moselle. They are made from Riesling (Moselle or small Riesling). In this country the Hocks are mainly made from Greengrape, White French, and Stein.

NOTE.—With only a few exceptions, canes of the above-mentioned varieties can be obtained from the Government Oenological Station, Paarl. Applications should in time be sent to the Government Viticulturist, Elsenburg.

4.—ON WHICH STOCKS MUST THEY BE GRAFTED?

Generally, I refer the reader to the Report of the American Stocks Commission, which was published in the July and August numbers of the *Union Agricultural Journal*, 1912.

It should not be forgotten that the soil in any case must be suitable for the stock in order that it may be able to develop well to resist phylloxera, drought, etc., sufficiently. Hence one must, in cases of varieties which may be grafted on almost any stock, choose that stock which is most suitable for one's soil and climate. I shall first give a list of the above-mentioned varieties which cause no special trouble as far as the grafting is concerned and which therefore can be grafted on almost any American stock, provided the soil is suitable for the graft-bearer. After the names of the varieties I add here and there the names of such American stocks that are especially suitable for those varieties. Alter this I shall give a list of those varieties which can only be grafted on certain American stocks, and at last a list of those varieties of which it cannot yet be said with certainty on which stocks they ought to be grafted.

A.—Varieties of Grapes which may he grafted on most American Stocks.

Red and White Muscadel (Rnp. du Lot, Aramon Rup., Jacquez, etc.).

Black Prince.

Cornichon (Aramon Rup., Rup du Lot, Jacquez, etc.).

Dattier de Beyrouth (Jacquez, Rup. du Lot, 101-14).

Foster's White Seedling (on vigorous growers, such as Aramon Rup., Jacquez, etc.).

Molinera Gorda (Rip. Gloire, Rup. du Lot, etc.).

Sultanina (white).

Muscat Hamburgh.

Cinsaut (106-8, 1254, 3309, Rup. du Lot, Aramon Rup. No. 2).

Hermitage.
Frankenthal.
Olivette Blanche.
Servan Blanc.
Olivette Rose.
Sabalkaniskoï (Rip. Gloire and Rip. hybrids).
White and Black Currant.
Henab Turki (Rip Gloire, etc.).
Malakoff Isjum or Olivette Noir (Jacquez, etc.).
Danugue.
Pinot Noir (Rip. Gloire, etc.).
Petit Gamay (Rip. Gloire, etc.).
Merlot (Aramon Rup., 3306, 3309, etc.).
Malbec.
Schiraz.
Sercial (Rip. Gloire, Rup. du Lot, etc.). Boal (Rip. Gloire, Rup. du Lot, etc.).
Sauvignon Blanc (Rip. Gloire, etc.).
Pinot Chardonnay, White and Red Greengrape, Stein, White French, Kanaan.

B.— *Varieties of Grapes which must only be grafted on certain American Stocks.*

Ohanez (the Almeria grape), on Aramon Rup., Jacquez, Rup. du Lot, 420A.

Lady Downe's Seedling, on Aramon Rup No. 2, Rip. Gloire, 101-14, Rup. du Lot.

Black Alicante (Bl. Spanish), on Rup. du Lot, 3306, Aramon Rup.

Red and White Hanepoot, on Jacquez, Rip. Gloire, and probably also Rup. du Lot, 1202, 3306, 101-14, 420A.

Gamay Hâtif Dormoy (G. h. des Vosges), on Aramon Rup. No. 1, 1202, Rip. Gloire, 3309, Rup. du Lot, 1616.

Noir Hâtif de Marseille, on Aramon Rup., 1202, Rup. du Lot, 3306, 3309, 101-14.

Chassclas doré de Fontainebleau, on Aramon Rup. No. 1. 1202, 3306, 3309, Rip. Gloire.

Muscat Cannon Hall, on Rip. Gloire.

Gros Colman (Dodrelabi), on Aramon Rup., 3306, 3309, 101-14.

Tinta Francisca, on Rip. Gloire, Rup. du Lot, 3309.

Cabernet Sauvignon, on Rupestris hybrids.
Sangioveto Chiantigiano, on Rip. Gloire.
Trebbiano Fiorentino, on Rip. Gloire, Aramon Rup. No. 1, 1202, Jacquez.
Catarratto and Inzolia Bianca, both on Rup. du Lot, Rip. Gloire, 41B, Aramon Rup. No. 1.
NOTE.—For these two varieties Aramon Rup. No. 2, 1202, and 101-14 are absolutely worthless. *One should observe that Aramon Rup. No. 1 is very suitable here, whilst Aramon Rup. No. 2 is absolutely worthless.*
Verdelho de Madère, on Rip. Gloire, Rup. du Lot, Aramon Rup. No. 1, 3309.
Semillon, on Rup. du Lot and Rupestris hybrids.
Précoce de Malingre, on Rup. du Lot, 1202, Aramon Rup.
Précoce de Courtiller, on Rip. Gloire, 420A, 157-11.

C.—For the following varieties the stocks cannot as yet be given with certainty. (After the names of the varieties the American stocks are quoted which for the present seem to be the most suitable.)

Tribodo Nero, Grossa Vivarais. Gros Maroc.
Raisin Blanc (Rip. Gloire, 420A, Jacquez, Constantia Metallica). Waltham Cross (Aramon Rup., Jacquez, Constantia Metallica).
Crystal (Jacquez, Aramon Rup.).
Karroo Belle, Grec Rouge, Flame-coloured Tokai, Barbarossa, Barlinka, Prunede Cazouls, Alvarelhão, Tinto Cão, Mourisco Tinto, Mourisco de Semente or Albino de Souza, Tinta Roriz, Malvasia Key, Malvasia Preta, Codega, Bastardo de Menudo, Bastardo de Castello, Formosa, Touriga, Palomino or Listan, Mantuo de Pilas, Mantuo Castellano, Albillo Castellano.
Pedro Jimenes (Jacquez, Aramon Rup.).
Riesling (Aramon Rup., Jacquez, Constantia Metallica).
Madeleine Angevine, Agostenga, Madeleine Royale.
Pontac.

NOTE.—By "Aramon Rup." is meant Aramon Rup. Ganzin No. 1 and No. 2; in all other cases Aramon Rup. (Ganzin) No. 1 or No. 2 is clearly stated, as the case may be. It is, of course, not to be inferred that the varieties given under *C* cause trouble when being grafted. I could only not find any particulars about them on this point. Most of them can probably be grafted successfully on Jacquez and Rip. Gloire (very probably also on 420A and Aramon Rup.).

5.—WHEN AND HOW MUST I PLANT THE VINES.

Where, as in the south-westerly districts of the Cape Province, most rain falls during the winter months, one must plant your vines towards the end of winter or at the beginning of spring. Should late rains fall, one may safely plant still later. Further, one can plant earlier on dry, warm sites than where the soil remains cold and wet for a long time. The best time to plant out the vines here is generally between the 15th August and the 15th September. When planting, the soil should be sufficiently dry. Some rain after planting does a lot of good. One should have the vines ready some time before they must be planted. During this time the vines should be laid in loosely, care being taken not to put them too close together. This should be done in a fairly dry place, and the vines must be altogether covered with soil in order to prevent them from drying out or from budding too early. The grafted vine should he given one spur (not more) of two eyes. Their roots, mainly the thicker ones, should be cut off near to the stem.

The important question now to decide is, *how far to plant the vines from each other and in which directions the rows should run.* The answer to the first half of this question is that the vines must at least be planted so far apart that the vineyard can be easily and properly cultivated und that the vineyard does not suffer from drought in summer. Taking into consideration that the question of labour is always getting more serious, one is almost everywhere obliged to plant your vineyard so that it can easily be cultivated by machinery. For this purpose the distance between the rows must be at least 4 feet. If the soil is poor, the vines must be planted further apart than in very fertile soil. In very rich soils (f.i. in the Montagu District), which can in addition be irrigated in summer, the vines can sometimes be planted very close to each other (in Montagu mostly 3 feet 4 inches × 3 feet 4 inches). The working expenses are here somewhat high, as everything has to be done by hand, but the exceptionally high production more than warrants it. In this case the vineyard is also planted so close in order to prevent as much as possible the rays of the sun from reaching the soil, thus lessening the evaporation of the water in the soil and thereby at the same time diminishing the danger of the much-feared "brack." For a wine of a high quality the vines ought not to be too big and too vigorous, hence varieties for wine may be planted closer than table varieties.

Where one cannot or does not want to irrigate the vineyard during summer, the main question remains: How far must I plant the vines so that they do not suffer from drought during summer? Even when the soil was trenched deep enough and is kept loose by suitable surface-cultivation, one will frequently find that a patch of vines which is planted 6 feet × 6 feet (on a hill) produces better and more grapes per morgen of vines than a patch alongside of it which is planted at a distance of only 4 feet 6 inches ×4 feet 6 inches or 5 feet × 5 feet. In fairly cool, sufficiently deep soil one may plant your vineyard 4 feet 6 inches × 4 feet 6 inches or 5 feet × 5 feet square. Along slopes or on hills the vines ought to be planted so that the vineyard can be ploughed more or less in a horizontal direction along the slope. In this case, and in any case, I prefer the "hexagonal" system of planting to the planting of vines in squares. Where the slope is very steep one sometimes does best to plant the vines "schuinsrij-uit" (diagonal), as then the diagonal rows are less steep and therefore better for ploughing than in the "hexagonal" system.

Figures 1, 2, and 3 illustrate the planting in squares, in "hexagonal," and "schuinsrij-uit," respectively.

From the figures it can be clearly seen how to plant the vines. However, to be still clearer, I shall here give a short description of the three methods mentioned above.

(1) The Planting in Squares (Figure 1).

At first one has to mark the side row ABC. Then two rows at the top and bottom ends are marked at right angles to the first side-row.

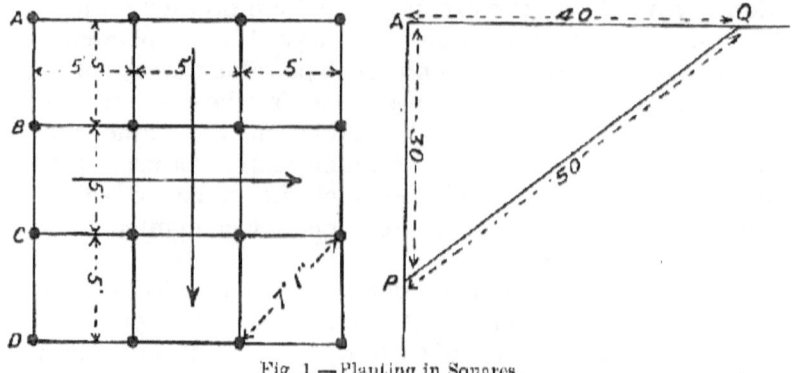

Fig. 1.—Planting in Squares.

This is done in the following manner: Starting at the corner A one measures, say, 30 yards in the direction of the side row ABC to point P. Then a rope of 40 yards and another of 50 yards are required. The end of the former is kept at A and that of the latter at P (30 yards in the side row from A). Now both ropes are pulled straight and taut, and where they meet a peg is placed. We now have a triangle whose sides AP (the first side row), AQ (the sought side row), and PQ are 30, 40, and 50 yards long, respectively. Then AQ is the side row which is at right angles to the first side row A P. This is so whether one measures 30, 40, and 50 yards, or so many feet. One may measure other distances, so long as the sides AP, AQ, PQ are in ratio, 3: 4: 5, to each other. Thus, instead of 30, 40, 50 yards one can take 15, 20, and 25 or 60, 80, and 100 yards. Now the side row AQ is simply marked further in the same direction to the other end of the land. At the other end of the first side row AP one marks in the same way as above the third side row at right angles to the first. If one now measures from the top and the bottom ends of the first side row exactly the same distance along the top and bottom side rows respectively, and if two pegs are here driven into the soil, then the distance between these two pegs must be exactly the same as the length of the first side row, that is to say, if the work was performed accurately. No notice need be taken of a small difference (under ½ per cent.). Should the difference be greater, the work has to be repeated to find out where the mistake was made.

Once the four side rows are marked and found correct, a measure (tape-line, etc.) is placed in the top and bottom side rows respectively, and shallow furrows are made with spades across the land. If it is intended, f.i., to plant the vines 5 feet square, then these furrows are made at a distance of 5 feet. When the furrows are thus made, the measures are placed in the other two side rows and the line is spanned across the land. Everywhere where the line intersects the furrows a stick is planted. The rows are, of course, now also planted at a distance of 5 feet from each other.

According to this method the following number of vines go to a morgen (of 100 yards x 100 yards): —

At 4 feet 6 inches × 4 feet 6 inches... 4444
5 feet × 5 feet... 3600
5 feet 6 inches × 5 feet 6 inches...2975
6 feet × 6 feet 2500

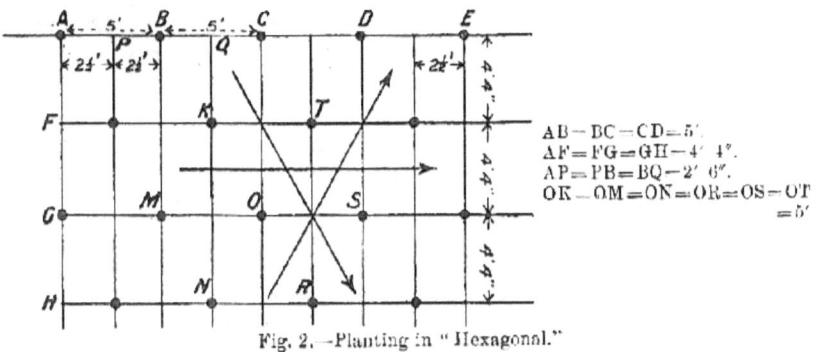

$AB = BC = CD = 5'$.
$AF = FG = GH = 4' 4''$.
$AP = PB = BQ = 2' 6''$.
$OK = OM = ON = OR = OS = OT = 5'$

Fig. 2.—Planting in "Hexagonal."

(2) The Planting in "Hexagonal."

Here, too, at first four side rows at right angles to each other have to be marked all round the ground. If one intends planting your vineyard at 6 feet in "hexagonal," then the shallow furrows are made at 4 feet 4 inches apart. Having done this, one plants a stick in the side row at every alternate furrow. Now the line is spanned across the land at

121

a distance of 2 feet 6 inches from the side row and the vines are planted where the line intersects the furrows which were omitted before. One can, of course, just as well make the furrows at 2 feet 6 inches distance and span the line every 4 feet 4 inches, as the other way round. In each case one plants alternately in the one furrow and then, again, in the other. On slopes one should mark one side row more or less in a horizontal direction along the slope and not against the slope. This is necessary to be able to plough horizontally along the slope and thus prevent as much as possible any washing away of soil during winter. If the vineyard is thus planted then there are always six vines which are 5 feet distant from the vine in their midst and six which are 8 feet 8 inches distant. If the vineyard is planted 5 feet square then there are always only four vines which are 5 feet distant from the central vine and four which are 7 feet 1 inch distant. This proves clearly that by adopting the "hexagonal" system a better distribution of the vines over the ground is obtained than by planting in squares. I consider 6 feet "hexagonal" as a very good distance in most cases. For those who want to plant wider or narrower I shall give the necessary distances. At the same time I shall state the number of vines necessary per morgen (100 yards × 100 yards) for each distance.

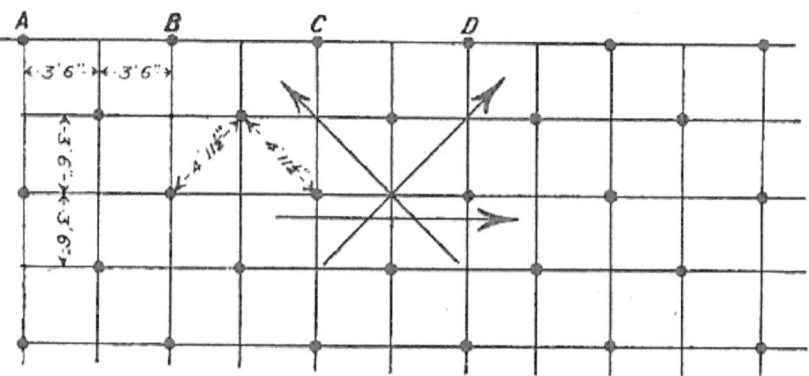

Fig. 3.—Planting " Schuinsrij-uit " (Diagonal).

If the distance in the row is multiplied by 0.866, then the width of the row which can be ploughed is found. It can also be clearly seen from Figure 2 that there are three equally wide rows if the vineyard is planted in "hexagonal." This is one of the greatest advantages which is got when the vines are planted according to this method. In Figures 1 and 2 the rows which one can plough are indicated by arrows. It will be observed that in Figure 1 only two different equally wide rows are suitable for cultivation. The diagonal rows soon become too narrow for ploughing in case the vineyard is planted in squares. It should be noted that the furrows must be made from each other only at half the distance of the vines in the row.

3) *The Planting "Schuinsrij-uit" (Diagonal).*

Here the work has to be started in exactly the same manner as when adopting the square system. If the vineyard f .i. is to be planted 3 feet 6 inches "schuinsrij-uit" then the furrows are at a distance of 3 feet 6 inches from each other, and the line is spanned across the furrows according to the same measure. Then a stick is planted at every alternate furrow. In the following row the vines are planted in those furrows which were omitted in the previous row.

This is perfectly clear from Figure 3. If the vines are planted 3 feet 6 inches "schuinsrij-uit" then the diagonal

Distance in the row.	Distance between the rows.	Number of vines per morgen of vineyard.
4 ft. 6 in.	3 ft. 10¾ in.	5133
4 ft. 9 in.	4 ft. 1¼ in.	4608
5 ft.	4 ft. 4 in.	4153
5 ft. 6 in.	4 ft. 9 in.	3445
5 ft. 9 in.	4 ft. 11⅜ in.	3143
6 ft.	5 ft. 2¼ in.	2887

rows are, so to say, 5 feet wide (exactly 4 feet 1½ inches).

In the following table those measures in the different systems are placed next to each other which require approximately the same number of vines per morgen : —

SQUARE.		HEXAGONAL.		"SCHUINSRIJ-UIT."	
Measures.	Vines per morgen.	Measures.	Vines per morgen.	Measures.	Vines per Morgen.
4 ft.	5625	4 ft. 3 in.	5775	2 ft. 10 in.	5625
4 ft. 6 in.	4444	4 ft. 9 in.	4608	3 ft. 2 in.	4500
4 ft. 9 in.	3988	5 ft.	4153	3 ft. 4 in.	4051
5 ft.	3600	5 ft. 6 in.	3445	3 ft. 6 in.	3674
5 ft. 6 in.	2975	5 ft. 9 in.	3143	3 ft. 10 in.	3062
5 ft. 9 in.	2722	6 ft.	2887	4 ft.	2813
6 ft.	2500	6 ft. 6 in.	2460	4 ft. 3 in.	2500

When planting, a hole is made at the desired spot by means of a spade by treading it deep enough into the soil and then bending the soil open with it. In this opening the vine is put at first deeper than it should remain standing. Now it is slowly pulled in an upward direction till the grafting mark is about half an inch above the ground. The reason for this manipulation is to secure as much as possible a horizontal or downward position of the roots and to prevent them standing in an upward position.

Now the spade is again thrust into the ground as deep as before and 3 to 4 inches further away and the ground pressed against the planted vine. Then the earth is still pressed against the vine by foot. The vine is now covered with soil. Here one must be very careful to make the heaps of soil *fairly broad but not high.* The top of the vine must just be covered, so that it becomes visible after the first rains. If the grafted vine is buried, i.e. if it is too deeply covered with soil, then the young shoots will come out badly. They curl underground and are worthless when they at last reach the surface. Then they are largely exposed to the attacks of "mistworms"[4] and in great danger of being destroyed by them during the time they try to reach the surface. Towards the end of October one should examine your recently planted vineyards and open carefully the heaps of those vines that show no trace of any shoots, destroy the "mistworms," break off the shoots of the American stocks, and open the tops of the vines so that they are just visible. In this way many a

---

[4] Cutworms – moth lavae (PFM 2014)

vine can be saved. I warn all farmers hereby against planting their vines too deep or too high above the ground, or against covering them too deeply.

6.—HOW MUST I CULTIVATE THE VINEYARD SOIL?

Good cultivation of a vineyard has a very great influence on the quality as well as on the quantity of the vintage. A small vineyard carefully cultivated is often more remunerative than a much larger vineyard which is not properly looked after.

Let us now briefly see what a wine farmer should do to his vineyard soil, starling from the pressing season.

In France I noticed that after the vintage the vineyard is ploughed to a depth of 5-6 inches. This will undoubtedly have a good effect on the soil. The soil hereby becomes more fertile and retains its moisture better. Where our vineyard soils are loose enough in March it will certainly be advisable to try this.

If one is troubled by kalanders[5] (especially in clayey and peaty recently trenched soils) then the soil around the stick should be removed and spread over the ground early in April. In this way the eggs of the kalanders are nearly all killed. In any case one can get altogether rid of kalanders by doing this several seasons in succession.

In May, or in the beginning of June, one ought to cultivate the vineyards with a Planet Junior or a similar plough. With this cultivation one may put the potash and phosphatic manures into the soil (Karroo ash or imported potash salts and bonemeal or basic slag). Although it is then still early, one may safely apply the above-mentioned manures as they are, so to say, not washed out of the soil. During the last half of July till the beginning of August the vineyard soil should once be cultivated deeply. Turning the vineyard soil by hand (by spade) I consider generally as the best method of cultivation. It is, however, somewhat expensive and sometimes cannot be done on account of scarcity of labour. Still I consider it very good at least to have part (one-half, one-third, or one-fourth) of the vineyard soil turned by hand. The remainder one can then plough. One should now plough deeper than usual (at least 6 inches) to

---

[5] Weevils (PFM 2014)

prevent a hard pan from being formed. But this deep ploughing should not be exaggerated, so as not to injure the roots too much. It is advisable to make furrows in the middle of the rows and then to broadcast the nitrogenous manures (Government guano, sulphate of ammonia, or another kind of nitrogenous manure) over the ground and to plough the soil towards the middle of the furrows. If necessary, superfluous soil or grass can be removed from around the vines by spade.

When the winter rains are over and when the soil is dry enough, the vineyard is cultivated in all directions. After this the surface of the soil should be kept loose by cultivating it superficially with a Planet Junior or with some sort of a harrow. This one should do, especially shortly after summer rains to prevent the soil from forming a hard crust. By keeping the surface of the soil loose one prevents too intense an evaporation of the water in the soil and one thereby puts the vines in a position to mature their grapes well even in dry summers. Ever since our vineyards in the south-western districts were destroyed by the phylloxera the above-mentioned method of cultivation was followed with good results, although the summer irrigation in vogue in earlier days has altogether been abandoned. Irrigation of vineyards is now only found in some parts of the Worcester, Robertson, and Montagu Districts. Many farmers have the custom of making early in winter (April-May) square holes, 2 feet deep, between four vines usually every third row. In these holes they put the vine canes and later, also manure and grass. Furthermore, most vine leaves end in these holes. Generally, I consider the making of these holes as an unnecessary expense, and I doubt that any advantages are obtained thereby. To enable one to bring the vine canes into the soil they can be cut up by a "wingerd-lootje-machine"[6] (one of which can be seen at the Oenological Station, Paarl) and then put in furrows made in the middle of the rows and covered by ploughing in July or August.

Warning.—As the American vines have almost no bark around their trunks exposed to the sun, one should be careful to see that the grafted vines have so much soil around their stems that they are covered with soil till near to

---

[6] Literally 'vine-cane-machine' (PFM 2014)

the grafting mark. If the American stem is exposed to the intense rays of the South African sun during the *summer months* it easily gets cracks, and the end of it is that such a vine dies off and one discovers then that its trunk above the ground has died off and got rotten. In many such cases the American stock sprouts again from underneath, thus proving that the evil in this case lies above and not below the surface. I have already seen many such cases, and wish therefore to draw the attention of every wine farmer to this fact. On slopes this occurs more easily than on even land. One should be careful not to plant the vines higher above the ground than that the grafting place is just visible.

Re the manuring of vineyards, I refer the reader to my article on this subject which appeared in the *Union Agricultural Journal*, Vol. 2, pp. 106, 195 (July and August, 1911). Copies of reprints of this article can be obtained gratis from the writer of this article at the Oenological Station, Elsenburg.[7]

VII.—HOW MUST I TREAT THE VINE ITSELF.

For the treatment of the vine against vine diseases I refer the reader to my article on "The principal diseases of our vineyards" published in the October number of 1910 of the *Cape Agricultural Journal*. Copies of reprints of the above article can be got gratis from my office.

The pruning and trellising of the vine is one of the most important things which here require our attention.

According to the local circumstances, the variety of grape and the aim one has in mind, the vines must either be pruned short or long, and the sticks kept close to the ground or trellised high. One can distinguish between

    A. Vines with short bearers standing free.
    B. Vines with short and long bearers standing free.
    C. Vines each with a stake.
    D. Vines trellised on wire.

Method (*a*) is the one mostly in vogue in hot countries (France Italy, Spain, Tunis, Algeria, and South Africa). In these parts the vines are usually planted further apart than

---

[7] Reprinted in this volume (PFM2014).

in more northerly parts, and the vines are then usually big and strong enough not to require any support.

The first year, i.e. nearly one year after they were planted, one prunes the vines so that every stick gets but one bearer with two eyes. The second year the vine gets two bearers with two eyes. In the third year one can give the sticks two, three, till four bearers, each with two eyes, according as the vines are weaker or stronger. It is wrong to cut the spurs longer than two eyes, as the eyes at the basis then usually do not sprout, hence nothing is gained hereby, and one only seen gets high vines at the expense of their good form and stability. From now the vines by and by get five to six and even eight bearers (spurs). Sometimes vines can be found with even more bearers, but I cannot see the advantage of it. From figures 4, 5, and 6 at can clearly be seen how the vines have to be pruned.

When pruning, mainly three things have to be remembered: —

(*a*) The shape of the vine;
(*b*) The bearers;
(*c*) The future bearers.

In the first place, the young vine must be pruned so as to raise it above the ground as quickly as possible and to give it a high stem to prevent the grapes from reaching the ground. Therefore, cane *a* in figure 4 was cut away, and cane *b* left as bearer. Here, therefore, a cane is chosen which stands high and has grown upright. If one wishes the stem longer, then one can give the vine a bearer with three to four eyes, and break off the lower sprouts as they came out. In the following year two high equally strong canes are picked for bearers, which are as nearly as possible in one line (really in one plane). The bearers are again given two eyes, and the "oude nagel"[8] *c* is removed, as shown by the dotted line. Should the vine be strong enough in the third year, four bearers are given. In any case, one should try to distribute the bearers as evenly as possible on the stick, and keep the middle of the vine open. The French call this system of pruning "taille en gobelet," i.e. cup-pruning, since the middle of the vine resembles a cup. When pruning one should consider the stability of the vine. Therefore, one should

---

[8] Literally 'old nail' (PFM 2014)

choose the bearers so that they stand fairly upright as *a* and *b* in figure 6, or have a somewhat slanting position as *c*, figure 6, but never so that they point in a horizontal or a downward direction.

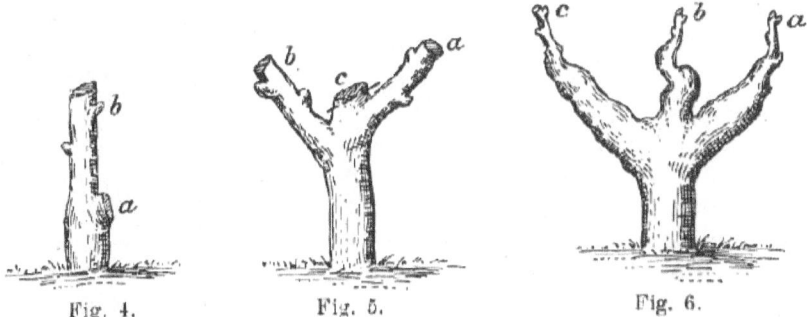

Fig. 4.   Fig. 5.   Fig. 6.

Strong, healthy bearers should be chosen in so far as this is possible, always remembering what was said above. Sometimes a less good cane has to be taken on account of its favourable position and taking the future bearers into consideration. This is, however, so important that one should not hesitate to sacrifice some bunches of grapes on account of it.

Re the pruning itself, it must be observed that the work can be performed by pruning-knives or by pruning-shears. A much smaller cut (wound) can be made with a pair of shears than with a knife. The cuts *a* and *b* in figure 5 can only be made so short with a pair of pruning-shears. With the knife the cut can only be made as short as may be seen at *b*, figure 4. Generally, cuts made by a knife are still more slanting than shown in the figure. Since it is desirable to make the wound as small as possible, preference is frequently given to shears. One often hears it said that the pruning itself can be performed quicker with a knife than with shears. I think this is only a matter of custom. It is important to make the cut approximately half an inch above the eye. One may also cut through the following joint, but this does not look nice when the nodes are far apart.

WHEN MUST I PRUNE MY VINEYARD?

Generally, it may be said that one should wait in any case till some soaking rains have fallen. Some farmers do some preliminary pruning during April and May, that is to say, that everything is removed from the vine barring the bearers or barring the bearers and the "old bearers." (If an arm has two canes, as a and b in figure 5, then b is called the bearer and a the "old bearer," which is removed when pruning, unless a on account of its better position is left as bearer and b is cut away, or both left as bearers, in case one wants to "put on" an extra bearer.) I have no objection to the above practice if the work is done after the leaves have dropped and at a time when the vines do not bleed too much. Since this work is almost always done at a time when no other work has to be done on the farm, and since the final pruning is thereby accelerated to a great extent, lots can be said in favour of this way of pruning. The main question, however, remains: When must I perform the final pruning of my vineyard? Most vineyards in our south-westerly districts are pruned between the 15th July and 15th August. Some farmers wait till the end of August or till the vines already start budding. Hereby one wants to let the vines bud later in order to protect them as much as possible against *Anthracnose*, non-setting of berries, as well as spring frosts.

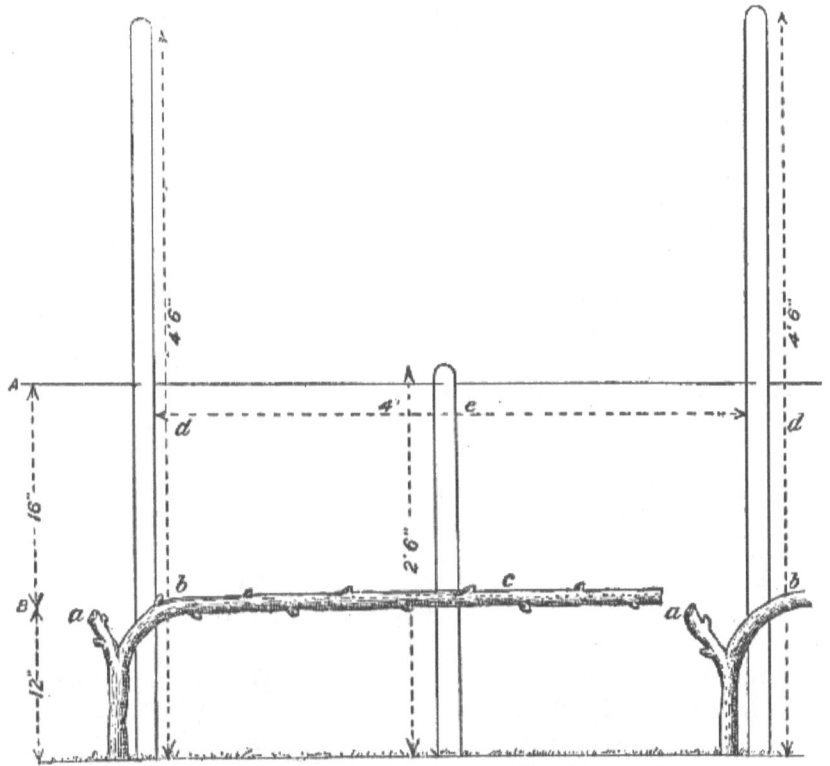

Fig. 7.—Trellising according to Dr. Guyot (3rd year).

Although opinions differ on this point, it nevertheless seems fairly certain that one can retard the budding of your vines by eight to fifteen days through late pruning (shortly before or during budding). Since vines pruned late bleed a lot, they are somewhat weakened thereby on the long run. For this very reason it is a good thing to adopt late pruning in case of very vigorous vines which bear badly. They are thus weakened and bear better, the more so if one gives them many bearers. On the other hand, vines pruned early bud early.

Let us now consider the remaining systems of pruning.

B. UNSUPPORTED VINES WITH SHORT AND LONG BEARERS.

In case of certain varieties of grapes (for instance, Sultana, Cabernet Sauvignon) one is obliged to leave some long bearers (ten to twelve eyes or more) to have a proper crop. In this case three or four canes—more or less evenly distributed around the vine—are bent towards the centre of the vine and fastened to each other. For every long bearer a spur with two eyes is left to provide for the long bearer and spur for the following year. The long bearers are then removed as close as possible to the trunk. Sometimes two long canes are twisted together, thus forming an arch. In case of vigorous vines two such arches are twisted which cross each other.

For the rest the same general remarks made under system A apply to this system as well as to the following systems.

C. VINES EACH WITH A STAKE.

This system of pruning I have not yet seen adopted anywhere in South Africa. In Central Europe (Champagne, Burgundy, along the Moselle and the Rhine, Switzerland, North Italy, etc.) most vines are trained along stakes. (At the same time one finds also many vines trellised on wire in the above-mentioned parts.)

In case of this method of training one usually gives the vines short and long bearers, whereby the spurs have got to provide the future bearers, whilst the long bearers really are the fruit-bearers. Since this method is not practised in our country, and since we, moreover, have no reason to adopt it in future, I do not wish to go into further details about it.

D. VINES TRELLISED ON WIRE.

Of late years trellising on wire has locally been much more adopted than in the past. I positively believe that those varieties of grapes that require to be pruned long, and principally table varieties, will more and more be trellised on wire. One should, of course, take care not to let the vines bear too much, as they will then be weakened, and the quality of the grapes will suffer.

There are four methods of trellising on wire which I wish briefly to discuss here. The first is: —

(1) *Trellising according to Dr. Guyot ("Taille Guyot")*.

According to this method, each vine is given a spur with two eyes, and a long bearer with approximately ten eyes. In figure 7, *a* is the short and *bc* the lone bearer. At each vine a stake (*d*, figure 7) has to be placed which stands about 4 ft. 6 in. above the ground. To this stake the long shoots (Q, R, figure 8) of bearer *a* are fastened. The first wire is spanned approximately 12 inches above the ground (figure 7, *d*). The long bearers are trained along it and are tied to it. It must, therefore support the weight of the grapes. Dr. Guyot recommends to have a shorter stake between every two vines (figure 7, *e*) to help in supporting the weight of the grapes. I consider this, however, as unnecessary. The stake is 2 ft. 6 in. above the ground. A second wire is fixed 16 in. above the first, and hence 28 in. above the ground (fig. 7, A). To this wire the shoots of the long bearer are fastened, as may clearly be seen from figure 8.

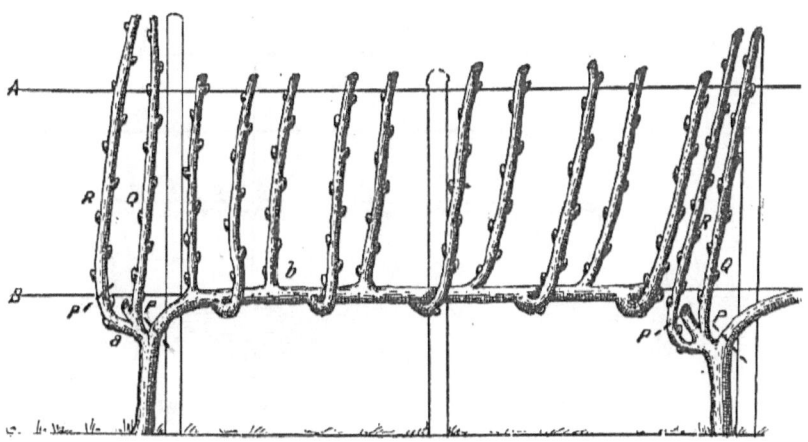

Fig. 8.—Trellising according to Dr. Guyot (4th year).

The pruning in the fourth year is now very simple. The dotted lines P show where the canes should be cut. One sees that the old long bearer is cut off close to the trunk. Cane R now becomes the short bearer with two eyes, and cane Q the old one with ten (or more) eyes, which now in its turn is bent and fastened to the lowest wire. In this way each vine gets every year its short and long bearer. Sometimes the stick is divided into two halves, each half getting a short and a long bearer. In this case one long bearer is led to the right and one to the left. Here one can plant the vines 6 ft. apart in the row without the length of the long bearers having to exceed 3 ft. When leaving only one spur and one bearer on each vine (see figure 8), the vines should not be planted further apart than 3 ft. 6 in. to 4 ft. in the row, as otherwise the long bearers would have to be pruned too long.

(2) *Trellising according to Cazenave.*

This is undoubtedly one of the best methods of trellising vines. The sketches in figures 9 to 12 clearly illustrate this system. The distance between the vines and also between the stakes can be from 6 to 12 ft. Three wires are spanned in such a way that the first wire is 20 in. above the ground, the second 14 in. higher, and the third 16 in. higher than the second.

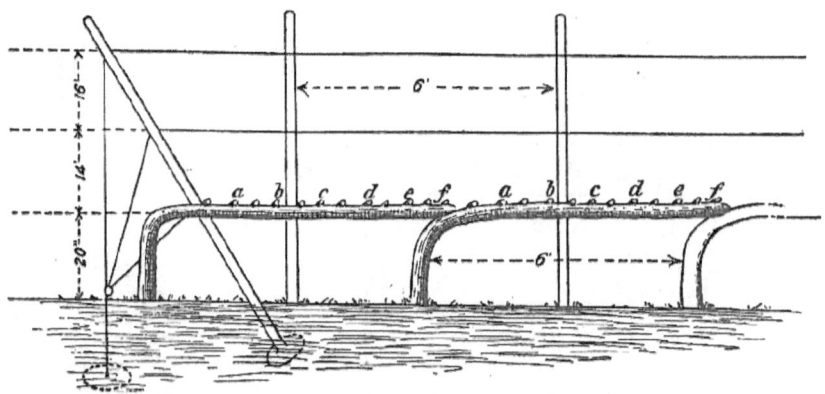

Fig. 9.—Trellising according to Cazenave (2nd or 3rd year).

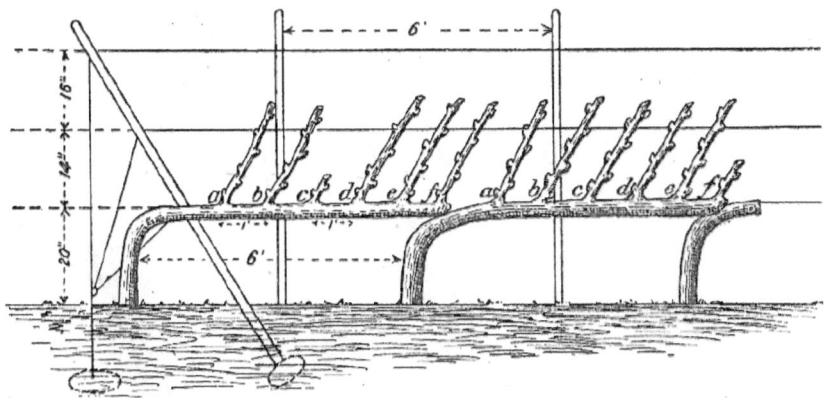

Fig. 10.—Trellising according to Cazenave (3rd or 4th year).

In the first year the vine is given one spur with two eyes as everywhere. In the second year one long cane is trellised as a permanent trunk on the first wire until past the bend of the second vine. Should the vine still be too weak this can possibly only be done in the third year. On the permanent trunk in the following- year canes *a, b, c, d, e, f* are selected at regular intervals of about 1 ft. as the long bearers, which are fastened to the second wire and are given an average of six eyes. Some canes (as *e* on the first and *f* on the second vine of figure 10) which are too weak are given only two eyes. In the preceding summer the shoots were fastened to the top wire and topped about 1 ft. above the wire.

On figure 11 we see two successive arms on the permanent trunk as they are in the following year before being pruned.

The first arm shows the result of a bearer which was given six eyes in the preceding year, whilst the second arm shows a bearer which was given only two eyes. The dotted lines P illustrate where the different canes should be pruned. Hence one now leaves a short bearer with two eyes (figure 11, A) and a long one with six eyes (figure 11, B), whilst the "oude nagel" is removed, as shown by the dotted line P. The long bearer B is now fastened to the second wire.

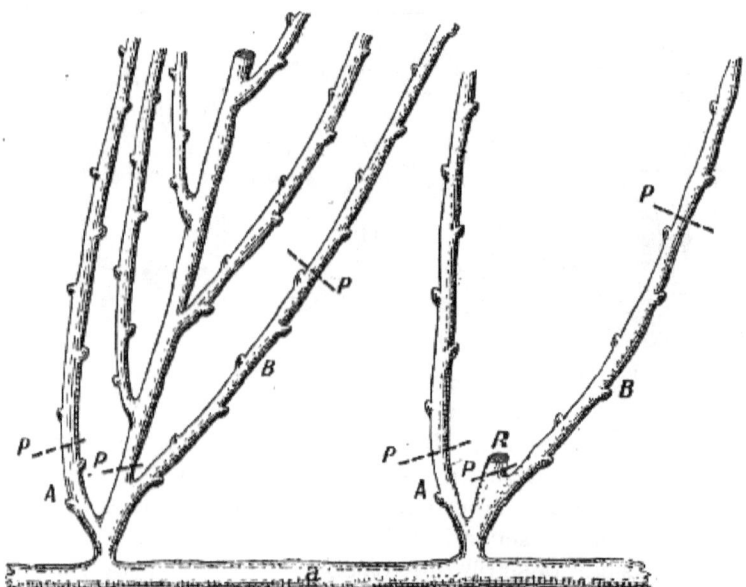

Fig. 11.—Trellising according to Cazenave (4th or 5th year).

In the next year every arm presents itself more or less as shown on figure 12. For the sake of clearness not all the canes are given, whilst those on bearer C are only shown as single lines. Now bearer C is taken away close to the trunk. A and B are pruned at the dotted lines P and remain as the short and long bearers respectively. The long bearer B is now again fastened to the second wire. Each arm on the permanent trunk is pruned year after year in such a manner as is shown in figure 12. If the arm in course of time gets too long, it can be cut back, and one simply leaves one of the lower shoots as a long bearer, as was the case in figure 10. In the following year figure 11 applies again and then figure 12 for the rest.

This system gives excellent results and can be highly recommended. The crop is a big one, and the grapes are of good quality. Further, only 2500 or 1875 vines respectively are necessary per morgen if they are planted at a distance of 6 ft. by 6 ft. or 6 ft. by 8 ft., whereas if the vineyard is planted 4 ft. 6 in. by 4 ft. 6 in. or 5 ft. by 5 ft. respectively, 4444 or 3600 vines per morgen are required. The vine also grows more vigorously, and its life will be longer by letting it develop a lot of shoots (as is the case with this method of trellising) than when it is pruned short according to the system first discussed.

The lowest wire, on which the permanent trunks rest, must be No. 15 or 16, whilst the middle and top wires may be somewhat thinner (No. 12 or 13). One should use galvanized-iron wire which consists of one wire or of several thinner wires twisted together.

(3) The Italian Fish-spine Method of Trellising

This method of trellising resembles very much that of Cazenave (the method above described). The only difference between them is that the middle wire is omitted and two wires are spanned approximately at the height of the lowest wire, and on each side approximately 15 to 18 in. away from it. These outside wires are, therefore, 2½ to 3 ft. apart. They are kept in position by crossbars, which are fastened to the standards. As is the case with the Cazenave method (figure 9), the first thing to do is to get the permanent trunk. On this trunk canes are left as bearers about one foot from each other. The young shoots are fastened to the top wire. It must be 1½ to 2 ft. above the lowest wire, whilst the latter has to be approximately 12 to 15 in. above the ground. The shoots have to be topped about 1 ft. above the top wire. In the following year the bearers are given two eyes, and are pruned 1 ft. apart from each other on the permanent trunk. The bearers are then all like figure 10c, of the first vine. Following pruning time, the arms are pruned according to the second aim of figure 11, only with this difference that the long bearers are fastened alternately to the right and to the left outside wire instead of to the middle wire (as with the Cazenave method), which here is dispensed with. The young shoots of the short bearer are fastened to the top wire, and provide later on the short and long bearers, as may be seen from figure 12.

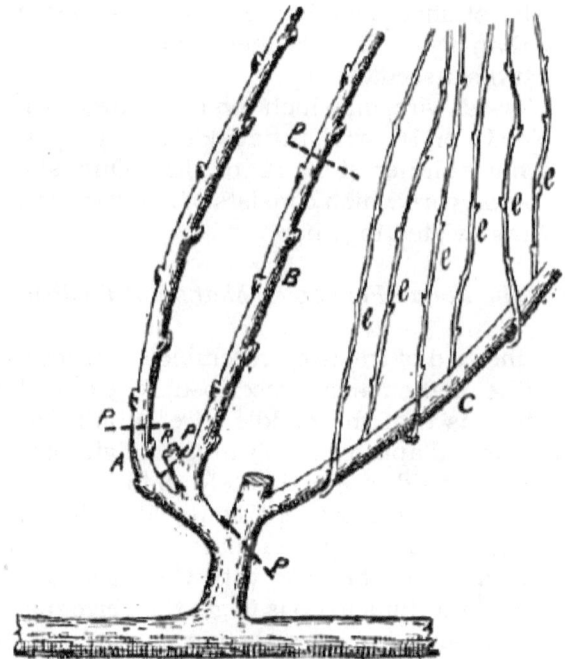

Fig. 12.—Trellising according to Cazenave (5th or 6th year).

Here also the long bearers are removed (close to the trunk. The only difference between these two methods of trellising lies in the fact that the long bearers are here bent and fastened to the outside wires, whilst with the Cazenave method they remain upright and are tied to the middle wire. The result obtained by this method is, of course, a trellis of about 3 ft. wide and quite 1 ft. above the ground. In Italy I have seen good results obtained by this method. Grapes that are easily burnt by the sun, if trellised according to this system, will be very much less exposed to the sun. The question is whether they will in this case get enough colour. I specially here think of the flame-coloured Tokai.

(4) *Almeria System.*

This system of trellising is in vogue in Almeria (Spain), where the Almeria grapes are grown according to this system. We here have a trellis which represents a horizontal plane at a height of 7 ft. The iron standards must be 8 to 9

The Establishment and Cultivation of a Vineyard (1913)

feet long. For the outside frame (A, B, C, D, E, F, G, H, K, M) strong iron standards have to be used, weighing 50 lb. and 8½ ft. long. Each of these standards must be kept in position by wire anchors running outwards. In order to have the frame as small as possible in comparison with the surface, one should try to give the vineyard as near as possible the form of a square. In this ease one requires less of the expensive and heavy standards. If I therefore want to plant 10,000 square yards (one morgen) with Almeria grapes, and trellis them according to this method, then I should make the sides each 100 yards. The perimeter is then 400 yards. If I make the sides respectively 500 and 200 yards instead of the above, then I still have 10,000 square yards, but then the perimeter is 500 yards instead of 400 yards as in the previous case.[9]

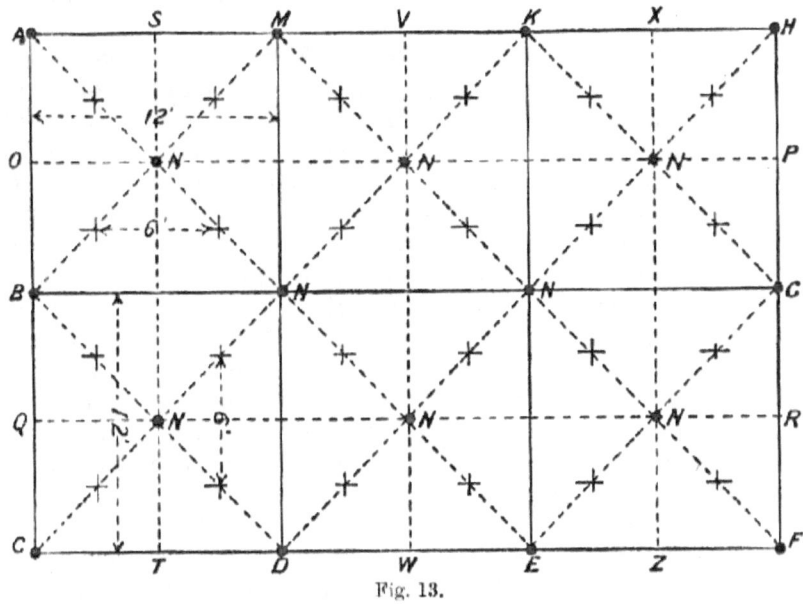

Fig. 13.

The inside standards (N, figure 13) need not be longer than 8 ft. 6 in. and weigh more than about 20 to 24 lb. If the

---

[9] A side of 500 yards seems to be an error in the original. 50 × 200 yards would give 10,000 square yards with a 500 yard perimeter. (PFM 2014)

soil is loose it is best to let the points of the standards rest on stones. All they need do is to support the weight of the trellis, there being no tension on them sideways. The standards are placed at 12 ft. square, with an additional one between every four standards, as may clearly he seen in figure 13. The wire is spanned through the top holes of the standards. For the main wires (AH, BG, CF, DM, EK) n fairly thick galvanized-iron wire should be taken (No. 15 or 16) whilst for the cross wires (BD, AE, MF, KG, EG, DH, CK, BM) a much thinner wire (No. 11 or 12) is required. These cross wires are given in the figure as dotted lines. The thick wires must be spanned tightly in order to support the whole wire net well. Besides the above-mentioned wires, also the following wires should be spanned: OP, QR, ST, VW, XZ (dotted lines, figure 13). For these wires the same kind of wire as for the cross wires, CK, DH, etc. (figure 13), should be taken.

Then AO is equal to OB=AS=SM=6 ft. Now a fairly thin wire is twisted through the whole net at distances of 2 feet, in the direction of the sides AH and AC. Therefore, two such thin wires come between the points A and O, which are fastened between H and P. In the same way two wires run between 0 and B. which are fastened between P and G, two between A and R, which are fastened between C and T, etc. Now the net is complete. The vines are planted 6 ft. square, as the crosses in figure 13 indicate. In the first year the vines are given a spur with two eyes. At every vine a stake is placed which is fastened to the net above. The young shoots are tied to these stakes. Once they have reached the net they are trellised on it. Next pruning season the vines are pruned in such a way as to leave them three to four eyes on the net. When sprouting, all shoots, excepting the three or four highest which are trellised on the net, are broken off. From now onward the shoots are distributed systematically over the net, and short and long bearers are pruned. The last-mentioned are given a length of 3 to 6 ft., till one finds that they bear enough. One has to prune very long bearers, as the Ohanez hardly bears anything if pruned short.

Under the treatment of the vine itself still falls the

SUMMER TREATMENT.

Here I shall briefly touch on the following points only:—(1) Topping, (2) removing of shoots, (3) treatment against the non-setting of berries, (4) thinning out of grapes, (5) partial removal of leaves, (6) removing of roots of *Vitis vinifera* (European vine).

(1) *Topping.*—In this country farmers are as a rule inclined to top too much. Young vineyards, especially those grafted on the spot, must be kept short (shoots to 1 ft. long) to prevent the young shoots from being blown off by strong winds. One should here in every case top short regardless of the position of any fruit. Vineyards in the second or third leaf should likewise be topped short, as also here one should try to keep the main shoots in order to have the necessary-hearers at their right places when the next pruning is done. This mainly applies to those districts where, especially in September and October, strong winds prevail. Old vineyards must also be topped short up to November in order as much as possible to prevent the shoots from being blown off. From after the 15th November one should not top their vineyard any more, or only very little. One should never forget that a good development of shoots is of great value to the vine itself. One, therefore, only tops for reasons making it a necessity. The above is meant for vineyards which are not trellised on wire or stakes (one at every vine). With stakes or wire trellises one shall practically never have reason to top before late in October, as one must in this case wait till the shoots are 6 in. to 1 ft. above the stakes or top wire.

(2) *Removal of young shoots.*—This is done in very many wine districts of Europe. Hereby all young shoots without grapes are removed, as also those which are not required as hearers for the next year. It stands to reason that one must here use common sense, and not remove any or very few shoots from weak vines. It will be advantageous to vigorous vines to have their superfluous shoots removed. In case one should believe a vine to bear too much, shoots with grapes or grapes alone can be removed. Often one hears that this removal of shoots weakens the vines. Where the removing of shoots is indiscriminately done, and the shoots

of weak vines are removed, which already scarcely have sufficient shoots, this work can have such detrimental effects. Where the vineyard, however, is vigorous, and the vines have quite a lot of superfluous shoots, both the grapes, the shoots, and the vines will profit by removing all unnecessary shoots as soon as the grapes are well visible.

One should not say that this work causes too much trouble, as the shoots then removed must otherwise be cut when lignified. Thus one should here speak of less and not of more work.

In conclusion, I must warn against removing the shoots too late, as one is then sure to weaken the vines in the long run. This work should be done when the shoots are still tender (not lignified).

(3) *Treatment against the non-setting of the berries.*— This non-setting or "running-off" is one of our greatest difficulties in growing Hanepoot and some other varieties.

This running off can be caused by

(*a*) unfavourable weather (rain and cold during the flowering season);

(*b*) a too vigorous growth (extremely vigorous vines) and too much moisture in the soil;

(*c*) the variety of grape (for instance, Hanepoot is very much more subject to it than Muscadel);

(*d*) the American graft-bearer.

The weather, of course, one cannot change. It is, however, a fact, that rain and cold are the main reasons for this "running off." That is why one finds the same variety of grape running off much less in certain sheltered places than when exposed to the inclemencies of the weather. Further, one finds certain patches and even certain vines in your vineyard which run off year after year. It may in such cases be that the running off lies either in the nature of these vines themselves, and then one must regraft these vines, or it may be that they are too vigorous, and then they should be pruned late and given many and long bearers (three to four eyes).

At the same time the vines may also be treated according to the following methods. One of the best methods to prevent "running off" is to *ring-bark* the shoots. According to Foëx, one removes a ring of the bark of the internode just under the last bunch of grapes. This is done by means of ring-barking shears, whereby the bark is cut through all round the shoot. One should take special care not to cut too deep, as otherwise the external wood-fibres under the cambium will also be cut. This might cause the supply of water to be so much hindered that the part above the ring-wound will gradually wither and die off. Of the various kinds of shears for ring-barking, I prefer those that regulate the cutting automatically, and with which one cannot easily cut too deep. As soon as the ring is loose, one stops turning (cutting). Although there exists some difference of opinion on this point, it seems that the most favourable moment for ring-barking is when flowering just sets in, i.e. as soon as a few flowers have opened here and there. In case of vines with long bearers (six or more eyes), Ottavi (*Viticultura practica*, p. 892) recommends making the ring-wound at the base of the long bearer. Hereby one makes only one ring-wound instead of six or more. Moreover, this is made on wood that is removed during the following pruning season, whilst the future bearers remain uninjured. This system has given very satisfactory results in Italy for more than twenty years. Some experiments on the influence of the ring-wounds may here be quoted from Ottavi, *loc. cit.*, p. 896: —

(a) An even number of vines was selected for each experiment. Of these one-half was ring-barked, whilst the other half remained

	Untreated bunches	Treated bunches
Old vines	150	125
After 40 days	54	122
Loss	**96**	**3**
Young vines	116	120
After 40 days	80	115
Loss	**36**	**5**

(b) An experiment with old vines of Barbera (grape), which ran off badly, was made in 1906:
   35 vines treated gave 182 lb. of grapes;
   35 vines untreated gave 85 lb. of grapes.

The crop was thus increased through ring-barking by 97 lb., or 114 per cent. This clearly proves the advantage and efficiency of ring-barking. The ring-barked shoots of vines standing free can easily be blown off by strong winds. This difficulty disappears in case of trellised vines.

Another way to combat "running off" which is strongly recommended by Ottavi (*loc. cit.*, pp. 890-891) is to let the vines bleed freely. This simply means, that at the tip of the long bearers a bit of the cane is cut away (less than half an inch), when the eyes have already all budded. The vine will start bleeding much from the wound. After four to five days this is repeated. Where necessary this must be repeated four to five times, in some cases till eight times. This method is good in a moist spring, but in a dry spring it cannot be recommended. It also is a tested and efficient means to prevent "running oft."

For the rest the vineyard must at this time of the year be kept clean and dry (hence also warm) and short. While flowering, the vines should be sulphured. By this topping and sulphuring the "running off" is prevented to a fair extent.

Where the "running off" is due to faulty fertilization— this is frequently the case where the style is very much longer than the stamens, as, for instance, is the case with the Ohanez grape—one can get good results by rubbing the bunches while flowering with a flowering bunch of another variety (Aramon rup. and other American vines are also suitable) or even by gently passing over the flowering bunches with a soft woollen brush. This is largely done in Almeria to fertilize the Ohanez artificially and to secure a good crop. Otherwise this variety is very much inclined to run off.

Very little is so far known about the influence the graft-bearer (American stock) has on the "running off." In this country the Le Roux Rupestris ("Donkey") causes the Hanepoot to run off very much, as soon as the weather becomes unfavourable. This question, however, has still to be studied.

(4) *The thinning out of the bunches.*—This is only important in case of table grapes, and especially for the best varieties. Every one who exports grapes will at once appreciate the value of thinning out. By thinning out, a loose

bunch with *big and sound berries* is obtained, which are all more or less *of the same size*. Table grapes for export must possess the above-mentioned qualities in order to fetch a high price. The ends of the long bunches (Hanepoot, Barbarossa) must also be cut off to give the bunch a better shape and to let the berries ripen more or less at the same time and to enable them to colour up well.

This thinning out should be started with as soon as the largest berries are the size of a pea. In the first place, all small, not satisfactorily fertilized berries are taken away. Then, according to the size of the grown-out berries of the special variety of grape, one-quarter to one-third of the remaining berries are removed to enable the other berries to grow to their maximum size. One will find that the grapes remain much healthier in loose than in compact bunches.

To thin out bunches when ripe and on the point of being packed is radically wrong, as then none of the advantages of thinning out are obtained, whilst sound berries are easily injured (often without noticing it!), which then easily rot and infect the remaining berries and bunches. From time to time the table grapes for export have to be examined and all bad berries removed. When the bunch is ripe and is cut for export, one *should be able to pack it directly as it is*. The person who does this properly will obtain good prices in foreign countries, even for Hermitage. For really first-class grapes one will always get good to very high prices in foreign countries, whereby one is more than compensated for all the trouble taken. Then, of course, only first-class grapes should be exported. Now, still some hints on the thinning-out itself. This work is done with narrow, pointed scissors, which are specially made for this purpose. When thinning out one should not twist the bunch (one should bend oneself) or injure the stalk with the sharp points of the scissors. Further, the bunch should be given a good shape and the berries carefully cut away in such a manner as to have the remaining berries evenly distributed over the bunch. By thinning out when the grapes are still green the ripe grapes need afterwards not to be handled much. *They thus retain their bloom*, which in case of first-class table grapes is a thing of great importance.

Thinning out is simply absolutely necessary in order to secure high or fancy prices for export grapes on foreign markets.

(5) *Partial removal of leaves.*—In case of very vigorous and close vines it is a good thing to remove some of their leaves to allow more light and air to pass through the vine. Here one should never forget that the leaves are the lungs of the vines, and hence should not remove more leaves than necessary. When the grapes are already fairly ripe, and moist and rainy weather prevails, the lower leaves should be plucked to prevent the grapes from rotting and to further the process of ripening.

In Sauternes it is customary to remove the leaves from the bottom to the second internode above the top bunch of grapes as soon as the grapes are *ripe*. At this stage they will not be burnt any more. The berries will here and there become raisins. The leaves can be removed on two occasions. The first time the leaves on the southern side are removed and the remainder some days later. It is absolutely essential to leave at least four leaves to each cane. These leaves can still form some sugar, but their main function is to ripen the cane and to form reserve materials for the roots. The main object in removing some of the leaves when the grapes are ripe is to concentrate the sugar in the berry at the expense of the quantity of the must, as the berries hereby shrink somewhat and here and there become raisins. In such a way I increased the sugar of ripe green grapes from 24° Balling (when the leaves were removed) to 29½° Balling (when the grapes were pressed) in fourteen days. From these grapes a very good dry and heavy sherry has meanwhile been made, with an alcoholic strength of 17 vol. per cent, without any fortification.

(6) *Removal of the roots of the "Vinifera" (European vines).*— It is not necessary to say much about this subject. It is clear that in case the roots of the "vinifera" (European vine) are left growing, the roots of the American stock will be unsatisfactorily fed till at last they will die off. Then the European vine stands on its own roots and may at any time be killed by phylloxera. To prevent this one must from time to time remove the roots of the vinifera, so that the vine is only supplied with food by the roots of the graftbearer. In case of grafts the roots of the scion are only removed in

December or January, as they then at the start stand a better chance of growing on the graft-bearer, and later (during October and November) there will be less danger of the wind blowing off the young shoots.

List of pamphlets by the author which were referred to in this article and which can be obtained from the Office of the Government Viticulturist, Paarl: —
(1) "Drainage" (*Agricultural Journal of the Cape of Good Hope*, November, 1910).
(2) "Raisins" (*Agricultural Journal of the Cape of Good Hope*, February, 1910).
(3) "Manuring of Vineyards" (*Union Agricultural Journal*, July and August, 1911).
(4) "The Principal Diseases of our Vineyards" (*Agricultural Journal of the Cape of Good Hope*, October, 1910).
(5) "Report of American Stocks Commission" (*Union Agricultural Journal*, July and August, 1912).

+++

The Establishment and Cultivation of a Vineyard
Sourced from: Nietvoorbij
Publisher: Dept of Agriculture, Union of South Africa
Second Print, No. 5 1913
'Reprinted from the Agricultural Journal of the Union of South Africa, January, February, and March 1913'
Printer: Government Printing and Stationery Office, Pretoria
Dated: 1917

The Reconstitution of Vineyards in Lime Soils on Suitable American Stocks (1913)

Great difficulty is often already experienced in reconstituting vineyards on suitable American stocks in soils poor in lime, but in case of soils rich in lime the task to find the right American stock becomes all the more difficult.

As sometimes a considerable quantity of lime is found in the soils of the Montagu, Robertson, and Worcester Districts, and as the reconstitution of the vineyards in these districts has now begun, I found it desirable to gather samples of the different vineyard soils of these districts, and to find out how much lime they contain. This has meanwhile been done. Mr. A. J. Cloete, Supervisor Government Vine Plantations, and Mr. J. C. van Jaarsveld. Manager of the Viticultural Station at Paarl, helped me in collecting the samples, whilst the Assistant Viticulturist, Mr. W. Wagener, carried out the analyses in the laboratory under my supervision.

The lime was determined after Bernard's method.

TAKING OF SAMPLES.

A hole of 2 feet × 2 feet square was dug, its sides being kept vertical to a depth of 1 foot. After putting this loose soil on one side, even thin slices of soil all round the sides of the hole were cut down. This soil was then well mixed, and about 15 lb. thereof put in a small bag, to which a label was attached, indicating the particulars.

In one corner of the hole a smaller hole was made to a depth of 30 inches, i.e. to a total depth of 18 inches, measured from the bottom of the larger hole. Then in the same way as described above a sample was taken at the depth of 12-30 inches.

The numbers with "a" indicate the top samples, and those with "b" the lower.

PREPARATION OF THE SOIL.

The dry soils were pulverized and passed through a sieve of small meshes. The particles of soil that did not pass through the sieve were further pulverized, etc. Only some odd quartzitic pebbles were thrown away. This was done to enable one to determine the total contents of lime in the soil, as this is usually considerably greater than that in the fine soil.

In the following table the results obtained in the above manner are given.

A.—MONTAGU DISTRICT, Nos. 1a–54a.

(a) The Village Montagu, Estates situated along Long Street.

No.	Owner	Farm	Locality	General Remarks	% Lime (CaCO$_3$)
1a	A. J. Rossouw	—	Behind the house	Old, ungrafted vineyard, in a deep, rich loam	Under 1
1b	,,	—	,,	,,	,,
2a	,,	—	100 yards further	,,	,,
2b	,,	—	,,	,,	,,
3a	Dan. Joubert	—	In front of house	Subsoil reddish	,,
3b	,,	—	,,	Deep, red, rich loam	4
4a	W. J. van Zyl	—	Near by house, next to Widow Rossouw	Deep, fairly loose loam	8·8
				Grey till yellowish loam	under 1
4b	,,	—	,,	Fairly stiff after 12 inches depth	,,
5a	,,	—	Near to Kingna River	Deep, even, grey loam	,,
5b	,,	—	,,	,,	,,
6a	R. P. du Toit	—	In the middle of vineyard	Grey, deep loam	2·2
6b	,,	—	,,	Grey, deep, limy loam	8·8
6c	,,	—	,, (30–48 in.)	Fine, alluvial, loose, deep soil; the vineyard grows very well here	under 1
7a	,,	—	From a brackish patch 15 ft. broad	,,	,,
7b	D. S. du Toit	—	On the "right hand", in front of house, from a patch infected with phylloxera	Grey, yellow soil	,,
8a	,,	—	,,	,,	,,
8b	,,	—	,,	Subsoil decomposed lime, resting on a hard lime-layer	9·8
9a	,,	—	In the middle of vineyard	Deep, stiff, sticky loam, greyish-reddish, cracks when dry	under 1
9b	,,	—	,,	,,	3·6
10a	G. Malherbe	—	,,	Sticky, greyish loam	under 1
10b	,,	—	,,	At a depth of 30 inches a compact, limestone layer	2·0

A.—MONTAGU DISTRICT—*(continued).*
(b) Kelsie (11a–19b).

No.	Owner.	Farm.	Locality.	General Remarks.	% Lime (CaCO₃).
11a	F. J. van Zyl	Harmonie (onderste)	In the middle of vineyard, on highest spot	Deep, loose, homogeneous, alluvial soil (rich)	under 1
11b	,,	,,	,,	,,	,,
12a	Dan. Joubert	Bosrivier	Vineyard, behind cellar	Reddish, sticky loam	,,
12b	,,	,,	,,	Deep subsoil	,,
13a	P. S. du Toit	Goede Moed	In the middle of vineyard, just in front of house	Deep, loose, dark, alluvial soil	,,
13b	,,	,,	,,	,,	1·4
14a	,,	,,	Vineyard, nearer to river	Sand; somewhat sandier than No. 13	under 1
14b	,,	,,	,,	,,	2·6
15a	Wed. Joubert	Keurkloof	Vineyard, along the road on lower side of house	Grey-reddish, deep soil, containing some odd stones	under 1
15b	,,	,,	,,	Subsoil: grey, loose, deep, alluvial soil	,,
16a	J. J. du Plessis	Goede Moed	Vineyard, just below cellar	Grey, deep, alluvial soil	,,
16b	,,	,,	,,	,,	1·6
17a	Mr. Ansell	Nieuweland	In the middle of vineyard	Dark, sandy, alluvial soil (deep)	under 1
17b	,,	,,	,,	,,	1·3
18a	Paul Jordaan	Bordeaux	Near top of vineyard	Grey-brown rich river soil	1·0
18b	,,	,,	,,	Subsoil deep and loose	under 1
19a	,,	,,	Near bottom of vineyard	Top soil partly lime-layer	4·0
19b	,,	,,	,,	Subsoil peaty	under 1

A.—MONTAGU DISTRICT—(continued).

(c) Baden and Onder Baden (20a–33b) and remainder of Montagu District till 54b.

No.	Owner.	Farm.	Locality.	General Remarks.	% Lime (CaCO$_3$).
20a	P. Jordaan (P. son)	Oud Huisland	Near homestead; patch of vines in which top parts of vines die off; no phylloxera was found	Deep, grey loam; cloddy	2·0
20b	,,	,,	,,	Deep subsoil	2·0
21a	Alewijn Burger	Boontjesland	Lower part of vineyard	Deep, loose, dark soil; roots very deep (only after a depth of 2 ft.)	under 1
21b	,,	,,	,,	,,	
22a	R. A. Knipe	Baden	Hill, with young, ungrafted vines	Stony, red soil, limy	2·9
22b	,,	,,	,,	Subsoil; gravelly, decomposed limestone; at the depth of 22 in. hard-pan	4·6
23a	,,	,,	Vineyard along the orange grove	Deep, dark, sandy river-soil	under 1
23b	,,	,,	,,	,,	,,
24a	Dirk C. Steijn	Baden (quite at top)	In middle of vineyard, on lower side	Rich, stony river-soil	3·2
24b	,,	,,	,,	,,	under 1
25a	,,	,,	In front of the house in the vineyard, along the river, in a patch suffering from phylloxera	River-soil, more sandy in lower than in top layers, with river stones (sandstone)	,,
25b	,,	,,	,, of the house	,,	,,
26a	Joubert Bros.	Baden	In the middle of vineyard	Stony and limy soil	7·8
26b	,,	,,	,,	No lime-layer underneath	under 1
27a	,,	,,	In lucerne-camp, along orange grove	Dark-grey, deep, fine, even soil	,,
27b	,,	,,	,,	,,	,,
28a	,,	,,	Along the river	Sandy, deep river-soil, loose	,,
28b	,,	,,	,,	Underneath river stones	,,
29a	P. le Roux	,,	On hill along the river	Reddish-grey soil	,,
29b	,,	,,	,,	Underneath loose lime-stones	,,
30a	,,	,,	Lucerne-land, above house, on a slope on lower side of road	Reddish, limy soil, with hardpan of 12–25 in. thick, consisting of hard limestone	,,
30b	,,	,,	,,	,,	4·6

A.—MONTAGU DISTRICT—(continued)

(c) Baden and Onder Baden (20a–33b) and remainder of Montagu District till 54b—(continued).

No.	Owner.	Farm.	Locality.	General Remarks.	% Lime (CaCO₃).
31a	A. Jordaan	Onder Baden	In the middle of vineyard, in front of house	Brown, peaty (turf) soil, very rich	2·0
31b	,,	,,	,,	Dark river-soil	under 1
32a	D. Burger	De Erf	In middle of vineyard, in front of house	Subsoil more sandy than the above	,,
32b	,,	,,	,,	Reddish, limy soil	,,
33a	,,	,,	In grafted young sultanas, near homestead		
33b	,,	,,	,,	Loamy, red soil, with red stones from the hill	1·0
34a	M. M. Burger	Rietvlei No. 1	Lime hillock in lucerne-land on the upper side of house	Red, limy soil	5·6
34b	,,	,,	,,	Deep, decomposed lime-soil	7·4
35a	,,	,,	On the other side of the river	River-soil	under 1
35b	,,	,,	,,	Underneath loose river-soil	,,
36a	Jacobus Kriel	,,	On the right, on the upper side of the house	Grey-reddish, loamy hill-soil, with white quartzitic pebbles	,,
36b	,,	,,	,,	Subsoil a clayey pan	,,
37a	,,	,,	On the lower side of orange grove	Black, sandy river-soil, with river stones; a good vineyard soil	,,
38a	David Burger	,,	Along the river, in front of house	Grey-reddish to yellow-blackish soil, at a depth of 9 in. already pretty stiff	1·0
38b	,,	,,	,,	Subsoil red-yellowish, clayey, fairly stiff at 30 in. depth, not yet hard-pan	under 1
39a	,,	,,	Just in front of house, on the hill, at present under lucerne	Red-greyish, clayey, fairly stiff soil	,,
39b	,,	,,	,,	Subsoil red, stiff, at a depth of 30 in. practically a hard limepan	5·8

A.—MONTAGU DISTRICT—(continued).

(c) Baden and Onder Baden (20a–33b) and remainder of Montagu District till 54b)—(continued).

No.	Owner.	Farm.	Locality.	General Remarks.	% Lime (CaCO₃).
49a	Joh. Conradie	Abrikooskloof	In the middle of vineyard, in front of house	Grey-reddish, deep soil, lime efflorescences white (gruis kalk). Subsoil contains lots of slate, stiff, difficult to get into soil	2·0
49b	,,	,,	,,		4·0
50a	Cornelis Rall	Rietvlei No. 1	Along left bank of Kingna River	Greyish, dark, deep alluvial soil	under 1
50b	,,	,,	,,	,,	,,
51a	J. Malherbe	Wit Hoogte	Along the river	Greyish-dark, deep, loose, moist, sandy river-soil	,,
51b	,,	,,	,,	,,	
52a	John Knipe	Knipe's Best	In the middle of vineyard, on lower side of cellar	Grey, deep, loose alluvial soil	4·4
52b	,,	,,	,,	,,	under 1
53a	Hermanus le Roux	Nieuwe Drift	On the outside of vineyard, along the hillside	Grey, loamy, limy soil	2·4
53b	,,	,,	,,	After 15 in. a whitish decomposed layer of limestone	16·0
54a	P. Hauptfleisch	,,	In the middle of lowest vineyard, near bottom of vineyard	Grey, loamy, deep, loose soil, rich	1·2
54b	,,	,,	,,	,,	under 1

B.—ROBERTSON DISTRICT.

No.	Owner.	Farm.	Locality.	General Remarks.	% Lime (CaCO₃)
55a	J. S. de Wet	Excelsior, Zandvliet	Midway between house and river	Light, sandy river-soil	under 1
55b	,,	,,	,,	,,	,,
56a	,,	,,	Near upper side of cellar	Grey loam, "sticky", rich	,,
56b	,,	,,	,,	Subsoil fairly stiff, dark, heavy; at a depth of 30 in. somewhat gravelly	
57a	,,	,,	Lime-hillock on upper side of house, along the water-furrow	Red soil; from 12 in. deep a stiff lime-layer	13·2
57b	,,	,,	,,	,,	,,
58a	Government Experimental Station	Near Robertson	On the right, on lower side of house, out of experimental vineyard	Grey-reddish, sandy soil, becomes hard lower down	3·2
58b	,,	,,	,,	,,	7·0
59a	G. D. Burger	De Hoop (top farm)	Grafted vineyard, on the right, on the lower side of house	Reddish loamy soil	under 1
59b	,,	,,	,,	,,	,,
60a	J. W. Bruwer (W.'s son)	De Hoop	Muscadel, near homestead	Grey, peaty, clayey soil	,,
60b	,,	,,	,,	Subsoil more clayey than on top, deep; grafted vines die off in this soil, but no phylloxera was found	,,
61a	Jan Burger	,,	Lucerne-land on upper side of road (hill-soil)	Reddish, flinty (?) stiff soil; only went down as far as 1 ft.	,,
62a	J. F. Botha	Roodehoogte	Grafted sultanas, near to house	Reddish, stony soil; vines die, destroyed by eels	,,
62b	,,	Wonderfontein, near village	,,	,,	
63a	J. P. Marais	,,	Near to house, along fruit orchard	Grey-reddish loam, deep, rich	2·4
63b	,,	,,	,,	Subsoil limy	6·0
64a	,,	,,	Brackish patch in sultanas, on lower side of quince-hedge	Clayey loam, stiff subsoil, red-yellowish, sticky; difficulty with sultanas on Metallica	under 1
64b	,,	,,	,,	,,	,,

B.—ROBERTSON DISTRICT—(continued).

No.	Owner.	Farm.	Locality.	General Remarks.	% Lime (CaCO$_3$)
65a	J. P. Marais	Worderfontein, near village.	On lower side of labourer's house, out of Hanepoot on Jacquez	Grey, peaty (turfy) loam	under 1.
65b	,,	,,	,,	Subsoil stiff, dark, heavy loam; vineyard poor	,,
66a	D. J. le Roux	Uit Nood	Vineyard path near to house, in front of house	Reddish loam	2·0
66b	P. B. Malherbe	Vrolikheid	In the middle of vineyard	Subsoil red, limy, fairly stiff	2·8
67a	,,	,,	,,	Grey-reddish deep loam	1·0
67b	,,	,,	,,	,,	2·6
68a	,,	,,	Experimental vineyard with American stocks	Reddish lime-soil, hard limestone layer, went as deep as 20 in.	under 1
68b	W. J. Wessels	Thornvilla (near MacGregor)	Rye-land, on lower side of cellar	Reddish, gravelly lime-soil	15·0
69a	,,	,,	,,	,,	4·2
69b	,,	,,	,,	Subsoil later hard lime-pan, went as far as 20 in.	11·2
70a	,,	,,	Near river, in the lower vineyard	Sandy, deep river-soil	under 1
70b	,,	,,	,,	,,	,,
71a	G. Maynard	Ribbokskraal	In front of house, in young vineyard	Stiff, heavy loam, cakes easily, reddish, limy (?), karroo-like	,,
71b	,,	,,	,,	,,	,,
72a	G. J. Swart	MacGregor (village)	Near to house	Somewhat stony, reddish soil	,,
72b	,,	,,	,,	,,	,,
73a	H. C. van Zijl	Goede Moed, Klaasvoogdsrivier	Behind and near to house	Tough, red potclay, rich soil	,,
73b	A. J. Noordling	,,	In the middle of vineyard	Grey loam, deep, rich	,,
74a	,,	,,	,,	,,	,,
74b	,,	,,	,,	,,	,,
75a	,,	,,	Near by water-furrow	Grey, limy (?) soil	,,
75b	,,	,,	,,	,,	,,

B.—ROBERTSON DISTRICT—(continued).

No.	Owner.	Farm.	Locality.	General Remarks.	% Lime (CaCO₃)
76a	J. F. Burger	Rietvlei, Klaasvoogdsrivier	On the right side of vineyard, on the lower side of house, near to edge of vineyard	Reddish-grey loam, limy (?)	under 1
76b	,,	,,	,,	,,	3·6
77a	,,	,,	Lucerne-land, near river	Grey-reddish, deep soil (loam)	under 1
77b	,,	,,	,,	,,	,,
78a	L. J. Malherbe	,,	Along river	Red "doorngrond"	12·8
78b	,,	,,	,,	Underneath clayey	26·4
79a	E. H. de Wet	Near village of Robertson	Lime-hillock along young, grafted Hanepoot	Reddish limestone-soil, the limestone fairly soft	14·4
80a	,,	,,	Brackish patch near to house	Dark, clayey, heavy loam; grafted vines die off here	under 1
80b	,,	,,	,,	,,	,,

From the above results it is perfectly clear that the so-called lime soils in the Robertson and Montagu Districts hardly deserve this name. Here one frequently hears farmers talk about a limestone and a layer of limestone, where there is very little lime. This is, for instance, the case in $22b$, $30b$, $39b$, $61a$, $71a$, and $71b$. I left the general remarks in these cases just as they had been made on the spot, notwithstanding the low percentage of lime found by analysis. This should be noted. I wished hereby to illustrate all the more clearly the wrong opinion which is generally entertained about these soils. The so-called limestones are usually hard and of a reddish colour. They are simply more or less decomposed clay-slate (nabank). On weathering, this slate, which contains a fair amount of lime, gets a whitish till reddish coating of lime, which causes the false impression.

That the soil in certain cases and here in very restricted areas sometimes is very rich in lime, is proved by $48b$, $53b$, $57b$, $68b$, $69b$, $78a$, $78b$, $79a$, and $79b$. These nine cases are, however, the only ones out of the 157 analyses where over 10 per cent. of lime was found.

From the analyses it will be clear that practically always much more lime was found at the greater depth than nearer the surface.

In any case (with a few rare exceptions) there is not sufficient lime in the soils to cause any serious difficulty in reconstituting the local vineyards on suitable American stocks. Practically all the alluvial soils along the rivers in these districts contain too little lime to cause the grafted vines to suffer from chlorosis. Thus nothing can be said on this score against the chance of success of *Riparia Gloire de Montpellier* in these soils.

According to the report recently brought out by the Government Commission on American Stocks, the difficulties in reconstituting the vineyards in these soils on suitable American stocks are not caused by too large an amount of lime in the soil, but are due to other causes. It will be advisable to read the report on this point.

In order to find out definitely which are the most suitable stocks for these parts, I have this year started seven experimental plantations of the best American vines in these districts. After about five years one will know more or less which stocks will be unsuitable. After some ten years one will, with a fair certainty, be able to say which stocks answer definitely. These American stocks will be grafted as soon as possible with the principal varieties of grapes grown in these districts, in order to find out which stock is the best for each variety of grape.

Without being able to affirm this definitely, I am nevertheless convinced that there are good reasons for thinking that *Aramon Rupestris Ganzin No. 1* will answer in nearly all soils of these districts. With *Jacquez* and *Metallica* one should here be *extremely cautious,* especially in the Karroo soils.

Riparia Gloire de Montpellier ought to thrive well in the deep alluvial soils along the rivers. It is in so far of particular importance, as it is a good stock for Hanepoot, which could not be said of *Aramon Rupestris*. At present it is not yet possible to say whether *Jacquez* will be sufficiently phylloxera-resistant in these alluvial soils. This will, however, fairly soon be shown by the experiments which are now going on.

+++

The Reconstitution of Vineyards in Lime Soils on Suitable American Stocks
Sourced from: University of California at Davis
Publisher: Dept of Agriculture, Union of South Africa. No. 48, 1913
Printer: Government Printing and Stationery Office, Pretoria
Dated: 1913

Terug naar die Land (1914)

(Herdruk uit "Ons Land" van 12, 14, 16, 23 en 30 Mei 1914)

I

Die verbasende industriële ontwikkeling, wat daar gedurende die laaste kwart eeuw plaas gevind het in die meeste beskaafde lande van die wereld, het noodwendig daartoe gelei, dat die bevolking grotendeels naar die grote stede gestroom het, waar sulke industriële ondernemings meestal gevestigd is. Die gevolg hiervan is, dat die platteland meer en meer van syn arbeiders beroof werd, sodat daar in die meeste lande vandag 'n grote skaarste van laudbouwarbeiders heers. Die bevolking van die stede het in die meeste gevalle so gegroei, dat 'n groot gedeelte van die inwoners maar moeilik 'n lewensbestaan kan vinde. Hul sukkel dan op die een of ander manier aan. Party trag deur sedeloosheid, deur diefstal, deur ongeoorloofde handelspraktyke of langs andere weë die nodige middele te vinde vir hul daëlikse brood. Andere lewe van bedel en liefdadigheid, en party kom om van honger en gebrek.

Afgesien van dit egter, bly dit nog 'n feit, dat die inwoners van sulke grote stede dikwels in 'n ongesonde omgewing hul daë slyt, in wonings waar die reinigende sonlig en varse lug maar selde of ooit kan indring. Dan is daar die gewoel van mense, trêms; ens en die naglewe, wat maak dat mense oud word voor hul tyd. Die meeste van hul ly aan hul nerwe, raak senuwagtig en maak gin ou bene nie. Dus moet die stedelike bevolking altyd weer uit die kragtige, gesonde landelike bevolking gevoed word. Dit sien ons daëliks in die lande, waar grote stede en industrieë volop te vinde is. Die noodwendige gevolg van so'n eensydige stroming is, dat die land dikwels so erg beroof word van syn nodige kragte, dat die landbouwontwikkeling daaronder begin te ly. Dit is vandag presies die geval in lande soos Engeland, Duitsland, Frankrijk. ens. Daar word die leer van terug naar die land ook gepreek om die volk sterk en gesond te hou. In Suid Afrika is dit net so nodig om so iets te preek, alhoewel dit nie altyd die aantrekkingskrag van grote industrieë is wat ons mense naar die stede of dorpe trek nie. Dikwels is dit wel die geval, maar meer nog vind ons dat mense wat deur droogte, peste of oorlog verarmd geraak het, dorp toe trek, omdat hul meen dat daar nog altyd 'n soort van 'n bestaan te vinde sal wees. Als hul niks beters kan vind nie, dan word hul kebryer en hul seuns rij meestal mee om iets of niks te doen nie. Daardie klas jonge kerels is in 'n gevaarlike toestand. Hul verloor al spoedig alle verantwoordelikheidsgevoel, word ligsinnig, leef vir niks doen en plesier, en word dikwels selfs tot last vir die samelewing. So 'n toestand van sake is onwenselik en onhoudbaar. Ons moet daardie mense red, en gouw ook. Hul is 'n deel van ons self. Hul is hier gebore en groot geword. Hul het hier 'n seker geboortereg bo die vreemdeling, en ons sou hul 'n onreg aan doen als ons mense van elders sou gaan haal en geld uit die landskas aan hul gaan bestee, terwyl 'n deel van ons eië mense aan die sink is en ons vir hul niks doen nie. Mog ons tog dadelik dinge in hul regte kleur sien, en besef dat ons kanse van vandag binnen korte tijd tot hopeloos verlore geleënhede van die verlede sal behoor. Nog is dit nie te laat nie. Daar is duisende van arme blanke in die eerste geslag, wat dikwels in 'n redelike staat van welvaart verkeer het tot betrekkelik kort gelede; laat ons hul en voornamelik hul kinders red. Als ons nog 'n geslag laat opgroei onder onverbeterde omstandighede, dan sal hul moeilik te red wees en dit sal meer kos als vandag. Laat ons in elk geval ten minste die kinders 'n kans gee terug te gaan naar die land. Hul moet nie gewoon raak aan 'n luie lewe nie, anders sal hul nooit meer hard wil werk nie en sal moet ondergaan in die stryd om die bestaan.

 Ons hoor deusdaë dikwels praat van immigrasie en digter nedersetting. Dis albei dinge wat ons ou land baing nodig het. Hier by ons is seker alle kans vir die regte klas van immigrant, wat nog baing moed, lewenskrag, arbeidslus, 'n bietjie verstand en ook 'n bietjie geld het. Digter nedersetting gaat hiermee gepaard, maar dit volg nog lang nie dat net mense uit die buiteland vir digter nedersetting sal geskik wees nie. In ons eië land is daar reeds duisende mense wat maar al te graag 'n stukkie grond in so 'n digter nedersetting-skema sal wil neem om dit te bewerk onder redelike voorwaardes. Die vraag is wie moet aangeneem word en watter soort voorbereiding—indien enige—is nodig vir sulke mense om hul enige sukses te kan waarborg. Ek meen dat elkeen wat van goed sedelik gedrag is en wat verder gesond is en bereid om te werk, 'n kans moet kry. Die hoofdsaak vir my is egter die opgroeiende geslag. Met hulle moet ons voornamelik werk. Soos dit my lyk, is daar net één manier om die jong kerels met sukses weer op die land te plaas, en dit is deur hul op te neem in 'n geskikte soort van boerdery-skool of industriële landbouwskool. Daar moet hul enige jare bly, dan kan hul stukkies grond (seg 'n 4 môre) onder opsig van die skool bewerk. Na 'n verdere 2 jaar kan hul dan meer land krij. Die idee hoop ik in 'n volgende stuk in biesonderhede uit te werk.

II

In myn vorig artikel het ek perbeer duidelik te maak dat iets gedoen moet word om sekere mense terug te bring naar die land. Die vraag is nou net hoe om dit te doen sodat sukses gewaarborg mag wees. Ek het reeds aangeduië dat dit trapsgewyse moet geskied, en wel verder onder kontrole van 'n bevoegde persoon. Die eerste trap is die bovengenoemde skool, dan volg 'n kleine, gekontroleerde, selfstandige boerdery en eindelik is die man dan so ver om op syn eië bene te kan staan en self 'n plasie in 'n digter nedersettings-skema op hom te kan neem.

Laat ons nou sien hoe 'n soort skool nodig is, en hoe hy moet werk. Dat die bedoeling nie is 'n landbouwskool soos Elsenburg of een van ons ander bestaande landbouwskole nie sal wel duidelik wees. Genoemde landbouwskole is baing nodig en hul doen ook baing goeië werk, alhoewel ons Afrikaners nog nie genoeg die waarde en noodsakelikheid van sulke inrigtings insien nie. Hul stel egter glad ander opvoedkundige eise als die bedoelde soort skool. Hul eis minstens. Standaard sewe vir toelating, en dit is nog glad te laag om iemand in staat te stel om die klasse behoorlik te kan volg. Matrikulasie sal meer daarnaar lyk. Verder kos dit elke student jaarliks £50, sodat die arm man sijn kinders nie in die skole kan kom nie tensy hul gelukkig genoeg is om 'n beurs vir die bedrag te kry. Die idee is dan ook meer dat die bestaande landbouwskole seuns sal oplei wat later self hul plase sal kan hê. Natuurlik wil dit nie sê dat die skole net voor ryk of gegoede mense syn kinders is nie, maar hoofdsakelik kom dit tog daarop neer.

In elk geval beweer ek dat die bestaande vyf landbouwskole van die Unie gin versiening maak vir die arm en behoeftige kinders van ons land nie. Dis juis vir hulle wat ek in die voorgestelde industriële landbouwskole wil sien.

Die idee is om behoeftige kinders te neem onverskillig hoe ver hul dit in die skool mag gebring hê. Ek beskouw die volgende als noodsakelike voorwaardes vir toelating tot die skool:
(1) net blanke kinders.
(2) net kinders van 16 jaar of meer.
(3) net kinders van 'n goed sedelik gedrag.
(4) net werkelik behoeftige kinders.

Die kursus sal in Januarie begin en sal twee jaar lang duur. Daar moet 'n huisvader en 'n huismoeder wees om die kosinrigting te bestier. Die huisvader sal verder twee uur per dag onderwys moet gee, die boeke moet hou en die korrespondensie moet voer. Hy sal aan die hoofd van die inrigting moet staan, wat die algemene administrasie betref. Die boerdery sal onder 'n knappe, ongetrouwde boer staan, wat volle beheer hê oor die landbouwbedryf. Hy sal die leerlingei wys hoe om te ploeë en om al die ander werk op die plaas te doen. Hy sal hul egter nie net wys hoe om alles te doen nie, maar sal hul ook werkelik alles self laat doen. Hier siet elkeen al dadelik die radikale verskil tussen ons bestaande landbouwskole en die voorgestelde industriële landbouwskool. Terwyl op eersgenoemde die studente wel degelik die helfte van hul tyd aan praktiese werk wy, is daar gin sprake van dat hul al die werk op die plaas kan doen nie. Op laasgenoemde skool moet die leerlinge eenvoudig al die werk doen, en mag daar gin werkvolk gebruik word nie. Net vir die kosinrigting mag daar 'n paar bediendes gehuur word, maar dit is ook al. Die plaas moet dus groot genoeg wees om aan al die leerlinge gedurig werk te verskaf en om verder soveel te produseer dat die inrigting syn eië onkoste kan dek. Ek wil dus hê, dat dit 'n selfbetalende inrigting moet word. Dies nie te sê, dat dit al tyd moëlik sal wees nie, maar in elk geval behoef so 'n skool dan nie veel te kos nie.

Uit die voorgaande sal blyk, dat die skool nie al te min grond tot syn beskikking moet hê nie. Aangenome dat ons die gemiddelde getal van leerlinge vir so 'n skool op veertig stel, dan sal 100 tot 200 môre grond nodig wees al naar die vrugbaarheid van die grond en die verskillende gewasse wat daar met sukses kan gekweek word. Tien môre grond beskou ek in elk geval te min vir die voorgestelde doel, 50 môre sal ongeveer die minste wees wat onder gunstige omstandighede voldoende sal wees. Dit moet nie vergeet word nie dat die doel is om praktiese manne op te lei wat later vir hul self kan boer of vir andere als knegs of voormanne of bestierders. Hul moet dus genoeg oefening kry in al die soorte van boerewerk wat op die plaats moëlik sal wees. Als daar gesaai word dan moet dit nie net 'n paar ou bog akkertjies wees nie, maar dit moet lande wees wat baing werk vra om te bewerk, maar waar 'n mens dan ook 'n behoorlike oes van kan verwag. Elkeen sal nou al voel hoe uiters belangrik dit vir die sukses van so 'n onderneming sal wees om die regte man als boer op die plaas te kry. Natuurlik sal dit iemand moet wees wat goed bekend is met die plaatselike omstandighede en wat self reeds jare lange ondervinding het van boerdery in die streke. Ek meen selfs dat dit wenselik is om hul, na hul hul kursus deurgeloop het in soortgelyke omstandighede te plaas wanneer hul vir hulself moet gaan boer.

Dit sal uiterst wenselik en selfs noodsakelik wees om die leerlinge onderrig te gee in gewone smids- en timmermanswerk. Hiervoor sal dit misskien nodig wees om 'n spesiale persoon aan te stel, tensy die boer of die huisvader hierdie deel van die werk op hom kan neem.

Nou meen ek, dat die geagte lesers al 'n tamelik goeie voorstelling sal hê van die soort van inrigting waar ek hier voor pleit. Laat ons nou enige van die voornaamste sake in verband met so 'n inrigting meer van naderby beskouw.

LEERGANG OF KURSUS.

Aangesien die meeste leerlinge nie 'n hoë standaard in die publieke skool sal bereik hê nie, sal dit nodig wees om nog iets aan hul algemene opvoeding te doen. Daarom meen ek dat die volgende vakke in die skool moet geleer word:
1. Bybelgeskiedenis.
2. Vaderlandse geskiedenis.
3. Vaderlandse aardrykskunde.
4. Lees en skrywe (Engels en Hollands).
5. Rekenkunde.
6. Sing (Gesange en Psalme).

Dit is min of meer ook die program van die volkskole in Denemarke. Ek dink nie dat dit vir my nodig sal wees om lang hieroor uit te wy nie. Ons is 'n kristelike volk en daarom is 'n kennis van die Bybel noodsakelik vir elk opgroeiende burger. Alleen die man wat sedelik sterk is kan op die duur suksesvol en gelukkig wees, en 'n sedelikheid wat teën alles bestand wil wees moet in ware godsdiens wortel soos die Bybel ons dit leer.

Vaderlandse geskiedenis hoef nie juis sistematies uit 'n groot boek geleer te word nie. Dit kan onder andere geleer word deur vir die leerlinge geskiedenisboeke als leesboeke te laat gebruik, soos byv. mnr. Nico Hofmeyr syn "Kijkjes in onze Geschiedenis," en dergelike meer. Saam met ons geskiedenis gaat ook ons aardrykskunde. Dit hoef ook maar eenvoudig te wees, maar is tog noodsakelik.

Sing is iets wat onder ons meer moet aangemoedig word. Die ou mense het gereeld bij hul huisgodsdiens en elders gesing, maar dit word nou al minder en minder. Die meeste van ons gesange en psalme raak so stadig aan onbekend by 'n groot deel van ons volk. Hierin moet verandering kom en maar gouw ook. Dus sal elkeen wel instem dat die sangkuns nie mag verwaarloos word in 'n skool nie.

Rekenkunde en taalonderwijs is net so nodig als iets anders vir die toekomstige boer. Ek neem natuurlik aan dat die kinders deur middel van hul moedertaal sal onderwese word. Hollandse kinders sal deur middel van Afrikaans moet geleer word. Hul het nie nog tyd om te verkwis nie oor geslagte en andere moeilikhede van Nederlands in die paar ure wat hul per dag kan wy aan die boek-skool. Word dit gedaan dan sal die toekomstige boer of kneg, wat deur die skool gegaan het, ook in staat wees om syn eië korrespondensie te voer en hoef nie naar 'n prokureur of iemand anders te gaan en dan misskien 5s. of 7s. 6d. vir 'n onnosel brief te betaal nie.

Die praktiese deel van die werk sal naas smids- en timmermanswerk al die werk op die plaas insluit.

In 'n volgende artikel sal ek hierdie boerwerk verder bespreek. Ek hoop dan om vir bepaalde streke aan te toon wat moet gedaan word, en sal verder trag om die geldelike sy van die saak te behandel, so ver als dit nou reeds moëlik is.

III

Ons moet hier in die oog hou dat die toekomstige boer wat ons hier oplei nie iemand met groot kapitaal sal wees nie. Hij sal syn liggaamskragte en goeie wil met 'n meerdere of mindere mate van gesond verstand en praktiese landbouwkennis hê, maar sal nie instaat wees om groot onkoste te maak of lang op 'n inkoms te wag nie. Verder sal dit vir hom nodig wees om met sulke dinge te boer waarby daar gin groot risiko is nie. Dit sal dus ook net die soort boerdery wees wat vir 'n digter nedersetting nodig is.

In die eerste plaas dan moet dit 'n gemengde boerdery wees. Die produkte van so 'n boerdery moet hoofdsakelik bestaan uit botter, eiers en hoenders (met ander pluimvee) en varke. Waar dit moëlik is kan ook met vrugte en wingerd geboer word om sowel varse als gedroogde vrugte te verkoop. Hier en daar mag dit selfs moëlik wees om ook met kleinvee (skape, ens.) te boer, alhoewel dit 'n soort boerdery is wat tamelik baing kapitaal en grond vereis. Dit is onmoëlik om te sê waarmee alles kan geboer word. Die hoofdsaak is net dat dit 'n soort boerdery moet wees wat vir die klein boertjie geskikt sal wees.

Om nou tot die melk-, vark- en pluimvee-boerdery terug te keer wil ek net aantoon hoe mooi die drie saam werk.

'n Eerste vereiste is natuurlik altyd om so veel als moëlik self die kos vir jou diere te produseer. Vir die drie genoemde soorte van boerdery sal dit nodig wees om o.a. die volgende veldgewasse te bouw:

(a) grane, soals byv. mielies, gars, hawer, koring, rog, ens.

(b) grasse, soals byv. lucerne, phalaris bulbosa, paspalum dilatatum, Ten Have's "Western Wolth's rye grass," verskillende klawers, ens.

(c) wortelgewasse, soals byv. mangelwortels, rape, kool, "kale," suikerbeet, kaffer watermeloene, pampoene, patats, aardappels, boontjies (gewone en Soya), sonnebloem, ens.

Om te kan besluit watter soort boerdery die beste sal betaal is een van die moeilikhede aan so 'n onderneming verbonde. Dit vereis 'n goeie kennis van die plaatselike boerdery. So sal dit byvoorbeeld nie betaal nie om mielies te wil wen op 'n plek waar dit meer kos om die mielies te wen als waarvoor 'n mens dit van elders kan laat kom. Natuurlik mag dit in so 'n geval tog nog goed betaal om mielies te saai vir "ensilage," waar dit nie sou betaal om uit terwille van die pitte te saai nie. Dit is presies wat ons op Elsenburg doen. Ons het laaste seisoen nog 150 ton groenmielies (koppe, stronke en blare) tot ensilage gemaak, en dit help ons oor die droë somer- en kale wintermaande totdat die veld weer genoeg gras het.

Dis vir my dus onmoëlik om vir alle plekke te bepaal wat daar kan gebouw word. Vir die bemesting van die lande sal die diere wat aangehou word vir die grootste gedeelte self sorg. Verder mag dit nodig wees om mis te koop, alhoewel dit nooit baing moet wees nie.

'n Saak waar verder op gelet moet word is die ligging van die skool. Als die naaste stasie veraf is dan sal dit maar moeilik gaan om byv. vars vrugte te vervoer. In so 'n geval moet die vrugte geskikt wees om te droë sodat hul als gedroogde perskes, pere, appels, pruime, vye, ens., of als rosyntjies, sultanas of korinte kan verkoop word. Ek twyfel sterk daaraan of skaapboerdery op so 'n skool sal kan gedrywe word. Dit vra so veel veld, dat die skool die grond moeilik sal kan spaar, en verder meen ek dat skaapboerdery nie intensief genoeg is vir 'n skool nie.

WAT HET SO 'n SKOOL NODIG?

Dis maar moeilik om 'n volledige antwoord op hierdie vraag te gee. Ek sal egter probeer om hier aan te toon wat ek beskou als die gemiddelde vereistes van so 'n inrigting. Ons kan hul samevat onder die volgende hoofde:—

1. Die grond;
2. Die gebouwe;
3. Die rytuie en gereedskap;
4. Die diere;
5. Die staf en leerlinge;
6. Die onderwijsbehoeftes;
7. Die geld.

Wat die grond, in die eerste plaas, aanbetref, sal dit wel aan elkeen duidelik wees, dat die besproeibaar moet wees of in 'n streek geleë moet wees waar dit gereeld en genoeg reent. Dit is absolute vereistes vir 'n intensiewe boerdery wat die hele jaar deur kan aangaan. Verder moet die grond betrekkelik maklik bewerkbaar wees en moet dus nie net uit strawwe kleigronde bestaan nie, en moet ook tamelik vrugbaar wees. Dit sal egter ook goed wees als die grond enige brak kolle, nat plekke, strawwe plekkies klei, ens., bevat om die leerlinge te kan wys hoe sulke plekke kan reg gemaak word.

Veronderstel ons neem aan dat die skool 40 leerlinge het, en dat die grond tamelik goed is en óf besproeibaar is óf gin besproeiing nodig het nie, dan meen ek dat 100 môre grond sal nodig wees. Dit werd reeds vroeër duidelik gemaak dat soveel grond nodig sal wees om aan 40 leerlinge gedurende die hele jaar werk te verskaf, en nog verder die onkoste in verband met die skool geheel en al of gedeeltelik te kan dek.

Die gebouwe moet genoegsaam en doelmatig wees, en daarby moet hul nie te veel kos nie. Die hoofdgebouw kan soos volg ingerig word: 'n dubbele verdieping van 75 voet by 51 voet; die boënste verdieping vorm een groot slaaplokaal waarin plek sal wees vir 40 beddens (d.i. 4 rije elk van 10 beddens), 40 kassies vir klere en skoene in 2 rije in die middel van die lokaal, en 15 wasplekke langs die een dwarsmuur. Met 'n trap daal 'n mens af naar die onderste verdieping wat op syn beurt die volgende vertrekke bevat: eetkamer (23.4" by 30"), 2 badskamers, 2 slaapkamers vir die huisvader en die huismoeder, 1 kamer vir die boer, 1 siekekamer, 1 meidekamer, 1 kombuis, 1 dispens, 1 klaskamer (17" by 27" 1), 'n kantoor en 2 gange.

Dan sal daar nog 'n buitegebouw nodig wees van 30'6" by 83," wat die volgende vertrekke moet bevat: timmermans- en smidswerkwinkel, waënhuis, saadkamer, gereedskapkamer, melkery, hoendervoerkamer en eierkamer, voerkamer vir esels, varkens, ens., en eindelik nog 'n stal (18' by 28') vir esels en koeie.

Ten slotte sal daar nog varkhokke en hoenderhokke nodig wees.

Hierdie hokke sal nie te veel kos nie en hul grootte sal natuurlik afhang van die getal diere wat gehou word. Verder sal die plaas natuurlik in kampe gedeel word, sodat dit nodig sal wees om 'n hele paar draadheinings te maak.

Die rytuie en gereedskap sal dadelik nodig wees en sal ongeveer 'n £200 kos. Daar sal 'n wa en 'n kar nodig wees vir die transport. Verder sal enige ploeë, eë, 'n snymachine (?), omtrent 40 grawe, vurke, genoeg tuie., nodig wees vir die boerwerk. Die diere sal moet insluit van 6-8 groot, sterk Amerikaanse esels, 10 of meer koeie, 1 beer en 10 aanteelsôë (wat later tot minstens 20 moet vermeerder word), 200 hoenders wat later tot minstens 1,000 kan vermeerder word.

Die staf en leerlinge werd reeds vroeër genoem. Die sukses van die onderneming sal afhang van 'n goeie staf. Dit sal dan ook een van die grootste moeilikhede in die skema wees om so 'n geskikte en veelsydige staf te kry als nodig sal wees. Hul sal egter wel kan gevonde word. Die jaarlikse salaris van die huisvader en van die boer tesame sal wel op 'n £400 te staan kom. Die leerlinge sal van kos en klere moet voorsien word. Hul sal almal behoeftig wees en sal moet werk vir die kos, klere en onderwys wat hul kry. Als die inrigting eers al syn onkoste kan dek en nog 'n batig saldo aan die einde van die finansiële jaar wys, dan sal dit goed wees om aan die leerlinge 'n kleine ekstra vergoeding vir hul werk te gee, sodat hul aan die einde van hul tweejarige kursus reeds 'n klein neseiertjie kan hê om mee te begin.

Die onderwysbehoeftes sal die wees van elke plaasskool: skoolbanke, boeke, ink, papier, 'n paar muurkaarte, ens., en nog 'n skryftafel vir die meester met wat daarin hoort.

Volgende keer hoop ek om die geldelike sake in verband met die skool te behandel. Dan sal dit nog nodig wees om die toekoms van die leerlinge te bespreek, en te sien in hoe verre hul tot geskikte digter "nedersetters" kan gemaak word.

IV.
DIE GELDELIKE SAKE.

Soos met die meeste dinge in die wereld draai die spil van alles ook hier om geld. Ek het reeds vroeër gesê dat so 'n inrigting vir homself moet betaal, maar dit sal wel aan elkeen duidelik wees dat dit gedurende die eerste paar jare nie sal moëlik wees nie. Die grootste uitgaaf sal natuurlik by die begin wees, en dit wel vir die gebouwe. Hul moet natuurlik sterk en doeltreffend maar ook goedkoop gebouw word. Dit sal van die ligging van die skool afhang of die transportkoste hoog sal wees. Waar enigsins moëlik moet die bakstene so na als maar kan aan die bouwplek gemaak word om transport te spaar. Hierdie bakstene behoort nie meer als 18s. tot 20s. per 1,000 te kos nie.

Vir die vasgoed is myn raming soos volg:

Hoofdgebouw	£2,000
Buitegebouw	800
Varkhokke	200
Hoenderhokke	100
Draadkampe	100
Totaal	£3,200
Losgoed:	
Meubels vir hoofdgebouw	£400
1 wa en 1 kapkar	100
Gereedskap vir boerdery	200
Toebehore vir timmermans- en smidswerkwinkel	100
Inrigting van melkery en voerkamers	60
6 groot amerikaanse esels	300
1 paar karperde	50
8 koeie tegen £25	200

21 aanteelvarke	65
100 hoenders	25
Totaal ...	£1,500
Totaal in vasgoed	3,200
Groot totaal	£4,700

Dus sal dit omtrent £4,700 kos om die skool in 'n werkende toestand te bring. Nou kom ons naar die onderhoudkoste. Laat ons aanneem dat die regering of een of ander publieke liggaam die 100 môre grond gratis vir die skool gee. Als dit grond is wat onder 'n besproeiingskanaal lê dan sal die jaarlikse waterbelasting vir 'n 30 of 40 tal jare ongeveer £175 wees. Lê die grond egter in 'n area waar dit genoeg reent (soos in Knysna of George langs die kust) dan val hierdie onkoste weg, maar in hierdie geval behoort die skool 200 môre grond te hê. In sulke streke is die grond gewoonlik baing minder vrugbaar als waar besproeiing nodig is, en sal die opbrengs per môre dus minder wees. Aangesien die onderhoudkoste baing van die produkte van die plaas sal afhang, bespreek ek eers

DIE BOERDERY SELF.

Laat ons die 100 môre in 10 blokke van elk 10 môre opbreek. Op een blok kom die gebouwe met werf en tuine. Laasgenoemde sal groot groente en aardappel (mogelik ook uie) tuine insluit. Van die orige 90 more kan 30 onder lucerne kom, terwyl van die orige 60 môre jaarliks 10 môre respektieflik onder koring, hawer, ertjies, gars, mielies en wikke kan wees. Die wikke word afgevreet terwyl dit in die blom is, maar die ander grane word als sulks geoes. Die skema word vir 6 jaar in die volgende tafel duidelik gemaak.
Blok 1—1ste jaar, lucerne; 2de tot 6de jaar, lucerne.
Blok 2—1ste jaar, lucerne; 2de tot 6de jaar, lucerne.
Blok 3—1ste jaar, lucerne; 2de tot 6de jaar, lucerne.
Blok 4—1ste jaar, gars; 2de jaar, mielies; 3de jaar, wikke; 4de jaar, gars; 5de jaar, mielies; 6de jaar, ertjies.
Blok 5—1ste jaar, mielies; 2de jaar, wikke; 3de jaar, gars; 4de jaar, mielies; 5de jaar, ertjies; 6de jaar, gars.
Blok 6—1ste jaar, wikke; 2de jaar, gars; 3de jaar, mielies; 4de jaar, ertjies; 5de jaar, gars; 6de jaar, mielies.

Blok 7—1ste jaar, koring; 2de jaar, hawer; 3de jaar, ertjies; 4de jaar, koring; 5de jaar, hawer; 6de jaar, wikke.
Blok 8—1ste jaar, hawer; 2de jaar, ertjies; 3de jaar, koring; 4de jaar, hawer; 5de jaar, wikke; 6de jaar, koring.
Blok 9—lste jaar, ertjies; 2de jaar, koring; 3de jaar, hawer; 4de jaar, wikke; 5de jaar, koring; 6de jaar, hawer.

Hieruit blyk dat elke stuk land (4, 5, 6) op 6 agtereenvolgende jare gesaai word met gars, mielies, wikke, gars, mielies, ertjies; terwyl die blokke 7, 8, 9 gedurende dieselfde tyd gesaai word met koring, hawer, ertjies, koring, hawer, wikke.

Die lucerne sal gedeeltelik groen afgevreet word, terwyl 'n deel sal gesny word vir hooi. Hiervan kan enige surplus verkoop word. Mogelikerwys kan 'n deel van die lucerne vir saad bly staan en die saad dan verkoop word. Ek sal die lucerne egter oorals by die kos vir die diere meereken, en vireers gin direkte inkoms uit die lucerne reken nie. Dis maar om aan die veilige kant te bly. Die opbrengs van die 5 blokke onder graan kan gemiddeld soos volg aangeneem word vir die 10 môre land in elk geval:

100 mud koring,
150 mud mielies.
200 mud hawer,
250 mud gars,
60 mud ertjies.

Ons onthou dat die wikke direk afgevreet word. Dus gaan hul direk als veevoedsel. Die groentetuin van circa 5—7 môre behoort 'n massa groente naas 'n boel sonneblomsaad (vir die hoenders), aardappels (minstens 600 sak), uie., patats, ens. op te lewer. Hiervan behoort dit moëlik te wees om vir £300 tot £600 groente, aardappels en uie te verkoop.

Laat ons nou sien hoeveel kos die verskillende diere nodig sal hê.

Wanneer alles na die eerste twee jaar in die gang sal wees, dan moet gemiddeld deur die jaar gereken word op:

8 koei,
6 esels,
2 perde,
400 varke,
600—800 hoenders.

Vir die mense sal nodig wees 85 mud koring;

die 8 koeie het nodig 30 sak hawer (gemaal), 20 sak mielies (gemaal), 20 sak semels (tegen 100 lbs.), lucerne, wortels, kaffer watermeloene;

die 6 esels en 2 perde het nodig 100 sak hawer, 20 sak mielies, lucerne en ander groenigheid;

die 400 varke het nodig 20 sak hawer, 250 sak gars, 350 sak mielies, 120 sak pollard, lucerne, wortels, pampoene, kafferwatermeloene, afgeroemde melk, ens.;

die 600—800 hoenders het nodig 15 sak koring, 150 sak hawer, 100 sak mielies, lucerne, sonneblompitte, ens.

Als ons nou hierdie voerlyste vergelyk met die aangegewe graanoes dan sien ons dat alles buiten die ertjies opgebruik word, terwyl die volgende nog moet bygekoop word:

100 sak hawer tegen 7s. 6d.	£37 10 0
340 sak mielies tegen 12s. 6d	212 10 0
120 sak "pollard" tegen 8s.	48 0 0
20 sak semels tegen 7s.	7 0 0
Totale uitgaaf vir aankoop van voer	£305 0 0

Die kos vir die mense behoort nie meer als £1 per kop per maand te wees nie, wanneer alles wat die groentetuin kan oplewer gratis gegee word. Dit beteken 46 x £12 = £552 per jaar. Wanneer ons die 85 mud koring vir brood teen 17s. 6d. per mud reken, dan moet ons daarvoor £74 7s. 6d. aftrek, sodat vir die mense hul kos £552—£74 7s. 6d. = £477 12s. 6d. moet uitgegee word.

Die salarisse bereken ek soos volg: Huisvader en huismoeder met

vrye logies	£200 p.a.
Boer met vrye logies	200 ,,
Totaal	£400 ,,

Hierdie salarisse mag later met 'n £100—£200 moet vermeerder word. Dit sal maklik deur 'n verhoogde inkoms kan gedra word. Dit sal later blyk dat die som van £6,000 sal nodig wees om die skool mee te begin. Hierop moet jaarliks 5 percent rente en amortisasie betaal word, sodat die skuld na 'n 40 jaar kan uitgedelg wees. Dit sal 'n jaarlikse las van £300 wees. Verder moet die kinders van skoene en klere voorsien word. Als ons jaarliks per kind £6 reken, dan sal dit vir 40 kinders £240 kos. Wanneer die skool dus na enige jare in syn volle werking is, sal die gemiddelde jaarlikse uitgawe die volgende wees:

Waterbelasting vir 100 more tegen £1 15s. 0d.	£175 0 0
Rente en uitdelging van skuld (5 persent op £6,000)	300 0 0
Salarisse	400 0 0
Loon vir 3 diensmeide	30 0 0
Kos vir 46 siele tegen £12 p.a. na aftrek van £74 7s. 6d. vir 85 mud koring	477 12 6
Skoene en klere vir 40 leerlinge	240 0 0
Tekort aan voer om by te koop	305 0 0
Materiaal vir reparasies	25 0 0
Aankoop van gereedskap, ens	60 0 0
Sade	20 0 0
Belastings	30 0 0
Ekstra (dokterloon, ens.)...	80 0 0
Totaal ...	£2,142 12 6

Laat ons nou nagaan wat die gemiddelde inkoms van die inrigting sal wees.

(1) Die koeie.

Hul kan gemiddeld 9 uit die 12 maande in die melk wees. Hul behoort (want dis goeie koeie van £25 stuk) minstens ¾ lb. botter per dag te gee vir 270 daë per 12 maande, en dit teen 1s. 6d. per lb. gee vir die 8 koeie ¾ x 270 x 8 x 1s. 6d. = £121 10s. Daar is nog die afgeroemde melk en die karnmelk wat hoofdsakelik vir die aanteelsôë sal gegee word. Verder sal die mis in die boerdery gebruik word. Vir hierdie byprodukte sal ek egter gin inkomswaarde reken nie. Daar is egter nog die kalwers. Die versies kan groot gemaak word en die bulletjies kan óf als sulks verkoop word als hul 'n jaar oud is óf hul kan naar die slagter gaan als hul een week oud is. Dan sal hul ongeveer 15s. wêrt wees. Die versies sal 'n goeie £3 wêrt wees, te meer daar hul met die massa lucerne, ens. goedkoop kan groot gemaak word. Ons kan dan die gemiddelde waarde van die jaarlikse kalweroes stel op £12. Ek wens hier aan te toon dat elke koei al 15 maande kalwe en dat die kalwers gemiddeld 37s. 6d. wêrt is. Die totale geldelike opbrengs van die koeie sal dus £133 10s. wees

(2) Die varke.

Hul moet vir die spekfabriek klaar gemaak word, en moet klaar wees als hul 9 maande oud is en moet dan 175—180 lbs. per stuk weeg.

Daar kan jaarliks minstens 300 varke verkoop word. Die Wellington spekfabriek gee nou 5d. per lb. lewend gewig, maar ek sal veiligheidshalwe maar 4½d. per lb. reken. Die varke sal op die manier jaarliks 300 x 175 x 4½d. of £984 7s. 6d. inbring.

Als pryse mog daal kan die produksie maklik vermeerder word.

(3) Die hoenders (600—800).

Daar moet jaarliks 1,000 kuikens (van 1,500 eiers) uitgebroei word. Hiervan behoort maklik 600 groot te word, en hul sal gemiddeld bestaan uit 300 hane en 300 henne. Dus moet jaarliks 300 vet jong hane van 5½ tot 6 maande oud verkoop word, en 300 ou henne van 2½ tot 3 jaar oud om die getal hoenders op een hoogte te hou. Die hane sal 3s. en die henne 2s. 6d. per stuk wêrt wees sodat die verkoop van die 600 hoenders 'n jaarlikse van £82 10s. sal wees.

Als ons nou aanneem dat daar altyd 400 goeie leghenne is en dat hul gemiddeld net 120 eiers (wat laag is!) per jaar lê, en als ons verder aanneem dat die eiers gemiddeld teen 1s. 4d. per dosyn verkoop word, dan kry ons 4,000 dosyn eiers teen 1s. 4d. per dosyn of £266 13s. 4d. Die totale jaarlikse inkoms van die hoenders sal dus £349 3s. 4d. wees. Als ons die 1,500 broeieiers teen 1s. 4d. per dosyn reken, dan moet ons daarvoor £8 6s. 8d. aftrek, sodat die jaarlikse netto opbrengs £340 16s. 8d. sal wees.

(4) Groente, aardappels, uie, ens.

Soos ek reeds vroeer aangetoon het, sal daar van 5 tot 7 more grond oor wees vir die groente tuin Daarop kan 'n duisternis van genoemde gewasse gewen word. Als ons verder daaraan dink dat vir 60 môre besproeibare grond net een oes per jaar gereken werd, dan sal dit duidelik wees dat tussenoeste kan en moet gewen word. Dit kan bestaan uit aardappels, patats, en 'n boel ander dinge. Virnamelik aardappels en uie behoort, waar moëlik, op 'n groot skaal gewen te word. In elk geval behoort hierdie produkte 'n jaarlikse inkoms van £300 tot £600 te kan gee.

Waar doenlik kan verder vrugte en tabak nog gekweek word. Skape kan altemit so'n klompie vir éie slagvee gehou word.

Laat ons nou veronderstel dat die staat jaarliks £15 per kind betaal en nog die helfte van die salarisse gee, dan krij die inrigting jaarliks van die staat 40 × £15 plus ½ × £400 dit is £800.

Die uitgawe en inkomste vergelyk dan soos volg:
Uitgawe:

Waterbelasting	£175 0 0
Rente en amortisasie	300 0 0
Salarisse	400 0 0
Loon vir 3 meide	30 0 0
Onkoste van kosinrigting	477 12 6
Skoene en klere vir 40 leerlinge	240 0 0
Tekort aan voer by te koop	305 0 0
Materiaal vir reparasies	25 0 0
Aankoop van gereedschap, ens	60 0 0
Saadgoed	20 0 0
Belastings	30 0 0
Ekstras (doktersloon, ens.)	80 0 0
Totaal	**£2,142 12 6**
Inkomste:	
1,620 lbs. Botter, tegen 1s.6d. per lb	121 10 0
Vir kalwers	12 0 0
300 hane tegen 3s	45 0 0
300 henne, tegen 2s. 6d.	37 10 0
3,875 dosyn eiers, tegen 1s. 4d	258 6 8
300 varke van 175 lbs. tegen 4½d	984 7 6
Groente, aardappels, ens....	300 0
Totaal	**£1,758 14 2**
Goevernements toelaag	£800 0 0
Totaal	£2,558 14 2
Minder totale uitgaaf	£2,142 12 6
Batig saldo	£416 1 8

Hieruit blyk dat sonder enig goevernementstoelaag daar 'n tekort van £383 18s. sou wees. Dit sou mettertijd kan uitgewis word deur die aardappel en groente oes so te vermeerder dat 'n £700 in plaas van £300 daarvan gemaak word en deur geskikte gewasse te bouw tussen twee graanoeste: Ek is dus oortuigd dat die inrigting mettertyd vir sigself sal betaal. Vir die eerste jaar of vyf meen ek egter dat die £800 goevernementstoelaag per jaar nodig sal wees. Die batig saldo kan gebruik word om aan die leerlinge aan die einde van hul tweejarige kursus 'n kleine vergoeding te gee, wat hul in staat sal stel om nou verder aan te gaan. Als dit byv. £15 bedra, dan sal daar £300 so moet uitbetaal word aan die 20 leerlinge wat jaarliks die inrigting verlaat.

Laat ons nou nog die eerste jaar syn uitgawe en inkomste apart beskouw. Die lande sal nog maar eers reg gemaak word en enige sal maar 'n oes kan gee. Aardappels en groente moet egter reeds die eerste jaar heelwat kan gewen word. Verder sal die inkoms van die koeie daar wees. Die meeste voer vir die diere sal egter moet gekoop word. Ook vir die mense sal per kop meer nodig wees als later omdat die tuin nog nie genoeg by die begin sal opgee nie. Die lucerne sal maar laat in die jaar eers snybaar word. Myn berekening vir die eerstejaar is dan soos volg:

UITGAWE.

Salarisse	£400
Loon vir 2 meide	20
Kos vir 26 mense	400
Ekstras (doktersloon, ens.)	80
Waterbelasting	175
Voer vir 6 esels en 2 perde	120
Voer vir 8 koeie	64
Voer vir 200 varke	250
Voer vir 300—400 hoenders	80
Saadgoed	36
Belastings	30
Skoene en klere vir 20 leerlinge	120
Rente en amortisasie	300
Totaal van lopende uitgawe	£2,075
Uitgaaf op vasgoed	£3,200
Uitgaaf op losgoed	£1,500
Groot totaal	**£6,775**

INKOMSTE.

Van die koeie cirka	£100
Van die varke cirka	150
Van die hoenders cirka	80
Van die aardappels, ens, cirka	100
Opbrengs van plaas	£430
Goevernements toelaag vir 20 leerlinge tegen £15 en helfte van salarisse	500
Goevernements lening	6,000
Totaal	**£6,930**
Totale uitgaaf	**£6,775**
Moëlike batig saldo	£ 155

Om uit te kom is dit dus nodig om van die regering £6,000 te leen en 'n deel (£1,300) daarvan to gebruik vir die lopende uitgawe.

Als ek die voorgaande syfers self moet kritiseer dan sou ek daarop wys dat die uitgawe tamelik fyn gesny is, maar tog nie te fyn nie. Daar sal ongetwyfeld na enige jare nog 'n ekstra paar honderd pond vir salarisse nodig wees. Maar hierteen staan die feit dat die inkomste nie oordrewe is nie. Die graanoeste behoort deur die bank heelwat hoër te wees als ek hier bereken het. Dan werd niks vir kaf en strooi gereken nie. Verder sal daar ekstra oeste tussen die graanoeste op die vrugbare grond onder besproeiing moet en kan gemaak word. Hiervoor werd onder die inkomste egter niks gereken nie. Wanneer die grond dus almal eers intensief kan bewerk word, is ek oortuigd dat die skool in plaas van 40 maklik 'n 60 leerlinge sal kan neem en vir hul werk gee.

Die vark, hoender en koeiboerdery sal dan natuurlik moet vergoot word. Die lucernelande (30 môre) behoort om 'n miljoen pond hooi per jaar te lewer, sodat daar 'n goeie surplus moet wees om te verkoop.

Ek dink elkeen sal dus met my moet instem, dat so 'n inrigting onder die regte bestier en op 'n gunstige plek geleë, na 'n jaar of 5 alle laste behoor te kan dra, dus self-betalend kan wees. Tot dit gebeur sal 'n jaarlikse goevernements bydrag van omtrent £600—£800 nodig wees.

Die sukses van die skool sal absoluut afhang van die huisvader en huismoeder aan die een kant, en van die boer aan die ander kant. Die regte mense moet aangestel word, al kos dit ook 'n £100 per jaar meer. Die boer moet ervare, presies, netjies, vlytig en slim wees. Die huisvader moet 'n liefhebber van die jeug, 'n voorbeeldige kristen, 'n goeie onderwyser (sonder juis hoë eksamens gemaak te hè!) en 'n man van 'n sterk karakter wees. Hy moet verder 'n bietjie van boekhou en korrespondensie verstaan. Die huismoeder moet 'n opgestelde vrouw wees en moet kan kyk dat niks vermors word nie en dat alles in die haak bly. Verder moet sy 'n moeder wees vir die kinders en in hul belang stel.

Oor die genoemde bestierders moet 'n raad gesteld wees, wat van tyd tot tyd (sê al maande of later al drie maande) die skool en plaas kan kom inspekteer. Ek meen die raad moet uit drie lede bestaan, namelik: 'n predikant (of ander publieke persoon), 'n vlukse boer van die distrikt, en die hoofd van die landbouskool waaronder die inrigting sorteer. Laasgenoemde kan die regering in die raad verteënwoordig en kan ook met tegniese advies dien. Verder moet die leraars aan die landbouwskole hul spesiale aandag en hulp verleen aan hierdie inrigtings.

Met die volgende artikel sal ek sluit. en daarin sal ek aantoon wat van die leerlinge moet word.

DIE TOEKOMS VAN DIE LEERLINGE EN DIGTER NEDERSETTING.

Nadat die leerlinge twee jaar in die inrigting was, behoort hul soveel van die boerdery te verstaan dat hul nuttig kan wees op plase als voormanne en later moëlik selfs als bestierders. Daar is op die oomblik 'n groot behoefte aan sulke mense in ons land, sodat daar vir geskikte persone kanse genoeg sal wees om 'n behoorlike verdienste te kry.

Vir die leerlinge wat nie geskikte betrekkinge kan kry nie behoort nog verder iets gedaan te word. Hul kan verder opgelei word tot digter nedersetters. Aan sulke leerlinge wat voldoening gegee het gedurende hul eerste twee jaar kan kleine persele grond (sê 4 môre) uitgegee word vir 2 jaar. Hul moet die grond dan vir hulself bewerk min of meer onder die opsig van die skool. Die regering kan op elke blok of perseel 'n huisie vir omtrent 'n £50 oprig, en moet verder fondse beskikbaar stel om so 'n boerderytjie te drywe.

Daar kan die man dan syn grond bewerk en dit saai en bebouw met verskillende gewasse soos reeds vroeër genoem werd. Hy moet voornamelik met hoenders en varke boer, en die kos so ver moëlik vir hul produseer. Die produkte van al die plekkies moet dan naar de skool gebring word, waar hul gesorteer en saam met die skool syn produkte kan verkoop word. Die produsent kry dan wel die hele opbrengs van syn produkte, maar hy leer dadelik wat kooperasie is en hoe die klein boertjie deur middel van koop-erasie syn produkte op net so gunstige terme aan die man kan bring als die groot boer. Hy leer dus die methode van verkoop ken wat vir digter nedersetting so bitter nodig is om 'n sukses te kan wees. Na hy 2 jaar so geboer het behoort hy saam met enig geld wat hy by verlaat van die skool gekry het, van £50 tot £100 te hê. Dit sal 'n mooi neseiertjie wees om naar 'n digter nedersetting mee te gaan om daar te begin boer op 'n groter skaal. Tot nou toe het die man 2 jaar op die skoolplaas geleer werk en boer, 'n verdere 2 jaar het hy vir homself op 4 môre grond geboer, en intussen is hy minstens 20 jaar oud geword. Die bestierders van die skool weet nou ook al net goed wie geskikte digter nedersetters sal uitmaak en wie nie. Hierdeur is die regering dus in 'n posisie om 'n sukses te maak van byna al die mense wat in die digter nedersetting opgeneem word, want ons moet goed onthou dat dit niks sal help om mense in so 'n nedersetting op te neem wat nie wil of nie kan werk nie. Net soos 'n mens vir alles 'n voorbereiding nodig het, net so sal dit nodig en uiterst wenselik wees om die toekomstige digter nedersetters eers 'n bietjie voor te berei vir die werk wat hul later sal moet doen. En dis hier waar die industriële landbouwskool sulke goeie werk kan doen.

Laat ons werk terwyl die kanse nog goed is; terwyl die regering nog baing onuitgegewe kroonland het en grond nog nie te duur is nie; terwyl die mense wat ons wil en moet help nog kan gered word. Als ons nie gou maak me kan dit maklik vir baing te laat word, en dan sal hul nie net vir die goeie saak van ons landbouwontwikkeling verlore wees nie, maar hul en hul kinders sal vir die staat tot oorlast wees en 'n bron van sorg en uitgaaf word.

Almal erken ons het meer mense hier nodig om die land verder te help ontwikkel, en, alhoewel dit ongetwyfeld baing goed sal wees als goeie boere met 'n bietjie kapitaal van die buiteland naar ons wil kom om 'n deel te neem aan hierdie ontwikkeling wat moet en sal plaas vind, so meen ek tog dat ons in die eerste plaas gebruik moet maak van die materiaal wat ons reeds het. Ons eie mense ken reeds die omstandighede van ons land, en ons ken hul ook tamelik goed om te kan weet wat elkeen die beste sal kan doen.

Als iemand misskien so naief mog wees om te vra of daar in ons land dan genoegsaam kanse is vir sulke digter nedersettings, dan wil ek net aan die volgende herinner.

Ons het sekere streke in ons land waar die reenval gereeld en genoegsaam is om sulke boerderye alle sukses te kan waarborg. Daar is byvoorbeeld die kuststreek insluitende die distrikte van Stellenbosch, Caledon, Bredasdorp, Napier, George, Knysna, ens., waar vark, hoender en melk-boerderye met die grootste sukses in 'n digter nedersetting sal kan gedrywe word. Die grond is daar wel dikwels maar skraal, maar dit reent gereeld sodat misoeste uiterst seldsaam sal wees. In die George en Knysna kuststreke reent dit gedurende die hele jaar sodat veldgewasse sonder besproeiing die hele jaar deur gebouw sal kan word. Verder is die meeste gronde sanderig en lig van geaardheid sodat hul makkelik te bewerk is, en gee hul gou antwoord op behoorlik bemesting. Afgesien van die vroeër reeds genoemde soorte van boerdery, kan in hierdie distrikte ook met die grootste sukses allerhande soorte van vrugte gekweek word. Dit sal 'n bestaan aan 'n gesin verskaf op 'n betrekkelik kleine stukkie grond. Maar daar is nog baing ander plekke waar digter nedersettings in ons land moëlik is. Dink maar net aan al die vrugbare gronde langs ons riviere en in die Karroo wat nog onder besproeiing kan gebring word en dan uitstekend sal geskikt wees vir digter nedersettings. In die distrikt van Robertson (K.P.) kom daar byvoorbeeld meer en meer grond onder besproeiing wat uitmuntend geskikt sal wees vir digter nedersettings.

Ek sou inderdaad dan ook baing bly wees als daar in hierdie distrikt spoedig 'n industriële landbouwskool, soos ek hier voor pleit, kan opgerig word om die hele skema op die proef te stel en vir digter nedersettings in die distrikt en elders voorbereidend te werk.

Als die skool 'n sukses is—en ek kan vir gin oomblik insien waarom dit nie die geval sal wees nie, dan kan dit als 'n model dien om nog meer sulke skole op te rig. Ons het groot behoefte aan sulke skole, en hul behoort oor ons hele land versprei te wees, sodat daar een kan wees vir al die verskillende soorte van boerdery onder die verskillende omstandighede wat betref grond en klimaat.

Indien dit mog blyk—wat ek tamelik seker verwag, dat die skole na enige jare vir hul self kan betaal, dan behoort daar gin beswaar vir die staat te wees om jaarliks 10 sulke skole op te rig nie, sodat daar na 5 jaar 50 van die skole kan wees. Hul sal dan jaarliks 1,000 leerlinge uitstuur, en dus 1,000 man op die land bring. Word dit gedaan dan sal die arme blanke vraagstuk sig spoedig oplos, en ons landbouwprodukte sal groteliks vermeerder.

Hier lê ek die pen neer en vertrouw die belangrike saak aan myn volk toe. Dat die saak belangrik en dringend is ly gin twyfel. Of myn oplossing die regte en beste is sal die tyd moet leer. Dit is seker vir verbetering vatbaar, en behoort dus deur die ernstig denkende onder ons volk ondersoek en gekritiseer te word. Dat die voorgestelde skema prakties uitvoerbaar is en die gewenste vrugte kan afwerp staat by my so vas als iets ter wereld.

Mede Afrikaners, besef die erns van ons huidige toestand, dink na oor die ernstige feit dat daar 'n deel van ons eie vlees en bloed aan die sink is wat gered moet word, en dat ons land luid uitroep naar meer landbouwers. Hoe en van waar moet die redding kom? Ek het getrag om op hierdie brandende vraag 'n antwoord te gee. Wie sal myn swakke poging steun en verbeter of ons 'n nog betere oplossing gee?

+++

Terug naar die Land
Sourced from: South Africa National Library
Publisher: 'Herdruk uit Ons Land van 12, 14, 16, 23 en 30 Mei 1914'
Printer: Van de Sandt de Villiers Drukpers Maatschappij, Berperkt, Kaapstad
Dated: 1914

The Manufacture, Properties, and Uses of Brandy (1914)

THE word "brandy" originally meant "burnt," i.e. distilled wine. Most of you will know that this word is now being used in a wider sense, thus we have wine, grape, dop, peach, and other kinds of brandy, just as the word wine is now also being applied to the fermented juice of apples, pears, etc. This being the case, it will always be necessary in talking about brandy to state distinctly which kind of brandy is meant. Since our recent legislation on this point (the Wine, Vinegar, and Spirits Act, 1913) only recognizes and allows the wine grape (Vitis vinifera) as the source and as the exclusive source of all brandies, I shall here limit myself to this class, of brandy.

The above Act provides for three kinds of brandy, namely:—

(a) "Brandy," i.e. "the distillate resulting from the distillation solely of wine."

(b) "Wine Brandy (cognac type)," i.e. "the distillate resulting solely from the distillation of wine, the volatile constituents of which distillate (except water) are derived entirely from the wine, provided the distillate is not distilled at higher than 22 degrees over-proof and such volatile constituents include not less than 125 parts of higher alcohol calculated as amyl alcohol and 300 parts of total secondary constituents per 100,000 parts of alcohol."

(c) "Grape Brandy", i.e. "the distillate resulting from the distillation solely of grape juice together with husks."

From the above extracts from the Wine, Vinegar, and Spirits Act, 1913, it is clear:

(1) That brandy which is sold under the name "brandy" pure and simple must be made exclusively from wine by distillation. Nothing is here said about the strength of the distillate. In section (a) of paragraph 13 of the above Act an addition of water to the distillate is allowed, provided that the strength of the brandy does not fall below 25 degrees underproof (= 43 volume per cent, alcohol). Section (b) of the same paragraph allows one to flavour brandy other than

wine brandy (cognac type), or to add to any kind of brandy for sweetening purposes any product of the grape vine, or cane-sugar previously made into syrup (provided the total quantity of cane-sugar so added does not exceed 1½ ounces per gallon), or to colour any class of brandy by means of pure caramel, or by the material derived from the wood of the cask in which it is stored. One can therefore still as hitherto-make the F.C. or "compounded" brandies which formerly were incorrectly sold as cognacs. They are not cognacs, but brandies made of spirits of wine, plus flavouring, plus colouring, plus sugar, plus water. The main point is, that all the alcohol must be derived exclusively from spirits of wine, so that they certainly deserve the name of brandy. I shall at a later stage discuss their properties, etc.

(2) From the above it is further clear that "Wine Brandy (cognac type)" must also be distilled exclusively from wine. In this case, however, some restrictions are made to prevent brandy, as discussed under (1), from being sold as wine brandy (cognac type). This last-named brandy is of the same kind as the French cognac, with this difference, however, that this cognac can only be made (and sold under the name of cognac) in the French Departments of the Charente and the Charente-Inferieure, in which the town of Cognac itself is situated, and that this cognac must be made exclusively from grapes grown in these two districts. It must further be acknowledged that the genuine French cognac is still unrivalled the whole world over. In recent times very good wine brandies of cognac type have been made in different other countries. Of these I have seen excellent samples in Spain, Italy, and quite as good ones in this country. These are all, however, different in character from genuine French cognac. Some people may like them as well as genuine French cognac, and in many respects they may be as good as the latter, but for this reason they are by a long way not yet identical with genuine French cognac.

The limitation in our Act with regard to the maximum strength at which wine brandy (cognac type) may be distilled must not be interpreted to mean that the brandy (i.e. the distillate) may never during the distillation run over at higher than 22 degrees overproof (or 69.8 volume per cent.), because this would be impossible on redistilling, and hence be absurd. What is meant is, that the freshly distilled brandy as a whole should not be higher than 22 degrees over-proof. If, therefore, the brandy should in the early stages of distillation pass over at a higher strength than stated above (and this is always the case during the redistillation according to the cognac method), this constitutes no contravention of the law, so long as the whole of the freshly distilled brandy is not stronger than laid down in the Act. A reduction of the strength of the total distillate by an addition of water in order to lower the strength from above to under 22 degrees overproof would be a direct contravention of the Act, if such brandy is intended to be sold as cognac type. It must further be observed that in case of wine brandy (cognac type) no flavouring is allowed. Just as in the case of "brandy" (i.e. F.C. or "compounded brandy") also in this case cane-sugar may be added for sweetening purposes up to 1½ ounces per gallon, and caramel may be used for colouring. Also the wine brandy (cognac type) may be reduced by an addition of water to the consumption strength of not less than 25 degrees underproof or 43 volume per cent, alcohol.

(3) "Grape Brandy."—From the definition of grape brandy, as above quoted out of the Wine, Vinegar, and Spirits Act, 1913, it is clear that grape brandy can only be made by distilling grapes or husks with grape juice. Here water may under no circumstances be added to the husks. If this is done the distillate is no longer grape brandy, but on the contrary "dop brandy," and could then not be sold as liquor. One in vain looks for the words "dop brandy" in the recent Adulteration Act. I wish here to point out, however, that nothing is said in the Act about the proportion of husks to grape juice which must exist in order to distil grape brandy from the mixture. Hence every wine farmer can distil his husks (pressed or not) with a little grape juice, however little this may be and irrespective of the fact whether the grape juice had originally been in the husks or was added to them later on, and sell the brandy as grape brandy, so long as he adds no water to the husks. More than one will say that this is impossible as the husks will burn in the still if there is not sufficient juice, and the brandy will in consequence be unsaleable. This I readily admit, but at the same time one can also distil with steam and thus avoid direct fire. This is now already done in many instances, and will no doubt be continued in order to distil grape brandy

according to the Act, instead of "dop brandy." On distilling with steam the above burning in the still can be completely avoided.

As we know, most of our grape brandy is distilled in the Worcester, Robertson, and Montagu districts. This is done by distilling the husks with all the juice; in other words, by distilling fermented crushed grapes. If our legislators intended to allow the manufacture of this kind of brandy only, the definition should have been worded differently. As it stands at present it certainly is not unlawful to distil grape brandy from husks together with a small amount of grape juice after the major portion of the juice has been drawn off and even pressed out for wine. I repeat that this only holds good as long as no water is added to the husks. Hence in distilling with steam it should not be allowed to escape into the husks and juice, as this would mean an introduction of water, but should circulate in closed metal pipes, so that the heat from these pipes can cause the brandy to distil over. It is difficult to say whether grape brandy can be flavoured or not. In paragraph 13 (*b*) of the Act of 1913 above quoted one reads that it is not unlawful "to flavour brandy, excepting wine brandy (cognac type), etc." Since wine brandy (cognac type) is here specially excluded one can conclude that grape brandy can consequently be flavoured. This I may state is also the opinion of the administrating officer of this Act. The addition of cane-sugar and caramel is allowed in this case just as in case of the other brandies. Further, grape brandy can likewise be reduced in strength to the consumption strength of not less than 25 degrees under-proof, or 43 volume per cent, by an addition of water.

After the above brief exposition about the different kinds of brandy which can be made and sold in the Union of South Africa, I now wish to pass on to the proper subject of my address.

In the first place, then,

THE MANUFACTURE OF BRANDY.

As above stated, I shall here limit myself to F.C. brandy, wine brandy (cognac type), and grape brandy.

For all these brandies grapes are necessary. These are grown on certain soils and under certain climatic conditions. Let us therefore consider the influence of the varieties of grapes, soil, and climate respectively. Since the best wine brandy is made in the two Charente districts it will be worth our while to inquire about these three factors in this case.

THE CLIMATE.

Climate, soil, and variety of grape co-operate to give the product out of which the famous cognac is later on distilled. They are all three of them very important and mutually affect one another. Of these three man can least of all influence the climate, and yet so much depends upon it. A somewhat mild climate seems to be a primary necessity for obtaining an excellent cognac. Under mild climatic conditions the grapes do not get too sweet, and fairly light wines with a high acidity and other subtle ingredients are obtained, which latter are mainly formed during the fermentation and subsequent distillation. Both of the other factors naturally co-operate to produce these results. It certainly is a fact that the climate in both Charente districts is fairly mild. It often rains so that both the air and the soil remain moist during the greater part of the year. It is only during the hottest part of the summer that the vineyards sometimes suffer from drought, notwithstanding the shallow nature of most of the vineyard soils. In autumn during the vintage, which takes place in October, the greatest heat is over, so that the vintage takes place after the greatest heat is gone, and not simultaneously with it, as unfortunately is mostly the case with us in the Western Province.

Our climate, however, is not the same in all the wine districts, and I feel sure that it will not be an insuperable difficulty in the making of a good wine brandy of cognac type. I need not here mention the F.C. brandies, as they can be made anywhere, even without grapes or wine, so that the influence of the climate need not here be considered.

THE SOIL.

We all know that the soil has a great influence on the quality of the grapes. In the Charente districts most of the soils are very rich in lime. They sometimes contain as much as 60 per cent. of lime (calcium carbonate). According to Guillon, the quality of the cognac rises and falls with the lime contents of the soil. Thus the soils of the Grande or Fine Champagne, which comprises the town of Cognac, are very rich in lime (up to 60 per cent.), whitish and rather shallow. The sub-soil is chalky and soft. In the Pays Bas, where a far inferior quality of cognac is made, the soil is mostly poor in lime and often acid, dark in colour, peaty, clayey, and even sandy. Most of the land here lies only 40 feet above sea-level.

If it should be true that only soils rich in lime can produce good cognacs our prospects for making good cognac would not be too bright. Although our Karroo soils in the Worcester, Robertson, and Montagu Districts are rich in lime compared with our fairly acid soils of the other wine districts, they cannot be considered as rich in lime when compared with the soils round about Cognac. The fertile alluvial soils along the rivers in the three above-mentioned districts mostly contain under 1 per cent, of lime. I am, however, of opinion that even without so much lime in our soils we shall be able to make excellent wine brandies of cognac type. The liqueur brandies of cognac type of Mr. Santhagens and others have certainly already proved this, the more so as these brandies have almost exclusively been made from wines produced in districts where the soils are poor in lime. Some experiments will be conducted in order to determine the influence of our soils on the quality of the brandy made.

VARIETIES OF GRAPES.

Of all three factors this one is not the least important in the production of a good wine brandy of cognac type. The principal grape which is grown in France for making cognac is the "Folle Blanche." The French name means "mad white," which is explained by the fact that the grape is white and is a prolific bearer. The berries and bunches somewhat remind one of our Stein, but the taste and flavour are totally different. It is very important to note that the grape when ripe still contains a great deal of fruit acid. According to M. Guillon, the able and well-known Director of the Viticultural Experiment Station at Cognac, the juice of the ripe grape often contains as much as 5-6 per mille free tartaric acid. The juice of most varieties when ripe rarely contains any free tartaric acid, and until some years ago the presence of any free tartaric acid in the juice of ripe grapes was not admitted. Usually nearly all the tartaric acid in the juice of ripe grapes is present as bitartrate of potash or cream of tartar. The free tartaric acid makes the wine nearly undrinkably sour, but gives an excellent cognac on distillation. This cognac must be kept from ten to fifteen years in order to develop all its good qualities, but the consolation is that it always improves on being kept longer. Another advantage of the Folle Blanche is that it gives a light wine, so that on an average 7 leaguers of wine have to be distilled in order to obtain 1 leaguer of good cognac, whereby the flavouring substances of the wine are more concentrated in the brandy than when 5-6 leaguers are required for the same amount of brandy. I wish to emphasize the fact that in order to obtain good brandy one must always distil sound light wines with a good deal of fruit acid.

Apart from Folle Blanche, cognac is also made from Colombard, Jurancon, and Saint Emilion. They are all white grapes and give a good brandy, which, however, is not of the same high quality as that obtained from the Folle Blanche. This last-named grape has the disadvantage that the skin of its berries are thin, so that the ripe grape easily rots in rainy weather, for which reason it is here and there being replaced by the other varieties just mentioned.

With regard to our own varieties I am of opinion that White French and Kanaan ought to give the best brandy; after these Stein and Greengrape should follow. This opinion is based on the following: —

1. White French and Kanaan give excellent light wines on suitable soils, and their grapes have no peculiar flavour and taste *sui generis*, but are more or less neutral, and in this respect differ from Stein and Greengrape (mostly), which have their peculiar tastes and flavours. The low acidity of the White French and Kanaan can be overcome by a suitable addition of tartaric acid prior to the distillation.

2. Stein naturally has a fair amount of fruit acid in the ripe grapes, but these usually contain a great deal of sugar and have a flavour and taste of their own, so that they yield

a fairly heavy good wine with sufficient fruit acid and a peculiar flavour.

3. Greengrape usually gives fairly heavy wines with less fruit acid than Stein. These wines, particularly if allowed to ferment on the husks, have a peculiar flavour and taste.

4. Hanepoot and Muscadel both have a strong Muscat flavour, and are thus unsuitable for making a high class wine brandy of cognac type.

5. An important question is whether other than white grapes will also give a good cognac. This is never attempted in France, where the genuine and best cognac is made. The Italian Ricciardelli maintains that it is possible to make good cognac from red wines. In any case I am inclined to believe that Hermitage could give a good wine brandy if the juice is separated from the husks before the fermentation.

After now having considered the three factors—climate, soil, and variety of grape—I wish to discuss the following points in connection with the making of brandy:

(*a*) The Making of the Wine.
(*b*) The Distillation of the Wine.
(*c*) The Maturing of the Brandy.
(*d*) The Preparation of the Brandy for Consumption.

(*a*) *The Making of the Wine.*

The grapes are pressed when they are just ripe in order to prevent the must from getting too sweet and to keep enough fruit acid in the wine. On a farm in the vicinity of Cognac I saw 150 labourers cutting grapes, while five carts and wagons were transporting them to the cellar. The grapes were transported partly in barrels and partly loose in wagons on canvas. The grapes were introduced into the grape-mill through an opening in the cellar wall. The crushed grapes fell directly on the floor of the cellar. Directly under the grape-mill was an iron grating through which the greater part of the juice ran directly into the fermenting vats underneath the floor of the cellar. The husks and stalks were thrown into huge presses, where the juice was immediately pressed out. It must be remembered that in order to make good cognac the juice must immediately be separated from the stalks and husks. This, by the way, holds good for nearly all white wines.

It is further important to take all the necessary steps to change the must into a sound, dry wine, since only sound and no diseased wine should be taken for making a good brandy.

(b) *The Distillation of the Wine.*

This is one of the most important operations in the making of a good brandy. The wine which is distilled contains a whole series of substances, of which many are present in such minute quantities that the chemist cannot determine them quantitatively. It may be said that the wine mainly contains the following substances which are of importance for the future brandy: —

(1) Water.
(2) Alcohols.
(3) Acids (volatile and non-volatile).
(4) Flavouring substances, including aldehydes.

These boil at different temperatures, so that on the face of it one would be inclined to think that these substances could very easily be separated from one another by carefully distilling the wine. This partially happens in practice. Thus, for instance, the very volatile aldehydes largely pass over in the first part of the distillate, which accounts for its strong and unpleasant smell and is the reason why it is removed from the rest of the distillate. Since ordinary alcohol (i.e. ethyl alcohol) boils at a much lower temperature than water, the first part of the distillate is always strong and the distillate gradually gets weaker, until ultimately almost pure water distils over and the alcoholometer shows 0 degrees. This is exactly what one would expect, but what one would not expect, and what nevertheless takes place, is the fact that the higher alcohols—which mainly constitute the so-called fusel oil and furfural, all of which have high boiling points—in presence of ordinary alcohol and water distil over at much lower temperatures than their boiling points, so that the greater part of these substances pass over during the first half of the distillation. It is consequently wrong to imagine that the greater part of the fusel oil is to be found in the tailings. These latter must he removed from the good brandy on account of their crude character. The foregoing holds good for a distillation with an ordinary still, so-called "pot still," and not for a distillation plant with rectifying columns or patent still.

From the above it will be clear that the wine must be distilled very carefully and regularly in order to obtain a good brandy. It is further necessary to distil slowly, as otherwise no fine brandy can be expected. In the Charente Districts in France it averagely takes thirty-four hours to distil eight leaguers of wine into cognac, i.e. to say to distil all the wine once and to redistil the distillate once more. The distillation proceeds uninterruptedly day and night.

From figures 1 and 2 it is seen that the stills which are used for distilling the famous French cognac are ordinary swan-neck stills with a capacity of ½ to 1 leaguer. In order to save fuel two stills are often built in next to each other. This can well be seen on Fig. 1. Here, as well as in most other parts of the Charente, the distillation takes place over an open fire. Coal is the principal fuel used.

In the distillery of M. Guillon at St. Severe, where I took the photos that are here reproduced, the young wine is stored in twelve cement vats of 35 leaguers each, whence it flows through a pipe directly into the stills as soon as the tap is opened. This pipe is clearly visible against the wall behind the stills on Fig 1. Attached to the waste pipe of the still is a side tube, which indicates how much liquid there still is in the still. In this distillery there are six stills and six coolers. The water flows through these coolers from below upwards. This is as it ought to be, but, unfortunately, is very seldom practised in our own country.

In Cognac the wine is distilled from the time it is two weeks old, and three months after the vintage all the wine is usually distilled. In most cases the wine is distilled together with its lees. The distillation must therefore obviously be conducted with great care. If the grapes had not been sound and the fermentation not a good one, it will be advisable to distil the wine without its lees. In the Charente Districts the wine is distilled until no more alcohol passes over, and the reading of the alcoholometer is zero. The distillate forms about one-third of the contents of the still before distillation was commenced. The distillates from three distillations are united and put into the still, which will then be just sufficiently charged, and the fine cognac is now distilled out of this first crude distillate, which is called "brouullis." One must now distil very slowly and regularly. The early part of the distillate must be removed from what follows. This usually amounts to one per cent, of the contents of the still, that is to say that the first gallon of brandy is removed if the still contains one hundred gallons of liquid. From now onwards the good cognac distils over. This is collected until the alcoholometer reads 50 degrees (i.e. 50 volume per cent, or 12 degrees underproof or 19½ degrees Cartier). What now follows is all reckoned as tailings, which is collected until the reading of the alcoholometer is zero. The first part of the distillate and the tailings are added to the wine, which is next distilled. Where this is preferred all the wine is first distilled into "brouulis" or crude brandy, which is subsequently redistilled for cognac.

During the distillation the brandy runs from the cooler into a copper receptacle which contains the alcoholometer, so that one can always see at which strength the brandy distils over. From this little receiver the brandy flows into a shallow funnel which lies on the casks in which the brandy is collected.

On Fig. 2 one sees the receptacle for the alcoholometer lying on the floor in front of the still and the funnel next to it.

After the early part of the distillate has been removed, the brandy still distils over at a greater strength than 22 degrees overproof. The strength falls gradually until one starts collecting the tailings at 12 degrees underproof. The cognac thus distilled has a strength of 65-70 volume per cent., or about 15-22 degrees overproof or about 24-27 degrees Cartier.

In making cognac the redistillation is always practised. This is, however, not done for "Armagnac." The latter is directly distilled from wine at about 52 volume per cent, or about 8 degrees under-proof. Also in this case the first part of the distillate and the tailings are removed from the good Armagnac brandy. The "Armagnac" is an excellent wine brandy, although quite different from cognac.

Hitherto we have discussed distillation with ordinary stills. I now wish to add a few remarks about distillation with patent stills, i.e. stills with rectifying columns. Through their rectifying columns these stills can separate the components with low boiling points from those with higher boiling points.

By having a high series of columns and keeping the temperature in the highest column relatively low, the spirits of wine (for this is what is now distilled) can be distilled at a great strength, going up to 68 degrees overproof or about 96 volume per cent, alcohol. In this case one can, on account of the careful separation of the various constituents of the wine which is here effected, make a fairly good and useful spirit even out of diseased and bad wines. For distilling cognac with a swan-neck still one can only use good, sound wines, as the faults of the wine would otherwise reappear in the brandy.

One can either distil directly with fire or by means of steam. In the latter case very good brandy can be distilled, as the temperature in the still can easily be regulated by turning the tap of the steam pipe as desired. In this case the burning of the still is out of the question.

NOTE.—Prior to commencing the distillation of wine, it is advisable to distil some water in order to thoroughly clean the whole still. Further, one ought to pour some water through the cooler between two successive distillations to free it from any tailings.

(c) *The Maturing of the Brandy.*

The freshly distilled brandy (I refer to cognac or cognac type) is kept for the first six months at least in new casks of oak of 60-65 gallons capacity—thus in hogsheads. The best oak is that of Limousin in France, which is also the most expensive. Then comes that from Dantzich, Russia, Slavonia, Trieste, and, finally, America. The last-named is the cheapest and should only be used for the cheaper brandies. The wood ought to have been kept for five years in order to dry properly, and only well dried wood ought to be used. After about six months the brandy is transferred into other hogsheads which have already contained brandy. The freshly distilled brandy is colourless, but it soon acquires a yellowish tint due to certain colouring substances which have been dissolved out of the new oak. Furthermore, certain flavouring substances are extracted from the new oak and the character of the cognac is to a considerable extent due to this wood. Through the pores of the wood the oxygen of the air can slowly but continuously act on the brandy and gradually oxidises it. In this way in course of time a large amount of flavouring substances are formed which characterize a genuine old brandy. In France cognac ought to be stored from three to five years in wood before being ready for consumption. In South Africa with our sunny climate two years in wood already suffice to get quite a good, drinkable brandy of cognac type. If we would only start maturing our brandies in wood for five years we would be surprised about the high quality of the product. During the two or more years that the brandy remains in wood, a good deal is lost by evaporation. During the first year one can reckon with a loss of 5 per cent. of the total alcohol. Later on this gets less as the brandy diminishes in strength. Since both this loss and the interest on the capital bound up in the brandy amounts to quite a little sum up to the time the brandy is sufficiently matured to be bottled, it is no wonder that people have long ago already tried artificially to age brandy in less time. This was tried by means of

(a) direct oxygen;
(b) ozone;
(c) great heat in presence of air or oxygen;
(d) great cold.

Although M. Malvezin, of Bordeaux, maintains that he obtained excellent results by a combined action of heat and cold, this does not seem to me to be established beyond doubt. Of all the above-named methods the last-named gave really excellent results in the hands of Prof. Pictet, of Geneva. This process, however, is too expensive and has consequently hitherto not been adopted in practice. Up to the present no good method is known to age brandy in a short time. This is sometimes attempted by simply adding cognac essences to the brandy. If this is done in case of cognac or wine brandy (cognac type) it constitutes an adulteration and ought to be punished very heavily. The connoisseur will not be deceived about the age of the brandy when young brandy has been flavoured by an addition of essence.

(d) *The Preparation of Brandy for Consumption.*

Once the brandy is sufficiently matured it is made ready for consumption. Usually the brandy of one vintage is not bottled by itself, but say two years old brandy is blended with some which is older. Since the brandy will be too strong for consumption, at least if it was distilled according to the cognac method, its strength is reduced by means of distilled water to 45 volume per cent, or 20 degrees underproof. Instead of distilled water rain-water or some other kind of pure water is sometimes used, although this is not so good, as it sometimes causes a turbidity in the brandy. In the different countries the minimum strength allowed in the trade varies. In the Union of South Africa it is fixed at 25 degrees underproof or 43 volume per cent., whereas in Germany as low a strength as 38 volume per cent, or 32½ degrees underproof is allowed.

Since the consumer usually desires it, most brandies are sweetened as a rule by adding to it a certain quantity of cane-sugar syrup of 36 degrees Baumé. This syrup is obtained by dissolving the purest cane-sugar in distilled water, so that one gallon syrup contains about 9 lb. of sugar. Cognacs are usually sweetened until they contain ½-2 per cent, sugar. According to our law no brandy may contain more than 1½ ounces cane-sugar per gallon of brandy, which is equivalent to 1 per cent. of sugar. This is quite enough for any good brandy, only poor and young brandies would gain by a further sweetening, since the sugar has a mellowing and covering effect.

Brandy is often coloured darker by an addition of caramel. The object here probably is to make the brandy appear older than it really is. Caramel can be made according to one of the following methods: —

(*a*) Pure cane-sugar is heated for some time at 190-200° C. or 374-392° F., when it gradually changes into caramel.

(*b*) Take 75 lb. of cane-sugar, add to it three gallons of water boil on a fire whilst continually stirring the mass and removing the foam. After some time another gallon of water is added and boiling continued till the whole mass is dark brown.

In case of other brandies than wine brandy of cognac type our law allows a flavouring of the brandy by adding essence of cognac. One should be very careful with this essence, as you can soon add too much of it.

Prior to being bottled the brandy must still be filtered. For this purpose both flannel, cellulose, and asbestos filters are used. Last-named filters I saw in use in one of the biggest and best known cognac firms at Cognac, where it gave very excellent results. Sometimes cognac is also fined by means of albumen, or of unboiled, separated skimmed milk (1 gallon for 100 gallons of brandy).

Once the brandy is now prepared according to all the wishes of the consumer, it is bottled. Usually pale yellowish-green bottles are used for this purpose. These bottles are made in a factory in the vicinity of Cognac. The factory produces about 40,000 bottles per day. They are blown with compressed air by machinery.

When the bottle has been finally filled and corked, it gets a label, which gives the name of the brandy and that of the producer. Usually above this label a small label is put with one, three, five stars, which are supposed to be an indication of the age of the brandy. This, however, is no reliable guide as to age, as these stars (some-times as many as seven!) are without the slightest hesitation put on bottles containing freshly made F.C. or "compounded" brandies. Really old genuine brandy is a rare article in the trade and must be well paid for.

THE PROPERTIES AND THE USE OF BRANDY.

The medicinal properties of cognac have been known for ages. One of the principal effects of brandy on the human system is to stimulate the action of the heart. For this reason good, old brandy is an unrivalled medicine to keep a weak heart going. On this action the beneficial effect of brandy in case of snake bite also depends. One must naturally not give the patient so much brandy that he dies from alcohol poisoning. Brandy, further, has a nutritive value, although this is often lost sight of, and is in any case not recognized by the fanatical total abstainers. Professor W. O. Atwater (in "In vino Veritas," by Andre Simon, 1913, p. 175), amongst other things, says the following: "When taken in small quantities—say one or two glasses of wine or a glass of whisky (hence also brandy) at a time—the alcohol has been found to be burned at least as completely as bread or meat. The reason for discussing at such length a theory discarded a quarter of a century ago by the leading authorities is that it has remained current in the writing of some authors, and even in some of our school textbooks, *which deny the food value of alcohol*" (the italics are mine). Professor Dr. E. van Noorden, of Frankfort o/Main, says: "In all serious cases of diabetes alcohol (i.e. brandy) cannot be missed. Particularly *on account of its nutritive value* it is here of inestimable value." (Translated from the German of Professor Dr. Adolf Cluss, "Die Alcoholfrage," p. 49.)

Alcohol, hence also brandy, has a beneficial effect on the working of the brain when used in moderate quantities. Thus Dr. Charles Mercier in his "Inaugural Address on Drunkenness and the Physiological Effect of Alcohol," held before the Midland Medical Association in November, 1912, amongst other things said the following: "Alcohol has the power to unlock the store of energy that exists in the brain and to render available, for immediate expense, energy, that without its use would remain in store, unavailable for our immediate needs" ("In vino Veritas," by Andre Simon, p. 193).

On the other hand it should not be forgotten that an abuse of any sort of liquor, hence also of brandy, always causes sad results. One can therefore not too seriously warn people against an abuse of liquor. Abuse, however, is something totally different from use. To condemn something because it is sometimes used to excess—as the total abstainers do—is absurd. For then one would have to condemn nearly everything with which man comes into contact. Thus one should not have to drink water, as some people get drowned from drinking too much water. This is only to point out to what absurd conclusions the doctrine of "Touch not and taste not," when consistently applied, leads.

Our Cape Dutch proverb, which says that "Vrouweraad en brande-wijn is goeie dinge, maar jij moet daar maar min van gebruik" ("Women's advice and brandy are good things, but must be used with moderation") is quite to the point—at least as far as the brandy is concerned—and may form a fitting conclusion to this article.

1) Two typical Cognac Stills (" Pot Stills") of the Charente.
2) Still and Cooler for the Distillation of Cognac in the Charente

+++

The Manufacture, Properties, and Uses of Brandy
Sourced from: South Africa National Library
Publisher: Reprinted from The South African Agricultural Journal, Feb 1914
Printer: Government Printing and Stationery Office, Pretoria
Dated: 1914

The Volatile Acidity of Wine: Particularly that Produced by Pure Cultures of Yeast (1917)

INTRODUCTION

Whilst I do not for a moment deny that the bulk of the volatile acids found in wines containing a high volatile acidity must be ascribed to the action of bacteria, I hope to show in the course of this paper that appreciable, and even very considerable, amounts of volatile acids are and can formed by pure cultures of yeast. I shall first give a brief review of such literature on this subject as was accessible to me, after which I shall give a *résumé* of some investigations on this subject made in the Oenological Institute at Elsenburg. My assistant, Mr. Francois Février, B.A., carried out the practical part of these investigations under my supervision, for which I wish here to tender him my heartiest thanks. These investigations were undertaken partly on account of their purely scientific interest, and partly on account of the light they might shed on the question of the volatile acidity in our wines looked at from a commercial standpoint. I shall revert to this aspect of my subject at a later stage.

HISTORICAL REVIEW.

Pasteur (1)[10] and Béchamp (2) first showed that acetic acid is formed during the alcoholic fermentation of grape-juice or must when working with pure cultures of elliptic (wine) yeast. Duclaux (4), in comparing this formation of acetic acid with that of alcohol during the same fermentation, points out that, whilst they both have the sugar as their source, the sugar need merely enter the yeast

---

[10] This number—and subsequent similar numbers further on—appended to the name of the authority quoted, refers to the bibliography at the end of this paper.

cell to meet the zymase which decomposes it into alcohol and carbon dioxide, whereas the volatile acids are the products of secretion or excretion of protoplasmic activity. He continues: "Ils sont le produit d'une action vitale, aumême titre que l'alcool est le produit d'une action diastasique." He showed that, even when no sugar is present, yeast left by itself will slowly produce some volatile acid at the expense of its cell contents. He further showed that more volatile acid is formed in the presence of large numbers of yeast cells after the sugar has been fermented out than before this happens. He also states that more volatile acid is formed under conditions that are unfavourable.

Bŭchner and Meisenheimer (5) showed that acetic acid, together with very small quantities of higher fatty acids, was always formed during a fermentation without yeast cells. This proves that acetic acid is a true product of fermentation. They assume the presence of a particular enzyme "glucacetase" in the juice of the (crushed) pressed yeast, which decomposes the sugar into acetic acid. (I would point out here that 1 molecule of a hexose could give 3 molecules of acetic acid.) In view of the above, Duclaux's explanation about the formation of volatile acid by yeast will have to be modified in so far as to admit that, whilst some volatile acid may be formed as he explained, a considerable amount, if not most, is formed through the action of some enzyme such as the above supposed glucacetase, which is present in the yeast cell. This will explain most of the observations subsequently made and which will be dealt with as we proceed. Windisch (7), in referring to investigations made on this subject by Béchamp, Thylman and Hilger, Kayser, Carles, Becker, Haas, Rocques, and Reisch, states that the sum total of their conclusions amounts to the following:

> Different yeasts form under otherwise identical conditions, different amounts of volatile acid, the beer yeasts forming less than the wine or elliptic and pastorianus yeasts. High temperatures, admission of air and a lengthy fermentation increase the volatile acids formed. The concentration of the fermenting liquid has no influence. [Subsequent work has certainly disproved this!—A. I. P.] The higher the fixed acidity of the must is, the lower is the volatile acid formed.

He further states that Reisch (6) found that the volatile acids rapidly form until nearly half the sugar is fermented out when their formation soon proceeds much more slowly, and stops altogether when half the sugar has fermented out. Windisch then further states that, when wine matures, the volatile acidity usually increases; that micro-organisms are no doubt mainly responsible for this although an oxidation of the alcohol, apart from any organisms, does not seem out of the question; further, that a wine's volatile acidity sometimes decreases during maturation.

R. von der Heide (9) in 1907 published the results of his investigations on abnormal amounts of volatile acid formed in sweet musts by different yeasts. In his first series of experiments with one wine yeast (Steinberg, 1893) he used a must with the same composition in every case excepting that the sugar rose from 12 to 43 per cent. in the different bottles. After two months the fermentation was over, and the yeast cells were nearly all free from glycogen. The wines were now analyzed for alcohol and volatile acid and the following were the results obtained:

No. of Bottle	Original Sugar Concentration. Per cent.	Volatile Acid Per mille.	Alcohol By weight. Per cent.
1	12	0.43	6
2	14	0.50	7
3	16	0.65	8
4	18	0.75	9
5	20	0.75	10
6	22	0.92	10.89
7	24	1.17	11.19
8	26	1.55	10.52
9	28	1.93	9.92
10	30	1.96	10.52
11	35	2.19	8.35
12	40	2.65	8.35
13	43	2.74	8.42

Here the volatile acidity steadily rose with the sugar concentration of the must, notwithstanding the fact that the alcohol formed got less when 24 per cent. sugar was passed. In order to check these results similar experiments were made with the same and other yeasts with sugar concentrations of 20, 35, and 50 per cent, respectively. Here, as well as in the preceding experiments, the bottles containing the experimental must were sterilized with cotton-wool plugs, and these were replaced by sulphuric acid air-seals only when the yeast had grown so far as to render the must turbid. The following are some of the results thus obtained:

Sugar Concentration	Steinberg. 1893. Volatile Acid. Per mille.	Piesport. Volatile Acid. Per mille.	Bordeaux Volatile Acid. Per mille.
20	1.00	0.64	0.69
35	2.12	1.56	1.98
50	5.11	1.78	2.09

These results fully confirm the first ones, whilst they clearly bring out the fact that different yeasts form different amounts of volatile acid. Von der Heide further showed that when experimenting with small quantities of must more volatile acid is formed than when the quantity of must is increased.

In 1912 Osterwalder published the results of some very important experiments he had conducted on the formation of volatile acid by pure cultures of wine yeast. He worked with a number of different wine yeasts which he had isolated and cultivated in pure cultures, and included a standard wine yeast, Steinberg 3, for the sake of comparison. In his first set of experiments he plugged all his bottles with cotton-wool and kept them at the temperature (winter) of the room, which was about 16 deg. C. Half were filled with the juice of the Theiler pear, and half with Sicilian grape-juice. Here I shall consider only the latter. He inoculated with active pure cultures on the 8th October, 1910, and analyzed one lot on the 25th February, 1911, and the remainder on the 1st April, 1911. On the whole the results obtained on these two dates were practically the same, showing that no appreciable amount of volatile acid was either formed or destroyed after the 25th February, when the experiment had lasted four and a half months. The following extract from the figures given for the analyses made on the 25th February, 1911 (fermentation of grape-juice), will show the great differences between the amounts of volatile acid formed by the different yeasts:

Yeast	Total Acid as Tartaric Acid Gr per lit.	Volatile Acid as Acetic Acid. Gr per lit.
Sitten 3	5.92	1.81
Dezaley 2	6.15	1.70
Siders 5 (Fendant)	4.95	1.22
Neuenburg 2 (Pinot)	4.50	0.93
Siders 4 (Dôle)	4.57	0.76
Chardonnay 1	4.42	0.31
Steinberg 3	3.67	0.19

In most cases a strong new growth of yeast cells was observed overlying the lees as a flocculent layer, which had taken place after the fermentation was over. Osterwalder ascribes the abnormal amounts of volatile acid formed to this pronounced subsequent growth of yeast cells.

He then commenced a new series of experiments with two of the above yeasts that had formed much volatile acid, namely, Siders 5 (Fendant) and Neuenburg 2 (Pinot), and with two that had formed very little volatile acid,, namely, Chardonnay and Steinberg 3. Half the bottles were closed With perforated corks having concentrated sulphuric acid air-seals, whereby the air was cut off, whilst the other half were closed with plugs of cotton-wool having a piece of paper tied over them, whereby the air was given fairly free access. The bottles were inoculated on the 12th April, 1911, and kept in a cupboard at summer air temperature. The wines were analyzed towards the end of May, 1911, when the fermentations were over. The original must contained per litre: 162.24 gr. invert, sugar, 2.96 per cent, total acid (as tartaric acid), 0.20 per mille volatile acid (as acetic acid). Further analyses were made in August and October respectively. The following are some of the results obtained:

(1) Where the air was excluded (concentrated sulphuric acid air-seal), the volatile acidity in the case of the four yeasts above mentioned was as below:

Date of Analysis.	Siders 5 (Fendant) Per mille	Neunburg 2 (Pinot) Per mille	Chardonnay 1 Per mille	Steinberg 3 Per mille
30 May —14 June	0.36 30/5/11	0.66 30/5/11	0.48 14/6/11	0.67 3/5/11
8 August, 1911	0.66	0.56	0.60	0.67
17 October 1911	0.60	0.56	0.70	0.64

On the whole the volatile acidities here found are not high, and on the 17th October they did not differ very materially. The first two even show lower values than the last two.

(2) When the air had access through the cotton-wool plugs, the volatile acidity in the case of the same four yeasts was as follows:

Date of Analysis.	Siders 5 (Fendant) Per mille	Neunburg 2 (Pinot) Per mille	Chardonnay 1 Per mille	Steinberg 3 Per mille
23 May, 1911	0.61	0.64	0.47	0.36
4 August, 1911	0.91	0.67	0.42	0.42
4 October 1911	1.26	0.93	0.41	0.31

Here we see a totally different picture. In the case of the first two yeasts the volatile acidity increased strongly from the 23rd May to the 4th October, whereas in the case of the last two there was a slight decrease. The alcoholic fermentation was much more vigorous where air got access than where it was excluded.

For every determination a different bottle was used, and in every case the wine contained only 2 to 3 gr. sugar per litre, except in the case of Chardonnay 1 (with air excluded), where the wine still contained 10 to 34 gr. sugar per litre.

The following are some of the author's conclusions:—
(1) After the fermentation by pure yeast with access to the air on and in the lees a renewed growth of yeast take place.
(2) In such cases up to about 1.8 per mille volatile acid (as acetic acid) can be formed in the course of 4 to 5 months in wine kept in small vessels at the temperature at the room.
(3) A small amount of this volatile acid is formed during the fermentation, but the bulk of it is subsequently formed.
(4) As this formation of volatile acid subsequent to the fermentation synchronises with the new growth of yeast on the lees, this latter must be regarded as causing the great increase in the volatile acidity of the wine.

In 1913 Von der Heide and Schwenk (14) published the results of their work on the volatile acidity formed by yeast during the refermentation of wine. They tested the effect of the numbers of yeast cells brought into the wine, as well as that of the alcohol and sugar present in the wine at the time of inoculation.

Three series of experiments were conducted where respectively 0.672, 25.12, and 489,600 million yeast cells were introduced into 1 litre of the experimental sterile liquid. Under each yeast concentration there were four groups of three experiments. A pure wine was evaporated *in vacuo* to one-tenth its original volume, when it was brought back to its original volume by adding water and pure alcohol. The latter was added in four different amounts to give four different liquids for the experiments of groups 1, 2, 3, 4, which had to contain respectively 3, 4, 5 and 6 gr. alcohol per 100c.c. In the case of each group three different amounts of sugar were added to test its influence so that there were 12 different experiments for each yeast concentration. After ten weeks the fermentations were over, and the liquids above the lees were quite clear. Each of the 36 samples of lees, taken one from each of the 36 bottles when the analyses were made, was perfectly pure and free from bacteria or *Mycoderma vini*. In every case the alcohol and volatile acid were now determined. The original experimental liquid contained 0.1 per mille volatile acid. Below are given the results for the three yeast concentrations in groups 1 and 4 (i.e., where 3 and 6 gr. alcohol per 100c.s. liquid were present at beginning of experiments) and for sugar concentrations 1, 2 and 3:

	1st Series			2nd Series			3rd Series		
	1	2	3	1	2	3	1	2	3
1st Group									
Alcohol gr. per 100cc	6.34	8.49	10.44	6.21	8.42	10.14	6.34	8.28	10.59
Volatile acid, gr. per litre	0.32	0.39	0.51	0.35	0.42	0.54	0.32	0.43	0.56
4th Group									
Alcohol gr. per 100cc	6.99	8.84	10.96	6.99	8.77	10.82	6.53	9.42	10.96
Volatile acid, gr. per litre	0.26	0.31	0.40	0.27	0.31	0.40	0.29	0.35	0.44

From these data we conclude that:

(1) Although the differences are not great, it will still be noticed that in all three series, on comparing the corresponding figures of groups 1 and 4 in each vertical column, the volatile acidity in group 4 is in every case appreciably lower than in group 1. This means that more volatile acid was formed where the initial alcoholic strength of the liquid was lowest.

(2) The increasing amounts of yeast cells introduced, when inoculating series 1, 2, 3, had no influence on the volatile acid formed.

(3) As the sugar concentration in the original experimental liquid rose (columns 1, 2, 3 above), so the alcohol and the volatile acid in the fermented liquid rose. This is in keeping with general experience.

In actual cellar practice conclusion (2) above does not hold good. By adding more active yeast cells of a pure culture to a wine that got stuck, we get a wine with less volatile acid than when only a relatively small number of yeast cells is introduced. Here we are not working under sterile conditions; hence the explanation is that the larger number of yeast cells can keep down the development of acetic and other bacteria, and thus help to keep the volatile acid low.

NEW EXPERIMENTS.

I. *Fermentations conducted with Pure Cultures of Different Yeasts and Different Concentrations of Sugar In the Must.*

A. *Experiments with Must of 27.9°Balling.*—Sterilized must of 22.5° Balling was evaporated on a waterbath till it had a strength of 27.9° Balling. In nine half-litre bottles 400 c.c. of this must was placed, closed with perforated corks and concentrated sulphuric acid air-seals, and then sterilized for an hour in a steam jacket. This was done in all subsequent experiments. The bottles were inoculated on 27th October, 1916, with two-days'-old cultures of the following yeasts: GFT 1, JJM 1, JJM 2, JJM 5, JJM 6, PJJ 1, Green 1, Green 2, Green 3. The temperature in the thermostat was kept at about 25° C. On the 20th November the fermentation was over in every case, and after the 24th November the loss in weight of the bottles was very slight. The bottles were now analyzed. The results are embodied in Table I.

	GFT 1	JJM 1	JJM 2	JJM 5	JJM 6	PJJ 1	Green 1	Green 2	Green 3
Loss in weight in gr.	30	40	31	32	27	28	32	33	31
Alcohol in wine, as volume per cent	9,15	8.89	9.32	9.74	8.40	8.48	9.78	9.32	10.18
Volatile acid, as gr. acetic acid per litre	2.15	2.26	1.68	1.68	2.21	2.24	1.87	1.94	1.96

These fermentations were incomplete, so that the wine was still sweet. The volatile acid was very high, there being considerable differences between the different yeasts. The initial volatile acidity was very low, being about 0.1 per mille.

B. *Experiments with Must of 25.0° Balling.*—Sterilized must was slightly evaporated to a concentration of 250 Balling. The experiment was otherwise as before. The temperature of the thermostat ran from 22-28° C., being most of the time near 25°C. The bottles were inoculated on 20th January, 1917, with the same yeasts as above, and in addition HeA_3, HaB_3, PB_2. The experimental must used contained 0.14 per mille volatile acid at the beginning of the experiment. The fermentations were over by the 15th February, but, owing to there being no gas, the analyses could not be made until two weeks later. Meanwhile, the bottles were kept corked. The following results were obtained:

Table II

	GFT 1	JJM 1	JJM 2	JJM 5	JJM 6	PJJ 1
Loss in weight in gr.	39	42	44	45	38	39
Alcohol in wine, as volume per cent	14.01	14.20	15.16	12.69	15.07	12.97
Volatile acid, as gr. acetic acid per litre	1.54	1.50	1.24	1.27	1.72	1.68
	Green 1	Green 2	Green 3	HeA3	HaB3	PB 2
Loss in weight in gr.	41	36	41	43	36	36
Alcohol in wine, as volume per cent	13.72	12.69	13.53	13.91	12.32	12.05
Volatile acid, as gr. acetic acid per litre	1.52	1.58	1.52	1.64	0.94	1.22

The fermentations here were fairly complete. The volatile acidity was much less (some 25 per cent.) than in Table I. The same yeasts which gave the lowest volatile acidities in Table I, namely JJM 2, and JJM 5, were also the lowest in this experiment.

C. Experiments with De-sulphited Must of 24.7° Balling.— A must which for nearly a year had been kept from fermenting by adding a large quantity of potassium metabisulphite was heated on a water-bath to expel the sulphur dioxide. When, nearly all was driven off the must was brought to 24.7° Balling, by adding water. The bottles were filled, closed, and sterilized as before. They were inoculated on December 18th, 1916, with the same yeasts as in IA, with the addition of HaC_8. The temperature was that of the room (20-26° C), and the fermentation was rather irregular. On the 16th January, 1917, the fermentation was over, and the analytical determinations were made. The original volatile acidity of the must used was 0.51 per mille, and the free and combined SO_2 were respectively 15 and 127 mg. per litre.

Table III

	GFT 1	JJM 1	JJM 2	JJM 5	JJM 6
Loss in weight in gr.	21	21	26	32	20
Alcohol in wine, as volume per cent	7.18	7.18	8.31	9.74	7.50
Volatile acid, as gr. acetic acid per litre	1.92	1.95	1.66	1.59	1.98
	PJJ 1	Green 1	Green 2	Green 3	HeA3
Loss in weight in gr.	28	36	31	27	28
Alcohol in wine, as volume per cent	8.81	10.70	10.09	9.15	8.56
Volatile acid, as gr. acetic acid per litre	1.97	1.71	1.67	1.76	1.64

Again, in this case the same two yeasts, JJM 2 and JJM 5, as in Tables 1 and II, gave the lowest volatile acid, if we except the new yeast HaC_3. The relative positions occupied by these yeasts with regard to the volatile acid formed in all three experiments are very similar, so that they give the same general impression. It was expected that the small amount of sulphurous acid would exert a hindering effect on the alcoholic fermentation, and cause a relatively higher amount off volatile acid to be formed. The above results fully confirmed my expectations. The hindering factor in the first experiment was the great concentration of sugar.

II. *Fermentations with one Pure Culture (HaB_3) and Different Musts at Different Temperatures.*

Sterilized must was slightly diluted and concentrated to give three musts with respectively 20° B., 23.3° B., and 27° B. Six bottles of each concentration were prepared. Further "moskonfijt" (grape syrup) of 81.9° B. was diluted to 23.4° B. and 12.6° B. respectively. We shall indicate these five experimental liquids in the order above given by the letters P, Q, R, S, T. As each experiment was run in duplicate the two bottles will be indicated by P1 and P2, etc. The original volatile acidities of P, Q, R, S, T were respectively 0.20 per mille, 0.23 per mille, 0.19 per mille, 0.35 per mille, 0.18 per mille.

A. *Fermentations at 25°C.*—The bottles were filled, closed, and sterilized as before. They were inoculated with an active pure culture of HaB_3 on April 23rd, 1917. The final weights were taken on 10th May, 1917, when the main fermentation was over. The alcohol and volatile acid were then determined.

Table IV

	P 1	P 21	Q 1	Q 2	R 1
Loss in weight in gr.	35	34	37	Bot. broken	37
Alcohol in wine, as volume, per cent	11.32	11.50	12.59		12.32
Volatile acid, as gr. acetic acid, per litre	0.79	0.79	1.18		1.23
Total acid, as gr. tartaric acid, per litre	6.1	6.3	7.8		8.1
	R 2	S 1	S 2	T 1	T 2
Loss in weight in gr.	36	32	32	18	18
Alcohol in wine, as volume per cent	12.69	11.14	10.79	6.32	6.47
Volatile acid, as gr. acetic acid per litre	1.25	1.00	0.98	0.36	0.38
Total acid, as gr. tartaric acid, per litre	7.9	6.0	5.5	4.2	4.2

B. *Fermentations at 30°C*—The bottles were inoculated on 3rd April, 1917, and the main fermentation was over on the 17th April, when the analyses were made.

Table V

	P 1	P 21	Q 1	Q 2	R 1	R 2
Loss in weight in gr.	38	38	37	38	36	35
Alcohol in wine, as volume, per cent	11.68	11.50	12.05	11.77	11.50	11.86
Volatile acid, as gr. acetic acid, per litre	0.70	0.71	0.91	0.93	1.19	1.20
Total acid, as gr. tartaric acid, per litre	5.3	5.5	6.4	6.3	6.5	6.5

C. *Fermentations at 35°C.* —The bottles were inoculated on 19th March, 1917, and on 3rd April, 1917, the main fermentation was over, when the analyses were made.

Table VI.

	P 1	P 21	Q 1	Q 2	R 1	R 2
Loss in weight in gr.	33	32	33	30	32	31
Alcohol in wine, as volume, per cent	10.09	10.09	10.35	10.35	9.57	9.57
Volatile acid, as gr. acetic acid, per litre	0.74	0.73	0.95	0.95	1.18	1.18
Total acid, as gr. tartaric acid, per litre	5.3	5.5	6.2	6.4	7.8	7.2

D. *Fermentations at 40 C.*—The bottles were inoculated on 13th June, 1917, and the fermentation, which was slow and feeble, was over on 23rd June 1917, when the analyses were made. Only one bottle was taken for each concentration of the must, and the loss in weight of the bottles was not recorded.

Table VII.

	P	Q	R
Alcohol in wine, as volume, per cent	5.33	5.55	4.88
Volatile acid, as gr. acetic acid, per litre	0.70	0.84	0.90
Total acid, as gr. tartaric acid, per litre	5.4	6.4	7.2

The wines were still very sweet when analyzed.

III. *Experiment to determine at which Stage of the Fermentation the Volatile Acid is Formed.*

A bottle containing 400 c.c. of must at 22.5° Balling was inoculated with a pure culture of HaB_3 and kept in the thermostat at 40° C. The fermentation was feeble. The volatile acidity three days after the fermentation commenced was 0.94 per cent., the next day it was still 0.94 per cent., and 10 days after the fermentation had commenced it was 0.96 per cent. This shows that the bulk of the volatile acid formed by the yeast was formed during the early and stormy part of the fermentation.

DISCUSSION OF RESULTS.

In order to be able better to compare the amounts of volatile acid formed in the different experiments, I shall now regroup the results in one table, giving the actual amounts of volatile acid formed, as well as the amount of volatile acid formed per 100 volume per cent, alcohol formed at the same time. In the case of the duplicates in Tables IV to VI the mean-values are given.

Table VIII.

Yeast	Alcohol Formed in Volume, per Cent	Volatile Acid Formed, per Mille.	Volatile Acid Formed, per 100 Volume per Cent. Alcohol Formed
Table 1			
GFT 1	9.15	2.05	22.40
JJM 1	8.89	2.16	24.30
JJM 2	9.32	1.58	16.95
JJM 5	9.74	1,58	16.22
JJM 6	8.40	2.11	25.12
PJJ 1	8.48	2.14	25.24
Green 1	9.78	1.77	11.11
Green 2	9.32	1.84	19.74
Green 3	10.18	1.86	18.27
Table 2			
GFT 1	14.01	1.40	9.99
JJM 1	14.20	1.36	9.59
JJM 2	15.16	1.10	7.26
JJM 5	12.69	1.13	8.90
JJM 6	15.07	1.58	10.49
PJJ 1	12.97	1.54	11.10
Green 1	13.72	1.38	10.06
Green 2	12.69	1.44	11.34
Green 3	13.53	1.38	10.20
HeA_3	13.91	1.38	10.78
HaB_3	12.32	0,89	7.22
PB_2	12.05	1.08	8.96
Table III			
GFT 1	7.18	1.41	19.64
JJM 1	7.18	1.44	20.01
JJM 2	8.31	1.15	13.84
JJM 5	9.74	1.68	11.09
JJM 6	7.50	1.47	19.60
PJJ 1	8.81	1.46	16.57
Green 1	10.70	1.20	11.22
Green 2	10.09	1.16	11.50
Green 3	9.15	1.25	13.66
HeA_3	8.56	1.13	13.20
Table IV			
P	11.41	0.59	5.17
Q	12.59	0.95	7.55
R	12.51	1.05	8.39
S	10.97	0.64	5.91
T	6.40	0.69	2.97
Table V			
P	11.59	0.51	4.36
Q	11.91	0.69	5.79
R	11.68	1.01	8.61
Table VI			
P	10.09	0.54	5.30
Q	10.35	0.72	6.96
R	9.57	0.99	10.35
Table VII			
P	5.33	0.50	9.38
Q	5.55	0.61	10.99
R	4.88	0.71	14.55

On comparing these results, it will be seen, considering Tables I. to III. as a group, that the highest amounts of volatile acid were found in Table I. where the sugar concentration was highest. This is in complete agreement with the results above quoted from R. Von der Heide's experiments on the same subject. Further, we notice that in Table III. the highest amounts of alcohol were formed, whereas in Table III., where a must of practically the same sugar concentration was used, very much less alcohol was formed owing to the presence of some sulphur dioxide, which, under the conditions of the experiment, prevented the fermentations from going very far. The amounts of volatile acid here formed do not differ much, on the whole, from those given in Table II, but owing to the much smaller amounts of alcohol formed in the former case, the amounts of volatile acid formed in comparison with the corresponding amounts of alcohol formed are much bigger than those given in Table II. Thus the hindering effect of the sulphur dioxide on the alcoholic fermentation, and the consequent increase in the amount of volatile acid formed, is clearly shown on comparing the last vertical column of Tables II. and III. This, again, is in perfect agreement with Duclaux's assertion, quoted early in this paper, that when yeast grows and lives under adverse circumstances it forms more volatile acid than would be the case under more favourable conditions.

Coming to Tables IV. to VII., we do not find very high volatile acidities, as the yeast used in these experiments, namely HaB_3, is not one that tends to form much volatile acid. In Table II., where it was compared with 11 other yeasts, it formed the smallest amount of volatile acid, even in comparison with the alcohol formed. Still, on comparing the results enumerated in Tables IV. to VII., we notice how in every case the volatile acid formed rises with the sugar concentration of the must. This still holds good when we consider the amounts of volatile acid formed in comparison with the corresponding amounts of alcohol formed in each case. It we now consider the influence of temperature, we find that, whilst there is on the whole not much difference between the results obtained at 25 deg. and 30 deg. C. respectively, there is a decided drop in the amounts of alcohol formed at 35 deg, C., whilst the volatile acid formed still remained about the same as before. At 40 deg. C. the fermentation was in every case very feeble, so that only about half as much alcohol was formed as at 35 deg. C, whilst the volatile acid formed, though less than at 35 deg. C., has not diminished to any large extent. The obvious result is that the largest amounts of volatile acid in comparison with the alcohol were formed at 40 deg. C. *Hence a high temperature (beyond 35 deg. C.) during the fermentation causes the yeast to form very considerable amounts of volatile acid in comparison with the alcohol formed at the same time.* As was found in experiment III., the bulk of the volatile acid formed by yeast is formed in the early (stormy) part of the fermentation. This agrees with the findings of Reisch quoted above. The "moskonfijt" does not seem to have any special influence in experiment II. A., where it was used.

SOME PRACTICAL CONSIDERATIONS.

Apart from the scientific interest attached to the subject of the volatile acidity of wine, it is also of great practical importance and value to those engaged in the making, manipulation, and sale of wine. One question that could be put from this practical point of view is *whether the amount of volatile acid found in a wine by chemical analysis is any criterion as to its state of soundness.* In this country certain rules have been laid down by the Western Province Agricultural Society as to the maximum amounts of volatile acid that are allowed in show wines. Further, most wine merchants of the Western Province regard wines with higher volatile acidities than these as only fit for distillation, or at any rate as unsound, and will only buy them at the price paid for distilling wine. The facts that have been brought to light in this paper show clearly that the volatile acidity of a wine may be due to various causes. In any case, under certain circumstances, a fermentation with pure wine yeast can produce a high volatile acidity in a wine without any action of acetic or other bacteria coming into play at all. Now, if the volatile acidity is mainly due to yeast and not to bacteria, it will not increase to any dangerous extent as the wine matures, and need not be taken as such a dangerous indication as to the wine's soundness. If, however, it is clue mainly to the action of acetic or other harmful bacteria, it should certainly be taken as a warning with regard to the future treatment of such a wine. We therefore, need more than a mere chemical determination of the volatile acidity of a wine in order to be able to say definitely in every case whether the wine is sound or unsound. A bacteriological examination and tasting by a connoisseur should be added to the chemical determination of the volatile acidity of a wine.

With regard to the value of *tasting*, Mathieu (11) points out that the volatile acids influence both the bouquet and the taste of a wine. He says further:

> A connoisseur can soon tell whether a diseased wine suffers from an acetic fermentation, or "tourney" (acetic and propionic acid), or rancidness (butyric acid). If the wine contains carbon dioxide, the volatile acid will seem more on tasting that it is in reality. This is very noticeable, before and after impregnating a wine with carbon dioxide. On tasting, the impression obtained about the volatile acid depends upon—
> (1) The amount of volatile acid present;
> (2) The nature of the volatile acids;
> (3) Certain other constituents of the wine, of which alcohol and saccharine substances tend to diminish or cover it, whilst the fixed acids and carbonic acid tend to exaggerate it.
>
> Hence tasting alone is not sufficient. Chemical analysis alone will not do either. Both combined must be used. Tasting will show: (*a*) Whether the wine is perfectly sound; (*b*) whether its soundness is doubtful; (*c*) whether it has decidedly gone wrong. Analysis will discover any deception under (*a*), decide (*b*) or confirm (*c*), if a comparison is made between the wine in question with sound wines of the same nature. *It is not possible to lay down definite limits for the volatile acidity as a means of determining the soundness of all wines.* (The italics are mine.— A. I. P.) In doubtful cases a comparison should be made with sound wines of the same class.

Wortmann (8) also points out how alcohol and sugar cover the volatile acidity on tasting, but differs from Mathieu, where he ascribes a covering effect to a high total acidity of a wine, whilst the latter maintains that it tends to magnify the impression gained about the volatile acidity of the wine on tasting. Wortmann points out how easily a fairly low volatile acidity is noticeable on tasting a thin and light wine. He therefore recommends that, in doubtful cases, the wine lie somewhat diluted with water so as to be able to detect the volatile acids more easily.

We shall now briefly consider what *limits of volatile acidity in wines* have been proposed by different people to classify wines as sound or unsound according to this criterion. Mathieu (11) states that, in wines with a *normal* taste, the volatile acidity varies from 0.21 to 1.22 per mille, according to districts, years and age. Possetto (3) quotes 2 to 2.5 per cent, as general limits for the volatile acidity of wine. Rottger (10) states the following: "The free 'Vereinigung bayrischer Vertreter der angewandten Chemie' in 1897 adopted the following standards for the volatile acidity of wines, on the proposal of W. Möslinger:

(a) As normal are to be considered a volatile acidity of 0.9 per mille for German white wines and 1.2 per mille for German red wines.

(b) As no more normal, but not yet to be condemned, are German white wines with a volatile acidity between 0.9 per mille. and 1.2 per mille., and German red wines with a volatile acidity between 1.2 and 1.6 per mille.

(c) German white and red wines with more than 1.2 per mille. and 1.6 per mille. volatile acidity respectively should not be sold for consumption, even if lasting discloses nothing abnormal.

(d) A wine is to be condemned as unfit for consumption if its volatile acidity exceeds 1.2 mille and 1.6 per mille. in the case of white and red wines respectively, *and if tasting corroborates this* (the italics are mine.— A. I. P.).

(e) German 'Edelweine' (liqueur wines) and wines which have matured for over 10 years in wood are exempted from (a), (b), (c) above. Their volatile acidity must be specially judged in each case."

He further states that the United States' "Standards of Purity for Food Products" put 1.2 per mille and 1.4 per mille as the maxima of volatile acid for white and red wine respectively. Wortmann (8) considers that white wines with 0.9 per mille to 1.2 per mille volatile acid and red wines with 1.2 per mille to 1.6 per mille volatile acid should be regarded as diseased. He further states that according to the German "Nahrungsmittelgesetz" (Foods Act) white wines with over 1.2 per mille volatile acid and red wines with over 1.6 per mille volatile acid are regarded as diseased, and not fit for consumption if the tasting also proves them conclusively and without a doubt to be diseased ("verdorben"). This means that in the case of liqueur wines the limits allowed will be somewhat higher than above stated, as the sugar will largely cover the volatile acids.

From the above it will be clear that, in laying down limits for volatile acidity in sound wines, differences should be made between white and red, dry and sweet, light and strong, young and old wines; the higher limit being fixed always in the second case. But in addition to this the decision, in cases of any doubt, should always be confirmed by tasting.

For South Africa I would, from personal local experience, favour some such limits as were proposed by Möslinger in 1897 as quoted above from Röttger.

In conclusion, I would just mention that the volatile acids in sound wines are, according to Babo and Mach (12), mainly acetic acid together with smaller quantities of butyric, capronic. carprylic, pelargonic, lactic, and formic (usually minute quantities only) acids. In the case of diseased wines also propionic and valeric acids occur amongst the volatile acids.

BIBLIOGRAPHY.

(1) Pasteur, "Memoire sur la fermentation alcoolique," *Annates de Chime el de Physique.* 58 (1859).
(2) Béchamp, "Sur 1' acide acétique dans la fermentation alcoolique," *Comptes rendus*, 56. 969, 1086, 1231; et tome 57, 96 (1863).
(3) Possetto, "La Chimica del Vino," (1897), Torino 202.
(4) Duclaux, "Traite de Microbiologic" 3, 413-417 (1900).
(5) E. Bűchner u J. Meisenheimer, *Ber. Deutsch. Chem. Gesellschaft*, 37 (1904), 417; 38, 620.
(6) Reisch, "Zur Entstehung von Essigsäure bei der alkoholisdien Gärung," *Zentralblatt f. Bakt.* (1905), 14, 572.
(7) K. Windisch, "Die Chemischen Vorgänge beim Werden des Weines" (1905), 57-62.
(8) Wortmann, "Die Wissenschaftlichen Grundlagen der Weinbereitung and der Kellerwirtschaft" (1905), 259.

(9) R. von der Heide, "Ueber die Bildung abnormer Mengen Flüchtiger Säure durch die Hefe in zuckkerreichen vergorenen Mosten," Jahresbericht der Lehranstalt Geisenheim a. Rh. (1907), 254.

(10) Röttger, "Nahrungsmittelchemie," 3e Aufl. (1907), 662.

(11) L. Mathieu, "L'Acidité volatile et les qualités marchandes des vins." *Comptes Rendus*, 3e Partie. Oenologie, pp. 169-172 of the Deuxième Congrès international de Sucrerie et des Industries de Fermentation, held at Paris, 6-10th April. 1908.

(12) Babo u. Mach, "Handbuch des Weinbaues und der Kellerwirtsehaft" 4e Aufl. 2 (1910), 66.

(13) A. Osterwalder. "Ueber die Bildung flüchtiger Säure durch die Hefe nach der Gärung bei Luftzutritt" Ccntralblatt f. Bakt. (1912). 32, 481-498,

(14) C. von der Heide u. E. Schwenk, "Ueber die Bildung von flüchtigen Sauren durch Hefe bei der Umgärung von Weinen," Landw. Jahrbücher 45 (1913), 117-120.

(*Read, July* 5, 1917.)

+++

The Volatile Acidity of Wine: Particularly that Produced by Pure Cultures of Yeast
Sourced from: Nietvoorbij
Publisher: South Africa Journal of Science
Printer: None shown
Dated: 1917

The Union's Viticultural Industry (1919)

HISTORICAL—VITICULTURE AND CHARACTER—
NECESSARY CLIMATIC CONDITIONS—NECESSARY SOIL
CONDITIONS—VALUE OF A SUITABLE SITE—CULTURAL
OPERATIONS—VARIETIES OF GRAPES GROWN.

IT was as early as 1655 that the first Dutch Commander at the Cape, Jan van Riebeek, imported vines from Europe and planted them out in the Company's garden at Capetown, and carefully propagated them. In 1658 he planted out 1200 vines at Protea or Bishop's Court, so that the first vineyard was established at the Cape just about 260 years ago, thus showing that viticulture is one of our oldest industries. As the vines grew very well, new plantations were established on the Cape Peninsula and further land inwards. When the Huguenots came in 1688, they gave the young industry a great impetus, as they had in many instances been wine farmers in the south of France. Not merely the cultivation of the vines, but also, and particularly, the methods of wine-making were no doubt much improved by them. The good old Governor, Simon van der Stel, considerably aided the young industry and planted, a number of vines on his beautiful farm, Groot Constantia, now belonging to the Union Government, where in later years our most famous wine "Sweet Constantia" was made and largely exported at high prices. His son, Willem Adriaan van der Stel, planted very large numbers of vines on his farm "Vergelegen," near Somerset West, at the beginning of the eighteenth century, whilst he was Governor at the Cape. He is said to have had anything from 100,000 to 250,000 vines, thus being the largest wine farmer in the country. By now the industry had spread to the Stellenbosch and Paarl Districts, and was securely established. It slowly developed and spread further inland, wherever the natural conditions were favourable.

I am not overstating the case when I say that the wine industry has in the past had a more powerful civilising influence and has more strongly furthered agricultural development in South Africa than any other industry.

The hard, regular, and careful work that the wine farmer has to perform throughout the year, has had a strong influence in moulding his character and forming a type of farmer that would be the proud possession of any country. It was in the Western Province, where our viticultural industry is centred, that most of our best educational institutions were first established, and it was with wine farmers' money that missionary work in the past was most strongly supported. Hence we have here to do with an old industry that deserves our best attention.

The Necessary Climatic Conditions.

First and foremost, we have to consider what climatic conditions a successful viticultural industry requires. Climate and not chance or any other factor is responsible for the *geographical distribution* of the vine in South Africa. Generally speaking, we can say that vine culture occurs between 20 degrees and 51 degrees north latitude and 20 degrees and 40 degrees south latitude. In South Africa the vine industry occurs mainly between 33 and 34 degrees south latitude. Where it gets too cold the grapes do not ripen well, and when we get into the tropics, the vine usually grows, but bears inferior fruit the whole year round.

The best climatic, conditions occur in the warm temperature zone (34-45 degrees north and south latitude).

In our own special case, the wine industry is centred in our south-western districts, with winter rainfall and usually dry summers. Here had storms are extremely rare and it is seldom that frost causes any damage to the wine farmer. Further, the annual winter rainfall in most of these districts is over 20 inches, so that the vine can be grown without irrigation. The principles of dry-land farming have for at least, two decades been universally practised by the wine farmers of the Western Province. The ten main wine districts of the Cape Province (Paarl, Worcester, Stellenbosch, Robertson, Montagu, Malmesbury, Cape, Tulbagh-Ceres, Caledon, Piquetberg) produce over 89 per cent, of the total grape crop of the Union of South Africa, according to the 1911 census.

We find vines all over the Union, and considerable numbers in the town of Graaff-Reinet, in the Potchefstroom District along the Mooi River, and on the Lombardy Estate near Johannesburg, but their cultivation is nearly always on a small scale. The main reason tor this is

The Summer Rains

of the interior and of our eastern and south-eastern coast belt. Frequently hailstorms and severe frost (in spring) further contribute to make viticulture under these conditions too uncertain an undertaking for operations on a large scale. The vines grow very well in these parts, but the quality of the grapes and the chances of turning them into good wine or raisins are insufficient to justify the planting of vines on a large scale. Also in the area with summer rainfall the pests and diseases are worse than where the summers are usually dry.

When we turn to the Western Province, we find that Constantia, situated on the Cape Peninsula and thus enjoying a sea climate, produces our best red, dry table wines, whilst parts of the Stellenbosch District still produce very good wines of the above type, and the hotter Paarl District can produce not nearly the same quality in this class of wine, though giving excellent wines of a heavy type. Again, when we consider the influence of climate on fertility and diseases, we find that the Sultana vine gives a light crop and is very susceptible to anthracnose in the Cape, Stellenbosch and Paarl Districts, whereas in the Worcester, Robertson, and Montagu Districts it is a heavy cropper and is practically always free from anthracnose without the adoption of any preventive measures. Hence it is little cultivated in the first-named and largely so in the last-named districts.

Owing to climatic influences Paarl is our earliest wine district, whilst Constantia and Ceres are about the latest. In the case of Ceres it is the high altitude of about 1500 feet above sea-level, and in case of Constantia it is the influence of the sea.

The vine thus wants a dry summer, sufficient moisture in the soil, and sufficient heat to let the grapes ripen in time and to mature its wood properly. When getting in too hot parts successful viticulture may be practised at a sufficiently high altitude. When the general climate gets rather cold, the presence of a large mass of water, such as the Rhine in Germany, and the Lac Leman in Switzerland, or a protecting range of high mountains such as the Alps bordering the plains of Lombardy on the north, will materially improve the climate and render the cultivation of the vine successful where this would otherwise have been impossible.

The Necessary Soil Conditions.

Next in importance to climate comes the soil in which the vine grows. The soil acts physically, chemically, and biologically on the vine. Amongst the physical qualities of the soil that we have here to reckon with, are its colour, temperature, texture, and structure. The colour is fairly important and influences the temperature of the soil. Dark-coloured soils are warmer than light-coloured or white soils. Therefore, other things being equal, the vine grows more vigorously in dark and red soils than in white soils. As the black varieties of grapes usually require more heat than the white ones, the former are planted in the red soils (as in Constantia) and the latter in light-coloured and white soils.

The soil *temperature* is also influenced by the amount of water in the soil, wet soils being colder than dry soils. Further, the state of cultivation is important. Freshly cultivated soil gets colder at night than uncultivated soil, and is therefore more dangerous in case of frost over night. Stories help to raise the temperature of the soil, and are therefore advantageous in cold climates.

The soil *texture* is determined by the size of the soil particles, whereas its *structure* depends upon the arrangement or grouping of these particles. As clay particles are much smaller than sand particles, a clay soil is more coherent and therefore more difficult to work than a sandy soil. By working a clay soil when it is wet, we adversely affect its structure, and therefore render it more difficult to work and drain. If we work it when it will crumble, or add lime to facilitate crumb-formation, we improve its structure and render it easier to work and drain. The vine will grow well both in clay and sandy soils. As most clay soils are usually well supplied with nitrogen, they, as a rule, do not give the best wine. Sandy soils, as a rule, give better quality. Most vineyard soils are of an intermediate type.

Chemically the soil influences the vine and grapes through the plant food which the roots of the vine take up from it. The best products can be expected from a soil of medium fertility. Very fertile soils will give quantity at the expense of quality. An excess of nitrogen in the soil will cause a very vigorous growth, often with bad results for the crop. Vines like Hanepoot will in this case set their berries worse than when the elements of plant food are properly balanced. The quality of the wine will also suffer. Potash and phosphates exercise a beneficial influence upon the vine, even when they are present in excess relatively to the nitrogen supply. They favour the ripening of the grapes as well as of the wood. Lime is also very useful and necessary. In the Cognac district in France, the best cognacs are made on the soils that are richest in lime. The bulk of our grapes in South Africa is grown on land poor in lime. Still, more lime in these soils would have been very beneficial. Too much lime in the soil causes chlorosis in grafted vines, although certain stocks (Berlandieri hybrids) can stand up to 50 per cent. lime in the soil quite well,

A most important substance needed in the soil is water. Too much is very harmful and must be removed by drainage; too little is fatal as the vines will suffer and the grapes will not develop normally. In the latter case irrigation becomes imperative (see later). Air is also absolutely necessary. Healthy vines will only grow in well-aired, hence naturally or artificially well-drained, soils.

Good vineyard soils are given by decomposed granite and dolerite in non-arid regions and by several shales. Alluvial soils are mostly good. Even poor sandy soils are good when sufficiently manured. The vine will grow in most soils and is not hard to please in this respect. Climate more than soils is the limiting factor to vine-culture here and elsewhere.

Value of a Suitable Site.

Only those who have grown vines themselves can fully appreciate the value of site. A good site is one exposed to the morning sun and enjoying sunshine till late in the afternoon.

Hence it is in the northern hemisphere a southerly exposition and here a northerly exposition that is best. The midday sun will then strike it full. Thus we find practically all the vineyards on the northern bank of the Rhine as it flows from Mainz in a westerly then north-westerly direction. Along the Paarl mountain and in Constantia the best grapes are grown on slopes facing in a north-easterly direction. For quality, the slopes are better than level land, although the latter is often very good in the Western Province with its excellent climate for vine-growing.

One site frequently differs from another with respect to frost, natural protection against strong winds, conditions of natural drainage, etc. Hence, fixing the site of a vineyard is a most important matter that merits very careful consideration.

CULTURAL OPERATIONS.
Preparation of Land.

If the land has never yet been under cultivation, it is a good policy to clear it of bush, if any, and sow it for a year to other crops. If the land is very uneven it should be levelled. Where irrigation is contemplated, the levelling should be very carefully done.

Towards the end of winter (July-August) the land is ploughed about 20 inches deep or trenched by hand to a depth of 24-36 inches (preferably 30 inches). Trenching costs more than ploughing, but is usually (except in case of heavy clays) better than ploughing in the Western Province. The Karroo soils in the Worcester, Robertson, and Montagu Districts are invariably ploughed, and here ploughing is better than trenching, owing to the danger of bringing brack soil to the surface. As those vineyards are subsequently irrigated there would in this case (apart from brack) not be such strong reasons for trenching as in other parts of the Western Province.

Land that is too wet, or gets too wet in winter, should either not be put under vines or else well drained at the outset.

It is very necessary that the trenched land gets a fair amount of rain before the vines are planted out. This makes the soil settle and get sufficiently compact to prevent the vines from drying out when planted and thus dying in large numbers. If the soil has got too compact on the surface, it should be ploughed 4-5 inches deep and harrowed just before being planted.

Planting of Vines.

The system of planting commonest in South Africa is that where the vines are planted in squares. In the pre-phylloxera days the vines were mostly planted 3 ft. by 3 ft. or 3 ft. 4 in. by 3 ft. 4 in., and cultivated mainly by hand; since then grafted vines had to be planted and these were at first very expensive. This led to greater spacement of vines, so that at present most vineyards are planted 4 ft. 6 in. by 4 ft. 6 in. or 5 ft. by 5 ft. This makes cultivation by machinery possible and easy. Practically all vineyards are nowadays cultivated in this manner, the more so in view of the scarcity of labour.

In deciding on the number of square feet of soil to be allowed per vine one has to take into consideration the climate, fertility of the soil, amount of moisture usually present in the soil during summer, variety of vine, and system of training (trellised or otherwise). In somewhat poor and dry soils each vine may need up to 50 square feet of soil. In nearly all the soils of our viticultural area every vine must get from. 20-25 square feet and sometimes more. The Ohanez (Almeria) grape wants 50 to 100 square feet, and more if the soil is deep and very fertile, and trellising is in this case a necessity. The bulk of our vines are grown in the bush form without any support whatsoever. Table varieties, and wine varieties requiring long pruning, are sometimes trellised.

Once the system of planting and area per vine have been decided, the land is marked out for the rows. In case of a slope, make the main direction of cultivation correspond as nearly as possible with the line of least fall. In the case of trellised vines, the vine will therefore run in this direction. In case of untrellised vines on a somewhat steep slope, plant the vines further apart, in the direction of least fall than in that of most fall and have them "skuinsrij-uit."

Where vines are trellised the distance between the vines in the rows should be 3-4 feet for wine varieties and 4-

10 feet (mostly 4 feet) for the table grapes, and that between the rows should be 6-8 feet.

The actual planting is quite simple. The roots of the grafted vine are pruned back to about ½ inch or so, the canes are cut so as to leave the best and most upright one when the vine is in position, and it is pruned to two buds or eyes. Now make a small hole with a spade; in case of poor or raw soil put in a little manure, and plant the vine so deep as to have the place where it was grafted just level with the ground on a slope and 1 inch above ground on a level piece of ground. Now cover it with some fine, loose soil, and make the mound some 15 inches wide and high enough *just* to cover the top of the vine.

Where the land is very stony, but otherwise loose, work with a spade is difficult. Here simply make a hole with a wooden peg or crowbar, insert the vine in the hole, and press the soil firmly home against the vine. Now also make the covering mound of earth. In parts of the Robertson and surrounding districts the soil sometimes has a hard layer of calcareous material, in which the vines are planted by making the holes with a crowbar, inserting the vines and immediately irrigating, when fine material washes into and fills the holes.

Cultivation.

The winter cultivation usually consists in drawing furrows 6-8 inches deep in the middle of the rows (best by means of a double mouldboard plough) whereby the soil is opened up, grass is largely covered with soil, and rainwater can better run off the land.

When the heaviest rains are over—usually late in August—the vineyard is ploughed by throwing the soil from both sides of the row to the centre, thus, making ridges in the middle of the rows. The soil around the vines and the unploughed strip are dug over with spades and wild shoots from the American stock are carefully removed. After a couple of weeks a cultivator, the Planet Junior, is run along the rows in the direction of the ridges and then across them. In winter grass can be allowed to grow in the vineyard provided it does not get too high. From September and during summer no grass or weeds should be tolerated in a vineyard. Where frosts are to be feared in spring, the cultivation should be delayed as long as possible, as frost is much more likely to cause damage in a cultivated than in an uncultivated vineyard. During summer the soil is kept loose for the top 2 to 3 inches by cultivating to this depth after every rain. This is necessary in order to reduce the loss of water by evaporation to a minimum, and is the secret of successful wine-farming in the Western Province. This practice has been followed here for several decades with excellent results.

Irrigation.

This is met with in the Worcester, Robertson, and Montagu Districts, where the rainfall is often not more than about 12 inches per annum. The irrigations should be so arranged as to give the last one at least a fortnight before harvesting commences. By repeated and copious irrigations in winter in these parts, the low rainfall can be thus augmented, so that the irrigation in summer can be reduced to one watering or be done away with entirely. Wherever possible, this practice should be introduced. On my advice it has already been tried in a couple of cases with the expected good results. Vineyards that are irrigated in summer are more likely to suffer from brack than those that are not at all so irrigated.

Manuring.

All vineyards have to be manured in course of time. Where the soil is very rich this may not be necessary for a number of years, but the time will come sooner or later when manuring becomes imperative if the farmer wishes to work for a profit, and for the highest possible profit. According to the soil and the object in view—table grapes, high-class wine or ordinary wine—the manuring will have to be varied. In this connection it must be remembered that the vine is a lover of potash, and removes a good deal of this ingredient from the soil with every crop of grapes. Where wine is made, and the leaves, canes, and husks are all carefully retained in or returned to the vineyard soil, the actual amount of plant food annually lost by the soil is very small. Where this is not done the loss is much bigger.

Apart from the other ingredients, about which we need not be much concerned, most vineyards, in order to retain their productivity, ought annually to get dressings of fertilizers containing about 86 lb. nitrogen, 19 lb. phosphoric oxide (citrate soluble), and 94 lb. potash per morgen. On account of the highly beneficial influence of phosphates on the quality of the grapes and of the wine made from them, it is advisable to raise the phosphoric oxide dressing to about five times the quantity given above.

The right thing is a system of manuring. The following is one that I can recommend: —

1st Year: 9 tons farmyard manure per morgen.

2nd Year: 600 lb. Government guano per morgen; 600 lb. Karroo ash per morgen; 300 lb. basic slag per morgen; or 500 lb. Government guano per morgen; 1500 lb. Karroo manure per morgen; 300 lb. basic slag per morgen.

3rd Year: Green-manuring with peas, together with 400 lb. basic slag and 300 lb. Karroo ash, or 600 lb. Karroo manure per morgen, to be applied at sowing time.

4th Year: 600 lb. bone-meal per morgen. After that, follow the above rotation.

It should be remembered that high dressings of nitrogen will make the vines grow very vigorously, and may soon make them specially susceptible to diseases and adversely affect the crop. Where the vines are already very vigorous and the aim is high quality, the nitrogen dressing should be cut down and may sometimes be entirely omitted for a number of years.

Pruning and Trellising.

For details under this heading I must refer the reader to my articles on "The Establishment and Cultivation of a Vineyard," which are contained in Bulletin No. 5 of 1913, of the Union Agricultural Department.[11]

We prune vines to give them the form and development which will ensure the best results to the grower. Vines needing long pruning and a big development will give the best results when trellised. We can regulate the crop and its quality by the number of bearers and their length. The lower

---

[11] It is included in this volume (PFM 2014).

buds or eyes are as a rule less fertile than the higher ones, and sometimes their fertility is almost nothing. Such varieties need long pruning. Sultana and Ohanez (Almeria) are two such varieties, hence they are invariably long pruned. Hanepoot and Hermitage are, on the other hand, two varieties that bear well with short pruning. By proper pruning we can thus regulate the crop and thus also the vigour of the vine.

Select properly ripe wood for your bearers. Canes that assume the normal brown tint practically up to their ends are usually well ripe. If a cross selection of the cane is made and dropped for 10 seconds into a solution of iodine in potassium iodide solution, it will assume a uniform deep blue black colour if the cane is properly ripe. Badly ripened wood will assume a yellowish-brown colour. If the fresh and unstained section is examined under the microscope, its cells will be found full of starch grains if the wood is properly ripe.

Further, select canes with short internodes (close-jointed canes) and of medium thickness. By early or late pruning we can respectively advance or delay the date of budding of the vines; by the latter we can induce greater fertility and thus counteract too rank growth. Most varieties in the Western Province are pruned in July and late varieties in August.

Systems of Pruning.

We can distinguish between short, long, and mixed or short and long pruning. By short pruning we mean bearers with two good eyes. By long pruning we mean bearers with eight or more eyes. The latter is usually mixed, so that the long bearers are the ones producing the crop, whilst the short ones are intended to produce the canes which can be used for long and short bearers at the next pruning.

At the Cape, Sultanas are usually pruned in this way. The 2-4 long bearers are bent inward and twisted the one around the other, or they are tied together, the greater part of the cane being kept as long bearer. A similar number of short bearers should be kept, although this is often omitted in error.

In pruning an untrellised vine, we must arrange matters so as to have the bearers so distributed over the vine as to have it evenly balanced under the weight of the crop. We must therefore guard against a one-sided development of the vine,

Trellised vines can be pruned in a number of ways. Thus we can have a cordon or horizontal main and permanent stem, on the bottom wire, about 15 inches above the ground, with short bearers some 8 inches apart, or the same arrangement with short and long bearers (Cazenave system) or we can prune each vine with one short and one long bearer tied to the bottom wire (Guyot system), or we can divide the vine into two equal halves, each having one short and one long bearer (double Guyot system), etc. Most wine varieties in South Africa are usually pruned short and are untrellised. Table grapes, other than Black Prince, Hermitage, and Hanepoot, are frequently trellised, whilst Hanepoot is sometimes also trellised.

Varieties of Grapes Grown.

The commonest wine varieties are: —

(a) *White*: Greengrape, White French, Stein, White Muscadel.

(b) *Black*: Hermitage, Cabernet-Sauvignon, Red Muscadel.

Others that are less extensively grown are: —

Riesling, Semillon, Sauvignon blanc, Clairette blanche, Kanaan, Pedro Ximines, Malbec, Verdot, Pinot noir, Shiraz, Mataro, Pontac, and some Port varieties (Grenache noir, Mourisco tinto, Malvasia Rey, Malvasia preta, Bastardo do Menudo, Donzellinho do Gallego, etc.); the first varieties are white and the others black.

Amongst table grapes the commonest are the following: —

(a) *White*: White Hanepoot, Raisin blanc, Waltham Cross, Crystal, Madeleine (M. Angevine and M. Royale), Ohanez (Almeria), etc.

(b) Red: Flame-coloured Tokai, Karroo Belle, Red Hanepoot, etc.

(c) Black: Gros Colman, Black Spanish, Barbarossa, Black Prince, Hermitage, etc.

The less common table varieties are: Rosaki di Smyrna, Golden Queen, Servan blanc or Late Syrian, Henab Turki, Gros Maroc, Muscat Madresfield Court, Black Hamburgh, Muscat Hamburgh, Bonnet de retord, Barlinka, etc.

The most important raisin varieties are: Hanepoot (almost exclusively white), Sultana, Cape Currant.

The bulk of our viticultural products are produced by the following varieties: Greengrape, Hermitage, Hanepoot (red and white), Stein, Muscadel (red and white), White French, and Sultana.

In no other wine country is Hanepoot or Muscat d'Alexandrie so largely grown relatively to other varieties, as in South Africa.

WORST DISEASES AND PESTS.

Quite a number of the worst vine diseases and pests are not yet known in South Africa, or have not yet assumed alarming proportions. Thus, Black Rot and *Plasmopara viticola* occur and have occurred in the Eastern Province and Natal, where summer rains and heat occur simultaneously. The Western Province with its dry summers does not offer suitable conditions for these diseases to assume alarming proportions.

Anthracnose and Oidium.

Our worst diseases are *Oidium* and *Anthracnose*. The latter is particularly bad where rains fall in spring and summer and near the coast. Thus it is very bad in Natal and the Cape and Stellenbosch Districts, much less in the Paarl District, and practically non-existent in the Worcester, Robertson, and Montagu Districts. In the Western Province Anthracnose is sometimes bad in Hanepoot, White French, Sultana (very bad), Barbarossa, and several other varieties of table-grapes. The real Sultana area (Worcester to Montagu) is free from Anthracnose. The easiest and most effective treatment is swabbing or spraying with a 4 per cent. solution of sulphuric acid in water, as soon as possible after the vines are pruned, which should be done late in the season.

Oidium has a much wider range than Anthracnose, and is troublesome all over South Africa. The hot summer weather, with a relatively small amount of moisture, is quite enough to favour its development. Such varieties as Riesling, Cabernet-Sauvignon, Stein, etc., are particularly susceptible to it, whilst many other varieties will get it badly if conditions are very favourable for its development. It does most damage to the grapes, whose berries burst and cannot ripen or develop normally where the disease is bad. The curative treatment is dusting with fine sulphur. This should be done for the first time when the young shoots have reached an average length of 8 inches and again during flowering. In some parts two extra sulphurings may be necessary. Sulphur when the vines are just dry and till about noon, so as to give the sulphur sufficient time to act at a relatively high temperature.

Insect Pests.

We have a number of insect pests troubling the vine. The worst is *Phylloxera*, which we have now had for just over three decades. The best remedy is to graft the vines on a Phylloxera-resistant stock. This has already been done in most cases.

The *Calandra* is very troublesome in parts, particularly so in young plantations in clay or peaty ("turf") soils. The remedies are spraying with a fairly strong lead arsenate mixture as soon as the calandra start doing damage (particularly in case of young vines) and removing the top soil around the older vines in April or May and spreading it in the rows. Packets of vine-leaves may also be placed in the vines and collected in a bag when dry, and burnt. This will dispose of quite a number of the insects. They eat the young leaves and canes, and later on the grapes.

The *Mealy Bug (Pseudococcus vitis* Brain) is gradually getting more troublesome. It is worst where the vines grow very vigorously and form large and closely packed bunches. Fumigation with prussic acid in winter or spraying with hot water in summer (at an early stage and in case of valuable table-grapes) are valuable means of controlling this pest.

Root-eels or *Nematodes* are troublesome and ultimately destroy vines that are planted in sandy soils and grafted on Constantia Metallica or Mourvedre-Rup. 1202. Therefore avoid these stocks in sandy soils.

Fruit Fly, the same as is troublesome in late peaches, etc., also destroys very *late* grapes such as Ohanez (Almeria). Spray with Mally's fruit-fly bait (3 oz. lead arsenate, 3 lb. brown sugar, 4 gal. water) as soon as the grapes turn colour, and repeat every ten days during tine weather.

Erinosis is getting more and more common in South Africa. It is caused by a small insect, *Eriophyes* (*Phytoptus*) *vitis*, which sucks on the under-side of the leaf, which as a result forms a white woolly growth of hairs, which are a prolonged growth of the epidermis cells. The leaf thus shows a number of white patches on the under-side and bulges out on top opposite every patch. It attacks young and soft leaves, and is therefore worst in such varieties as Hanepoot, which have soft leaves. In exceptional cases it may get so bad as to seriously check the growth of the vines. Usually, however, it causes practically no damage. Vines that are regularly sulphured will soon be rid of Erinosis.

RECONSTITUTION OF OUR VINEYARDS ON SUITABLE STOCKS.

In the real viticultural area nearly all the vines are now grafted on phylloxera-resistant American stocks. The best stocks now in general use are: Aramon, 1202, Jacquez, Riparia Gloire de Montpellier, Rupestris du Lot, and 101-14.

Aramon.—This is a mixture of Aramon × Rupestris Ganzin Nos. 1 and 2. In 1910 I pointed out that we had this mixture, and mentioned the following means of identification: Aramon No. 1 has smooth, somewhat reddish tips on the young shoots, and its leaves assume a red or reddish colour in autumn. Aramon No. 2 has decidedly woolly, yellowish green tips on the young shoots, and its leaves assume a yellowish colour and ultimately turn brown.

Aramon No. 1 is one of the best general stocks all the world over. It does best on hills, whilst Aramon No. 2 beats it in low-lying soils, where the sub-soil has a better water supply in summer than on the hills. For Hanepoot, Aramon is useless, and for Hermitage Aramon No. 2 should not be used. Both are good growers. With bench-grafting the percentage of successful grafts is usually lower (about 40 per cent.) than is the case with most other stocks.

Mourvedre Repustris 1202 is

Our Most Vigorous Stock

in all soils. It does well in practically all our soils, with the exception of sandy soils, where it can easily be destroyed by root-eels. It is frequently used as a stock for Hanepoot, but is unsatisfactory, as many Hanepoot vines grafted on it will die during the first three years, and thus give an uneven vineyard. It is sufficiently resistant against phylloxera and is a good stock for most varieties.

Jacquez.—This is good grower and gives a high percentage of successful grafts with bench-grafting. It has a good affinity for practically all varieties of grapes. Thus it is also a good stock for Hanepoot. Its phylloxera resistance is usually sufficient in deep, cool soils, of a light type. In dry or stiff, heavy soils it should not be used. One should therefore always make sure about the suitability of one's soil before planting Jacquez.

Riparia Gloire de Montpellier.—This is one of the first stocks that was used. It is most highly phylloxera-resistant and is generally a first-class stock. It does well in deep soils that are not too stiff, and will there stand well against drought. It has a good affinity for most varieties of grapes, including Hanepoot. In soils containing over 10 per cent, lime it may suffer from chlorosis, and should therefore not be planted in such soils. It is a stock that should have been used more largely than actually happened. In sour, sandy soils Jacquez is far to be preferred to it.

Rupestris du Lot.—This is a very vigorous grower in fairly deep soils, and

In the Karroo Soils

of Worcester to Montagu it is one of the most vigorous growers. It is most highly phylloxera-resistant. It is a very valuable stock, particularly for the Karroo districts. It has the reputation of being an excellent stock for Muscadel.

Rip. × *Rup.* 101-14.—This is the best Riparia-Rupestris cross that we have got. It is a good grower of preponderating Riparia character. It does well in most soils, gives vigorous vines, has a good affinity for Hanepoot, and is a stock that may safely be used on a much larger scale than has hitherto been the case.

Experiments are still being conducted with such stocks as 420A, 106-8, etc., which may in future become of great importance in the reconstitution of our vineyards. Although we have not yet been able finally to decide which is the best stock for every soil and variety of grape, we have at least reached such a position that the production of grapes will not in future go back on account of stock troubles.

METHODS OF WINE-MAKING.

Up to about a generation ago most of our wines were of a heavy type. White wines then predominated much more than at present, as Hermitage had then not yet been planted to any considerable *(Note: this paragraph stops at this point in the source document and is followed without a gap by 'Old Time Methods' PFM 2014).*

Old-time Methods.

The grapes were crushed by foot in a tub with a false bottom, and the crushed grapes *in toto, i.e.*, husks, stalks, and juice, were allowed to ferment in open wooden vessels (*kuips*), usually holding about six leaguers.[12] As soon as the main fermentation was over, which was indicated by the floating cake of husks beginning to subside, the must was drawn off' into a *stukvat*, where the fermentation was completed, the bung-hole being closed with small sand bag. After eight days the young wine was devatted to remove it from the thick lees and pumped into another *stukvat*, which was previously sulphured. After thirty further days it was pumped into another sulphured *stukvat*, and left thus until it was sold. Sometimes it was pumped into another cask

---

[12] A "leaguer" = 127 Imperial gallons.

towards the end of winter. The casks were not regularly filled up, no pure levures or cooling or meta-bisulphite was used, but the casks and cellar utensils were kept very clean, and the empty casks were sulphured regularly every month and kept closed. Some of the older generation would never allow water to get into a *stukvat*, but washed it with wine. This practice is still met with occasionally.

A *kuip* as above usually gave three leaguers of wine. As wine-presses were not available, the remaining wine and husks and stalks were put into *kuips*, where water was added and the fermentation was completed. Subsequently the contents was distilled into dop-brandy.

Since near the close of the previous century a change in the direction of making *light wines* has taken place. Baron Von Babo, the late Professor Dr. Hahn, and others were the pioneers in this work. It was subsequently carried on and extended by others. As valuable discoveries in the science of wine-making were made, particularly those giving us a, clearer insight into the process of fermentation, newer methods of wine-making were evolved, where use was made of the acquired new knowledge. Also new and improved machinery has been placed at the disposal of the wine-maker. Thus grape-mills, wine-presses, and coolers have come to stay. Further, a convenient form in which to use sulphur-dioxide during the stormy fermentation is now available in meta-bisulphite (usually the potassium compound, although the sodium compound is also often used and is equally good).

The present-day methods used here for making wine will now be briefly sketched.

Manufacture of White Wine.

The best results are obtained by crushing the grapes and immediately pressing out the juice and pumping into a *stukvat*. This can now be inoculated by adding a starter of pure yeast. If the weather is not cool, which is almost invariably the case, add 4 oz. meta-bisulphite to every leaguer of must and conduct a close-fermentation in the *stukvat*, using a fermenting bung where the escaping gas bubbles through water, or put several thicknesses of clean brown paper over the bung-hole and put a brick on top of it.

If the temperature goes up to 95° F. or 35° C, add a further 4 oz. meta-bisulphite in two instalments with an interval of about 12 hours. If the temperature has gone down to, say, 90° F. after adding the first instalments, and shows no signs of going up, the addition of the last 2 oz. meta-bisulphite per leaguer of must may be omitted.

Where cooling is possible, it should be used in preference to meta-bisulphite. Try and keep the temperature during the stormy fermentation at 86° F. or 30° C. or lower wherever possible. This will give a better and sounder wine than if the temperature is allowed to go up to and beyond 95° F.

Sometimes the fresh must is given ½ lb. meta-bisulphite per leaguer and allowed to undergo a spontaneous, close fermentation in a *stukvat*, or the must is allowed to stand in a cement tank, whence the clear liquid is carefully removed after having stood without fermenting for some 24 hours, and then allowed to undergo a close fermentation in *a stukvat*.

Some farmers make quite a useful type of white wine by allowing the early fermentation to take place on the husks and drawing off the fermenting must after 24-36 hours. In this case use 4-6 oz. meta-bisulphite per leaguer as the kuip or tank is being filled, and a further 2-4 oz. per leaguer when drawing off the must from the kuip or tank.

The Making of Red Wine.

As the grapes are being crushed and filled into the kuip or tank, add (during warm weather) in 4-5 instalments 4 oz. meta-bisulphite in aqueous solution to every ton of grapes crushed. Keep the husks permanently submerged or have them pressed under about every hour. Once the fermentation is in full swing and the temperature rises to 95° F., add the same amount of meta-bisulphite as was used at the start. After 60-72 hours the wine can usually be drawn off. Where the husks have been frequently pressed under or were permanently submerged under the must, they are at once pressed, and the press wine is added to the rest, as it will intensify the colour and body of the wine. Where the husks are not perfectly sound when pressing, the press-wine must be kept by itself. If the weather is hot, more than

8 oz. meta-bisulphite per ton of grapes will be needed to keep the temperature of fermentation in reasonable bounds.

The further treatment of both white and red wines cannot here be gone into. Suffice it to point out the necessity of keeping the storage vats full all the time, as this rule is often sinned against. The primary care should always be to keep the temperature during fermentation as low as possible.

THE PRODUCTION OF HIGH-CLASS TABLE GRAPES.

The exportation of table-grapes has given a great impetus to the production of really high-class table-grapes. In the foreign markets, particularly Covent Garden market, London, it was the very best quality that counted and fetched the best prices. This stimulated growers to produce the best grapes possible.

The Primary Requirements

for success are:—A suitable soil, dry weather in January till March, suitable cultivation and manuring of the soil, *thinning* of the bunches, careful picking and packing. The soil conditions should be such as will enable the berries to develop to their maximum, size. For this we want deep, cool soil (sandy soil, decomposed granite, etc.); the manure should be introduced into the soil at a depth of 6-8 inches; the soil in summer should be kept continuously free of weeds and in a perfect state of tilth by continued surface cultivation 2-3 inches, deep. Sulphuring should be started early and ought to cease by the middle of December in most cases, as later sulphuring might easily burn the grapes.

Thinning and trimming of the bunches takes time to learn and to execute. It had best be done in two stages and should be completed by the middle of December. The bloom should be damaged as little as possible, as the grapes would otherwise lose greatly in value. Furthermore, berries whose bloom has been rubbed off are far more susceptible to sunburning than would otherwise have been the case. The amount of trimming and thinning varies tremendously with the different varieties of table-grapes. Thus Rosaki di Smyrna usually needs no trimming and practically no thinning, whereas Barbarossa needs both in an extreme degree.

Profitable Varieties.

Every grower of table-grapes should find out which varieties he can grow most profitably and to greatest perfection. Along the slopes of the Paarl Mountain, Hermitage, (as an early variety), Gros Golman, red and white Hanepoot, Rosaki di Smyrna, Molinera Gorda, Muscat Madresfield Court, Barlinka, Prune de Cazouls, Barbarossa, Henab Turki, Black Spanish, Rosada, Bonnet de Retord, Servan Blanc, and Olivette Barthelet answer very well and are very profitable to grow. Gros Maroc and Flame-coloured Tokai are two very good and pretty varieties, but they suffer so much from sun-burning that their cultivation cannot be recommended, except in certain parts as Constantia, where sun-burning is not nearly as much to be feared as in the Paarl District. Growers should aim at a few good early, mid-season, and late varieties in order to get a long season for handling the crop.

Our exportation of table-grapes had just been growing rapidly when the war broke out, and gradually killed it. I have no doubt that it will now again grow rapidly and within a few years assume big proportions. The growing of high-class table-grapes for export is one of the most profitable undertakings if attempted under favourable conditions and if the necessary, amount of care and labour is devoted to it. Thinning is usually a limiting factor, as it requires a large number of well-trained hands where the work is undertaken on a large scale.

The pre-war prices at Covent Garden for a box containing 10 lb. grapes ranged from 4s. to 20s., according to variety and state of perfection. The grapes are packed in 10 lb. boxes with wood-wool, and each bunch is separately wrapped in tissue-paper. Packing should be learnt from a packer, so that there will be no sense in attempting to describe it here.

RAISIN-MAKING.

This is another important branch of our viticultural industry. We produce four kinds of raisins: Malagas, Lye raisins, Sultana, and Cape currants.

The Malagas are white Hanepoot raisins that are dried in the sun in entire bunches. It is only a few years ago that this kind of raisin has been made. Last year 12 tons were made by Mr. P. J. Cillie (C.'s son), of Vruchtbaar, Wellington, who has been the pioneer of our dried fruit industry. The quality was excellent. Ever since my visit to Malaga itself in 1909 and my return to the Cape in November of that year, I have advocated the production of Malaga locally. It will be most successful in the Paarl District.

Lye raisins are white Hanepoot raisins made by dipping the grapes in some suitable alkali bath. The latter is kept boiling and the dipped grapes are freed from alkali by dipping them again in cold water. The bulk of these raisins are made in Goudini (Worcester District).

Sultanas are raisins made from the Sultana grape in much the same way as the Lye raisins, with this difference, however, that the dipped grapes are sulphured (usually too heavily) before the trays are put out to dry the raisins. The big bulk of our Sultanas is produced in the Worcester, Robertson, and Montagu Districts.

Cape currants are made by merely drying the grape called Cape Currant on trays. It has small seedless berries. The grape is not a true currant like the Zante currant, but simply a muscadel whose berries are permanently millerandaged. It has a muscat flavour, and occasionally one still sees a large berry on the bunches. It is a very vigorous grower and needs long pruning to ensure a good crop. It pays well where good crops are obtained.

MANUFACTURE OF VINEGAR.

Here I do not propose entering fully into the manufacture of the different kinds of vinegar. I mention the subject as it is a branch of the wine-industry. The word vinegar comes from the French *vin aigre*, and means sour wine. Although many kinds of vinegar are made from other things than wine, the nicest vinegar is still made from wine. In order to obtain a good wine-vinegar we must use a good wine, or one that was originally good and has already started undergoing a slight acetic fermentation. Wines suffering from other diseases will not give a good wine vinegar. In the somewhat slow Orleans process, the wine is diluted with water to a strength of 10-11 vol. per cent.-alcohol, and then allowed to undergo an acetic fermentation. Where

The Quick Vinegar Process

is used, the wine is fortified with spirits of wine or brandy till a strength of about 20 vol. per cent. is reached and then diluted with water to about 8 vol. per cent. alcohol. According to the plant, pure cultures of acetic bacteria used, and other factors, the dilution of the wine will vary somewhat. The initial fortification was necessary in order to be able to add enough water to dilute the extract of the wine sufficiently for using it in the quick process. The process can yield quite a good vinegar, although a finer quality can be made according to the much slower Orleans process.

When wine turns into vinegar the ethyl alcohol is oxidized to acetic acid and part of the latter reacts with the alcohol, forming the pleasant smelling and characteristic acetic ether or ethyl acetate: —

$$C_2H_5OH + O_2 = CH_3COOC_2H_5 + H_2O.$$
[Ethyl acid + oxygen (in air) = acetic acid + water.]
$$CH_3COOH + C_2H_5OH = CH_3COOC_2H_5 + H_2O.$$
[Acetic acid + ethyl alcohol = ethyl acetate + water.]

Unless the fermentation is stopped when there is still some alcohol left, the acetic bacteria will decompose the acetic ether into acetic acid and alcohol (thus reversing the reaction represented by the second equation above), when the alcohol will again be oxidized to acetic acid. Such a vinegar will have lost its pleasant vinous aroma and have assumed a somewhat unpleasant and pungent smell.

The Four Essential Requirements

for making a good wine-vinegar are a suitable wine, good acetic bacteria, a temperature of about 27° C. or 80.6° F., and air to supply the necessary oxygen for the oxidation of the alcohol to acetic acid. According to the first of the above equations, 46 parts by weight of alcohol will give 60 parts by weight of acetic acid, and, as 1 vol. per cent, alcohol is nearly 0.8 per cent, by weight, every vol. per cent, alcohol in the wine will give nearly 1 per cent, acetic acid in the vinegar. Wine of 20 degrees proof spirit contains about 11½ vol. per cent, alcohol, and will, therefore, if previously sufficiently diluted, give about 11 per cent, acetic acid; thus 1 leaguer of such wine will give nearly 2¾ leaguers of vinegar of the legal strength of 4 per cent, acetic acid. In practice, somewhat less will be obtained, particularly if some alcohol is kept in the vinegar to preserve its flavour. Still, this explains where the profit of the manufacturer of wine-vinegar comes in.

In recent years several vinegar factories have arisen in the town of Worcester, where a very considerable quantity of vinegar is now being made. Amongst others a modern quick vinegar plant has been working well there for several years. Further, vinegar is being made in other factories and by the wine-farmers themselves, on their farms.

OUR VITICULTURAL PRODUCTS.

Wine.—There was a time when Cape wine (particularly the sweet wine from Constantia) enjoyed world-fame. Then came a relapse, and for a considerable time Cape wines suffered under a rather bad reputation. During the last quarter of a century this has changed very much. Wines, both of the heavy and light types, are now made which can well be compared with similar types of wine from other wine countries.

Light Wines.

The well-known white wine called Witzenberg, which is made by the Drostdij Co-operative Winery, is a representative of the hock type of light wine. Others of the same type are made and sold by the different wine firms under such names as Sauvignon Blanc, Jagger Cup, etc. *Drakenstein* is a name which has been used in the wine trade for some considerable time, and which is being used for dry white wines of a light to somewhat heavy type. It would be an excellent idea to restrict the use of this word to our light dry wines. It could stand for our hock type, whilst the word "hock" should not be used for obvious reasons. It would be unfair to compare our wines of this type with those of the Moselle District, as the two are too far apart and are produced under totally different conditions. They are different classes of wine altogether and should not be compared with one another. I wish these remarks to apply generally. We ought to find South African names for our wines which represent the European clarets, burgundies, ports, and sherries in South Africa. This would avoid unfair comparisons being made.

The Constantia area especially produces excellent, light, dry, red wines of the claret types. On the whole they are somewhat heavier and more full-bodied than the true clarets of the Medoc District in France. The lover of these wines can soon get accustomed to the corresponding Constantia wines. The light red wines of High Constantia ("Vlakkenberg"), Alphen, Groot Constantia, etc., are excellent representatives of this class. Some wines of this class are sold as claret, Burgundy type, or as Hermitage, which is a black wine-grape most largely grown.

Ports and Sherries.

Cape port has been made for a long time. Since the introduction of about a dozen of the varieties of grapes grown in the Douro Valley, in Portugal, a closer approximation to true port wines has been made. The older wines particularly of this type are excellent wines. They have no doubt a good future before them. I feel pretty confident that we shall ultimately produce a wine of this type which will still more closely resemble the true port wine. In the past muscadel was the basis of our ports. In future the imported port varieties will bulk very largely in the grapes used for making our wines of this type.

Wines of a *sherry type* have also been made for a very long time. Amongst them are to be found excellent representatives of the dry, medium, and sweet Spanish wines of this type. Our best grape for a sherry is White French, which is practically, if not completely, identical with the imported Palomino, which forms the basis of the true sherries. Green-grape also makes a fairly good sherry. It matures more quickly and sooner develops the sherry character than White French, but it also sooner reaches its maximum development and then stops gaining in quality. Further, Pedro Jimenez, and Castellano are two important sherry varieties which are now grown by our wine farmers. The former is excellent, whilst the latter is an unsatisfactory bearer.

Further, excellent sweet Muscadel, sweet and dry Pontac, wine of a Madeira type, etc., are made. For canteen purposes sweet (particularly sherry) and dry wines of a lower grade are made.

Wine Production of the Union

According to the 1911 Census, which contains the latest available information, the wine production of the Union of South Africa was then as follows: —

	Total Wine made. Gallons	White. Gallons	Red. Gallons
Cape Province	7,488,897	5,463,272	2,055,625
Transvaal	10,248	4,445	5,803
Orange Free State	20	5	15
Natal	1,848	310	1,538
Total for Union of South Africa	7,501,013	5,468,032	2,062,981

Of these amounts the ten south-western districts of the Cape Province, which constitute our real viticultural area, produced 89.13 per cent. This was made up as follows (*figures in gallons*):—

District	Total Wine Made.	White.	Red.
Paarl	2,299,644	1,824,004	475,640
Worcester	1,295,559	1,065,256	230,303
Stellenbosch	1,080,480	944,755	635,725
Robertson	523,999	411,794	112,205
Montagu	386,737	182,250	204,487
Malmesbury	496,386	427,127	69,259
Tulbagh-Ceres	322,219	267,674	54,545
Cape	321,416	151,400	170,016
Caledon	141,844	106,060	35,784
Piquetberg	69,581	55,217	14,364
Total	**7,437,865**	**5,435,537**	**2,002,328**

According to information obtained from the Koöperatieve Wijnbouwers Vereniging van Zuid-Afrika, Bpkt., the wine produced in the south-western districts in 1917 was as follows:—

District	Wine in Leaguers	Wine in Gallons	Percentage Increase since 1911
Paarl	33,034	4,195,318	82.4
Worcester	24,143	3,066,161	136.6
Stellenbosch	23,247	2,952,369	173.3
Montagu	9,549	1,212,723	213.6
Malmesbury	4,287	544,449	9.6
Robertson	6,711	852,297	62.6
Cape	2,850	361,950	12.6
Tulbagh	1,630	207,010	20.2
Ceres	1,420	180,340	20.2
Caledon	882	112,014	21.0 (a decrease)
Total	107.753	13,684,631	84.0

This shows a big increase in the wine production. As the brandy produced by farmers was not reflected in the wine figures of the 1911 Census, but was included in the 1917 figures (1 leaguer brandy = 5 leaguers wine), the real increase must be taken as less than is shown here.

Brandy and Spirits of Wine.—Good compounded brandies, well known as F.C. Brandies, and those of the Cognac type are made. Formerly a good deal of "dop" brandy was made, but this has now, so to say, completely stopped. Grape brandy is still made. The difference between the two is that water is added to the "dops" or husks prior to distillation in case of "dop" brandy, whereas grape brandy is distilled from husks and fermented grape juice without any addition of water. The latter (grape brandy) is much superior to the former.

The bulk of our brandies are compounded. The spirits of wine is distilled in rectifying stills and a first-class article is thus obtained. We are now producing a good deal of pure spirits of wine, which may be and has already been successfully exported. The spirit is mostly distilled at 58-65° over-proof, or about 90-94 vol. per cent. alcohol. With such a pure wine spirit a very clean brandy can be compounded. It is broken down with water to a strength slightly above the legal limit of 25° U.P. or 45 vol. per cent, suitably coloured, flavoured, and sweetened with pure cane sugar. The maximum amount of sugar allowed is 1½ oz. per gallon, or 1 per cent. These brandies are much less highly charged with secondary products than brandy of limit of 25° U.P. or 45 vol. per cent., suitably coloured, flavoured, The latter gets its flavour naturally on maturing in wood. After thus maturing for about three years in wood (hogsheads) it is usually ready for consumption. It is usually blended with some older brandy. Sometimes the Cognac method of distillation is adopted, where a pot-still is used, and the first distillate is redistilled. The freshly distilled brandy has a strength of about 20° O.P. Some excellent brandies of the Cognac type have thus been produced.

According to the 1911 Census, 621,543 gallons of brandy were made in that year in the whole Union, of which the Cape Province produced 617,040 gallons and the Transvaal 4503 gallons. The total spirits then produced amounted to 1,420,067 gallons (proof).

In 1916 this total stood at 1,766,240 gallons (proof). A very considerable amount of spirits of wine is used up in the fortification of wines such as sherries, ports, and canteen sweet wines.

(c) *Moskonfijt or Grape Syrup.*—This is simply fresh grape juice which is boiled to about one-third to one-fourth of its original volume. It has a strength, of about 75-80° Balling. If weaker it tends to ferment in course of time and get spoiled. It is a very pleasant and healthy sort of syrup. It is made on the farms by boiling in open pots, whilst the bulk is made at the Stellenbosch and Wellington grape juice works, where last year some 4500 tons of grapes were turned into syrup by boiling in vacuum pans. It is almost exclusively used for sweetening wines.

(d) *Table-grapes* have already been dealt with. Those who are favourably situated, such as the Paarl, Constantia, and Hex River Valley (mainly De Doorns) farmers, can derive a very considerable income from their table-grapes. The bulk is sold in South Africa, and more particularly in Johannesburg, Capetown, and the other large centres. Some of the very best table-grapes are exported overseas. In the past most of it went to Covent Garden (London). The exportation of table-grapes, which has been at a standstill for some years owing to the war, will no doubt be resumed on a large scale next year. I fully expect that the well-known Almeria grape, Ohanez, which is now being grown on several farms, will ultimately be shipped in large quantities. As it can be successfully grown and exported in ventilated hold, and need not necessarily be thinned, its cultivation offers great opportunities. It ripens here late in February or in March, and thus reaches the markets of the northern hemisphere at a most opportune time.

(e) *Raisins.*—The quality of South African raisins has been steadily improving, so that at present a good deal of very good raisins is produced. The cultivation of the sultana vine and consequently the production of sultanas has advanced rapidly during the last five years. This took place mainly in the Worcester, Robertson, and Montagu Districts. The production of Cape currants has not gone ahead much, as the yield is moderate and prices were not so high as to stimulate production. The Zante currant has recently been imported and is now being tested.

According to the 1911 Census figures, we then produced just over 2½ million pounds of raisins. This included 157,572 lb. sultanas and 11,159 lb. Cape currants. The 1918 figures will show a tremendous increase in the production of sultanas. The production of malagas, which has now been successfully started, will steadily increase.

Available Labour.

This is one of the drawbacks of the industry. It is mostly coloured labour, which varies a great deal. Some of them are excellent, whilst others are very poor. The labourers are usually provided with a small cottage of one or two rooms and a small plot of ground for a vegetable garden free of cost. For this they have got to work on the farm whenever their services are required, for which they get remuneration at the rate of about 2s. 6d. per day. Sometimes they get their food and 1s. per day, and nearly always five to six tots of wine per day. This amounts to 1½–2 bottles of wine per day. Working hours usually are from sunrise to sunset with breaks of half an hour for breakfast, 1–1¼ hour for lunch, and short rests of 10–15 minutes in the fore and afternoons. Many labourers now get 3s. per day, particularly if they do not live on the farm. White labour is being used tentatively here and there, and the young farmer and his family usually do a lot of hard work themselves.

The wine farmer's task is a healthy but strenuous one. If the industry is to develop as it can and should, the labour question will have to be tackled and improved by introducing either suitable poor whites or natives.

Available Land: Cost of Same.

There is still a large amount of land suitable for vine-growing available in the south-western districts of the Cape Province. Whenever there is a regular winter rainfall of 20-30 inches and soil of 30 inches or more in depth, the vine will pay for its cultivation. I feel convinced that, if the price for viticultural products remains good, a number of grain farms in the Western Province will be turned into wine farms. Along the Orange River about Upington and Kakamas the production of raisins and Almeria grapes should pay well. Irrigation will here be a *sine qua non*.

The cost of suitable vine-land in the Western Province varies a great deal, and much depends upon the state it is in—planted and producing or bare.

In most cases a whole farm must be bought in order to get sufficient suitable land. Then again such factors as site, rich or poor soil, irrigation or dry land farming, and last, but not least, the price of wine when the land is bought, exercise a tremendous influence upon the price to be paid. Generally one may say that the price of bare land varies from £20 - £100 per morgen, although specially good land may cost considerably more.

Prospects of the Industry.

It is quite certain that there are fine prospects for the production of table-grapes both for local consumption and for oversea markets on a large scale. Labour will be the only limiting factor. For the production of raisins the future will mainly depend upon the local consumption, which will, amongst other things, depend upon the growth of our population, with regard to which it is difficult to prophesy.

With regard to the production of wines and spirits the present prospects are splendid. How long this will last is doubtful. But for the next four or five years they will probably remain good. It will then largely depend upon a possible increase in the local consumption, which will largely depend upon the growth of the European population and upon legislation. It should be possible to export a good deal of our wines and spirits (including brandies) unless the world is turning more in the direction of teetotalism. The products are quite good enough to hold their own in foreign markets. Thus the industry may have a bright and big future before it, although this depends upon a number of factors which cannot he determined now with any degree of certainty.

+++

The Union's Viticultural Industry
Sourced from: South Africa National Library
Publisher: Industries Bulletin Series no. 35, Reprinted from The Journal of Industries, April and May 1919, Issued by authority of the Hon F. S. Malan, Minister of Mines and Industries
Printer: Government Printing and Stationery Office, Pretoria
Dated: 1919

Die Alkoholvraagstuk (1920)

INLEIDING.

Geagte Dames en Here,

As daar ooit 'n tyd was om hierdie vraagstuk te bespreek, dan is dit nou, terwyl die mensdom met so 'n gees van woeling en ontevredenheid vervuld is, terwyl die ekonomiese toestande in die meeste lande van die wêreld verward en in baie gevalle taamlik hopeloos is, en die mensdom dus geneë is om na alles te gryp wat 'n hoop op betere toestande mag gee.

Dit is nodig dat ons dadelik by die begin sal verstaan wat onder die Alkoholvraagstuk verstaan word.

Definiesie. Vir die meeste mense sal dit veral beteken die kwessie van dronkenskap en sy bestryding. Dit is egter nie omvattend genoeg nie. Sonder om nou juis 'n definiesie in soveel woorde te gee, wil ek daarop wys dat ons hier nie net moet rekening hou met die *misbruik* van alkoholiese dranke en die gevolge daarvan nie, maar sekerlik ook met die *gebruik* daarvan. Verder moet ons die verskillende alkoholiese dranke afsonderlik beskou in hul uitwerking op die persoon wat hul drink. Dus sal ons kortliks moet stilstaan by die verskillende bronne van alkohol, by die bereiding, samestelling en eienskappe van die verskillende alkoholiese dranke, by die fisiologiese uitwerking van alkohol op die mens, en by die gebruik en misbruik van allkoholiese dranke, om dan tot die belangrike vraag oor te gaan: „Hoe om drankmisbruik te voorkom?" By die bespreking van laasgenoemde vraag sal ons met die afskaffingbeweging te doen kry—dus met die sosiale aspek van die vraagstuk—, en sal ons moet stilstaan by die tema: „Matigheid *versus* totale afskaffing." Dan sal ek kortliks stilstaan by die belangrikheid van die gistingsindustrieë in die staathuishoudkunde van verskillende lande. Eindelik sal ek my praktiese gevolgtrekkinge maak en aangee watter politiek m.i. in ons land moet gevolg word met betrekking tot die drankhandel.

Ek sal my onderwerp dus onder die volgende hoofde indeel:—

I. Die verskillende Bronne van Alkohol.
II. Die verskillende Alkoholiese Dranke.
III. Die fisiologiese Uitwerking van Alkohol in sy verskillende vorme op die Mens.
IV. Die Gebruik en Misbruik van Alkoholiese Dranke—Alkoholisme.
V. Hoe om Drankmisbruik te voorkom—Matigheid *versus* Afskaffing.
VI. Die Gistingsindustrieë in die Staathuishoudkunde.
VII. Praktiese Gevolgtrekkinge—Drankpolitiek vir ons Land.

Ons sal nou dus in die eerste plaas oorgaan tot die bespreking van

I. DIE VERSKILLENDE BRONNE VAN ALKOHOL.

Hier onderskeie ons tussen
Sintetiese Alkohol en
Gistingsalkohol.
Eers dan die *Sintetiese Alkohol*.
Dit word uit sy elemente opgebou. Uit ongebluste kalk en kooks (Eng. „coke") word kalsiumkarbiede in die elektriese oond gevorm op 'n temperatuur van 2500—3000° C: —

$CaO + 3C = CaC_2 + CO$

of ook wel :
$CaO + C = Ca + CO$ en $Ca + 2C = CaC_2$

Deur water op die kalsiumkarbiede te laat inwerk, word asetileen gevorm: —
$CaC_2 + 2H_2O = C_2H_2 + CaO_2H_2$

Dit is wat in die praktyk gebeur. Dis egter moontlik om asetileen direk uit sy elemente op te bou.
Die asetileen word reduseer tot etileen : —
$C_2H_2 + H_2 = C_2H_4$

Laasgenoemde word aan swawelsuur gebind en vorm etielswawelsuur, wat deur hidroliese alkohol en swawelsuur gee. Op dié manier is lankal bietjies alkohol gemaak, maar dit het nie betaal nie. Eers ongeveer 'n jaar gelede is die fabrikasie van alkohol langs hierdie weg so verbeter, dat dit nou in Switserland baie goedkoop gemaak word, en suksesvol met ander soorte van industriële alkohol kan kompeteer. *Dit word mineraal-spieritus* genoem.

Dit lyk of daar in Engeland nou ernstige poginge aangewend word om die alkohol wat dag vir dag in die lug verlore gaan saam met die rookgasse uit die skoorstene van die reusagtige getal fabrieke in die Verenigde Koninkryk, op te vang en as 'n suiwer, industriële spieritus op die mark te plaas—o.a. as brandstof vir motorkarre. Dit word bereken dat daar op dié manier jaarliks miljoene gellings alkohol geproduseer kan word. Ook in koolteer is alkohol, en is dit veral aanwesig in die gasse by die destruktiewe distillasie van steenkool.

Verbreiding van Alkohol in die natuur. Na aanleiding van die voorgaande wil ek wys op die algemene verbreidheid van alkohol in die natuur. So vind ons alkohol in die lug, reënwater (eenmiljoenste deel), grond, bloed, dierweefsels, enige dele van plante (in die diepere lae van boomstamme en in die blare)—verder in ons brood wat ons daagliks eet, ens., ens. Dis dus selfs vir die hardnekkigste afskaffer onmoontlik om sonder alkohol te lewe.

Gistingsalkohol.

Hierdie alkohol word verkry deur die gisting van suiker in oplossing. Die suiker is òf direk as sulks aanwesig (druiwe, ander vrugte, suikerriet, suikerbeet, dadels, heuning, palmsap, melk, ens., ens.), òf die plant of graan bevat setmeel, wat in suiker kan verander word (gars, kafferkoring, mielies, aartappels, rys, ens.).

BRON.	PRODUK.
Druiwe.	Wyn, brandewyn, wynspieritus.
Appels.	Appelwyn, cider.
Pere.	Peerwyn, „poiré," cider.
Appelkose, perskes, turksvye, ens	Appelkoos-, perske-, turksvyebrandewyn
Suikerriet.	Spieritus uit suikerstroop (Eng. „molasses").
Suikerbeet.	Spieritus uit suikerstroop (Eng. „molasses").
Dadels.	Dadelwyn of -bier.
Heuning.	Heuningbier, -wyn.
Palmsap	Palmwyn, Goa-arak
Melk.	*Kefir* (in Kaudiasië), uit koei-, skaap-, bokmelk; *Kumys* (Suid-Rusland en Siberië) uit perde-, esel-, kameelmelk; *Mazun* (Armenië) uit koei-, buffel-, bokmelk; *Leben* (Egipte) uit koei-, buffel-, bokmelk; *Yaourte* (Griekenland en Turkye); *Araká oi Ojràn*, deur melk te laat gis en te stook (wilde volke van Siberië: Burjate, Tatare, ens.).
Gars	Bier, whisky
Kafferkoring.	Kafferbier.
Mielies	Spieritus, Mieliebier.
Aartappels.	Spieritus, whisky.
Rys.	Rysbier en ryswyn, of saké Japan se nasionale drank; gemiddeld 12.5 vol. persent alkohol), rysbrandewyn (arak van Java is die beste, 51—52 vol. persent alkohol.

Aangesien daar 'n duisternis van stowwe (meestal voedstowwe) is wat suiker of setmeel bevat, sal U dus begryp dat die uitroeiing van die wynstok—soos baie fanatieke afskaffers in hul kinderlike eenvoudigheid verlang—nog lank nie die produksie van alkohol in die wêreld sal stopsit nie.

II. DIE VERSKILLENDE ALKOHOLIESE DRANKE.

Dit is onmoontlik om al die verskillende alkoholiese dranke hier te bespreek. Ek sal my dus maar beperk tot die volgende:—Bier, wyn, appelwyn, champagne, brandewyn en whisky.

I. *Bier.*

Dit is die ligste van die ses genoemde soorte alkoholiese dranke.

Bier (hier ook *Duitse bier* genoem) word kortliks soos volg gemaak: —

(1) *Swelproses.* Goeie gars (in Europa meestal tweeryige gars) word in skoon water van 10— 12°C. gegooi; die slegte korrels wat bo drywe, word verwyder. Alle 12—24 uur word die water vernuwe. Die gars swel en neem ca. 50% van sy gewig water op, en verloor 1% van sy bestanddele, wat in die water opgeneem word en verlore gaan. Ná 2—4 dae is hierdie swelproses klaar. Dan moet 'n mens die garskorrels maklik tussen jou vingers kan stukkend druk. Nou laat 'n mens die water afloop.

(2) *Kiemproses.* Die geswelde gars word nou in 'n koel vertrek (8—12° C.) op 'n sementvloer gegooi in 'n laag van 6"—12" dik. Alle 8—10 ure word die gars omgewerk, tot die oppervlakte droog lyk. Ná ca. 36 uur vertoon die worteltjies 'n wil puntjie. Nou begin die hoop warm word en moet, indien nodig, omgewerk word en in 'n dunner laag lê. Die temperatuur moenie hoër as 23° C. gaan nie. Die kiemproses is klaar as die bladkiem (spruitjie) $2/3$ — $3/4$ van die garskorrel se lengte bereik het. Dit is gewoonlik ná 7—9 dae die geval. Hierdie gespruite gars is nou die *mout* (Eng. „malt")—en wel groenmout. Dit word dan in die lug gedroog (lugmout) of beter deur kunsmatige, gestadige verhitting tot 100° C. Laasgenoemde metode is die algemeenste en beste. Hierby word sekere aromatiese verbindinge gevorm, wat aan die bier sy smaak gee.

Gedurende die kiemproses word daar in die spruitende garskorrels 'n stof (*diastase*) gevorm, wat die setmeel van die gars in moutsuiker en dekstriene verander.

(3) *Bereiding van Wort.* Die mout word gemaal, en met water behandel om die suiker ens., daaruit te haal. Hierdie oplossing word gekook ná 1—2% hop bygevoeg is, en gefiltreer.

(4) *Die Gisting.* Die steriele wort word nou met reine biergis geënt, wat 'n gisting veroorsaak, waardeur die mout in bier verander word. Die suiker splits hierby op in alkohol en kooldioksiede: —

$$\underset{\text{suiker}}{C_6H_{12}O_6} = \underset{\text{alkohol}}{2C_2H_6O} + \underset{\text{kooldioksiede.}}{2CO_2}$$

Namate minder of meer water gebruik is by die wortbereiding, sal die wort 'n hoër of laer suikergehalte hê, en dus 'n sterker of ligter bier lewer.

Samestelling van Bier. Daar is ligte en swaar bier. Die volgende tabel gee enige gemiddelde syfers : —

	Alkohol.	Ekatrak	CO_2
Lagerbier 4.4—5.6 vol%	3.5—4.5g. alkohol per 100 cc.	6.0%	0.2%
Ligte bier 3.1—3.8 ,,	= 2.5—3.0 g. alkohol per 100 cc.	5.4%	0.2%

Die ekstrak bestaan uit dekstriene (½), suiker (1-5de), eiwit ($1/8$), ens.

2. Wyn.

Dit is een van die edelste en beste genotmiddels wat aan ons mensegeslag gegee is, en juis daarom is die misbruik daarvan so uiters verkeerd en afkeurenswaardig. *Wyn is druiwesap wat 'n alkoholiese gisting ondergaan het.* As ons ryp druiwe stukkend maak en dit aan homself oorlaat, dan sal ons gewoonlik ná 'n seker tyd (½—1 dag) sien dat daar gasblasies in die mos opkom en skuim vorm. Ons sê dan dat die *mos werk.* Op die ryp druiwekorrels is klein gisselletjies aanwesig wat in die mos spruit en dit laat werk, of gis, net soos daar op die koringkorrels gisselle aanwesig is wat in die meel kom en die suurdeeg laat gis en die deeg laat rys as ons daar brood van bak. Gedurende die gisting word die suiker in die druiwesap heeltemal of gedeeltelik verander in alkohol en kooldioksiede, soos ons tevore by die biergisting gesien het. Die alkohol gee sterkte en die kooldioksiede frisheid aan die wyn. Buitendien word nog ander stowwe gedurende die gisting gevorm, soos gliserien, barnsteensuur, hoër alkohole, aldehiede, ens. Hul word wel in baie kleiner hoeveelhede gevorm as die eersgenoemde twee hoofprodukte, maar hul oefen tog 'n baie groot invloed uit op die geur en smaak van die wyn, en bepaal vir 'n groot deel sy waarde.

Fyn wit wyn word meestal gemaak deur die mos dadelik van die doppe te skeie en dit dan alleen te laat gis, terwyl rooi wyn se mos op die doppe moet werk vir enige dae om die kleurstof uit die doppe op te los. Tegelykertyd word dan ook looistof uit die doppe en veral uit die pitte opgelos, wat verklaar hoekom rooi wyn franker is as wit wyn.

Sodra die gisting verby is en die suiker uitgewerk is, val die troebel dele en vorm 'n dik moer in die vat, terwyl die wyn dan skoon word.

Soet wyn word gemaak: —

(a) Deur moskonfyt by droë wyn te voeg.

(b) Deur vars mos soveel brandewyn of spieritus te gee dat dit nie kan gis nie (tot 17 vol. % alkohol of 30° *proof spirit*), wat dan *jeripico* gee. Dit bevat dan 20—25% suiker, en word gebruik om droë wyne soet te maak.

(c) Deur vars mos op rosyntjies te gooi en so 'n dik, soet (40—50% suiker) rosyntjiewyn te maak, wat gebruik word om droë wyne soet te maak.

(d) Deur gedurende die gisting soveel brandewyn of spieritus by die gistende mos te voeg dat die gisting ophou eer al die suiker uitgewerk het, en so 'n soet wyn te kry (portwyn en soet wyn, soos soet muskadel, ens.).

Al die soet wyne word so met brandewyn of spieritus gefortifiseer, dat hul 17—18 vol. % alkohol of 30—31.50 *proof spirit* het om te belet dat die suiker verder kan uitwerk.

Om 'n eersteklas wyn te maak is 'n hele kuns en vereis heelwat kennis, sodat ek hier liewers nie in verdere besonderhede sal tree nie.

Samestelling. Dit is onmoontlik om 'n gemiddelde samestelling van wyn te gee, omdat daar so veel soorte wyn is met heeltemal uiteenlopende samestellinge. Ons kan, vir die doel van my onderwerp, wyne indeel in ligte, of natuurlike, wyne en swaar, of gefortifiseerde, wyne.

Die *ligte,* of *natuurlike,* wyne is dié wat direk uit druiwesap gemaak word sonder byvoeging van brandewyn of spieritus. Hul kan tot 17 vol. % alkohol bevat, maar in die reël het hul maar 10—15 vol. % alkohol, of 17.5—26.25° *proof spirit*, en in ons land het die grootste gros van hierdie wyne 11—13 vol. % alkohol of 8.75—10.3 g. alkohol in 100 c.c. wyn of ca. 19—23° *proof spirit.* Dit sluit in ons droë wit en rooi tafelwyne. ('n Droë wyn is een wat nie soet is nie.)

Gefortifiseerde wyne is dié wat 'n byvoeging van brandewyn of spieritus gekry het. Hul sluit in soet wyn, port, sherry, madeira, ens., en bevat ca. 17—24 vol. % alkohol of ca. 30—42° *proof spirit.* Soet wyn bevat 4—10 % suiker. Port en sherry kan droog, medium of soet wees. Die droë bevat so te sê geen suiker nie, die medium 2—3% suiker, en die soet ports en sherries 5—10 % suiker. Dis meer in die ports as in die sherries. Die droë wyne in hierdie klas is meestal nie so swaar soos die soetes nie. In ons eie wyne van hierdie klas is die alkoholsterkte 17—20 vol. % alkohol of 30—35⁰ *proof spirit.* Dis die ingevoerde ports en sherries wat sterker is. Daar is geen noodsaaklikheid waarom hierdie wyne sterker as 18 vol. % alkohol of 31.5° *proof spirit* hoef te wees nie.

Hierdie wyne het hul karakter gedeeltelik aan die fortifikasie met brandewyn of spieritus te danke, en laasgenoemde is noodsaaklik (tot 'n sterkte van 17—18 vol. % alkohol) om die soet wyn gesond te hou en te belet dat die wyn weer aan die werk raak. Dus sal 'n soet wyn uit die aard van die saak 'n swaar of sterk wyn wees. Die suiker in die wyn moet uit die druif afkomstig wees, daar ons wette die byvoeging van rietsuiker of glukose tot mos of wyn verbied.

Buiten alkohol en suiker bevat wyn nog 'n boel ander stowwe, wat ek vroeër reeds aangeduie het.

3. *Appelwyn.*

Die vrugte word gewas, gemaal en die sap dan uitgepers. Die gisting en verdere maak van die appelwyn is maar baie nes dié van ander wyn. Die appelwyn is 'n lekker, ligte drank, gewoonlik met 'n bietjie meer alkohol as bier. Sterkte gem. ca. 5 g. alkohol in 100 c.c. of 6.3 vol. % alkohol of 11° *proof spirit.*

4. *Champagne.*

Meestal word swart druiwe *(Pinot noir)* gebruik om die champagne te maak in die Champagne-distrik (Reims—Epernay). Die druiwe word gemaal en dadelik effens gepers (helfte sap net uitgepers). Die wit sap word soos by ander wyn behandel tot 'n droë, taamlik helder jong wyn verkry is. Nou kom die wyn in sterk bottels en kry 1—2 % van die suiwerste rietsuiker. Die bottels word toegekurk (proppe vasgemaak) en in onderaardse kelders in hope opgepak, waar hul plat bly lê en 'n gisting in die bottel plaasvind. Sodra die wyn in die bottel helder geword het, en die gisting dus al 'n ruk oor is, word die bottels skuins met die koppe na onder staan gemaak in skudbokkies. Deur hul sistematies met die hande te draai, kom die moer mettertyd alles op die prop en is die wyn skitterend helder. Nou word die bottels versigtig in die onderstebo posiesie gedegorgeer. Dit is dat die prop versigtig los gemaak word en uitskiet met moer en al. Die bottel bevat nou net silwerskoon wyn. Nou kry hy 'n seker hoeveelheid likeur (suiker in fyn ou brandewyn opgelos), word gekurk, die prop met draad vasgemaak en die etiket op die bottel geplak. Nou is die champagne klaar. Daar is droë *(sec)* (0.1—2 % suiker) en soet of half-soet (4— 15 % suiker) champagne.

Crémant koolsuurdruk van 4 atmosfere.

Mousseux koolsuurdruk van 4—4½ atmosfere.

Grand Mousseux koolsuurdruk van 4½—5 atmosfere.

Die maak van champagne vereis heelwat kennis, geoefende werklui, taamlik baie kapitaal, en kos 'n boel geld.

5. *Brandewyn.*

Soos die naam aanduie, is dit wyn wat „gebrand," d.w.s. „gestook," is. Om brandewyn te maak, moet ons dus wyn stook op een of ander manier. Sonder om hier alte veel in besonderhede te tree, kan ek net sê dat daar by ons in hoofsaak vier soorte brandewyn is:—*F.C.,* of *wynbrandewyn; wynbrandewyn van cognac-tiepe; druiwebrandewyn; dopbrandewyn.* Die laasgenoemde word gemaak deur water op gegiste doppe te gooi en dit te stook, terwyl druiwebrandewyn gemaak word deur doppe en mos (sonder enige byvoeging van water) te stook. Die eersgenoemde twee word verkry deur wyn te stook. As ons 'n rektifiseer-toestel (Eng. *patent still)* met hoë kolomme as stookketel gebruik, dan kan ons meteen uit die wyn 'n spieritus verkry van 65° oor *proof* of 94 vol % alkohol. Dit is dan 'n produk wat genoem word 'n *silent spirit,* of neutrale spieritus, en so te sê uitsluitlik uit etielalkohol en 'n bietjie water bestaan. Deur hom in hout te bewaar, sal hy dan ook feitlik niks verbeter nie. Daarom word hy gewoonlik spoedig met water verdun, met karamel gekleur, met cognac-essens *(enantester)* geurig, en met suiker soet, gemaak.

So 'n kant-en-klaar wynbrandewyn word dikwels verkoop as hy nog g'n maand oud is nie, al het hy dan ook soms 5 of meer sterre op sy etiket. Die sterre is hier geen waarborg vir ouderdom nie. Ons brandewyn wat vir konsumpsie verkoop word, mag nie swakker as 25° onder *proof* of 43 vol. % wees nie. Verder mag hy nie meer as 1½ ons rietsuiker per gelling brandewyn (naastenbv 1%) bevat nie.

Wynbrandewyn (cognac-tiepe) word gemaak deur die wyn te stook in 'n gewone ketel (Eng. *pot still*) tot al die alkohol oorgestook is—hier stook ons ca. $^1/_3$ oor van die volume wyn wat ons in die ketel gooi. Op dié manier kry ons 'n ru brandewyn. Later stook ons dit oor, sny die eerste ¼ emmer weg as voorloop, vang dan die goeie brandewyn op tot die Cartier-brandewynproeër 19° wys. Dan hou ons op om goeie brandewyn te vang, en stook nou naloop tot die proeër 10° Cartier wys, wanneer skoon water oorstook. Die voor- en naloop, wat ons apart gehou het, word by die volgende ketel ru brandewyn gegooi en saamgestook. So kry ons dan 'n wynbrandewyn van cognac-tiepe met 'n sterkte van ca. 18—20⁰ oor *proof* of 67½—68½ vol. % alkohol.

Waar ons vir 'n F.C.-brandewyn ook siek wyne kan stook, moet ons gesonde wyn stook om 'n goeie wynbrandewyn van cognac-tiepe te kry.

Hierdie brandewyn bevat die meeste vlugtige bestanddele van die wyn in 'n gekonsentreerde vorm. Dus bevat dit naas etielalkohol, ook hoëre alkohole (isopropiel-, isobutiel-, gistingsamiel-alkohol, ens., d.i. fuselolie), aldehiede (insluitende furfurol), esters (geurstowwe), vlugtige sure, ens. Sulke brandewyn moet 2—3 jaar in eikehoutvaatjies (inhoud ca. 60 gellings) lê om ryp te word. Dan word dit sagter en geuriger deur inwerking van die lug deur die pore van die hout, en geskik om gedrink te word. As hy oud genoeg is, word hy ook met water verdun, kan soet gemaak word met suiwer rietsuiker en met karamel gekleur word, maar *mag nie met een of ander essens geurig gemaak word nie*. Die geurstowwe sal natuurlik gedurende die rypwordingsproses gevorm word, in soverre dit nie uit die eikehout getrek word nie. Laasgenoemde het baie met die karakter en kwaliteit van die brandewyn te doen. Die beste is Franse-Limousin-eikehout, wat duur en skaars is.

Druiwebrandewyn word gemaak deur die druiwe se mos en doppe saam te stook sodra die alkoholiese gisting oor is. In die druiwebrandewyn kan ons dan ook dikwels die geur van die druif waarneem naas die geur wat ontstaan deur die doppe in die ketel te stook.

6. *Whisky.*

Whisky word gemaak uit gars, hawer, aartappels, ens., deur die setmeel in suiker te laat oorgaan (soos ons by die bierbereiding gesien het), die suikerekstrak te laat gis, en die alkoholiese vloeistof dan te stook. Die Iere het die eerste whisky gemaak. Die woord whisky kom dan ook van die Keltiese woorde: *uisge* = water en *beatha* = lewe. Whisky is dus lewenswater. Dieselfde begrip vind ons weer in die Italiaanse benaming *acquavite* vir brandewyn. Die beste whisky word gemaak van gars alleen of ook van gars en hawer. Teenswoordig word dikwels enige setmeelbron gebruik—dus b.v. aartappels, mielies, ens.

Buiten die Iere maak ook die Skotte goeie whisky.

Onder die whiskies moet ons ook onderskei tussen die „potstill"-whisky, wat met die cognac-tiepe van wynbrandewyn korrespondeer, en whisky wat gemaak is uit 'n hoog gerektifiseerde graanspieritus, min of meer soos F.C.-wynbrandewyn uit 'n soortgelyke wynspieritus gemaak word. Die „potstill"-whisky moet nes cognac in houtvate oud word om sag en geurig te word en sy volmaakte ontwikkeling te bereik. Dikwels kry ons die „blended" of versnit-whiskies, wat 'n versnit, of mengsel, van die genoemde twee tiepes is. Hul vertoon groot ooreenkoms in gemiese samestelling met die korresponderende twee tiepes van wynbrandewyn. Die alkoholiese sterkte van whisky is ongeveer dié van brandewyn, en mag ook nie minder as 43 vol. % of 25° onder *proof* wees nie.

III. DIE FISIOLOGIESE UITWERKING VAN ALKOHOL IN SY VERSKILLENDE VORME OP DIE MENS.

Alkohol as Voedstof.

Nieteenstaande wat die afskaffers mag beweer, is alkohol (d.i. etielalkohol) 'n voedstof vir die menslike liggaam. Dit is deur eksakte eksperimente bewese, o.a. deur Atwater en Benedikt in Amerika. Prof. Atwater sê o.a. : —

„Die alkohol van gewone dranke word maklik in die sirkulasie absorbeer uit die maag en ingewande, en gou verbrand. As die genome hoeveelheid klein is, is die oksidasie byna volmaak. As 'n uitermatig groot hoeveelheid gedrink word, sal die onverbrande hoeveelheid baie groter wees. Namate die eksperimente met alkohol sekuurder was, het die geoksideerde proporsie van die alkohol groter en groter (98—99%) geword. In klein hoeveelhede geneem—sê een of twee glase wyn of een glas whisky op 'n keer—, is gevonde dat die alkohol net so kompleet verbrand word soos brood of vleis."

By sy verbranding in die menslike liggaam laat die alkohol warmte ontstaan, en kan dus gedeeltelik die plek van vet, suiker, en ander koolhidrate inneem. Waar koolhidrate gedeeltelik deur alkohol vervang is in die voedingsrantsoen, het dit geblyk dat dit nie nodig was om die proporsie van eiwit in die voedsel te verhoog nie. Hierdie resultate is gevind deur prof. Atwater en die „Committee of Fifty for the Investigation of the Liquor Problem," wat 'n jaar of tien gelede deur die Goewerment van die Verenigde State aangestel was.

Hier is dus bewese dat alkohol volkomentlik die dinamiese funksie van ekwiwalente hoeveelhede koolhidraat kan vervul. Eer ons alkohol as 'n volkome voedstof verklaar, moet ons nog nagaan in hoeverre dit die eiwitte beïnvloed. Dis bekend dat alkohol, in die geval van persone wat ongewoon daaraan is, by die begin meer eiwit laat opgebruik. Later word dit normaal. Prof. Neumann het 'n proef van sestien dae gemaak, waarby reeds ná die vierde dag die nadelige invloed van die alkohol opgehou het, en die stofwisseling—dus insluitende die eiwitverbruik—verloop het asof die liggaam i.p.v. alkohol die ekwiwalente hoeveelheid vet gekry het.

Rosemann in Duitsland het verder bewys dat alkohol 'n eiwit-sparende uitwerking het in die menslike liggaam.

Hierdie wetenskaplike waarheid, naamlik dat alkohol by redelike gebruik (matig en in verdunde vorm) 'n goeie voedingstof is, het die praktyk lankal bewys. Die werkman in Suid-Frankryk, ons Westelike Provinsie, en ander wynlande, sou, met die voedsel wat hy daagliks nuttig, nie die werk kan verrig wat hy wel doen nie as dit nie was vir die voedende krag van die alkohol in die wyn wat hy daagliks drink nie.

Waar dit so is, sal U verstaan dat *iemand wat daagliks alkohol*—sê in die vorm van wyn of bier —*in sy liggaam opneem, minder ander kos moet eet.* Gebeur dit nie, dan word die liggaam oorvoed, en vind maklik 'n ophoping van vet plaas, wat op laas 'n sieklike toestand teweegbring. Dit sal des te makliker gebeur namate die persoon minder liggaamlike of meganiese arbeid verrig. Sulke sieklike toestande word dan nie deur die alkohol as gif veroorsaak nie, maar deur sy waarde as voedingstof.

Goeie ou Fransbrandewyn of Kaapse wynbrandewyn van cognac-tiepe en champagne is soms vir pasiënte in 'n baie swak toestand en met 'n swak maag van baie groot waarde. In die oorlog het *hul* die lewe van meer as een swaar gewonde stryder gered op 'n tyd toe die liggaam nie in staat was om die gewone voedingstowwe te geniet nie. In ernstige gevalle van suikersiekte bewys alkohol ook uitstekende dienste as voedingstof.

In 'n baie interesante stuk getieteld „Wyn, Bier of Cider," het prof. Armand Gautier, van die Mediese Fakulteit van die Paryse Universiteit, 'n jaar of tien gelede die vraag bespreek: Wat moet ons drink ? Ek het indertyd dit in Engels vertaal en in die „Cape Times" laat druk. Daarin wys hy o.a. op die domheid van dié Paryse huisgesinne waar die diensbodes kos kry en ekstra geld in plaas van hul wyn. As hul die wyn sou kry en drink, dan, sê hy, sou hul minder eet, sodat dit voordeliger is om hul wyn te gee en minder kos. Die wyn waar hier van sprake is, het toe maar ongeveer 3d. per bottel gekos. Hy let hier natuurlik op die aansienlike voedingswaarde van die alkohol.

Alkohol as Genotmiddel.

Dit is die belangrikste gebruik wat van die alkoholiese dranke gemaak word. Elke mens neem daagliks seker stowwe in sy sisteem op wat nie dien om sy liggaam op te bou of om liggaamskragte en warmte te verskaf nie en wat nie vir hom onontbeerlik is nie, maar waarvan hy nie lig sal afstand doen nie. Dit is die sogenaamde *genotmiddels,* soos die gewone alkoholiese dranke, koffie, tee, sjokolade, tabak, speserye, en ook vleisboeljon (wat baie min voedingskrag besit—dit word hoofsaaklik deur sy vetgehalte bepaald), wat in hoofsaak deur een of verskeie stowwe wat hul bevat (alkohol, kaffeïen of teïen, nikotien, seker eteriese olies, vleisbases, ens.), 'n verkwikkende en opbeurende uitwerking op die senuwees uitoefen en die hele lewensuiting verhoog. Ons gebruik dié goed omdat hul vir ons lekker laat voel, omdat hul ons aptyt verhoog, die kos lekkerder laat smaak, vir ons lekkerder laat werk, ens. As iemand sou voorstel om al ons genotmiddels af te skaf, dan sal hy gevaar loop om self afgeskaf te word. Die massa van die mensdom sal wel nooit so 'n voorstel goedkeur nie, want dan sal ons aardse lewe baie onplesierig word. Voor die mens nie 'n baie groot verandering van sy natuur ondergaan nie, sal hy van die gros van sy genotmiddels nie afsien nie. As hy een los, sal hy 'n nuwe beetpak of 'n oue meer intensief gebruik. Dis wat nou reeds in Amerika gebeur, soos ons nog later sal sien. Die ontbering van alle genotmiddels sal ongetwyfeld mettertyd baie ernstige fiesiese en psiegiese gevolge hê. Ons sal dan wel nog vir 'n korter of langer tyd kan bestaan, maar dit sal dan ook net 'n bestaan en nie meer aardse lewe in sy volle betekenis wees nie.

Omtrent die genotmiddels sê die beroemde Pettenkofer, grondlegger van die Gesondheidsleer, die volgende (aangehaal uit Cluss, „Die Alkoholfrage," bls. 23, 24) : —

„Die mens is so afhanklik van genotmiddels van mees uiteenlopende aard, nie net terwille van die spysvertering en voeding nie, maar ook vir talryke werksaamhede van die senuwees in glad ander rigtinge, dat hy bereid is om daarvoor met geld te betaal. Hoeveel mense, as hul te kies het, sien nie af van 'n stuk brood om vir hul daarvoor 'n koppie koffie of tee, 'n stop tabak, 'n sigaar of 'n glas bier of wyn te verskaf nie, alhoewel 'n stuk brood bydra tot die vorming van vet en eiwit in die liggaam en die genoemde genotmiddels nie. Die genotmiddels is ware vriende van die mens: hul help ons organisme oor baie moeilikhede weg. Ek sou hul met die regte smeermiddel vir bewegingsmasiene wil vergelyk, wat wel nie die stoomkrag kan vervang of oorbodig maak nie, maar 'n baie ligter en reëlmatiger werksaamheid bewerkstellig en buitendien die slytasie van die masien vir 'n baie groot deel voorkom. Om laasgenoemde te kan doen, is een voorwaarde by die keuse van die smeermiddels absoluut noodsaaklik: hul moet die masiendele nie aantas nie, hul moet, soos ons sê, onskadelik wees."

So goed as die uitwerking van die genotmiddels by matige gebruik ook is, kan hul, *by onmatige gebruik, in die teendeel oorslaan:* i.p.v. die spysvertering te bevorder, kan hul dit dan belemmer; i.p.v. die senuwees gunstig te prikkel of hul tot bedaring te bring, kan hul vir hul opwen of laat verslap; van nuttige middels, kan hul gifte vir die hart word.

Alkohol vergeleke met die Alkaloïede-houdende Genotmiddels.

Die bogenoemde genotmiddels, soos tabak, koffie, tee, besit, in teëstelling tot alkohol en die alkoholhoudende genotmiddels, geen voedingswaarde nie, terwyl hul die, in gekonsentreerde toestand, uiters giftige alkaloïedes— nikotien, kaffeïen of teïen—bevat. By matige gebruik en in 'n swak konsentrasie geniet, oefen hul 'n goeie invloed uit op ons senuwees. As ons hul egter misbruik, dan volg die straf net so goed soos by drankmisbruik. Mense wat te veel en te swaar tabak rook—ek sluit hier in pyp, sigaar en sigaret—, ly dikwels aan nikotienvergiftiging, wat veral die hart baie nadelig affekteer. Dit veroorsaak 'n onreëlmatige werking van die hart gepaard met 'n gevoel van mislikheid, afgematheid, slegte aptyt en spysvertering, en ook bewerigheid. Ek wil net hier byvoeg dat, volgens sommige dokters, die nikotienvergiftiging vir 'n groot deel, indien nie hoofsaaklik nie, moet toegeskrywe word aan die opneming in die bloed van koolmonoksiede, wat in die onvolmaak-verbrande rookgasse aanwesig is en 'n sterk vergif is. Pyp- en sigaarrokers sal m.i. hieraan meer blootgestel wees as sigaretrokers, wat op hul beurt weer meer aan werklike nikotienvergiftiging sal blootgestel wees, omdat hul in die reël die rookgasse in die longe intrek. Op die duur, meen ek, sal die pyproker die minste in gevaar verkeer en die sigaretroker die meeste. Natuurlik sal in elk geval die matige of onmatige gebruik die hoofrol speel.

Dikwels, veral by studente in die buiteland, vind ons dat misbruik van bier en wyn gepaard gaan met te veel rook, sodat die volgende dag se kater dikwels net soveel aan die te veel rook as aan die onmatige drink moet toegeskryf word.

In Winkler Prins se Ensiklopedie vind ons die volgende omtrent die uitwerking van tee: —

„Ze heeft een opwekkende werking op de zenuwen, vooral op de hersenen, en verdrijft den slaap. . . . De thee veroorzaakt een gevoel van behagen en opgeruimdheid, en de werkzaamheid der hersenen wordt er door versterkt. Een overmatig gebruik van thee veroorzaakt een prikkeling van het zenuwstelsel, welke zich uit in slapeloosheid, onrust en trilling der ledematen; zelfs krampachtige toevallen, een bemoelijkte ademhaling en een gevoel van beklemdheid in de hartstreek kan er door veroorzaakt worden. Daar de aetherische olie der thee, bij het gebruik narcotisch werkt, laat zich daaruit de eigenaardige toestand, waarin de hersenen komen, verklaren, die zich in het begin uit in duizeligheid en later als bedwelming. Deze schadelijke werking bezit de groene thee veel meer dan de zwarte."

Ons sien hieruit dus dat onmatige gebruik van tee, veral as dit te sterk is, baie slegte gevolge kan veroorsaak.

Daar koffie dieselfde giftige alkaloïede (kaffeïen of teïen) soos tee bevat, sal U verstaan dat dit 'n soortgelyke uitwerking het. Sterk koffie is o.a. sleg vir die hart en hou 'n mens wakker. Persone wat te veel alkohol geniet het, drink gewoonlik sterk, swart koffie om weer reg te kom.

Waar ek hier gewys het op die nadelige invloed van die onmatige gebruik van tee en koffie, veral as dit baie sterk gemaak word en onverdund (met melk) gedrink word, was my doel nie net om U daarteen te waarsku nie, maar ook veral om duidelik te laat uitkom dat ons 'n genotmiddel nie moet veroordeel omdat party mense dit misbruik nie; maar dat ons ons liewer moet toelê op die matige gebruik daarvan. *Matigheid moet in alles ons leuse wees.*

Daar ons nooit alkohol of alkohol en water alleen drink nie, sal die ander stowwe wat saam met die alkohol in ons alkoholiese dranke aanwesig is, meewerk om die uitwerking van die gebruik van sodanige dranke tot stand te bring.

In *bier* het ons buiten alkohol (2—4%) nog kooldioksiede, dekstrien, 'n bietjie suiker en eiwit, en 'n bietjie van die hopalkaloïede. Die kooldioksiede het 'n verfrissende uitwerking, die alkohol en die ekstrakstowwe het 'n voedingskrag— dus is die matige gebruik van bier sterk aan te beveel. As *taamlik baie* bier gedrink word, sal die eerste effek wat ons by alkoholiese dranke gewoonlik aantref, wees om die persoon spraaksaam en luidrugtig te maak. Later, as hy lank genoeg aanhou met drink, kan dit hom dronk maak. Dit is natuurlik die uiterste geval, wat vermy moet word. Een of twee glase bier in die aand gedrink, sal gewoonlik slaperigheid veroorsaak, en jou lekker laat slaap. Ek wil herhaal dat, weens sy lae alkoholgehalte, die meeste mense van een glas bier min of so te sê niks sal merk nie. Hy is dus baie onskuldig.

Wyn, met sy hoër alkoholgehalte en sy geurstowwe, sal ons 'n goeie aptyt gee, en ons vrolik en opgeruimd maak, sodat ons die daaglikse kommer en sorg vergeet, en lus kry om te lewe. Op hierdie stadium is die meeste mense vriendelik en welwillend teenoor hul medemens. Waar ons te veel wyn geniet, bederf ons hierdie gesindheid. Nou word die persoon lastig, te luidrugtig, erg prikkelbaar, gou kwaad, en baie word dan baie sterk (soos hul meen) en wil nou net met almal baklei. By voortgesette misbruik van hierdie edel genotmiddel word die mens 'n bees en gaan oor in 'n toestand van bewusteloosheid. *Brandewyn* en ander spiritualieë het dieselfde effek—maar net baie gouer as wyn.

Sprekende oor die invloed van alkohol op die brein van die mens, sê André Simon op bls. 192 van sy boekie, „In Vino Veritas" (1912), die volgende : —

„Alcohol cannot supply brain power where there is none, nor make a selfish man unselfish or a fool clever. It will, however, bring into play, stimulate into action, and intensify the temperament and the qualities, good, bad or indifferent, it may be one's good or bad fortune to possess."

Dan haal hy op bls. 193 aan wat dr. Charles Mercier o.a. gesê het in sy „Inaugural Address on Drunkenness and the physiological effect of Alcohol" gelewer voor die „Midland Medical Association" (Engeland) in November 1912, naamlik die volgende sin : —

„Alcohol has the power to unlock the store of energy that exists in the brain, and to render available, for immediate expenditure, energy that without its use would remain in store, unavailable for our immediate needs."

Ek wil net hierby voeg ons algemene ervaring, dat alkohol 'n bang man moed gee, b.v. om in 'n slag te gaan, waarvan in tyd van oorlog dan ook dikwels gebruik gemaak word. 'n Skugter toneelspeler kry daardeur meer moed. Verder bevestig ons ondervinding met ons werkvolk die waarheid van bostaande sitate, want ons weet goed genoeg dat 'n dop wyn 'n jong lekkerder en vinniger laat werk as voor hy dit gedrink het. Van hierdie eienskap van alkohol durf ons geen misbruik maak nie, anders sal daar weer 'n verslapping intree en die behaalde sukses van korte duur wees.

Alkohol moedig die werking van die hart aan, en dis die vernaamste rede waarom brandewyn goed is om vir iemand te gee wat van 'n slang gebyt is, alhoewel te veel brandewyn ook in so 'n geval gevaarlik is en die gebyte persoon kan doodmaak. Deur die verhoogde bloedsirkulasie ontstaan daar 'n gevoel van warmte, veral in die buitenste dele van die liggaam. Daarom het die soldate wyn, brandewyn en rum in die koue loopgrawe gekry gedurende die pas afgelope wêreldoorlog om te belet dat hul voete en hande kan vries.

IV. DIE GEBRUIK EN MISBRUIK VAN ALKOHOLIESE DRANKE—ALKOHOLISME.

Laat ons eers nagaan die hoeveelheid van alkoholiese dranke wat in die wêreld jaarliks konsumeer word. Ongelukkig is ek nie in besit van die jongste syfers nie. Volgens die verslag van die „British Board of Trade" in 1907 was die konsumpsie in die Britse Ryk en veertien ander lande in 1905 aan bier, wyn en spiritualieë 8,272,300,000 gellings, Hiervan was die konsumpsie in gellings per kop van die bevolking in:—

	Bier.	Wyn	Spiritualieë.
Die Verenigde Koninkryk	27.7	0.27	0.91
Australië	11.3	1.27	0.96
Kanada	5.4	0.10	0.94
Die Verenigde State van Noord-Amerika	16.8	0.35	1.26
Duitsland	26.3	1.61	1.43
België	48.8	1.03	1.10
Frankryk	7.5	33.9	1.37
Rusland	1.03	—	0.95

In „Die Alkoholfrage"gee Cluss di volgende statistieke aan:—

Die konsumpsie per kop van die bevolking en per jaar het bedra:—

	Lieter Bier (1903).		Lieter Bier (1903).
België	214.7	Switserland	70.0
Groot-Brittanje	133.7	Oostenryk	66.9
Duitsland	115.2	Noorweë	14.0
Denemarkë	93.6	Hongarye	8.2
	Lieter Wyn (1899-1903).		Lieter Wyn (1899-1903).
Frankryk	135.9	Servië	15.3
Italië	108.9	Duitsland	5.9
Spanje	85.5	Australië	5.4
Portugal	82 4	België	4.5
Switserland	72.9	Groot-Brittanje	1.8
Bulgarye	59.4	Nederland	1.8
Roemanië	31.1	Verenigde State	1.8
Oostenryk-Hongarye	17.6		
	Lieter Brandewyn (1902)		Lieter Brandewyn (1902)
Denemarke	8.5	Verenigde State	3.2
Oostenryk	6.9	Roemenië	2.9
Hongarye	5.2	Groot-Brittanje	2.7
België	4.9	Rusland	2.7
Duitsland	4.8	Noorweë	2.0
Nederland	4.6	Italië	0.7
Sweden	4.5	Bulgarye	0.5
Frankryk	3.7		

Die konsumpsie bereken in lieters absolute alkohol per kop van die bevolking en per jaar was in 1896—1903 : —

Lande.	Bier-alkohol	Wyn-alkohol	Spiritualieë-alkohol	Totale alkohol
Frankryk	0.99	10.05	4.5	15.54
België en Nederland	8.20	0.37	4.5	13.07
Switserland	2.70	6.34	3.1	11.14
Denemarke	3.70	—	7.0	10.70
Duitsland	4.88	0.56	4.3	9.84
Oostenryk-Hongarye	2.82	1.22	5.2	9.24
Groot-Brittanje en Ierland	6.42	0.18	2.39	8.99
Sweden	1.83	—	3.9	5.73
Verenigde State	2.69	0.12	2.1	4.91
Rusland	0.16	—	2.39	2.55
Noorweë	0.78	—	1.3	2.08
Die genoemde lande gemiddelde totaal	3.20	2.70	3.70	9.60

Uit hierdie syfers blyk o.a. : —

(1) Dat in België, per kop van die bevolking, die meeste bier gedrink werd, dan kom die Verenigde Koninkryk, en kort daarna Duitsland.

(2) Dat ons, per kop van die bevolking, die grootste konsumpsie van wyn vind in die grootste wynlande van die wêreld, naamlik Frankryk, Italië, en Spanje, en wel in die orde van hul wynproduksie. Dit toon dadelik aan dat hul, wat origens goed bekend is, die gros van hul wyn self uitdrink. In Frankryk is die gemiddelde, daaglikse konsumpsie van wyn 'n half bottel per kop van die bevolking. In ons land sal dit minder as een bottel per kop van die bevolking per maand wees.

(3) Dat die grootste hoofdelike konsumpsie van spiritualieë plaasgevind het in Denemarke, dan Oostenryk en Hongarye, dan België, Duitsland, Nederland, Sweden, Frankryk, ens.

Sulke statistieke is wel interesant en het ook sekere waarde, maar ons kan nie daaruit somaar aflei waar ons die meeste dronkenskap moet gaan soek nie. As die konsumpsie van drank in die verskillende lande gelyk verdeel sou wees oor die bevolking, dan sou ons nêrens dronkenskap aantref nie. Ons weet egter dat die klein kinders en baie grootmense in elke land geen alkoholiese drank gebruik nie, sodat die individuele konsumpsie heelwat hoër is as die gemiddelde. Waar die hoofdelike konsumpsie van spiritualieë taamlik hoog is, en dit onder 'n betreklike klein deel van die bevolking verdeel is, kan ons dronkenskap verwag. Ons sal later voorbeelde hiervan sien.

Wanneer ons nou kom tot die *Gebruik* van alkoholiese dranke, dan is die eerste vraag: „Wat moet ons drink?" Hierrop wil ek antwoord dat ons *alle spiritualisieë soos whisky, brandewyn, jenewer, ens., moet vermy,* en *ongefortifiseerde wyne, bier of cider moet drink.* Ons moet dus sorg dat die drank nie te sterk is nie, sê tot ongeveer 13 vol. % alkohol of byna 23° *proof spirit.* Elkeen wat 'n alkoholiese drank wil gebruik, moet self uitvind watter van die drie met hom die beste akkordeer. 'n Droë, ongefortifiseerde rooi wyn word dikwels vir die gesondste gehou. Hy kan ook die beste met water verdun word, sonder om smakeloos te word. Die Franse het die gewoonte om hul wyn by die maaltye met water te verdun, en dit is ongetwyfeld 'n baie goeie gewoonte, en een wat ons gerus van hul kan oorneem. Dié, wat dit kan bekostig, kan een of ander spuitwater, soos „Van Riebeek," hiervoor neem. 'n Ander goeie gewoonte van die Franse is om die wyn hoofsaaklik met die maaltye te gebruik. Moenie op jou nugter maag drink nie, want dan sal die alkohol die beste kans hê om jou aan te tas, veral as jy baie gevoelig daarteenoor is. Neem verder jou tyd as jy iets drink, en eet daar iets by. Die gebruik om in 'n „bar" te gaan, daar te staan en iets gou te drink, soos hier en in ander dele van die Britse Ryk gebruiklik is, kan nie sterk genoeg veroordeel word nie. Dan kom daarby nog die ander slegte gewoonte dat die een ná die ander in 'n geselskap 'n rondte „staan," wat tot gevolg het dat te veel gedrink word, en dronkenskap volg.

Prof. A. Gautier, in sy stuk getieteld „Wyn, Bier, of Cider," gee die voorkeur aan 'n droë, natuurlike rooi wyn. Hy wys daarop dat die gedurige gebruik van ligte, wit wyne, wat meestal 'n hoë, totale suurgehalte het, vir die meeste mense nie so goed is nie. Verder maak hy egter ook opmerksaam op die feit dat sommige mense beter met wit as met rooi wyn regkom, en ander weer beste met bier of cider. Elkeen moet self sien wat vir hom die beste is. Die gros van die Franse arbeiders neem hul toevlug tot die gewone Franse rooi wyne, en bevind hul goed daarby.

Nog 'n saak van groot belang is die *temperatuur* waarop die alkoholiese dranke genuttig word. Bier en champagne, wat albei baie kooldioksiedegas bevat, moet baie koud wees—dus naby 0° C, of 32° F. Ligte wit wyn moet ongeveer 11° C. of ca. 52° F. wees, en ligte rooi wyn ongeveer 14° C. of ruim 57° F. In Europa word die ligte wit wyne meestal in 'n yskoeler serveer en dan te koud gedrink. So 'n wyn kom dan nie tot sy reg nie. Ons reuk- en smaakorgane kan sy goeie eienskappe nie behoorlik waarneem nie. In ons land word al die alkoholiese dranke gewoonlik te warm gedrink —wat ook nie in hul voordeel is nie. Veral op ons treine kry 'n mens soms lou-warm wyn en bier in die somermaande, wat niks minder as 'n skande is nie. Dis geen wonder dat dié dranke nie meer aftrek kry nie. Vir brandewyn en whisky kom dit daar nie *so* erg op aan nie, alhoewel hul ook nie te warm moet wees nie.

'n Baie belangrike vraag is: *Hoeveel* van 'n alkoholiese drank kan 'n mens daagliks sonder nadelige gevolge gebruik?

Wanneer ons die uitwerking van alkohol op die menslike gestel nagaan, dan vind ons baie *groot individuele verskille*. Sommige mense kan byna niks verdra nie (hul getal is klein!), terwyl ander weer baie meer kan verdra as die gros van die mensdom.

Professor Fränkel gee die volgende reël aan vir die meeste mense:— „Vir 'n volwasse, normale mens sal 'n daaglikse gebruik van 30—40 c.c. alkohol in die vorm van ligte alkoholiese dranke sekerlik sonder enige nadeel wees." Dit wil dus sê dat 'n mens gerus daagliks een lieter bier of 'n halfbottel ligte wyn van 10—11 vol. % alkohol kan drink. Min mense sal hiervan enige nadelige gevolg bespeur. Die meeste mense sal sonder nadeel nog 'n 40 % meer kan gebruik.

Dat *misbruik* van alkoholiese dranke dikwels plaasvind, is wel bekend. In Europa het die studente vroeër dikwels glad te veel bier gedrink. So weet ek van 'n Duitse student wat in een nag sestig glase, of ca. 18 lieter, of 24 bottels, bier gedrink het. Dit is natuurlik 'n hoë uitsondering. Maar vier tot ses lieter bier in een aand was niks buitengewoons nie. Oor die algemeen kan ons egter sekerlik beweer dat drank-misbruik en dronkenskap maar baie selde aangetref word onder wyn- en bierdrinkers. *Verreweg die meeste gevalle van dronkenskap vind ons onder die drinkers van spiritualieë* (whisky, cognac, en meer spesiaal die industriespieritus uit die suikerstroop van die suikerfabrieke en uit aartappels, ens.) *en hoog gefortifiseerde wyne*. Dus moet ons dronkenskap gaan soek waar hierdie dranke baie gedrink word en nie waar hoofsaaklik wyn en bier gedrink word nie. Dit is dan ook net presies wat ons vind as ons in die wêreld rondgaan. In Suid-, Suid-Oos en Suid-Wes-Frankryk, waar so baie wyn gemaak en gedrink word, is dronkenskap 'n seldsaamheid. Net so in Spanje, Portugal, Italië, Duitsland, ens. Op al my studiereise deur hierdie lande het ek nooit 'n dronk mens gesien nie, nieteenstaande die lae trap van beskawing wat vandag nog in die grootste gedeelte van Spanje heers, waar in 1900 so veel as 63.78 % van die bevolking nie kon lees of skrywe nie.

Gaan ons na dié streke waar hoofsaaklik spiritualieë gedrink word, dan vind ons die dronkenskap en treurige gevalle van alkoholisme. Sulke streke vind ons b.v. in Bretagne, Normandie en Noord-Frankryk, Noord-Oos-

Duitsland, Galiesië, Pole, Groot-Brittanje en Ierland, die Skandinawiese lande, ens., waar baie brandewyn, uit suikerstroop en aartappels, sowel as whisky gedrink word. Om die industriespieritus smaakliker te maak, word daaruit sulke goed soos *absint,* ens., gemaak, wat naas die alkohol nog sekere geurstowwe en alkaloïede bevat, wat uit sulke plante soos vinkel, peperment, anys, als, ens., deur die alkohol opgelos word. Hul is die allerslegste en gevaarlikste dranke. Dis veral in die groot stede soos Parys, Lyon, Marseille, Brussel, ens., waar die euwel van hierdie „apéritifs" bestaan of bestaan het. België en, ek meen, Frankryk het dan ook die fabrikasie en verkoop van absint belet. Dit bedreig 'n volk met totale vernietiging en behoor met wortel en tak uitgeroei te word.

Dis veilig om te beweer dat al die dronkenskap en alkoholisme in die wêreld haas uitsluitlik moet toegeskrywe word aan die drink van te veel spiritualieë in die een of ander vorm. Die ondervinding van die mensdom het ons dit geleer. Ons sal dit dus goed onthou wanneer ons kom tot die drankpolitiek van ons eie land en van ander lande in die algemeen.

Alkoholisme. Ek het hierdie woord al 'n paar maal gebruik, en wens die betekenis daarvan nou nader te bepaal. Dit is eenvoudig 'n woord waarin saamgevat word al die nadele aan die liggaamlike, geestelike en sedelike lewe van die indiwidu en van 'n hele volk toegebring deur die *gedurige* misbruik van alkohol-bevattende drank. Hier sou dit beter wees om die laaste twee woorde, „alkohol-bevattende drank," te vervang deur „*sterk* drank," omdat haas al die gevalle van alkoholisme te wyte is aan die misbruik van sterk drank. Ek wil wys op die woord „gedurige" in bostaande definiesie, omdat eers deur die gedurige misbruik van sterk drank die ernstige simptome van alkoholisme hul verskyning maak. Dis altyd skandelik en sondig om dronk te wees, en ek wil dit dus nie as iets onskuldigs voorstel nie; maar deur 'n paar maal in die jaar dronk te wees en vir die res min te drink, sal alkoholisme nie optree so lank as sake so bly nie. Aan die ander kant kan iemand so gewoon geraak het aan sterk drank, dat hy daagliks meer drink as vir hom goed is *sonder om dronk te word,* en tog kan hy aan alkoholisme te gronde gaan.

Wat is nou die *simptome van alkoholisme?* Alhoewel alkoholisme in die reël met dronkenskap gepaard gaan, openbaar hy hom nog in baie ander en selfs ernstiger simptome. Een van die gevolge van die gedurige misbruik van sterk drank is 'n abnormale *vetvorming,* wat weer lei tot 'n verswakking van die hart. Die lewer word ook aangetas en siek gemaak, waarmee gewoonlik nog buikwatersug gepaard gaan. Persone wat aan alkoholisme ly, is in hul hele stelsel verswak en baie minder teen allerhande siektes bestand as 'n gesonde mens. Dronkaards kry, wanneer hul woes drink, *delirium tremens,* of dronkmanswaansin, of, soos ons sê, „die horries." Dit is 'n aaklige siekte. Die pasiënt ly aan slapeloosheid, hallusinasies (veral sodra hy sy oë sluit om te slaap), en genees soms ná 'n lang slaap ná enige dae. Soms word hy heeltemal kranksinnig, verkeer voortdurend in raserny, en gaan die hallusinasies nie weer weg nie. Hy weier alle voedsel en sterf onder krampe of deur uitputting.

Verder lei dronkenskap tot baie onheile, o.a. moord en selfmoord, en veral ook tot verwaarlosing en armoede. Dis ongetwyfeld waar dat *misbruik van sterk drank vir baie misdade verantwoordelik* is.

'n Ander baie ernstige gevolg van alkoholisme is die *invloed wat dit het op die kinders* van die alkoholgebruiker. Sulke kinders is gewoonlik liggaamlik en geestelik swak, het aanleg tot siektes van die senuweestelsel (idiotisme, stuipe, vallende siekte, ens.), en word dikwels gebreklik gebore. So haal prof. A. Gautier in sy reeds genoemde stuk die volgende geval aan uit die hospitale van Rouen, wat meegedeel was deur dr. Brunon aan die Akademie vir Medisyne in Parys op 14 Maart 1907: —

„'n Meisie van neëntien jaar word moeder van 'n pragtige, gesonde kind. Sy trou met 'n *spieritusdrinker,* en uit die huwelik word daar vyf kinders gebore. Die eerste is ragieties (d.w.s. ly aan „Engelse siekte," waarby die bene te sag is en die kinders, as hul begin loop, krom bene kry, dikwels ook 'n boggel, ens.) en loop met kurke; die twede is 'n idioot; die derde kry by sy geboorte 'n dislokasie van die heupe; die vierde is normaal; die vyfde word doodgebore, met vier vingers aan elke hand."

Die feit dat die heel eerste, onegtelike kind heeltemal normaal en gesond was, en dat die vyf kinders van die spieritusdrinkende vader ons so 'n treurige skouspel bied, dwing ons tot die gevolgtrekking dat die vader oorsaak was van die treurige geskiedenis. Dit is maar een geval, maar baie meer van dergelike gevalle is bekend. Is dit nie genoeg om enige mens vergoed af te skrik van die misbruik van sterk drank—d.w.s., brandewyn, whisky, jenewer, spieritus, en ander spiritualieë nie? En aangesien die gebruik van spiritualieë so maklik oorslaan in misbruik *(wat met bier en wyn nie die geval is nie!),* behoor dit ons ook van die gebruik van spiritualieë af te skrik.

Ek wil net nog daarop wys dat ons bogenoemde treurige gevolge by die *misbruik* van sterk drank aantref, en dat dit geensins kan gebruik word as 'n argument om die *matige gebruik* van alkoholbevattende drank te veroordeel nie—in elk geval nie van bier en wyn nie, waar gebruik uiters selde in misbruik oorslaan, en dus ook so te sê geen alkoholisme veroorsaak nie.

V. HOE OM DRANKMISBRUIK TE VOORKOM.

MATIGHEID *versus* AFSKAFFING.

Waar ons nou gekom het tot die belangrike vraag: „Hoe kan ons drankmisbruik voorkom?" —en dat ons dit moet voorkom, sal, ná die voorgaande bespreking en volgens wat elkeen weet, seker algemeen erken word—, daar vind ons feitlik net twee moontlike oplossinge, nl. *matige gebruik van geskikte dranke* of *glad geen gebruik, d.w.s. totale afskaffing.* Die verdere vraag wat ons dan hier moet beantwoord, is: Watter van die twee sal vir ons die beste oplossing gee?

Die afskaffers wat die *fanatieke* stadium bereik het—en die meeste van hul is so ver gevorder—, beweer dat alkohol gif is en bly, in watter vorm en hoeveelheid dit ook al gebruik word, en dat die mens dit nie durf aanraak nie. Uit die bespreking van die fisiologiese effek van alkohol sal wel duidelik geblyk het dat hierdie stelling heeltemal onhoudbaar is. Met sulke dwepers en drywers val dus nie te redeneer nie. Daar is egter ook afskaffers van 'n meer gematigde soort, wat totale afskaffing eis, nie omdat alkohol onder alle omstandighede juis so 'n geweldige gif is nie, maar omdat daar dikwels misbruik van gemaak word, met die bekende, treurige gevolge. Dié mense het dus die *renons in dronkenskap en wil dit uitroei.* Hierin kan hul seker reken op die ondersteuning van al hul medemense. Die rede waarom hul op totale afskaffing aandring, is dus enkel en alleen omdat hul dit as die enigste doeltreffende middel beskou om dronkenskap te voorkom. Maar die vraag is of hul hierin gelyk het; en selfs as hul reg sou hê, of hul oplossing in die praktyk verwesenlik sal kan word. Dat die Regering van 'n land totale prohibiesie of afskaffing tot landswet kan maak, het ons onlangs in Amerika sien gebeur; maar om 'n wet te maak, is baie makliker as om dit uit te voer. Dis juis hier waar die moeilikheid skuil.

Voor ek die saak verder bespreek, wil ek net daarop wys dat *die Bybel stellig nie met afskaffing verenigbaar is nie*. Wel waarsku die Bybel ons, ook deur voorbeelde, soos dié van Noach en ander, teen misbruik van drank en dronkenskap, en noem dronkenskap as 'n groot sonde; maar tog word die gebruik van drank vir die gewone man nêrens verbied nie, inteendeel word die gebruik van drank as iets heeltemal geoorloofs voorgestel. In Leviticus 23 vers 13 het die Heer aan Israel 'n *drankoffer van wyn* voorgeskrywe in Sy wet. Hieruit kan ons met reg aflei dat Israel wyn mog en moes maak. In Numeri 6 vers 20 lees ons omtrent die wet van die Nazireër, en aan die end van die vers: „en daarna *zal die Nazireër wijn drinken*." Hier is dus 'n direkte gebod om wyn te drink. In Psalm 104 verse 14 en 15 lees ons: „Hij doet het gras uitspruiten voor de beesten, en het kruid tot dienst des menschen, doende het brood uit de aarde voortkomen. *En den wijn, die het hart des menschen verheugt*, doende het aangezigt blinken van olie; en het brood dat het hart des menschen sterkt." Dus beskou die Psalmis wyn as een van die dinge wat die Skepper vir die mens se gebruik gegee het —en wel om sy hart te verheug. Waar kom die afskaffers dan daaraan om so 'n edele gawe te wil verban en ons in die plaas daarvan spuitwater en limonade te wil gee, wat maar beswaarlik die mens se hart sal verheug?

In Spreuke 31 vers 6 lees ons: „Geeft sterken drank dengenen, die verloren gaat, en wijn dengenen, die bitterlijk bedroefd van ziel zijn." In Luther se Duitse vertaling is dit: „Gebet stark Getrank denen, die umkommen sollen, und den Wein den betrübten Seelen." Hier word dus duidelik onderskeid gemaak tussen „sterk drank" en „wyn." Verder is dit duidelik dat die sterk drank 'n slegte uitwerking sal hê, terwyl die wyn weer dieselfde goeie uitwerking sal hê waarvan in Psalm 104 vers 15 sprake was, nl. om die mens te verheug en hom oor sy droefheid weg te help.

In Prediker 9 vers 7 lees ons: „Ga dan heen, eet uw brood met vreugde, en *drink uwen wijn van goeder harte:* want God heeft alreeds een behagen aan uwe werken."

Dat *soet wyn* ook in die ou dae 'n baie swaar wyn (waarskynlik gefortifiseer) was, en dus maklik mense kon dronk maak, blyk uit sulke tekste soos Jes. 49, vers 26: „En Ik zal uwe verdrukkers spijzen met hun eigen vleesch, en van hun eigen bloed zullen zij *dronken worden, als van zoeten wijn* ....;" en verder in Handelingen 2 vers 13: „En anderen spottende, zeiden: Zij zijn *vol zoeten wijns,"* daarmee bedoelende, dat die apostels dronk was toe hul, ná die uitstorting van die Heilige Gees, die skare toegespreek het.

In Amos 9 verse 13 en 14 lees ons: „Ziet de dagen komen, spreekt de Heere, dat de ploeger den maaier, en de druiventreder den zaadzaaier genaken zal; en de bergen zullen van zoeten wijn druipen, en al de heuvelen zullen smelten. En ik zal de gevangenis van mijn volk Israël wenden, en zij zullen de verwoeste steden herbouwen en bewonen, *en wijngaarden planten en derzelver wijn drinken;* en zij zullen hoven maken en derzelver vrucht eten."

In die Ou Testament word wyn en koring, of brood, vleis en melk dikwels saamgenoem (Klaagl. 2: 12, Dan. 10: 3, Jes. 55: 1, Neh. 5: 15, 2 Sam. 16: 2, Gen. 14: 18, ens.), sodat wyn beskou was as 'n normale deel van die mens se voedsel en ten minste van sy drank.

As ons nou tot die Nuwe Testament kom, dan lees ons in Joh. 2 die geskiedenis van die bruilof in Kana, in Galilea, waar die Here Jesus sy eerste wonder verrig het deur water in wyn te verander, nadat die bruilofsgaste die wynvoorraad uitgedrink het. En die wyn is deur die hofmeester as die beste geroem. Dis dus ydel vir die afskaffers om te wil beweer dat die wyn waarvan hier sprake is, ongegiste druiwesap was. Dit sou trouens ook kaf wees, omdat wyn beteken *gegiste* druiwesap. Ongeveer 'n jaar voor sy dood het ek wyle prof. Marais se opinie hieroor gevra, en sy antwoord was dat dit eenvoudig 'n skrifverdraaiing is om te wil beweer dat hierdie wyn ongegis was of, m.a.w., dat dit geen alkohol sou bevat het nie. Die Jode, wat toe al vir duisende jare wyn of gegiste druiwesap gedrink het, sou nooit ongegiste mos vir wyn aansien, en dit dan nogal die beste wyn noem nie. 'n Ander feitlik onoorkoomlike beswaar teen die afskaffer-uitleg van die wyn wat die Here Jesus op die bruilof in Kana gemaak het, is die feit dat dit baie moeiliker is om *ongegiste druiwesap* so te maak dat dit goed bly, as om wyn te maak, en dat die kuns om druiwesap te preserveer eers 1800 jaar ná die bruilof in Kana uitgevind is. Dus kan ons veilig aanneem dat gesteriliseerde, of ongegiste, druiwesap onder die Jode destyds onbekend was. Dit vernietig ook die bewering van die afskaffer-predikante dat die Here Jesus sy Awendmaal nie met wyn ingestel het nie. Hul sê daar staan „vrucht des wijnstoks," en dit is waar. Maar dit was tog in 'n drinkbare vorm—dus wyn of ongegiste druiwesap. Maar ek het reeds aangetoon dat dit nie gesteriliseerde druiwesap kon gewees het nie, en *vars* druiwesap kon dit ook nie gewees het nie, want die Awendmaal is ongeveer ses maande *na* die parstyd ingestel. Hoe eerder hierdie afskaffer-predikante hul dwaling insien, hoe beter.

Ons kom dus nie weg van die feit nie dat ons *Here Jesus Self wyn gemaak het*—en wel om op 'n bruilof te laat drink. Verder het Hy by die instelling van die Heilige Awendmaal *wyn gebruik*. In Luk. 22 verse 17 en 18 lees ons: „En als hij eenen drinkbeker genomen had, en gedankt had, zeide hij: Neemt dezen, en deelt hem onder ulieden. Want Ik zeg u, dat Ik niet drinken zal van den vrucht des wijnstoks, totdat het koninkrijk Gods zal gekomen zijn." In troue navolging van die Here Jesus word wyn[13] dan vandag ook nog by die Awendmaalsviering in die Kristelike Kerke gebruik, met enkele uitsonderings van afskaffers, wat 'n soort ongegiste druiwesap of ander onwaardige surrogaat gebruik, en daarmee die Heiland Se werk wil verbeter. Ek beskou dit as iets skandeliks en 'n Kristen onwaardig.

Uit hierdie twee gebeurtenisse uit die Heiland Se lewe sien ons dus dat Hy Self wyn gemaak het en aan Sy dissiepels gegee het om te drink. Dus kan niemand wat hom 'n navolger van Jesus Kristus en dus 'n Kristen noem, beweer dat die maak en drink van wyn verkeerd en sondig is nie. Hiermee staan die totale afskaffer van wyn veroordeel deur die Bybel.

---

[13] Ek het reeds aangetoon dat „vrucht des wijnstoks" hier feitelik net gewone wyn kan beteken

In 1 Tim. 5 vers 23 skryf Paulus aan Timotheüs soos volg: „Drink niet langer water alleen, maar gebruik een weinig wijns, om uwe maag en uwe menigvuldige zwakheden." Hier word die gebruik van wijn deur Paulus aanbeveel as geneesmiddel. Dis dus duidelik dat die afskaffer hom nie op die Bybel kan beroep nie. Waar die uitspraak van die Bybel, na ek hoop, vir ons volk nog afdoende is, sal daar wellig ook heelwat afskaffers wees wat geen Kristene is nie, en terwille van hulle dus en van die saak self, sal ek die afskaffing nou verder bespreek afgesien van die Bybel.

U sal nou al duidelik gemerk het *dat ek my absoluut teen die algehele afskaffing van alkoholiese dranke stel, en pleit vir die matige gebruik van ligte alkoholiese dranke as die beste middel om dronkenskap te voorkom.* Ter ondersteuning van my standpunt wens ek U die volgende aanhalinge uit „The Lancet," die bekende Britse mediese blad, voor te lees. Die eerste is uit „The Lancet" van 30 Maart 1907, en lees soos volg: —

„In view of the statement frequently made as to present Medical opinion regarding alcohol and alcoholic beverages, we, the undersigned, think it desirable to issue the following short statement on the subject—a statement which, we believe, represents the opinions of the leading Clinical Teachers, as well as of the great majority of Medical practitioners.

Recognising that, in prescribing alcohol, the requirements of the individual must be the governing rule, we are convinced of the correctness of the opinion so long and generally held, that in disease alcohol is a rapid and trustworthy restorative. In many cases it may be truly described as life-preserving, owing to its power to sustain cardiac and nervous energy, while protecting the wasting nitrogenous tissues.

As an article of diet we hold that the universal belief of civilised mankind that the moderate use of alcoholic beverages, is, for adults, usually beneficial, is amply justified. We deplore the evils arising from the abuse of alcoholic beverages. But it is obvious that there is nothing, however, beneficial, which does not by excess become injurious."

Dit was onderteken deur die volgende sestien geneeshere:—

T. McCall Anderson, M.D., Regius Prof. van Medisyne, Universiteit van Glasgow.

Dr. Alfred G. Barrs, Prof. van Medisyne, Yorkshire-Kollege, Leeds.

Sir William H. Bennett, K.C.V.O., F.R.C.S.

Sir James Crichton-Browne.

Dr. W. E. Dixon, Prof. van Materia Medica en Farmakologie, King's Kollege, Londen.

Sir Dyce Duckworth, M.D., LL.D.

Sir Thos. R. Fraser, M.D., F.R.S., Oud-President van die Royal College of Surgeons, Edinburgh.

Dr. T. R. Glynn, F.R.C.P., Prof. van Medisyne, Liverpoolse Univ.

Sir. W. R. Gowers, M.D., F.R.S., Konsulterende Geneesheer, University College Hospital.

Dr. W. D. Halliburton, LL.D., F.R.C.P., F.R.S., Prof. van Fisiologie, King's Kollege, Londen.

Dr. Jonathan Hutchinson, F.R.C.S., gewese Prof. van Heelkunde, London Hospital.

Dr. Robert Hutchison, F.R.C.P.

Edmund Owen, LL.D., F.R.C.S., Konsulterende Geneesheer aan die St. Mary's Hospitaal en hoof geneeskundige beampte van die St. John's Ambulance Brigade.

Dr. P. H. Pye-Smith, F.R.S., gewese Senior Censor, Royal College van Geneeshere en Konsulterende Geneesheer aan die Guy's Hospitaal.

Dr. F. T. Roberts, M.D., B.Sc., F.R.C.P., Konsulterende Geneesheer aan die Universiteitskollege en aan die Brompton-hospitaal; Holme-Professor in Klieniese Geneeskunde.

Sir Edgcombe Venning, F.R.C.S., vroeër Huisgirurg en Girurgiese Registrateur, St. George's Hospitaal.

Die twede aanhaling is uit „The Lancet" van 30 Nov. 1912, en is 'n deel van die vroeër gesiteerde „Inaugural Address on Drunkenness and the Physiological Effect of Alcohol" deur dr. Charles Mercier, M.D., F.R.C.P., gehou voor die „Midland Medical Society" in 1912, en lui soos volg:—

„In further corroboration of my thesis that the effect of moderate doses of alcohol is to stimulate the mental faculties of those who possess mental faculties, and stimulate those faculties which some think the highest, such as imagination, fancy, picturesque imagery—the artistic faculties as we may call them—I point to the fact that there has never been one distinguished originator in any branch of art who did not take alcohol, at least in moderation, and may have taken it, alas ! in excess. It is the fact, indisputable if lamentable, that it is the great nations, the victorious nations that are in the van of civilisation, that are the drinking nations. I don't say they are great because they drink, but I do say that this disposes of the argument that a drinking nation is necessarily a decadent nation.

A world of total abstainers might be a decorous world, a virtuous world, a world perhaps a little too conscious of its own merits; but there is no reason to suppose that it would be an uncontentious or unprejudiced world, or a world from which exaggeration of statement, intemperance in speech, or intolerance of opinion would be banished; and there is some evidence to make us anxious less it should be a drab, inartistic, undecorated world; a world without poetry, without music, without painting, without romance; utterly destitute of humour; taking sadly what pleasures it allowed itself; and rather priding itself on its indifference to the charms of wine, woman, and song. . . ."

Hierdie laaste gedagte het die groot hervormer, Luther, soos volg uitgedruk: —
„Wer nicht liebt Wein, Weib und Gesang,
Der bleibt ein Narr sein Leben lang."

Hierdie aanhalinge spreek vir hulself en het dus geen verdere verklaring nodig nie.

Ons sal nou kortliks nagaan wat die afskaffers wil hê, en daarna aantoon hoe die magtigheidsbeginsel 'n beter oplossing van die probleem is.

Die afskaffers se einddoel is om aan alle gebruik van alkohol, in watter vorm en hoeveelheid ook, 'n end te maak. In ons eie land het hul eens op 'n tyd geskree: „Kap uit al die wingerdstokke!" Hierby het hul vergeet dat dit met ons heerlike tafeldruiwe en rosyntjies dan ook gedaan is, en verder, en veral, dat, soos ons hiervoorin gesien het, alkohol en alkoholiese dranke dan nog op 'n menigte ander maniere verkry kan word. Die eis is nou dus gewysig, en bestaan in 'n algehele verbod op alle alkoholiese dranke, of *totale prohibiesie,* soos dit nou heet. In die Verenigde State van Noord-Amerika is dit dan nou ook landswet geword, alhoewel—wat myns insiens gedaan moes gewees het—daar nooit 'n referendum of volkstemming oor die saak gehou is nie.

In hul middels om hul doel te bereik, is die meeste afskaffers nie kieskeurig nie. Hul gewoonste middel is dié van *verdraaiing*—dus *halwe waarhede en onwaarhede.* In naam van die wetenskap word die onwetenskaplikste kaf aan die publiek opgedis. Die publiek word wysgemaak dat alkohol in elke vorm en hoeveelheid gif is en die onheile van alkoholisme veroorsaak. Ek hoop dat hierdie voorlesinge, waarin ek die saak objektief en wetenskaplik behandel het, U nou self in staat sal stel om die onhoudbaarheid van so 'n bewering te beoordeel.

Dis in die eerste plaas teen die strydmetodes van die afskaffers dat enig regskape mens moet objekteer. Die meeste skaam hul selfs nie om onder die valse vlag van „*temperance*"—d.w.s., „matigheid"—te seil nie, wanneer hul duidelike doel is *totale afskaffing.* Hul kan en moet ten minste met 'n oop visier veg as hul die wêreld tot hul oordrewe insigte wil bekeer. Aan ons *afskaffer-predikante* verklaar ek ronduit dat hul op Bybelse grond geen reg het om algemene afskaffing of totale prohibiesie voor te staan nie. As 'n *indiwidu* om die een of ander rede, sê b.v. as voorbeeld en tot hulp van een wat te veel drink, wil besluit om vir 'n tyd of vergoed geen alkoholiese drank meer te drink nie, dan kan hy hom hiervoor op Paulus beroep, en is dit heeltemal in orde. Maar dis glad iets anders as gedwonge, totale afskaffing *vir elkeen.*

Ek het die einddoel van die afskaffers genoem, maar in die tussentyd, solank as daardie doel nog nie bereik is nie, probeer hul om *die konsumpsie van drank dan tog ten minste so klein as moontlik te maak.* Hiervoor stel hul verskillende dinge voor—b.v. minder drinkplekke; korter ure van drankverkoop; geen drank per bottel uit die kantien laat wegdra nie; 'n beter klas kantienman; aan kinders en meide geen drank te verkoop nie; die getal doppe wat 'n baas per dag aan sy werkvolk mag gee, te beperk; ens. Hierdie voorstelle is veral gemik teen die drankmisbruik deur die kleurlinge, meer spesiaal in die Westelike Provinsie. Die laaste drie voorstelle vind ek heeltemal goed—net dat die hoeveelheid wyn wat 'n baas per dag aan 'n jong mag gee, moet vasgestel word in „bottels" (sê 1½ bottels per dag) en nie in so 'n onsekere maat soos „doppe" nie.

Die stopsit van drankverkoop by die bottel kan onmoontlik algemeen gemaak word. Dit sou hoogstens tot kantiene beperk moet word, en selfs dan nog is dit die vraag of dit nie net die teenoorgestelde uitwerking sal hê van wat daarmee beoog word nie. Alleen die praktyk sal ons kan onderrig omtrent die doeltreffendheid van so 'n maatreël.

Korter ure vir drankverkoop kan die konsumpsie verminder, maar dit sal waarskynlik die boer se werkure, wat nou reeds beperk genoeg is, nog verder beperk. Dus moet so-iets ernstig oorweeg word eer daartoe oorgegaan word. As dit die enigste en 'n afdoende oplossing vir dronkenskap onder ons kleurlinge sou wees, dan sou ek dit van harte wil ondersteun. Maar ek beskou dit as *lapwerk* en onnodig, indien die m.i. regte oplossing, wat ek later aan die hand sal gee, mag aanvaar word.

Minder drinkplekke sal glad nie noodwendig die dronkenskap verminder nie. In Italië kan jy b.v. in byna elke winkel, apteek, ens., wyn koop, en tog het ek daar op my lang reise heen en weer deur die land geen dronkenskap waargeneem nie. Die afskaffers glo vas dat meer drinkplekke meer dronkenskap beteken. Statistieke bewys dikwels net die teenoorgestelde. So gee „A County Magistrate" in „Common Sense" van 29 Nov. 1919 die volgende interesante uittreksel uit die gepubliseerde „Licensing Statistics for 1918" in Engeland. Die getalle is per 10,000 van die bevolking van die genoemde stede.

	Getal liksense vir drankverkoop.	Getal veroordelinge vir dronkenskap.
Nottingham	17	6
Portsmouth	27	3
West Ham	6	9
Great Yarmouth	42	1
Hull	11	6
Leicester	15	3
Sheffield	18	5
Bristol	22	2
Newcastle	16	49
Canterbury	50	1
Leeds	13	7
Bradford	17	5

Die volgende grafiese voorstelling maak die feite makliker verstaanbaar: —

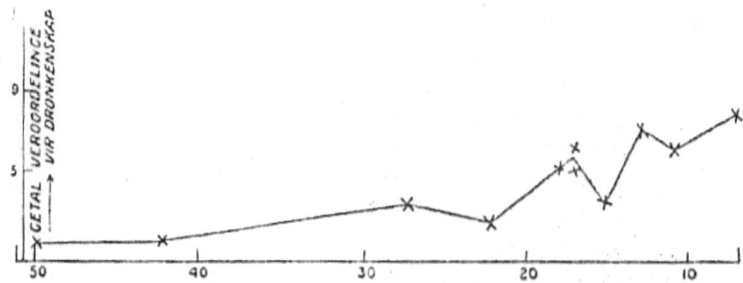

In meegaande figuur stel syfers 10-50 getal liksense vir drankverkoop voor.

Hierby is die geval van Newcastle weggelaat om ruimte te spaar. Dit is egter die ergste geval vir die afskaffer, want hier was daar drie veroordelinge vir elke liksens, terwyl die getal veroordelinge gewoonlik (met uitsondering van West Ham, waar dit 1½ per liksens was) baie minder as die getal liksense was.

Die bostaande krom lyn laat ons duidelik sien *dat die getal veroordelinge aandenlik toeneem namate die getal liksense kleiner word,* al is dit nie heeltemal reëlmatig nie. Hier het ons dus te doen met 'n geval waar statistieke die omgekeerde bewys van wat die afskaffers beweer.

Dis my vaste oortuiging dat dit nie so seer die getal drinkplekke is wat dronkenskap bevorder nie as die soort mens wat in die kantien agter die toonbank staan.

Laat ons nou die *matige gebruik* van alkoholiese dranke nader beskou. In sy uiters lesenswaardige boek oor „Die Alkoholfrage" (Paul Parey, Berlin, 1906) noem prof. dr. A. Cluss die volgende (enigsins verkorte)

Reëls vir Matigheid:

1. Drink nooit meer as jy kan verdra nie.
2. Drink onder gewone omstandighede nie oor jou dors nie—d.w.s., drink nie meer wyn of bier as jy onder dieselfde omstandighede water sou gedrink het nie. As buitengewone omstandighede die dors besonders groot maak, dan moet 'n mens jou dors nie net met alkoholiese dranke verslaan nie. (Drink eers 'n glas water.—A.I.P.)
3. Drink alkoholiese dranke net gedurende, of, beter, ná die maaltye. Hierby word natuurlik veronderstel dat die getal maaltye nie verhoog word om meer te kan drink nie.
4. Drink die alkohol net in 'n verdunde en goed bekomende vorm—d.w.s., in die vorm van suiwer wyn wat nie te swaar is nie, bier, appelwyn, ens. By 'n groot dors moet die wyn of appelwyn slegs met gewone of mineraalwater (spuitwater) verdun gedrink word.
5. Onthou jou so veel moontlik heeltemal van alle gebruik van die sterk dranke, uitgesonder in seker gevalle— goeie champagne, suiwer dessertwyne, ens.
6. Onthou dat die sogenaamde „apéritifs," soos absint, vermoet, ens., reëlmatig en in groterige hoeveelhede geniet, skadelik is. Vermy hul dus heeltemal of pas op dat jy hul nie te dikwels gebruik nie.
7. Dink daaraan dat, naas water en ligte alkoholiese dranke, vars of ingelegde vrugte uitstekend geskik is om die dors te les. By sportoefeninge moet alkoholiese dranke liefs heeltemal uitgesluit word.
8. Onthou dat so 'n enkele oormatige gebruik van bier of wyn minder nadelig is as 'n gereëlde, middel-groot gebruik van alkohol. (Ook dit is egter sterk te veroordeel, daar dit maklik tot voortdurende misbruik kan aanleiding gee.— A.I.P.)
9. Beproef jouself of die verlange na alkoholiese genotmiddels by jou nie reeds 'n sterk neiging geword het

nie, deur van tyd tot tyd vrywillig die gebruik van alkoholiese dranke te staak, en dan waar te neem of jy die alkohol kan ontbeer sonder jou in dié tyd liggaamlik of psiegies onbehaaglik te voel. (Dis 'n uitstekende middel om uit te vind of die alkohol enigsins nadelig op jou werk en of jy enige gevaar loop van 'n onmatige drinker te word.—A.I.P.)

10. Gee goed ag daarop of die in die liggaam opgenome alkohol nie op enige wyse verbygaande of aanhoudende steuringe in die algemene toestand sowel as in die werkinge van die individuele organe veroorsaak nie. 'n Mens moet dus oplet of die fiesiese en verstandelike arbeidsvermoë nie verminder word nie; of daar nie toestande van onnatuurlike opwinding of neerslagtigheid hul vertoon nie; of nie die opname van voedsel, spysvertering, slaap, enigsins ongunstig beïnvloed word nie; of nie die skerpte van sekere sinswaarneminge ly nie; of daar nie 'n abnormale verandering in die liggaamsgewig, veral 'n neiging om dik te word, plaasvind nie, wat aan 'n vetagtige ontaarding van inwendige organe kan te wyte wees. As daar by hierdie selfwaarneming enige verdagte simptoom hom mag voordoen, wat in oorsaaklike verband met die alkohol kan staan, moet dadelik, eerdat ernstiger simptome nog hul verskyning maak, die daagliks genuttigde hoeveelheid alkohol verminder word of van die gebruik van alkoholiese dranke afstand gedoen word voor die geval nie eers deur 'n dokter opgehelder is nie.

11. Wie, eindelik, nie so veel selfwaarnemings-vermoë besit om die hoeveelheid alkohol vas te stel wat hom goed sal bekom nie—en dit geld natuurlik vir die breë volksmassas—, moet hom maar hou aan die reeds aangegewe norm—d.w.s., nie meer te drink nie as daagliks 30—50 c.c. absolute alkohol—dus ongeveer 1—1½ lieter bier, of ½—¾ lieter ligte wyn, of 1 lieter appelwyn." (Een lieter is 1⅓ bottel en 1 gelling is so te sê 4½ lieters. —A.I.P.)

Wie hierdie reëls beoefen, sal feitlik nooit 'n onmatige drinker word nie.

Die allerbelangrikste saak is en bly: *Watter alkoholiese drank* gedrink word. En dit is die groot punt wat die afskaffers (insluitende ons afskaffer-predikante) byna altyd uit die oog verloor. Soos U vir U sal herinner, hel ek reeds met klem daarop gewys dat die *ligte* alkoholiese dranke so te sê nooit dronkenskap veroorsaak nie, maar dat die gebruik van spiritualieë en gefortifiseerde wyne (d.i. wyne waar spieritus of brandewyn by gevoeg is) gewoonlik die oorsaak daarvan is, omdat gebruik in hierdie geval so maklik in misbruik oorgaan. In die meer algemene gebruik van ligte wyne en bier besit ons dan ook die beste wapen om dronkenskap te bestry. Verder is ek oortuig dat die leer: „Raak nie en smaak nie" eerder 'n ras van gehoorsame slawe sal voortbring as van manne met 'n vaste karakter, wat in die stryd van die lewe hul man kan staan. Aan die ander kant beskou ek die begrip „matigheid" as *eties veel hoër staande*, en juis bereken om wilskrag en karaktersterkte te ontwikkel. Daar bestaan groter gevaar dat die persoon wat nog nooit drank gedrink het nie, onder ongunstige omstandighede geplaas, 'n dronklap kan word as die matige drinker, wat met drank wel bekend is en weet wat en hoeveel hy moet drink. Sulke gevalle is my uit eie ervaring bekend, en die verskynsel is gans natuurlik en nie anders te verwag nie. Dus vind ek dit 'n uitstekende gewoonte om *kinders* van kleins af 'n *heel klein bietjie wyn* na die middagmaal aan tafel te gee. Ek het self so groot geword en doen dieselfde met my kinders. Soms drink ek niks, en dan kry hul ook niks. Alhoewel ek totale afskaffing *vir elkeen* verwerp, is daar seker uitsonderlike gevalle, waar algehele onthouding my die beste lyk. Ek noem die volgende (Cluss, t.a.p., bls. 52—57): —

(1) Persone met 'n *aangebore gevoeligheid* teenoor alkohol, wat by enkele persone waar te neem is, en daaruit blyk dat steuringe in hul liggaamlike of verstandelike funksies intree, reeds by 'n baie matige alkoholgebruik.

(2) Vir *persone wat aan seker siektes ly,* soos b.v. lewer- en nierkwale, hartkwaal, jig, ens.

(3) Persone met 'n duidelik *swak* of *minderwaardige konstitusie.*

(4) *Berugte suiplappe* of *genése dronkaards.* Hul wilskrag is te swak om matig te drink, en daarom is algehele onthouding vir hul die beste. Dit kan in die eerste geval meestal *nie meteens* gedoen word nie, omdat die skok te groot mag wees.

(5) *Om die hoogste op die gebied van sport te kan presteer* kom *tydelike* algehele onthouding in aanmerking. Dit geld veral vir voetbal, roei, swem, bergklim, ens. Cluss, t.a.p., bls. 55, noem die volgende drie redes hiervoor:— Die

eerste is die feit dat die liggaam, in 'n toestand van groot spanning, baie gevoeliger teenoor alkohol is as anders; die twede is dat ons die liggaam dan so min moontlik moet belas, en van hom nie moet vereis om ekstra hoeveelhede vloeistof te verwerk nie (dus ook nie alkoholvrye dranke nie); en, eindelik, weens die altyd verhoogde dorsgevoel, waardeur 'n mens gevaar loop om te veel te drink.

(6) *Kinders voor die geslagsrypheid of puberteit ingetree het*—dus onder 12—16 jaar. Dit is oor die algemeen goed, alhoewel dit nie te letterlik moet opgevat word nie. 'n *Bietjie* bier of ligte wyn sal jonger kinders geen kwaad doen nie as hul werklik min (sê die spreekwoordelike vingerhoedvol) kry, en nie gereëld nie.

Omdat algehele onthouding in hierdie uitsonderlike gevalle die beste is, volg dit nog glad nie dat dit vir volwasse, normale persone verplig moet gemaak word nie. Verder moet ons bedink dat totale afskaffing van alkoholiese dranke *belangrike ekonomiese gevolge* sal hê vir die meeste lande, en dat dit nie behoort toegepas te word as ons 'n ander goeie oplossing vir die vraagstuk van dronkenskap kan vind nie.

VI. DIE GISTINGSINDUSTRIEë IN DIE STAATHUISHOUDKUNDE.

Elkeen wat die moeite wil doen om effentjies te ondersoek wat die betekenis van die gistingsindustrieë is vir die lande waar hul 'n taamlik uitgebreide bestaan het, sal insien dat hul afskaffing baie ernstige gevolge vir die staathuishouding van sulke lande sal hê. Dink aan al die mense wat besig is met die produksie van die grondstowwe vir hierdie industrieë en met die verwerking van hierdie stowwe totdat hul vir publieke konsumpsie gereed is en wat deur totale afskaffing van hul brood sal beroof en met ondergang bedreig word. Dink aan die enorme kapitaal wat in grond, geboue en masienerie belê is in verband met die gistingsindustrieë. En dit is alles geskied met "die stilswyende goedkeuring van die verskillende lande se regerings en bevolkings. Het daardie mense nie ook seker regte wat erken moet word nie? Natuurlik wel! Die Staat wat jaarliks groot inkomste getrek het uit die drankindustrie, en veral uit die distillasie van wyn, soos in ons eie land, kan nie somaar meteens 'n wet maak waardeur verdere distillasie verbied word, sonder om die eienaars van sulke stokerye behoorlike kompensasie, ten minste die waarde van hul installasies, uit te betaal nie.

Die afskaffers maak hul gewoonlik van die saak af deur te sê: „Produseer tafeldruiwe, rosyntjies, moskonfyt, gepreserveerde druiwesap (die sogenaamde ‚alkoholvrye wyn'!), asyn; vervang jul wingerde met vrugtebome, en gebruik jul gars en aartappels om diere te voer in plaas van dit in drank te verwerk."

Dit lyk nou 'n baie maklike en goeie oplossing, wanneer ons die saak so oppervlakkig beskou. Sodra ons egter 'n bietjie in besonderhede tree, dan vind ons dadelik uit dat die saak nie so eenvoudig is as dit wel lyk nie. Die wynstok het die geaardheid om nog goed te groei en 'n betalende kultuur te wees op gronde wat vir die meeste ander landbougewasse so te sê waardeloos is—sodat ons nie orals die wingerd deur 'n vrugteboord kan vervang nie. Verder kan jy nie orals in die verskillende lande se wynbougebiede rosyntjies maak of goeie tafeldruiwe kweek nie. Algemeen sou 'n mens net moskonfyt en steriele druiwesap kan maak. Wat betref moskonfyt, wil ek daarop wys dat die druiwe se waarde, vir hierdie doel, afhang van hul suikergehalte, en dat baie van die duurste wingerdgronde dan die minste werd sal wees, omdat hul wel uitstekende ligte wyne lewer maar nie baie soet moste nie. Die grootste beswaar in ons land, en ook in ander lande wat wyn sowel as suiker produseer (b.v. Frankryk, Duitsland, Oostenryk-Hongarye, Italië, ens.), is dat moskonfyt meestal nie met die gouestroop ("Golden Syrup"), wat 'n afvalproduk van die suikerindustrie is, in prys kan kompeteer nie, en die verkoop daarvan teen 'n redelike prys dus nie alte uitgebreid sal wees nie.

Wat die steriele druiwesap betref, moet ek herhaal dat die duurste wingerdgrond se druiwe vir hierdie doel nie juis meer werd sal wees as dié van inferieure en goedkoop gronde nie, en verder sal dit heelwat kos om te maak, en sal dit nog lank neem voor die publiek dit op 'n groot skaal sal konsumeer. Dit is seker gesond, net soos moskonfyt.

Ek keur dit goed dat die genoemde produkte, wat ons uit die wynstok kan verkry, *sover moontlik* moet geproduseer word, maar besef dadelik dat hul nie ons *hele* druiweoes sal kan opneem nie— en seker nie teen betalende pryse nie, as dit die hele oes geld.

293

Hoe ons die saak dus ookal beskou, *die wynboer se grond sal, by die invoering van totale afskaffing, baie in waarde verminder* (dikwels meer as die helfte), en baie wynboere, veral die jong beginners, sal bankrot moet gaan as die Staat nie 'n goeie kompensasie betaal nie—en dit sal na miljoene toe loop. Maar die mense se koopkrag sal ook baie verminder, wat ten gevolge sal hê dat hul aan hul volk minder sal moet betaal en dat die handelslui dit gou sal voel.

As ons die geval van die graan en aartappels neem wat in een of ander soort drank verwerk word, dan sal die effek op die boer nie so groot wees soos in die geval van druiwe nie, maar hy sal ook minder geld vir sy produk kry. Die groot getal mense wat in die industrie betrokke is en die belegde kapitaal sal natuurlik net so swaar getref word, en ook hul sal met ondergang bedreig word. Al word aan die besitters van brouerye en stokerye kompensasie betaal, dan help dit die tegnies geskoolde kragte van hierdie bedrywe nog nie aan 'n lewensbestaan nie. Dis uiters moeilik vir sulke mense, veral op gevorderde leeftyd, om 'n nuwe beroep aan te leer na hul vir hul voorberei het vir so 'n gespesialiseerde bedryf. Die grootste gros van hierdie mense met vroue en kinders en al sal in die grootste ellende gedompel word as die oordrewe eise van die fanatieke afskaffers moet verwesenlik word. Maar hieroor bekommer laasgenoemdes hul gewoonlik nie. Hul staar hul blind op totale afskaffing.

Ek sal nou nog net enige syfers in verband met ons eie land noem om aan te toon watter belangrike bydraes die staatskas jaarliks uil die drankindustrie ontvang. Ek haal die syfers aan uit die jongste „Officieel Jaarboek van de Unie van Zuid-Afrika" vir 1910—1916, bls. (637 en 638: —

INKOMSTE VAN DIE UNIE 1913—1916.

	1913-1914	1914-1915	1915-1916
Aksyns op Spiritualieë en Bier	£445,876	£438,070	£490,035
Invoerregte op Alkoholiese Dranke	£709,990	£644,855	£665,207
Totale inkomste uit Alkoholiese Dranke	£1,155,866	£1,082,925	£1,155,242
Totale inkomste van die Unie	£15,980,944	£14,458,137	£16,743,405
Persentaise hiervan uit Alkoholiese Dranke	7.2	7.5	6.9

Hieruit blyk dus dat tussen 1913 en 1916 die Uniestaatskas jaarliks aan aksyns op spiritualieë en bier en invoerregte op alkoholiese dranke meer as een miljoen pond sterling, of gemiddeld 7.2 persent, van sy totale inkomste ontvang het (dit is buiten die Spoorwegdepartement). In die boekjaar 1915—16 was die bedrag vir inkomsbelasting ontvang £1,028,953, of £126,289 *minder* as uit die aksyns op spiritualieë en bier en die invoerregte op alkoholiese dranke.

VII. PRAKTIESE GEVOLGTREKKINGE.
DRANKPOLITIEK VIR ONS LAND.

Uit die voorgaande sal dit duidelik wees dat drankmisbruik treurige gevolge het vir die indiwidu sowel as vir die Staat, en dat dit dus iets is waarmee die samelewing of die Staat hom ernstiglik moet bemoei. Op hierdie punt is daar geen verskil van opienie nie. Wanneer ons egter kom tot die middels om drankmisbruik te voorkom, dan kry ons baie uiteenlopende opienies oor die saak.

Die afskaffers gaan uit van die standpunt dat alkohol in elke vorm gif is en dat ons in die volksbelang dus 'n end moet maak aan die konsumpsie van alle alkoholiese dranke. Verder glo hul dat dit die enigste middel is om aan dronkenskap 'n end te maak.

Ons het in hierdie voorlesinge egter gesien dat alkohol, in matige konsentrasie en in redelike hoeveelhede geniet, 'n gunstige uitwerking het op die menslike liggaam en ten volle die funksie van 'n voedingstof vervul. Dus gaan die afskaffers uit van 'n totaal verkeerde en onverdedigbare standpunt. Ons vind dan ook dat die Bybel ten gunste is van die gebruik van wyn, soos o.a. blyk uit die feit dat die Here Jesus self wyn gemaak het om op 'n bruilof gedrink te word, en dat die totale afskaffing daarvan dus in stryd is met wat die Bybel ons op dié punt leer.

Die afskaffers is verder teen die *gebruik* van alkoholiese dranke omdat, soos hul beweer, dit in *misbruik* oorgaan. In sommige gevalle is dit ongetwyfeld waar, en ons het reeds gesien dat dit dikwels en byna *uitsluitlik* gebeur waar die alkoholiese drank 'n sterk drank is, soos b.v. whisky, industriespieritus, brandewyn, ens. Waar die volksdrank egter bier of ongefortifiseerde wyn is, daar kom dronkenskap nie voor nie of dan net by wyse van 'n hoë uitsondering, wat vir die volkswelvaart van geen betekenis is nie.

Wil ons dus die dronkenskap bestry, dan hoef ons net dié alkoholiese dranke af te skaf wat die dronkenskap veroorsaak. Dis hierby nie nodig om dranke af te skaf wat wel dronkenskap *kan* veroorsaak maar dit volgens die ondervinding van die verlede nie doen nie. Dit geld vir die ligte alkoholiese dranke, soos bier en natuurlike, of ongefortifiseerde, wyn. Die gefortifiseerde wyne, wat sterk en gewoonlik soeterig is, veroorsaak die dronkenskap onder die kleurlinge van die Westelike Provinsie, terwyl whisky en brandewyn die res van die dronkenskap in ons land onder alle klasse veroorsaak.

My oplossing vir die alkoholvraagstuk is dus die *totale verbod van alle sterk drank en die onbelemmerde verkoop en gebruik van die ligtere alkoholiese dranke soos bier en wyn.*

Dit sal ongetwyfeld 'n end maak aan die dronkenskap. Dan sal daar *hoogstens* net *heel enkele* gevalle van drankmisbruik voorkom, wat vir die samelewing van min betekenis sal wees. Dit sal die maatskappy van 'n gevaarlike kanker genees, en tegelykertyd die mens die geleëntheid gee om sy begeerte na alkoholiese genotmiddels te bevredig deur die gebruik van bier en wyn, in plaas van tot nog gevaarliker genotmiddels (kokaïen, en ander alkaloïede) die toevlug te neem.

Dit sal natuurlik 'n hele omwenteling in ons drankwette en drankhandel veroorsaak. Om mee te begin, sal dit beteken dat hier voortaan *geen spiritualieë ingevoer of in die land self geproduseer sal word nie.* Dan sou sulke sterk dranke soos whisky, brandewyn, jenewer, peperment en ander likeurs, en die gefortifiseerde wyne (ports, sherries, madeiras, en die meeste soet wyne) uit die handel moet verdwyn. Al die stokerye in ons land, van die boer se klein brandewynsketeltjie af tot die grootste en modernste distilleerinstallasie, sal hul werksaamhede moet staak. Veral in geval van die groot stokerye sal dit 'n groot geldelike verlies beteken. As die volkswelvaart egter daardeur gedien is, dan moet dit tog gebeur, en dan behoor die Staat 'n sekere kompensasie uit te betaal aan die eienaars, aangesien die Staat jarelank miljoene aan aksyns ontvang het uit die brandewyn en spieritus wat met sodanige distilleertoestelle gestook is.

Vir industriële doeleindes sou spieritus *slegs onder staatskontrole* kan gestook word, *mits dit dadelik gedenatureer word* en so vir drinkdoeleindes totaal ongeskik gemaak word. Heelwat van die beste bestaande stokerye wat nou wyn stook, sou vir die produksie van sulke industriespieritus kan gebruik word. Die spieritus sou as brandstof vir motore van motorkarre, kragmasiene, ens., kan dien.

As my oplossing van die alkoholvraagstuk aanvaar word, dan sal die boere oor die algemeen beter wyne moet maak. Suur en ander siek wyne sal dan net in soverre nog 'n waarde hê as hul geskik mag wees vir die fabrikasie van asyn. Wat hiervoor nie deug nie, sal feitlik waardeloos wees. Dit sal dus die grootste stoot gee aan die maak van beter wyne. Daar is vandag wel reeds 'n aantal boere wat goeie wyne maak, maar dit kan van die gros van ons wynboere nou nog nie gesê word nie. Wanneer net goeie gesonde wyne 'n betalende markwaarde het, sal ons boere gou genoeg vir hul inrig en leer om sulke wyne te maak. Totnogtoe was die verskil in prys tussen goeie en ordinêre of selfs slegte wyn nie groot genoeg om ons boere aan te moedig om algemeen goeie wyn te maak nie.

Sodra die sterk dranke totaal uitgeskakel is en net bier en ongefortifiseerde wyne verkrygbaar is, kan ons baie meer fasiliteite toestaan vir die verkoop van hierdie ligtere alkoholiese dranke, aangesien hul geen noemenswaardige dronkenskap sal veroorsaak nie. Dan kan ons dus dieselfde stelsel toepas wat in Frankryk, Italië en ander wynlande heers, waar wyn en bier in restourante, kafees, en in baie winkels verkrygbaar is, sonder dat dit dronkenskap veroorsaak. Dan sal die publiek leer om hierdie alkoholiese dranke in die publiek te drink sonder om skelm-skelm agter die groen gordyn van 'n „bar" weg te kruip.

Ons wynhandel sal dan heeltemal anders moet ingerig word. Dan sal wyn meer in vate moet vervoer en hanteer word en minder in bottels as nou die geval is. Die wynboer kan dan nog 'n betalende prys vir sy produk kry en die konsument behoor sy wyn goedkoper te kry as nou die geval is. Die distribusie en kleinhandel in wyn sal beter moet gereël word as vandag. Die publiek sal moet leer verstaan dat die gros van die wyn van 'n oes dieselfde jaar moet uitgedrink word sonder dat daar nog eers groot koste aan bestee word om dit eers 'n paar jaar in hout te laat lê om ryp te word. Dié wyne kan dan goedkoop verkoop word, terwyl net sekere wyne, wat besonder goed is, vir enige jare in hout ryp gemaak en dan grotendeels gebottel word. Laasgenoemde wyne sal dan heelwat duurder as eersgenoemdes moet wees, en gewoonlik meestal deur die welgestelde deel van die publiek gedrink word. Dit is presies net wat lankal in 'n groot wynland soos Frankryk gebeur.

Daar die publiek in ons land oor die algemeen baie van 'n soet of soeterige wyn hou, wat 'n duidelike bewys is hoe onontwikkeld ons publiek nog is omtrent die drink van wyn, sal die maak van soet wyn dan sonder spieritus of brandewyn moet geskied. Dit kan gedoen word deur 'n natuurlike likeurwyn te maak deur die druiwe oor-ryp te laat word eer dit gepars word, sodat die mos so soet is (oor die 30% suiker), dat dit 'n soet wyn sal gee sonder fortifikasie, of deur 'n droë wyn met rosyntjiewyn of moskonfyt te versoet en die versnit te pasteuriseer en in die bottel te verkoop. Ek is daarteen om die gebruik van sulke antiseptiese stowwe soos salisielsuur toe te laat, aangesien dit skadelik vir die gesondheid is en dit dan ook in alle beskaafde lande verbied word, en ons daarsonder kan klaarkom.

Alhoewel die oorgangstadium heelwat moeilikhede sal veroorsaak, is ek tog oortuig dat my oplossing van die alkoholvraagstuk vir alle partye die beste sa! wees. Die wynboer en die wynhandelaar sal 'n sekerder en meer gerespekteerde bestaan hê as vandag, en die publiek sal wyn en bier kan drink en dit sal hul genot en krag verskaf sonder dronkenskap te veroorsaak. Met die verdwyn van dronkenskap sal die afskaffer geen reg van bestaan meer hê nie en sal hy sy kragte aan ander en nuttiger werk kan wy.

Eindelik beweer ek dat my skema uitvoerbaar is en 'n beter toestand van sake in die samelewing in die lewe sal roep as vroeër bestaan het, terwyl dit van totale afskaffing nie kan gesê word nie. In die Verenigde State van Amerika, waar hul die eksperiment gewa het, lyk dinge allesbehalwe rooskleurig. Aangesien *geen* alkoholiese dranke toegelaat word nie, probeer elkeen nou om *sy eie drank tuis te maak,* 'n Mens kan jou voorstel watter soort drank dan gewoonlik gemaak sal word deur onkundige persone. Hul drink dus heimlik slegter drank as vroeër goeie drank publiek gedrink was. Verder neem hul die toevlug tot die pruim van tabak op 'n ongekende skaal, drink eau-de-Cologne, en selfs houtspieritus, waaraan 'n hele party persone reeds dood is, of hul snuiwe kakao-blare en gaan jammerlik te gronde aan „kokaïnisme". Deur die gebruik van alle alkohol te wil stopsit, word sulke treurige verskynsels onwillekeurig in die lewe geroep, *en tog word daar nog alkohol gedrink,* sonder dat al die poliesieamptenare van die land dit kan verhinder.

Totale prohibiesie beskou ek as onuitvoerbaar, onwenslik en onnodig. Die oplossing wat ek hier aanbeveel het, kan m.i. in die praktyk maklik uitgevoer word, omdat dit die gebruik van wyn en bier toelaat en dus nie alle gebruik van alkohol verbied nie. Dit sal mense aanmoedig en in staat stel om die genoemde alkoholiese genotmiddels te gebruik in plaas van tot baie erger genotmiddels die toevlug te neem, wat vandag reeds in Amerika gebeur. Eindelik sal dit ongetwyfeld die beste middel wees om dronkenskap te bestry. Die ondervinding van lande waar bier en wyn die volksdranke is, en sterk dranke so te sê glad nie gedrink word nie, het dit vir geslagte agtereen en vir miljoene en miljoene van mense al bewys.

Ek beveel my oplossing van hierdie vraagstuk dus aan die welwillende aandag van ons publiek en veral van ons wetgewers aan, in die hoop dat dit eerlang vir ons land aanvaar mag word.

+++

Die Alkoholvraagstuk
Sourced from: South Africa National Library
Publisher/Printer: De Nationale Pers Bpkt,Bpkt Drukkers en Uitgewers, Kaapstad
Dated: 1920

Grafted Vineyards (1920)

REPORT OF THE COMMISSION
OF INVESTIGATION CONSISTING OF

P. J CILLIE (C'S SON), A. I. PEROLD, B.A. PH.D.,
AND S. W. VAN NIEKERK (*Government Viticulturist*)

INTRODUCTION.

ALTHOUGH the reconstitution of our vineyards on American stocks— commenced some thirty years ago—has been more speedy and attended with greater success than in other wine-producing countries of the world, it must he acknowledged that in this connection there are numerous difficulties which still require elucidation. It would appear that this fact is recognized by the wine farmers themselves and as a consequence of representations which were made to the Secretary for Agriculture by the Paarl and French Hoek Farmers' Associations, as well as by individual farmers, the present commission was appointed to inspect and report upon the condition of our grafted vineyards.

The report has been divided into three sections:—(1) Short description of the usefulness of American stocks: (2) summary of the results of the investigation; and (3) recommendation.

(1) SHORT DESCRIPTION OF THE USEFULNESS OF AMERICAN STOCKS.

It was originally the general impression that any American stock was completely resistant to phylloxera. Experience has, however, taught us that this is not the case. Our wine farmers as a whole do not apparently realize all the factors which will determine whether any given American stock under certain circumstances will be phylloxera resistant. The commission has therefore considered it advisable to deal briefly with this phase of the question before giving the results of its findings.

In the first place it must be remembered that the success or failure of a grafted vine is governed by its capacity for growth on the one hand and the attacks of phylloxera on the other. Every circumstance which increases the former is to the advantage of the vine, and vice versa. So far as the attacks of phylloxera are concerned, it will be quite evident that everything which favours the attack is also a source of danger to the vine, and vice versa.

Factors which Influence Growth	*Factors which Influence the Attacks of Phylloxera*
The stock.	The stock.
Soil.	Soil.
Climate.	Climate.
Cultivation and manuring of soil.	
Treatment of vine.	

The Stock.—It is well known that certain stocks are, speaking generally, more vigorous growers than others (e.g. Mourvedre × Rupestris 1202). It also acknowledged that on the inherent characteristics of the stock will depend whether it will be attacked by phylloxera or not. (A similar occurrence which we find in animals, which on entering a vineyard will first devour the leaves and shoots of Hanepoot before they touch any of the other kinds.) Although phylloxera may he found on the roots of all types of American stocks (species and varieties), some are only lightly affected while others are completely destroyed.

If we plant two kinds next to each other in the same soil (let us say in the same receptacle) and then infect their roots with phylloxera, we will find, after a while the roots of the one appreciably affected with phylloxera, while the other will for practical purposes be clean. It is of course understood that two varieties would be chosen which differed considerably in their power to resist phylloxera. From this we see that phylloxera will attack one kind of stock more readily than another. Moreover, the wounds caused by phylloxera are not equally serious, to the roots of different kinds, and the various types of American stocks do not all possess the same, capacity for closing up these wounds or of allowing them to heal. Here it must be explained that a stock is not killed because the phylloxera robs it of too much of its sap or because it becomes poisoned, but because certain organisms of decomposition present in the soil are enabled, through the wounds made by thee phylloxera, to enter the roots and cause them to decay.

It will therefore be understood that different kinds of stocks will under similar conditions show a varying degree, of resistance to phylloxera.

Soil.—-The soil is of the greatest importance in relation to the growth of the vine as well as the attacks of phylloxera. In well-drained soils of good depth and possessing a fair supply of plant food ingredients (including water) a stock will make good growth. In light, shallow soils, which are usually too wet in winter and too dry during the summer, one cannot expect it to make satisfactory progress. Where the foregoing statement applies we find that American stocks exhibit great differences in their growth on different soils. We can understand then that the soil is one of the most important factors which we have to consider in making a choice of a suitable stock.

That the soil exercises a great influence on the attacks of phylloxera is evidenced by the fact that phylloxera destroys European vines much sooner in clay soil than in sandy soil, while in a deep fine sandy soil it either fails to destroy or infests only slightly. This is the reason why the coastal portion of France, bordering on the Mediterranean Sea, has been established on European stocks. In this area we find deep fine sandy soils in which phylloxera has an almost negligible effect, In our own country there still exists old ungrafted vineyards, established on deep, fine sandy soils, which are deteriorating at a very slow rate. By a sound system of fertilizing, this deterioration may still further be retarded, and instances are known of old ungrafted vineyards which, by good manuring with Government guano, etc., have been much improved and again brought to a productive condition, after having become very poor.

Climate.—As the American stocks grow in North America, where they are indigenous, under very variable conditions of climate it was to be expected that, propagated under South African conditions they would not all do equally well. This has also been the experience in Europe. As a clear example, one might instance Jacquez. This stock has long been regarded in France as unsuitable because of its insufficient resistance to phylloxera. In this country, as is correctly shown in the 1912 and 1914 reports on our grafted vineyards, on a great many soils Jacquez is an outstanding stock. Under certain conditions here, however, it has not proved sufficiently resistant, and for that reason must not be used as a stock. The explanation of this behaviour must undoubtedly be sought in our climate, which is responsible for stimulating the growth of the vine and enabling it to mature its wood better than is the case in Europe. The last-named factor, viz., the maturing of the wood, which is more particularly shown in the accumulation of reserve food (chiefly starch) in the roots, stem, and shoots of the vine exercises a very great influence on its growth and productiveness.

Climate, moreover, exercises a distinct effect on the life of phylloxera itself by providing more suitable conditions for the breeding of phylloxera in one season under a warm climate than in an area with colder climates. This is the reason why phylloxera will destroy the same stock grown under our climatic conditions more rapidly than in the cold climate of middle Europe. We can, therefore, understand why it is so often the case that a grafted vineyard, after a winter of low rainfall, followed by a dry summer, will suffer from phylloxera and visibly deteriorate.

It is true that the American stocks are much more susceptible to changes of climate than the European vines. Keeping this in view we must not accept, blindly the results of experiments carried out in other countries with American stocks; it is necessary to test them under our local conditions in order to establish their degree of suitability.

Cultivation and Manuring of the Soil.—The soil must be well prepared (by trenching or deep ploughing) before the young vines are planted so that they have a good start, and will be able to develop their root system. If the soil is too wet it must be well drained before the vines are planted. Further, the vineyard soil must be worked in such a way that it is able to take up sufficient water and lose the moisture during the summer as slowly as possible. This may be accomplished by keeping the surface soil loose and free of weeds. The reason why those points are emphasized, although probably well known, is because the investigation has revealed that a large number of failures with grafted vineyards must be attributed simply to the bad preparation and improper cultivation of the vineyard soil.

It stands to reason that proper fertilizing will stimulate the growth of the vine and enable it to produce to a greater extent without weakening the plant and thus rendering it susceptible to the attacks of phylloxera. Poor soils particularly require a good dressing of manure each year. The practice which obtains among some farmers of manuring their vineyards every second or third year is one which cannot he condemned sufficiently, especially where the soils are poor. The necessity for regular and proper manuring becomes apparent when it is remembered that the grafted vineyard comes into bearing sooner and produces more heavily than the ungrafted vines.

Treatment of Vine.—The vine must be kept healthy so that the leaves may have ample scope for discharging their normal functions. In pruning, the vigour of the vine must be kept in mind and it must never be expected to do more than it can accomplish without injury. Young vineyards particularly must not be allowed to bear too heavily as this may be responsible for giving the vines a set back for a long time and from which there is sometimes no recovery. The Commission knows of an instance where Muscadel or[14] Jacquez—in a deep, cool, reddish, gravelly soil—had begun in its fourth year to suffer from phylloxera and was beginning to deteriorate, yet in that type of soil Jacques should have answered well. The reason was simply that the vineyard had been trellised and pruned long, which had had the effect of producing altogether too large crops in its second and third year, thereby weakening the vines to such an extent that they became easily affected with phylloxera. By advice of the Government Viticulturist at that time, the grapes of the weak vines were removed when quite undeveloped, and during the following winter the vines were so pruned (short and few bearers) that in the succeeding harvest they produced a very light crop and to-day there is once more a nice looking vineyard.

---

[14] The source document clearly has *or* rather than *on* (PFM 2014).

(2) SUMMARY OF RESULTS OF THE PRESENT INVESTIGATION.

The Commission instituted a careful inquiry into the grafted vineyards in the most important wine districts, and more particularly at certain places where it was known that the grafted vineyards were in a bad or unsatisfactory condition.

Up to the present most of the vineyards in our country arc grafted on the following stocks:—Jacquez, Aramon, Metallica, Seed Rupestris varieties, Riparia varieties, and 1202. To a limited extent use is also made of Rupestris du Lot and the Riparia × Rupestris hybrids 101-14, 3306, and 3309. The results of our investigation in connection with these stocks may be summarized as follows:—

Jacquez.—Where there is a sufficient rainfall and irrigation is not practised, and where the soil is deep and open, this stock gives satisfaction. On the deep sandy soils of Goudini, Jacquez is by far the best stock for all kinds of grapes. On stiff clay soils, on shallow soils, and on all soils which become too dry during the summer, it is unsatisfactory and very often unsuitable, and must therefore not be used.

In areas where irrigation is practised Jacquez must only be used on deep open soils. It is essential that the soil should take up water readily and that the irrigation should be sufficient, so that the vine does not need to suffer from drought during the summer. The stock should also not be planted on stiff Karroo soils, which usually do not take up water readily.

Aramon:—What is understood here by Aramon is really a mixture of Aramon × Rupestris Ganzin Nos. 1 and 2. It is to be regretted that this is so, seeing that the two, on different types of soil, show great variation in growth, and are thus responsible for uneven vineyards. It is also possible that the Aramon No. 1, as it is known to-day, is made up-of two distinct kinds, and this question will receive further examination immediately.

In general, the Commission holds the view that Aramon, as mixed as it is, has in most cases proved a success, even though the majority of the vineyards are not uniform. In every case where the large vines had suckers they had either been grafted on Aramon No. 2 or on Seed Rupestris—never on Aramon No. 1. On the Karroo soils the vineyards are not so uneven. Those on Aramon No. 1 are, if anything, better than those on No. 2.

The Commission made a careful investigation of some instances of serious deterioration and actual failures of Aramon, both Nos. 1 and 2, in the Stellenbosch District. These consisted of Hermitage and Stein Grape, grafted on Aramon and five and ten years old respectively, on a light reddish brown, coarse, sandy hillside soil with a gravel layer as sub-soil, which is frequently cemented into an ironstone gravel. The soil is poor, very deficient, in humus, and exceptionally porous, so that it retains its plant food with difficulty, and in 1916 the vineyard was weakened by the enormous crop which it bore. The poverty of-the soil and the exceptionally heavy crop in 1916, coupled with only an average manuring, must be regarded as the chief causes of the vineyard's deterioration. Probably matters were accentuated by the bad winters of 1918 and 1919. The whole vineyard is very poor and gives one the same impressions as an ungrafted vineyard badly infested with phylloxera. Even the vines on the "heuveltjes"[15] are deteriorating. The vines are short and weak, while the roots are unhealthy and covered with phylloxera. Many of the roots are already dead.

That the fault here lies mainly in the soils is shown by the fact that Aramon on neighbouring farms was still doing well, but in such instances the soil was deep and more of a bluish, light sandy soil with more body in it, and thus better able to hold its plant food. In the soil where Aramon did so badly the sand grains were sharp and clean.

In the Robertson District there was an instance of Hermitage on Aramon, five years old, on stiff Karroo (heavy red loam) which had produced the previous year from 6 to 7 leaguers per 1000 vines, (planted 3 feet 9 inches by 3 feet 9 inches), or 38 to 40 leaguers per morgen. Here there was a patch of vines doing badly, and in some cases the vines were actually dead. The roots of the weak vines were covered with phylloxera. 'The main cause was apparently the large crops,

---

[15] Mounds or hillocks (PFM 2014).

combined with the characteristic difficulty with which the soil is able to absorb water. In general we would like to point out that grafted vineyards which are irrigated are much more susceptible to the attacks of phylloxera when the soil absorbs water with difficulty, and where the vines therefore suffer from drought during the dry months of summer than in those cases where the soil readily absorbs water and the vines do not suffer from drought. In the latter case most stocks will answer well.

Rupestris Metallica.—The stock known here as Metallica is not the Rupestris Metallica of Europe, but was grown at Groot Constantia from imported Rupestris seed, and selected by the late Mr. J. P. De Waal when he was manager of the Government Farm, Groot Constantia, from which source it has spread over a wide area. The fact that is roots and grafts easily, grows vigorously, and comes into bearing soon, earned great popularity for it from the start, and it has in consequence been used as a stock on a large scale. It soon became apparent, however, that its grafted vines in most instances began to deteriorate after eight to ten years, and a few years after did not produce profitable crops. It does not stand drought, or rather damp conditions, and in wet sandy soils it is easily destroyed by root eels. It is therefore, quite correctly, seldom used as a stock.

Seed Rupestris Varieties.—-Under this heading is understood all Rupestris varieties which are found in our grafted vineyards and which have not so far received a definite name, but which have been propagated here from imported Rupestris Seed. Such varieties as Rupestris du Lot, Rup. Martin, Rup. Mission, etc., were also originally grown from seed but have since been kept pure, described, and propagated by cuttings. Amongst the Seed Rupestris varieties we come across such names as "Donkey or Le Roux Rupestris," "Appelkoosblaar" Rupestris, "Blinkblaar" Rupestris, Large Leaf Rupestris. etc., but these have never been studied and written up. The investigation clearly showed that there are amongst these useless as well as outstanding varieties. The old grafted vineyards (twenty years and more) are very patchy, because at the time of planting a mixture of varieties were used. In such vineyards one finds some excellent large vines on Rupestris varieties, of which a special study has never been made and whose identity has therefore not up to the present been established. It would seem that there are about three varieties, which produce such good results. From these it is proposed to plant out cuttings in experimental plots in order to establish their identity and to enable them being more closely studied. It is quite possible that one or more of these varieties might turn out to belong to our best stocks, but then they must be propagated pure (along pure lines).

Riparia Varieties:—Of these we have Riparia Gloire de Montpellier, and another Riparia variety which very closely resembles the first named, but which has not been grown pure and another mixture of Riparia varieties which is known as "Ou Riparia". All the Riparia varieties have resisted phylloxera well, but the so-called "Ou Riparia" usually produces small grafted vines. The two first-named varieties are good, particularly the Rip. Gloire de Montpellier (usually called "Montpiljé"), which unfortunately has in very few instances been kept pure. The following remarks apply to Rip. Gloire de Montpellier:—It seems as if it is a suitable stock for all grape varieties, including Hanepoot. It induces the production of good crops and is responsible for the grapes ripening eight to ten days earlier than those on Jacquez planted on. the same soil. The Commission received no complaints against it where it had been used as a stock, except that the vines might have been larger on the less suitable soil though even then it has regularly produced satisfactory crops. Although it is particularly (suitable on deep river or "kloof" soils it appears that it also gives excellent results on decomposed granite (hillside), resting on Malmesbury slate as we find at Elsenburg. In one instance in Agter Groenberg, Hanepoot grafted both on this stock and on Jacquez stood side by side on the same deep, cool, mountain land and were trellised; the former showed more vigorous growth, better wood, had a much better colour (late in January, 1920), and had a better crop than the vines grafted on Jacquez, although the latter was by no means poor.

Near Robertson we came across on interesting instance where Hanepoot on Riparia Gloire de Montpellier, twelve years old, has proved an immense success on stiff red Karroo soil. The surface soil is a heavy red loam, only 6-10 inches deep, and resting on a hard lime bank, which, however, does not contain sufficient lime to produce chlorosis (leaf yellowing). This vineyard is irrigated in the summer. At the time of the inspection (about the middle of January) the vineyard had last been irrigated a month previously, and the vines were still shooting and in the pink of condition. They were laden with well developed grapes with sweet fleshy berries, which were ripe eight to fourteen days earlier than the Hanepoot on Jacquez. The vineyard on Jacquez, on the same type of soil, had a much worse colour and was showing no signs of sprouting, although it had been irrigated after the Hanepoot on Riparia. Complaint is sometimes made that Riparia does not support its scion because of its comparatively slower growth, and the tendency to produce top-heavy vines. Although there is something in this statement it applies to Rip. Gloire de Montpellier only in its first few years, that is when it is planted on suitable soil.

Mourvedre and Rupestris. No. 1202.—This is probably the most luxuriant grower amongst the American stocks in use here, it is only during the past ten years that it has been grown to any appreciable extent, and more particularly as a stock for Hanepoot. It is used mostly in the Constantia area and in the Districts of Robertson, Montagu, and Worcester. The oldest established Hanepoot on 1202 which the commission encountered was fifteen years old, and was still doing well. Because of its vigorous growth Hanepoot grafted on it has a tendency towards non-setting. The grapes usually ripen eight days later than those grafted on Jacquez when planted on the same soil. During the first three years Hanepoot grafted on the stock will show odd failures, but later, however, the vines do well. It is not regarded as a very suitable stock for Hanepoot, but with other varieties of grapes this difficulty is not experienced. On most soils it generally does well, excepting in sandy soils, especially those which are damp, in which it is easily destroyed by root eels. On clay soils and Karroo soil it is a very suitable stock. On account of its vigorous growth it is very useful tor poor soils, although in such a case it must receive a liberal treatment of manure in view of the fact that, according to European experience, it is less able to withstand phylloxera than Aramon, but is better in this respect than Jacquez.

101-14, 3306, 3309.—These three hybrids of Riparia and Rupestris are not used to any great extent. 101-14 is the best, and up to the present is most popular. In a large measure it has a Riparia character. In the Commission's experience it was a complete success everywhere. Hanepoot (ten years old and sometimes older) on this stock was excellent, bore a good crop and ripened its grapes early. It answers well on a large variety of soils. On moist as well as fairly dry soils and on light sandy soils, as well as in heavy clay and Karroo soils, it has grown well and appears to have been a success as a stock. It has in all probability a very good future, particularly as a stock for Hanepoot, on soils where Jacquez cannot be relied on. In the same vineyard in the Stellenbosch District, where Aramon was such a failure it is the best stock (eight years old) in the. experimental plot, much better in fact than both varieties of Aramon.

3306 and 3309 very often give successful results, particularly the latter, for Hanepoot on moderately dry heavy soil. As 101-14 is, however, superior to both these stocks there is at present no reason for their propagation as well, but the existing experiments will nevertheless be continued. All three are usually sufficiently resistant to phylloxera.

Rupestris du Lot.—This is generally a very vigorous grower and most varieties of grapes, including Hanepoot, may be grafted on the stock with successful results. Its flourishing growth is the reason for its vines not bearing much during the first five years: it is liable to non-setting, and ought, therefore, to be pruned longer. It should not be planted on shallow soils, excepting Karroo soils, on which it thrives in spite of there being a lime bank near the surface. It is suitable for heavy clay and loam soils, but is not a desirable stock for sandy soils. It is one of the stocks that are most resistant to phylloxera, and should be used to a greater extent on soils for which it is suited, viz., deep clay soils and Karroo soils.

(3) RECOMMENDATIONS

Varieties which are Recommended or Condemned.— According to the findings of the Commission, it is recommended that the following stocks should receive preference when a selection is being made :—

101-14, 1202, Aramon No. 2, Rup. du Lot, Rip. Gloire de Montpellier, and Jacquez. Further selections from amongst these varieties will be determined by local considerations: as described in Part II of this report.

On many soils in the Western Province Aramon No. 1 is still suitable, but it is always inferior to Aramon No. 2. On Karroo soil No. 1 is if anything better than No. 2 and thus the mixed Aramon may therefore still be used on these areas.

Some of-the best Seed Rupestris varieties ought to be grown when they have been further investigated, and so long as they are propagated pure.

Metallica and the old Riparias should not be cultivated any longer.

Registration and Inspection of Nurseries.— As it appeared during the course of the investigation that most of the grafted vineyards showed unevenness because the stocks used were of more than one variety, and that most of the nurseries for the production of American stocks for grafting purposes contained mixed varieties, the Commission strongly recommends that all nurseries for propagating American stocks and grafted vines should be inspected annually and registered. In this connection it may be pointed out that inspection should include purity of mother plantations or stocks, purity of scions (*e.g.* Crystal must not be found amongst Hanepoot), and in addition the all-round good care of the nursery. The Commission recommends further that the Secretary for Agriculture should appoint a capable officer to undertake this work, and that from time to time a complete list should appear in the Department's Journal showing all nurseries regarding which the inspector has made a satisfactory report.

*Experimental Plots (Vineyards).—*The existing experimental areas, now mostly eight years old, which are fairly well distributed over the wine districts, and are now already giving useful indications regarding the stocks used, should be still further extended.

Future Commissions of Investigations.—In order to solve in a satisfactory manner the problem of our grafted vineyards, the Commission, recommends that similar commissions of inquiry should be appointed at least every five years, and that if possible one or more of the members of the previous commission should be on the succeeding one in order to be better able to note the changes which the grafted vineyards have undergone in the intervening period.

+++

Grafted Vineyards
Sourced from: Nietvoorbij
Publisher: Dept of Agriculture, Union of South Africa.
Reprint No. 26, 1920
Reprinted from The Journal of the Department of Agriculture, September 1920
Printer: Government Printing and Stationery Office, Pretoria.
Dated: 1920

Die Alkoholvraagstuk (1922)

OOR bostaande onderwerp het dr. J. van Schalkwyk op die „Sinodale Konferensie oor Drankmisbruik en Drankhandel, te Johannesburg gehou 28 en 29 April 1921," 'n voorlesing gehou, wat later in pamfletvorm gedruk en versprei geword is. Volgens die voorwoord in genoemde pamflet was die Konferensie saamgestel uit verteenwoordigers van vyf-en-sewentig Transvaalse gemeentes, en is daar, na breedvoerige bespreking, „eenpariglik 'n besluit ten gunste van algehele verbod van die drank geneem."

Dat 'n vergadering van *leke* omtrent hierdie onderwerp tot genoemde besluit gekom het, na hul *dr. Van Schalkwyk se voorlesing daaroor aangehoor het*, is vir my geen wonder nie. Dis gans natuurlik en verstaanbaar om tot so 'n besluit te kom, as *'n mens alles glo wat dr. Van Schalkwyk; vertel het*, of m.a.w. *as alles waar is wat hy gesê het*. Ja, dit is nou net die vraag, en die vraag moet beslis ontkennend beantwoord word. Die groot fout is dat hy deurgaans so redeneer: *Misbruik* van alkohol het sekere treurige gevolge; on alhoewel die matige gebruik daarvan nie gou sulke gevolge wys nie, so sal hul tog nie wegbly nie, en sal die matige drinker later net so vir sy misdaad moet boet—en dus moet ons alia gebruik van drank veroordeal.

Dis nodeloos om daarop te wys dat hierdie gevolg-trekking deur die ondervinding van miljoene *matige* drinkers gedurende honderde jare geloënstraf word.

Laat ons nader kennis neem van die een en ander wat die dokter in sy pamflet beweer. Sprekende oor die verskillende soorte van drank, beweer hy (bls. 4) dat die gisting van mos vanself ophou as die alkohol in die mos 'n sterkte van 13 persent (en hy het vroeër duidelik gemaak dat hy orals voluum-persente bedoel) bereik het. Dan wonder ek hoe die natuurlike wyne met 15 tot 18 vol. persent alkohol ontstaan!

Nee, die dokter het hier 'n bok geskiet en moes 18 i.p.v. 13 geskrywe het. As ons soetwyne maak, dan moet ons sorg dat dic alkoholgehalte tot up 17-18 vol.-persent gebring word om alle latere gisting te belet. Op bls. 5 vertel die dokter ons dat die gisselle hul voortplant deurdat elke sel hom in twee verdeel. Dit geld vir bakterieë maar nie vir die spruitswamme

315

nie, waaronder ons gisplantjie val. Hier is dus weer 'n onjuistheid. Verder vertel hy ons in dieselfde paragraaf dat die vermeerdering van die gisselle vertraag word sodra die alkohol in sterkte een uit die 100,000 bereik, en dat die selle doodgaan as die alkohol 'n sterkte van 13 persent bereik.— Dis duidelik dat die dokter se studie van die mikologie nog nie begin het nie!

Laat ons nou sien wat die wetenskap ons hieroor vermeld. Om mee te begin, moet ons opmerk dat die invloed van alkohol op die verskillende gissoorte en -rasse ruim so veel verskil soos in die geval van die mense. In die „Spiritus-Maische" het Hayduck (Lafar, *Handbuch der technischen Mykologie*, IV, 129) gevind dat die gisselle langsaam begin spruit sodra daar 2 vol.-persent alkohol gevorm is, en dat dit skoon ophou sodra daar 6 vol.-persent alkohol aanwesig is. In bierwort hou die spruiting (d.i. die voortplanting van die gisselle) op by 2-2.2 vol.-persent alkohol. Müller-Thurgau het gisrasse gevind wat in 'n voedingsmedium met 12-12.5 vol.-persent alkohol nog kragtig spruit. By die rysbrandewyn (Awamori) se bereiding op die Luchu-eilande by Formosa het Inui 'n gis isoleer (sy Sacc. Awamori), waarvan die ontwikkeling in die voedingsmedium eers deur 13 vol.-persent alkohol aanmerklik gehinder word, en eers deur 20 vol.-persent alkohol volkome verhinder word.

Die deur Yabe ondersoekte gis, wat by die bereiding van Saké 'n rol speel, hou eers op om te spruit as die voedingsmedium 24 vol.-persent alkohol bevat (vgl. Lafar, l.c. IV, 130).

Die dokter beweer ook op bls. 5 dat „enige lewende sel, hetsy van plant of dier. doodgaan as dit vir 'n ruk gelaat word in 'n 10-15 persent oplossing van alkohol." Hoe strook dit met dié bogenoemde feite?

Laat ek die dokter verder vertel dat, as die gisting ophou, die gisselle nog lank nie dood is nie, maar weer lekker sal spruit as ons hul in vars mos oorplaas.

Ek wil hier nog byvoeg dat, sover ons vandag weet, mos wat tot moskonfyt gekook is, nie weer sal werk as ons dit kook tot dit minstens 66 gewigs-persent suiker bevat nie, al ent ons later die afgekoelde moskonfyt met spruitende gisselle. Die rede is dat die gisselle in 'n medium met so 'n hoë suikergehalte nie meer kan spruit nie. Moet ons nou hieruit aflei dat suiker 'n gif is vir die gisselle? Volstrek nie!

Maar, wat ons hieruit moet leer, is dat, *in so 'n hoë konsentrasie,* die suiker die spruiting van die gisselle belet en dus in 'n sekere sin 'n giftige invloed daarop uitoefen. Die leser sal dus sien *dat dit nie gaan om iets 'n* GIF *vir een of ander lewende wese te noem omdat dit, in 'n sekere konsentrasie, 'n nadelige invloed uitoefen op die lewe van so 'n wese nie.* En tog is dit presies dié soort valse argument waarop die dokter sy hele redenasie opgebou het. Omdat daar by die *misbruik* van alkoholiese dranke te veel alkohol in die menslike liggaam aanwesig is, wat dan 'n giftige uitwerking op die liggaam het en sekere welbekende en betreurenswaardige gevolge vir sodanige *onmatige* drinker het, daarom, sê die dokter, is alkohol *altyd* 'n gif vir die menslike liggaam, dus ook by matige gebruik van *alle* alkoholiese dranke.

Ons het reeds gesien dat sy algemene beweringe omtrent die invloed van alkohol op die lewe van die gisselle *vol van onwaarhede* was, en met hierdie algemene en onvoorwaardelike veroordeling van alle alkohol as 'n gif vir die menslike liggaam, sal dit met hom nie veel beter gaan nie.

Laat ek meteen aan elke leser duidelik maak dat ek vir geen oomblik die *misbruik* van enige alkoholiese drank wil verontskuldig nie, of die noodlottige gevolge daarvan wil ontken of verminder nie; maar waar ek van die dokter verskil, is dat ek ontken dat die *matige* gebruik van alkoholiese dranke vir die gebruiker daarvan nadelig is *in 'n prakties waarneembare mate,* en dat sy ongekwalifiseerde veroordeling van die matige gebruik van alkoholiese dranke dus nie kan staande gehou word nie. Hy persoonlik mag en kan dit glo, maar sy geloof berus nie op steekhoudende gronde wat elkeen saam met hom moet aksepteer nie. In sy pamflet sê hy op bls. 30: —

„*Alkohol moet* in die eerste en laaste instansie van a tot z deur die hele Alfabet, *beskou word as 'n medisyn of gif en as niks anders nie,*"

Dit is so kras as dit kome kan, maar dis dan ook die standpunt wat hy dwarsdeur inneem. Ja, meer nog, hy stel die saak so voor asof dit die enigste korrekte opvatting is. En dit is waar hy so *onbillik* en *misleidend* in die hele saak is. Hy gee wel op bls. 31-32 toe *dat dokters hieroor baie verskil en dat die een dokter so sê en die ander die teenoorgestelde;*

maar hierop word geen klem gelê nie, en dit kom naby die end van sy betoog, waarin hy die leser wou wysmaak dat daar geen twyfel bestaan omtrent die onomstootlike waarheid van sy beweringe nie. Verder wil hy selfs hierdie genadige erkenning verswak deur te sê (bls. 31): —

„Die een dokter drink self, te veel en skryf wyn en drank voor vir alles, die ander dokter beskou alkohol as 'n gif of 'n medisyn wat maar selde behoef gebruik te word."

Hieruit moet die leser onder die indruk kom dat drank net voorgeskryf word omdat sulke dokters self te veel drink. Hy skyn dus 'n baie laer dunk van die lede van sy professie te hê as ons gewone mense het. Nee, hy weet beter, en so goed soos duisende leke op sy gebied, dat daar wel deeglik baie van sy kollegas is wat drank in sekere gevalle voorskryf, *en dit self ook gebruik, sonder om daar misbruik van te maak.* Ek moet sê, aan dié soort argument is ek gewoon van die fanatieke afskaffers, want *hul grootste krag lê in halwe waarhede en 'n geweldige oordrywing van die volle waarheid.*

In sy *Voordrachten over Geneesmiddelleer*, 3e druk (1909), deel III, bls. 402, sê prof. dr. Stokvis o.a. dit: —

„Zou het mogelijk zijn, dat een man als R. LULLIUS den wijngeest de ,ultima consolatio corporis humani,' dat de oude medici het ,Vinum lac senum,' dat Luther ,Wer nicht liebt Wein, Weib, Gesang, der bleibt ein Narr sein Leben lang' hadden neeirgeschreven, indien de alkohol, dien deze dranken bevatten, werkelijk de Daemon ware, waarvoor men hem uitgeeft? Niet zoozeer, waar de druif welig groeit, en de wijn een volksdrank is, maar waar de sterke drank (jenever, brandewijn, absinth, cognac, enz.) tot volksdrank wordt, blijkt de alkohol een volksvergif."

Verder lees ons op blss. 424-425, t.a.p,: —

„Een studie over de physiologische werking der wijnen ontbreekt nu eigenlijk nog. Maar de *oneindig geringere schadelijkheid* (ek kursiveer) der wijnen tegenover die der sterke dranken en likeuren staat vast, en BIZZOZERO verkondigt zelfs de in het oog van geheelonthouders afschuwelijke stelling, *dat het beste middel tegen het chronisch alkoholisme in het vervangen van sterken drank en likeuren door wijnen te vinden is* (ek kursiveer), waarvan men zooveel gemakkelijker het misbruik kan tegengaan." En dan lees ons verder op blss. 427-428: —

„Ik vertel u natuurlijk niets nieuws, wanneer ik u mededeel, dat er een *strooming* is onder de medici om den *alkohol in alle vormen uit de geneeskunst te bannen.* Tegen het gebruik van alkoholïsche dranken is men meer dan eens te velde getrokken, en de tea-totallers, de geheel-onthouders dateeren niet van gisteren. Maar nieuw is de beweging der artsen en geleerden, om hen niet meer aan het ziekbed toe te passen ... Wij kennen reeds de ontleverde en de onttraande levertraan (die aan het ‚unsex me' van Lady Macbeth herinnert), en goedgezinde, brave, maar overdrijvende eenzijdige menschen zijn thans in de weer, om wijngeestlooze wijnen, die eigenlijk niets anders zijn dan druiven en vruchtensappen (Müller, Marcuse) als *surrogaat* van den alkoholhoudenden wijn aan te bevelen .... Wij hebben kennelijk van de abstinente anti-alkoholische artsen nog voorstellen te wachten, om den spiritus vini, zonder welke men geen tincturen, geen spiritus, geen aceta, geen Hoffmann's druppels, enz., bereiden kan, door andere excipientia te vervangen. Hoe zij dit klaar zullen spelen, moeten zij zelve weten te verantwoorden, maar in ons oog is hun streven even onvruchtbaar als dat van hen, die om de nadeelen en de gevaren van drukpers en stoomwerktuigen te bezweren, deze vindingen voorgoed uit di menschelijke maatschappij zouden willen verdrij ven.'

In 'n omvangryke werk oor *L'Alcool* deur Louis Jacquet (1912) vind ons sekere aanhalinge waaruit ek hier enige wil noem. Sprekende oor die klassiek geworde proewe deur Atwater en Benedict in Amerika (1902) gedoen om die slegte gevolge van alkohol te bewys, haal hy die volgende daaruit aan (bls. 677): —

„Dit is dus proefondervindelik tot op die duisendste sekuur bewese dat die geproduseerde hoeveelhede warmte dieselfde was, wanneer 'n mens alkohol isodinamies (d.w.s. in 'n hoeveelheid om dieselfde bedrag van warmte of energie by volledige verbranding te lewer) in die menslike sisteem bring in plaas van die korresponderende hoeveelhede suiker of setmeel."

Hierdie proewe, wat met mense en nie met laer diere geneem is nie, het bewys dat alkohol die plek van isodinamiese hoeveelhede suiker en setmeel by die menslike voeding kan inneem, *mits 'n sekere grens*, naamlik 1.2-1.4 gram alkohol per kilogram liggaamsgewig en per dag, *nie oorskry word* nie. Die genoemde hoeveelheid staan gelyk met 90-105 gram alkohol vir iemand met 'n gewig van 165 lb., wat bevat sal wees in 112½ -131¼ c.c. absolute alkohol, of in 261-304 c.c.—d.w.s. ruim $^1/_3$ bottel—brandewyn (gewone sterkte by ons 43 vol.-persent alkohol), of in 956-1115 c.c, d.w.s. $1^1/_3$ -$1^1/_2$ bottel natuurlike wyn met 12 vol.-persent alkohol.

Ons moet nog hierby voeg dat die alkohol in 'n *taamlik verdunde vorm* moet geneem word, dus liefs nie as brandewyn, wiskie of 'n likeur nie, en dan met water verdun. Natuurlike wyne en bier sal op die duur die beste wees.

In genoemde werk van Jacquet, blss. 677-8, vind ons die volgende aanhaling uit *L'Alimentation et les régimes* (3e edit., p. 380) van prof. A. Gautier van die Pasteur-Instituut, en lid van die Académie de Médicine, wat, uit die Frans vertaal, soos volg lees : —

„Om op te som, sê A. Gautier, is alkohol, in matige hoeveelhede en net in sulke hoeveelhede genote, met water verdun of wyn 'n voedingstof wat geskik is om vir ons gou warmte en krag te lewer, ... om ten slotte die persoon in staat te stel om dadelik 'n kragsinspanning te lewer groter as waartoe 'n voeding sonder alkohol hom in staat sal stel .... Alkohol is gelyktydig 'n brandstof en 'n kragtige senuweeprikkelmiddel, maar hierdie prikkeling kan gou gevaarlik word, veral as die alkohol in die vorm van sterk likeurs geneem word .... Bruikbaar, soms kostelik, solank as hy gematig is, kan hierdie prikkeling rampspoedig word as 'n mens herhaaldelik misbruik van alkohol maak .... Matig gebruik, bekom die gegiste drank vir almal goed, wat nie in 'n te skrale voeding ongenoegsame herstel van liggaamskragte vind nie."

In die belangrike tydskrif *l'Hygiêne*, waaraan die voorste manne van die mediese professie in Parys meewerk, het dieselfde prof. A. Gautier voor 'n tiental jare 'n belangrike artiekel oor die gebruik van wyn, bier en sider geskrywe, aan die end waarvan hy sê: —

„Op die oomblik is min of meer alle higiëniste daaroor eens dat een bottel wyn van 720 c.c. per dag, of 'n halfbottel per maal, die grootste hoeveelheid is wat 'n volwasse persoon daagliks kan drink sonder om hom bloot te stel aan die gevaar van alkoholisme. Deur 'n matige gebruik van wyn, bier, of sider aan te beveel, meen ons die oplossing aan die hand te gee wat die beste die byna uniwersele instink bevredig wat mense daartoe dryf om in gegiste dranke 'n verbygaande aanvulling van krag en weerstand te soek. 'n *Redelike konsumpsie van hierdie dranke, besonders van wyn, is die sekerste middel om die ope sweer van alkoholisme te genees, wat aan ons beskawing vreet* (k kursiveer)."

Almal is dit daaroor eens dat die sterkte van 'n alkoholiese drank 'n baie groot invloed uitoefen op sy uitwerking op die menslike gestel, en die ondervinding van die massas het ons vir geslagte agtereen geleer dat misbruik van alkohol en sy noodlottige gevolge (alkoholisme) hoofsaaklik net voorkom in 'n samelewing waar die volksdrank uit een of ander sterk drank (wiskie, brandewyn, jenewer, absint, ens.) bestaán, terwyl dit 'n seldsaamheid is waar natuurlike wyn of bier die volksdrank is.

Oor die fisiologiese uitwerking van alkohol in sy verskillende vorme op die menslike liggaam, sal die leser verder besonderhede vind in my pamflet oor *Die Alkoholvraagstuk*, blss. 15—23, waar ek hoofsaaklik erkende outoriteite aan die woord gelaat het.

Op bls. 12 van sy pamflet sê dr. Van Schalkwyk dat „die bloed van 'n persoon wat drank meer dan eenmaal (op bls. 28 word dit twee- of driemaal) gebruik in die loop van 24 uur, altyd alkohol bevat."

Hieruit lei hy op bls. 13 af dat die matige drinker dus ook minder bestand is teen siekte as die afskaffer, maar hy het geen bewys gelewer dat 'n geringe hoeveelheid alkohol 'n slegte invloed uitoefen nie, al sirkuleer dit ook voortdurend in die menslike liggaam. Hier het hy dus 'n persoonlike opienie uitgespreek, wat deur baie van sy kollegas glad nie gedeel word nie.

Op bls. 33 sê hy: —

„Dokters wat alkohol voorskryf doen dit grotendeels op gesag van andere, en die meeste van hulle het nooit 'n grondige studie van die onderwerp gemaak nie."

Maar wat dan van homself?

In sy eie boek, *Raad in tyd van Siekte* (1919), beveel hy aan: (a) om *'n sopie sterk drank* te gee aan demand wat byna verdrink het, sodra hy kan sluk; (b) in geval van 'n gewone floute sê hy (bls. 60): —

321

„As hy bygekom het, gee hom *brandewyn* (ek kursiveer) of wit dulcis, of laat hom aan vlugsout ruik (smelling salts), en laat hom dan vir 'n ruk stil lê."

In sy pamflet oor *Die Alkoholvraagstuk*, bls. 18, sê hy:-

„As iemand byna verkluim is van koue, dan is dit 'n goeie ding om hom brandewyn te gee, want dan verdwyn die dodelike en akelige gevoel van koud te wees."

Ek noem hierdie voorbeelde net om aan te toon hoe gevaarlik dit is om sulke alles-verdoemende uitsprake oor 'n saak te gee, soos dr. Van Schalkwyk, volgens sy pamfletjie, blykbaar graag doen.

In sy reeds genoemde doktersboek sê hy op bls. 27: —
„Moet geen bier, wyn of sterk drank gebruik nie, behalwe as 'n dokter dit georder het. Dit is onnodig, en 'n mens kan daarsonder klaarkom. *Die gevaar lê hierin dat die meeste mense wat drank gebruik, op een of ander tyd misbruik daarvan maak* (ek kursiveer)."

Hier was die gevaar van drankgebruik dus nie geleë in sy giftigheid by matige gebruik nie, maar weens die moontlikheid van latere ewentuele misbruik. Dit lyk of die dokter sedert 1919 dus 'n nuwe sienswyse oor hierdie vraagstuk gekry het.

Hy behoort te weet dat daar baie meer matige as onmatige drinkers is, maar net die gevalle van onmatigheid kom onder die oog van die publiek. As die helfte van die onheile wat hy in uitsig stel vir die matige drinkers van alkoholiese dranke, moes verwesenlik word, dan kan ons matige drinkers—en ek dink veral aan ons wynboere en die oues onder hulle— nooit die mate van *gesonde verstand, werkkrag,* en *hoë* ouderdom bereik het wat oor en oor bekend is nie. Nee, die prentjie wat dr. Van Schalkwyk ons van die *onmatige* drinkers opgehang het, is wesenlik korrek; maar met die matige drinker het hy die bal skoon misgeslaan.

Laat ons vir onsself nou vir 'n oomblik afvra OF TOTALE AFSKAFFING DIE BESTE OPLOSSING VAN DIE ALKOHOLVRAAGSTUK IS.

Die voorstanders van totale drankverbod neem dit as vanselfsprekend aan. Maar is dit so? Uit die aanhalings wat ek uit verskillende hoogstaande outeurs se geskrifte gemaak het, blyk dit dat daar onder die geleerdes op mediese gebied vooraanstaande manne is wat nie aan hierdie oplossing van die vraagstuk glo nie, en wat die matige gebruik van natuurlike wyn en ligter alkoholiese dranke as die beste middel beskou om alkoholisme uit te roei. Ek herinner weer aan die feit dat alkoholisme maar *baie min* voorkom waar hierdie ligter alkoholiese dranke die algemene volksdranke is en sterk drank haas nie gedrink word nie. Waar sterk dranke die volksdranke is, soos byv. in die Britse Eilande, Bretagne en Normandië in Frankryk, ens. daar is dronkenskap en alkoholisme 'n volksgevaar. Dus lyk dit heeltemal aanneemlik om te verwag dat die alkoholisme kan uitgeroei word deur die gebruik van die gevaarlike sterk dranke of spiritualieë totaal te verbied, uitgesonder die bietjie wat vir mediese doeleindes nodig is.

Daar totale drankverbod nou vir die laaste paar jaar in die Verenigde State van Amerika wet was, kan ons daar probeer uitvind hoe die ding in die praktyk lyk. En dan moet ons al dadelik by die begin sê dat dit baie moeilik is om uit te vind wat die gevolg van hierdie wetgewing is, en of dit 'n sukses is. Dis natuurlik nog te gou om tot 'n definitiewe uitspraak te kan kom. Aan die een kant sê die voorstanders van die wet dat dit 'n reuse-sukses is, terwyl hul teenstanders aan die ander kant beweer dat dit 'n mislukking is. Mevr. Livingstone was hier entoesiasties oor die groot sukses van die onderneming, maar dis maar die een kant van die saak. Daar is ook stemme wat dit weerspreek. Laat ons na enige van hul luister.

Mevr. Asquith het onlangs 'n reis deur die Verenigde State en Kanada gemaak, en die volgende is haar bevinding van sake:—

„After two weeks' lecture tour in the Middle Western States and Canada, Mrs. Asquith has returned to New York with some decided impressions of American life and the American people, says the Telegraph's New York correspondent .... Having just returned from moderate Canada, she said that the intemperance of dry America was all the more pronounced. She confessed that she left New York a strong advocate of the ‚dry' law, but returned a ‚confirmed wet.' Mrs. Asquith was shocked by the amount of drinking she had seen by young men and women, who never thought of taking liquor before prohibition. She is convinced that the law is a vicious thing, and should be abolished, a law permitting light wines and beer being substituted." Prof. S. Leacock, Kanadese hoogleraar in die staathuishoudkunde

aan die McGill-Uniwersiteit, het, volgens *De Burger* van 3 November 1921, in Engeland lesinge gehou en o.m. gesê:—
„Ik geloof dat de Verenigde Staten het ergste gedaan hebben wat zij doen konden, toen zij ‚droog' werden. Het drankverbod heeft het Amerikaanse volk veranderd in 'n natie van spionnen. Zij, die geen drank hebben, bespionneren degenen, die hein wel hebben."

In 'n proklamasie het die *hoofkommissaris van poliesie in Chicago* gesê:—
„In Chicago heerst meer dronkenschap dan ooit tevoren, er komen meer doodsgevallen tengevolge van de alkohol voor, er gebeuren meer misdaden, die aan drankmisbruik te wijten zijn, dan ten tijde, dat de z.g. verbodswetten nog niet van kracht waren."

„D'eze onthullingen," gaan *De Burger* van 8 November 1921 voort, ,,zijn 'n bevestiging van hetgeen enige dagen tevoren in de *Stadsraad van Nieuw-York* gezegd was, n.l. dat er op het ogenblik in Nieuw-York meer geheime distilleerderijen zijn, dan er vroeger ooit in de bergachtige streken van het land bestaan hebben; dat misdadigers zich overal aaneengesloten hebben om de verbodswetten te overtreden, en dat 'n strenge doorvoering dezer wetten in Nieuw-York 'n politiemacht van 'n miljoen man zou vereisen, welke jaarliks 'n kapitaal van £150,000,000 zou verslinden."

Kolonel Repington was onlangs in Amerika vir die konferensie in Washington en het toe 'n boek oor sy ondervindings geskrywe, waaruit dit blyk dat hy heel skepties is oor die resultate van die totale drankverbod aldaar.

Volgens *Die Burger* van 1 Mei 1922, waaraan ek dit ontleen, skrywe hy:—
„Iedereen drinkt hier (Nieuw-York). Men wil drinken, *nog het meest omdat het verboden is* (ek kursiveer). Mijn bediende in het hotel zegt, dat al zijn kollega's hun zoopjes kunnen halen op drie of vier plaatsen, vlak bij hun verblijf. Ook drinken alle arbeiders meestal smerig goedje. Een fles whisky kost $12. Een netwerk van omkoperij ligt over alles heen. Men zegt dat er tien jaar voor nodig zal zijn, om alle vervolgingen af te doen, die op het ogenblik aanhangig zijn. De drank is een vloek: maar het drankverbod schijnt geen geslaagd middel tot verbetering in een vry land."

Hier het ons nou voorbeelde van die keersy van die medaljie wat mevr. Livingstone ons so welsprekend aan die ander kant toegelig het. Wat sal die toekoms daar in Amerika nog baar op hierdie gebied? Ons sai maar moet wag, en soos die Fransman sê: „Wie sal lewe, sal sien"!

Persoonlik glo ek nie aan totale drankverbod as die beste middel om die dronkenskap en alkoholisme te bestry nie. Dit is uiters moeilik, indien nie onmoontlik nie, om uit te voer, en is onnodig, daar ons m.i. in die geoorloofde gebruik van natuurlike wyne en nog ligter alkoholiese dranke die beste wapen besit om aan dronkenskap en alkoholisme as 'n volkskwaal en -gevaar 'n end te maak. Daarom wil ek aan die Regering en aan die volk van Suid-Afrika voorstel om *die maak, invoer, en drink van alle sterke drank of spiritualieë, en van alle drank waarby alkohol gevoeg is, deur die wet te verbied.*

Dan sal die ligter alkoholiese dranke, soos natuurlike wyn, bier, ens., kan gemaak en gedrink word, sonder dat misbruik daarvan in 'n noemenswaardige mate sal bestaan. Terwyl hierdie dranke dan te verkry sal wees, sal die smokkelhandel in verbode drank oneindig kleiner wees en makliker te kontroleer as wanneer, soos in die geval van totale drankverbod, daar absoluut geen alkoholiese drank toegelaat word nie. Om teenoor alle partye billik te wees, sal daar 'n oorgangsperiode van 'n jaár of vyf moet wees voor so 'n wet in werking sal tree.

As my voorstel aangeneem word, en meer nog as dinge bly soos dit nou is, wil ek daarop aandring dat in ons skole en deur ons pers die jeug en ons hele bevolking goed sal ingelig word omtrent die gebruik en die nut van die toegelate alkoholiese dranke, en tegelykertyd op *matigheid* in die gebruik daarvan, soos van alle ander dinge, sal aangedring word. Verder moet ook op die gevolge van onmatigheid klem gelê word, want dit *kan* ook dan nog hier en daar voorkom, alhoewel dit *gewoonlik nie die geval* is nie. As iemand nou vra wat ek verstaan onder 'n matige drinker, dan is my antwoord: 'n volwasse persoon wat per dag nie meer as 'n halfbottel natuurlike wyn of een bottel bier drink nie, terwyl die meeste matige drinkers, soos nou reeds die geval is, lank nie by die helfte hiervan sal kom nie.

Stellenbosch, 4 Mei 1922.

+++

Die Alkoholvraagstuk
Sourced from: South Africa National Library
Publisher/Printer: De Nationale Pers Bpkt, Bpkt Drukkers en Uitgewers, Kaapstad
Dated: 4 Mei, 1922

Ondersoekings Omtrent Moskonfyt (1923)

(A summary in ENGLISH by the author appears at the end of the article.)

Onder die benaming „Moskonfyt" word verstaan 'n min of meer gekleurde, dikvloeibare stroop, wat verkry is deur vars mos of druiwesap in die ope lug te kook tot dit dik genoeg is. Tot voor 'n tiental jare was feitlik al die moskonfyt in ons land gemaak deur die vars mos in 'n oop pot of ketel van koper of yster oor 'n direkte vuur te kook. Hierby ontstaan daar, by die begin van die kook, 'n laag skuim wat met 'n skuimspan afgeskep word. Namate die konsentrasie styg, klim ook die kookpunt ['n moskonfyt van 68° Brix het gekook op ca. 106°C. of 222.8°F.] en word die vloeistof donkerder van kleur, terwyl hy natuurlik ook meer dikvloeibaar word. Weens die direkte aanraking tussen die vuur en die pot, vind daar teen die boom en kante van die pot 'n lokale oorverhitting plaas, wat die *karamelisasie* van 'n klein gedeelte van die suiker bewerkstellig, waardeur die moskonfyt sy bruin kleur en 'n deel van sy geur kry. Dis moontlik dat ook die oorverhitting van organiese sure en suursoute in die mos hiertoe mag bydra.

In die laaste tyd word moskonfyt ook gekook deur stoom in die mos te lei of deur 'n geslote stoompyp in die vorm van 'n slang in die mos te plaas en daar stoom deur te laat gaan. Hier sal daar geen lokale oorverhitting plaasvind nie, en gevolglik sal die moskonfyt ligter van kleur wees as by die eersgenoemde manier van kook die geval was. Daar ook hier die kokende vloeistof aan die ope lug blootgestel is, sal die aldus gemaakte moskonfyt effens ligbruin van kleur wees en ook 'n kooksmaak hê. Hy sal dus die eienskappe van die eersgenoemde soort moskonfyt in 'n flouer graad besit.

Die derde manier om mos te konsentreer is om hom in vakuumpotte te kook op 'n betreklik lae temperatuur maar onder 'n baie geringe druk. Volgens CRUESS (I),[16] bls. 406—408, sal druiwestroop onder 'n 24—26 duim vakuum (=

---

[16] Die nommer agter die naam van die outeur refereer na die ooreenkomende nommer van die literatuuroorsig

609.6—660.4 mm. vakuum of 150.4—99.6 mm. druk) op ongeveer 150ºF. tot 135° F (= 65.5°C. tot 57.2°C.) kook, en onder 29 duim vakuum (= 736.6 mm. vakuum of 23.4 mm. druk) op ongeveer 85°F. of 294°C. Onder 28 duim vakuum sal die stroop op ongeveer 40°C. kook. By Stellenbosch-stasie het mnr. Winshaw voor enige jare so 'n installasie opgesit van die tiepe wat onder 24—26 duim vakuum werk. Die produk is 'n taamlik lig-gekleurde stroop wat gewoonlik tot omtrent 68° Brix gekonsentreer word en „Grape Syrup" of Druiwestroop genoem word. Myns insiens moet laasgenoemde produk ook voortaan „druiwe-stroop" genoem word om dit te onderskei van die eintlike moskonfyt wat volgens die eerste of twede metode van kook berei is en in sy kleur, aroma en smaak baie verskil van „druiwe-stroop."

Daar is 'n vierde manier om mos te konsentreer, en dit is die teenoorgestelde van die voorgaande stelsels, naamlik deur die toepassing van groot koue. CRUESS (1), blss. 412—413, beskryf kortliks die *Gore*-proses vir die bereiding van druiwe-stroop deur bevriesing. Die helder mos word bevries op 10—15°F. tot 'n vaste massa, wat deur 'n ysbreekmasien fyn gemaak word, waarna die stroop van die ys geskeie word deur 'n sentrifuge. Hierdie stroop word weer bevries, en wel op 0—10°F., wanneer 'n pap met yskristalle verkry word wat gesentrifugeer word en nou 'n stroop van ca. 55° Balling lewer. Hierdie stroop is van die allerhoogste kwaliteit, behalwe dat dit te dun is om teen spontane gisting gevrywaar te bly as dit nie gesteriliseer word nie.

Hierdie verskillende produkte word vir verskillende doeleindes gebruik. Druiwestroop word hier meestal gebruik om sekere soetwyne te maak. Dit kan egter ook vir die aanmaak van heerlike alkoholvrye dranke gebruik word, veral as die temperatuur in die vakuumpotte nie te hoog gegaan het nie. Volgens OTTAVI (2), bls. 267—268, het Fratelli Favara in Mazzara del Vatlo (Sisielië) reeds in 1888 daarin geslaag om 'n druiwestroop in vakuumpotte te kook op 'n temperatuur wat altyd laer as 40°G. *of* 104°F. was, en tot 'n gemiddelde konsentrasie van ca. 70° Brix (S.G. 1.35).

Die eintlike moskonfyt word meestal as jam saam met brood geëet, alhoewel dit ook vir die maak van seker soorte soetwyn kan gebruik word. By die bereiding van die beroemde Malagaen Marsala-wyne word moskonfyt ook gebruik. Dit word in Malaga in groot oop, taamlike diep, koniese ysterpotte gekook tot dit goed dik en donker van kleur is, en ,,arrope" genoem. In Marsala word dit in taamlike vlak, vertinde koperpotte tot ongeveer een-vyfde van sy oorspronklike volume gekook, en ,,mosto cotto" genoem.

In verband met moskonfyt en sy bereiding, is dit van belang om daarop te wys dat die druifsoort wat die mos gelewer het 'n groot invloed uitoefen op die kwaliteit van die moskonfyt. Fransdruif gee die geurigste en lekkerste moskonfyt, terwyl Hanepoot ook 'n lekker moskonfyt lewer. In die eersgenoemde geval het ons te doen met 'n mos wat 'n lae totale suurgehalte besit—gewoonlik net omtrent 4‰ berekend as wynsteensuur. Die druiwe moet verder goed soet wees. Om 'n liggekleurde moskonfyt te kry, moet ons die vars mos met swaweldioksied of kaliummetabisulfiet (die natrium- en kalsium-verbindinge is net so goed) behandel, en die helder mos in 'n *dun* laag (sê 6 duim diep) *vinnig* kook in 'n koperketel tot dit dik genoeg is. In plaas van koper kan aluminium, tin, vertinde of versilwerde koper gebruik word.

By die bereiding van moskonfyt is die volgende vier punte van die allergrootste belang: Bewaring van mos, ontsuring van mos, konsentrasie waarop die stroop moet gekook word en voorkom van latere versuikering van die stroop. Die eerste drie van die genoemde punte sal hier bespreek word, en die resultate van my eie ondersoekings in 1922 hieromtrent meegedeel word, terwyl die laaste punt nie nou sal behandel word nie, maar die onderwerp van verdere ondersoek sal vorm, waaromtrent later sal berig word.

I. DIE BEWARING VAN MOS.

Daar dit tyd neem om die moskonfyt te kook, en vars mos nie vir 'n onbeperkte tyd beskikbaar is nie, moet ons die mos 'n tyd lang bêre en intussen die gisting belet. Dit kan die beste gebeur deur swaweldioksiedgas in die vars mos te pomp, wat hom dan in 'n stukvat of sementtenk bevind, waar hy van die lug kan afgesluit word. Volgens prof. VENTRE (3), bls. 23, is die gebruik van swaweldioksied, om mos stil te hou, reeds voor meer as 100 jaar aanbeveel, en ook in die teenswoordige doses, 1—2 g. per lit. : 5—6 kg. swawel (verbrand) per 50—60 hl. mos [vgl. PARMENTIER (4)]. In plaas van genoemde gas kan ons ook die vloeibare swaweldioksied of 'n oplossing van swaweldioksied in water of 'n metabisulfiet gebruik.

Die belangrike vraag is *hoeveel* swaweldioksied ons per lêer mos nodig sal hê om hom vir 'n byna onbeperkte tyd van gisting te bewaar. Dis bekend dat 'n deel van die swaweldioksied aan die suiker in die mos gemies gebind word, en so te sê ophou om 'n antiseptiese invloed op die gisselle uit te oefen. Dis feitlik net die vry geblewe swaweldioksied wat sodanige antiseptiese invloed uitoefen. Hieruit blyk dus dat ons meer swaweldioksied of metabisulfiet moet byvoeg as in 'n waterige oplossing voldoende sou wees om die spruiting van die gisselle te belet, en dat ons meer sal moet byvoeg namate die mos soeter is. Die temperatuur is ook van belang, daar meer nodig is by warm as by koel of koue weer. Verder is die tyd van bewaring van belang, weens die gestadig voortgaande binding van swaweldioksied deur die suiker, en weens die oksidasie van swawelige suur tot swawelsuur waar die lug toegang tot die mos kry, soos deur die poriëe van 'n stukvat se hout geskied. KERP (6) [volgens LAFAR (5), Bd. V, 446] het bewys dat die swawelige suur net deur die dekstrose gebind word. Volgens DUPONT en VENTRE (7) [uit LAFAR (5), V, 447] is die ewewigstoestand in mos ná 8—14 dae bereik. Waar hul 500 mg. swaweldioksied per liter mos bygevoeg het, was daar ná 8 dae net nog 140 mg. vrye swaweldioksied per liter mos aanwesig. Waar 100 mg. bygevoeg was, was daar ná 8 dae nog 8 mg. vry.

Volgens LINOSSIER (8) [uit LAFAR (5), V, 448] word die gisting van mos volkome onderdruk deur 'n byvoeging van 0.675‰ SO_2, d.w.s. 675 mg. SO_2 per liter of 388 g. SO_2 of 776 g. (=1.71 lb.) van 'n metabisulfiet met 50% SO_2 per lêer mos. LABORDE (9), I, 107, gee 0.500—1 g. SO_2 per liter mos aan as die nodige dosis om die gisting te belet. Dit staan gelyk met 288.5—577 g. SO_2 of 577—1154 (= ca. 1¼—2½ lb.) metabisulfiet @ 50% SO_2 per lêer mos. Volgens CRUESS (I), bls. 414, is 1.2—1.5 g. SO_2 per liter nodig in warm streke en 0.75—1.00 g. per liter in koeler streke om die gisting van mos vir 'n onbepaalde tyd te belet.

EIE ONDERSOEKINGS.

(a) *Groendruif-mos* met S.G. 1.106 by 25°C, wat 'n totale ekstrakgehalte van 26.0⁰ Brix (of Balling) betekent en met 'n totale suurgehalte van 5.38‰,[17] is op die 6e Maart direk van die doppe afgeloop en in 'n oop sementgat gepomp. Hier is by 3½ lêer mos 3½ lb. kaliummetabisulfiet gevoeg namate die mos ingepomp is. Die dosis was dus 1 lb. metabisulfiet per lêer mos of ca. 393 mg. SO_2 per liter mos. Van die afgesakte helder mos in 'n oop sementkuip is moskonfyt gekook tot die 10e Maart, toe die mos begin werk het. Hier was die gisting dus vir 4 dae teëgehou deur genoemde dosis van metabisuifiet.

(b) *Hanepoot-mos* direk afgeloop van vars doppe op 21.4.22, Met S.G.1.0976 (17.5°C/17.5°C) wat 'n totale ekstrakgehalte van 23.17⁰ Brix of 25.4g. per 100 c.c. beteken, is direk in 'n stukvaatjie van ca. 220 gellings inhoud gepomp en daarin is 6 lb. Kalium-metabisulfiet opgelos, en die vaatjie is met mos gevul en toegemaak. Hier was by die begin dus byna 3½lb. kalium-metabisulfiet per lêer of 1.362g. SO_2 per liter mos bygevoeg. Op 27.4.22, dus 6 dae later, is die stil helder mos ontieed.

Bepaling van SO_2

Dit is geskied deur die mos met N/50 J. koud te titreer met setmeeloplossing as indikator. Daar die aanwesige suiker hinderend werk, was die end van die titrasie gekome geag wanneer die blou kleur 'n paar sekondes lank stand gehou het.

20 c.c. mos het gebruik 17.8, 18.2, 17.9, 17.8 c.c. N/50 J.

Dus bevat 1 liter mos 17.8 x 0.032 = 0.5696 g. vrye SO_2. Die totale SO_2-gehalte van die mos is bepaal volgens die gebruiklike jodometriese metode [vgl. WILEY (14), Bd. III, 804].

20 c.c. mos het 37.1 c.c. N/50 J. gebruik; dus het die mos

---

[17] Die totale suurgehalte word hier altyd aangegee as so veel gram wynsteensuur per liter.

in totaal 1.1872 g. SO_2 per liter bevat, en was die vrye swaweldioksied ná 6 dae nog byna net so veel as dié wat gebonde was.

Bepaling van Totale Suur.

20 c.c. mos het gebruik 9.8 c.c. Bariet (f = 0.1478).
20 c.c. mos het gebruik 9.8 c.c. Bariet (f = 0.1478).
*Totale suurgehalte = 5.43‰

Bepaling van Soortelike Gewig en Ekstrak.

S.G. 1.0989 (17.5°C./ 17.5°C), dus 23.48° Brix, en 25.80 g. totale ekstrak per 100 c.c. mos. Die byvoeging van die metabisulfiet kon die ekstrak met 0.3g. per 100 c.c. verhoog, dus kon ons hier 25.4 + 0.3 = 25.7g. per 100 c.c. verwag het, wat goed ooreenstem met die gevonde 25.8g. per 100 c.c.

Op 7.5.22 was die mos nog stil, maar reeds die volgende dag was hy hard aan die werk. Ek het toe dadelik sy SO_2-gehalte bepaal, en gevind 281.6 mg. vrye SO_2 per liter, en 800.0 mg. totale SO_2 per liter.

Uit die voorgaande blyk dus dat die bogenoemde syfers van LINOSSIER en LABORDE *geen dodelike doses aangee* nie, en dat hul nie in alle gevalle toereikend is om 'n gisting vir 'n lang tyd te belet nie. Die syfers deur CRUESS (I) vir warm streke aanbeveel—wat eers by die opstel van hierdie berig in my hande gekom het—word deur hierdie proef gesteun. Hier het ca. 1.362 g, [en seker > 1.1872 g.] SO_2 per liter mos die gisting vir 16 dae belet, maar toe het 'n flukse gisting begin en die mos het droog gewerk. Die helder mos het hier net so op die afsaksel in die vat bly lê. Mos wat lank moet bewaar word eer daar moskonfyt van gekook word, moet, ná dit afgesak is, van die afsaksel geskeie word. Hiervoor sal dit dan die beste wees om by die vars mos ½lb. metabisulfiet per lêer of 0.2g. SO_2 per liter mos te voeg, waardeur die gisting lank genoeg sal gekeer word dat die mos helder kan afsak. Tap nou die helder mos af in 'n stukvat of sementtenk en gee hom 4lb. metabisulfiet (@ 50% SO_2) per lêer of 1.6 g. SO_2 per liter mos. Dit is vir Suid-Afrikaanse toestande bedoel, en ek had reeds tot hierdie aanbeveling besluit voor ek nog die syfers van Cruess gesien had, wat 1.5g. SO_2 per liter mos as hoógste dosis aanbeveel. In hoe verre die deur my aanbevole dosis SO_2 onder alle omstandighede as 'n genoegsame dosis beskou kan word om alle gisting vir 'n onbepaalde tyd te belet, sal die tyd ons nog moet leer. As daar 'n dodelike dosis SO_2 vir wyngiste bestaan, dan sal dit waarskynlik nog heelwat hoër wees as die dosis wat ek hier aanbeveel om die gisting te belet.

II. DIE TOTALE SUURGEHALTE VAN MOSKONFYT EN DIE VERMINDERING DAARVAN.

Waar moskonfyt vir eetdoeleindes gekook word, daar is dit wenslik om sy natuurlike suurgehalte af te bring. Waar hy vir versnit met wyn gebruik word, daar is dit nie so noodsaaklik nie, alhoewel dit soms beter mag wees. Waar moskonfyt, en veral druiwestroop, gebruik word om alkoholvrye drank van te maak, of ook wel alkoholiese drank, daar moet die suurgehalte van die mos of stroop nie verminder word nie.

Die doeltreffendste manier om die moskonfyt se totale suurgehalte te verminder is om dit met die mos te doen en nie met die klaar stroop nie. Die gewone middel wat hiervoor gebruik word is kalk. Ons boere gebruik gewoonlik gebluste kalk, so na skatting. Die gevaar hierby is dat te veel kan gebruik word. Gebeur dit en word die mos alkalies gemaak, dan sal sulke mos 'n baie donker en bitter moskonfyt gee wat niks werd is nie. So 'n geval is onder my aandag gekom. Die veiligste is dus fyngemaalde kalkklip of marmer. Hier bestaan daar natuurlik geen gevaar dat die mos alkalies kan word as te veel gebruik word nie.

Prof. J. VENTRE, l.c, bls. 26, beveel aan om, waar ons 'n stroop wil maak wat met „Golden Syrup" kan kompeteer, al die suur in die mos met Ca-karbonaat te neutraliseer, ná 'n behandeling met dierkool om die mos te ontkleur en 'n daaropvolgende breisel met 10—15g. gelatien of 100—150 c.c. vars bloed per hektoliter [gelyk aan ca. 2—3 onse gelatien per lêer of 1 gelling vars bloed vir 8 lêers] mos om die mos weer skitterend helder te maak. Die neutralisasie sal gedurende die kook voortgaan. Hy beveel aan om net so veel gram Ca-karbonaat te gebruik as die mos totale suur, berekend as swawelsuur, bevat, aangesien 98g. swawelsuur geneutraliseer word deur 100g kalsiumkarbonaat.

Die geurigste en lekkerste moskonfyt moet nog 'n seker hoeveelheid suur bevat.

EIE PROEWE IN 1922.

My eerste monster moskonfyt is in 1922 gekook van groendruifmos met 'n totale suurgehalte van 5.38‰ en 'n ekstrakgehalte van 25.5° Brix (of Balling). By hierdie mos is die aand voor dit gekook is 9g. reine kalsiumhidraat per gelling (= 2 g. per lit.) gevoeg, wat 'n totale suurvermindering van 4g. wynsteensuur per liter sal veroorsaak, aangesien 74 g. CaO_2H_2 sekuur 150g. wynsteensuur sal neutraliseer. Die moskonfyt is gekook tot 'n konsentrasie van 67.5° Brix. Sy totale suurgehalte was 6.38‰ dus net 1‰ hoër as dié van die mos. Hy was taamlik lekker, maar te dun, en het dan ook later aan die werk geraak.

My laaste lot moskonfyt is in 1922 gekook van Hanepootmos met 5.43‰ totale suur en 23.48° Brix ná 'n byvoeging van 3½lb. metabisulfiet per lêer mos. By 20 gellings mos is 1 lb. gemaalde kalkklip met 70.7% $CaCO_3$ dus 3.53g. $CaCO_3$ per liter mos, gevoeg en saam gekook. Die moskonfyt is ingekook tot 69.7° Brix [S.G. 1.3490 (17.5°C/17.5°C)] en had 5.52‰ totale suur.

Dit was 'n baie lekker moskonfyt. Sy totale suurgehalte was ongeveer gelyk aan dié van die oorspronklike mos. As al die Ca-karbonaat by die kook deur die aanwesige sure gebind was, dan sou daardeur 'n suurvermindering van 5.29‰ veroorsaak geword het, en sou die mos net nog 0.23‰ totale suur behou het.

Daar 20 gellings mos 4.5 gellings moskonfyt gegee het, was 1 gelling moskonfyt uit 4.4 gellings mos ontstaan, en moes die totale suurgehalte van die moskonfyt 4.4 x 0.23‰ = 1.02‰ bedra het i.p.v. 5.52‰. Gevolglik bevat die moskonfyt 4.50‰ meer totale suur as te verwagte was, en het die mos 4.50/4.4=1.01‰ te veel totale suur behou. Dus is daar maar 5.49—1.01=4.28‰ totale suur van die mos deur die kalkklip geneutraliseer i.p.v. 5.29‰, of m.a.w. het daar net (4.28 × 100)/5.29 = 80.9% van die bygevoegde kalk in reaksie getree met die aanwesige sure.

Volgens die hier beskrewe ondervinding, meen ek dat die gewenste hoeveelheid Ca-karbonaat om by ons vir moskonfyt te voeg ongeveer 3½—4 lb. per 100 gellings sal wees. Dit veronderstel kalkklip met 100% $CaCO_3$ en mos met 5—6‰ totale suur. As die kalkklip x% $CaCO_2$, bevat, dan gebruik ons $(100/x)$ × (3½ tot 4) lb. kalkklip per 100 gellings mos. As ons uit mos 'n soort „Golden Syrup" i.p.v. moskonfyt wil maak, dan sal ons ongeveer dubbel die genoemde hoeveelhede moet gebruik, want ons sal aanmerklik meer moet neem as teoreties nodig is om al die aanwesige sure te neutraliseer.

III. DIE BESTE KONSENTRASIE VIR MOSKONFYT.
Aanhalings uit die literatuur wat hierop belrekking het en wat vir my toeganklik was:

1. MERZ (DAL PIAZ) (10), bls. 122: „Bei einem Mindestzuckergehalt von 50% (Hektolitergewicht = 129 Kg., Dichte = 33° Baumé oder 60° Balling) ist die Haltbarkeit gesichert und sind dann selbst bei der Lagerung in wärmeren Räumen keinerlei Gärungserscheinungen zu befürchten."

2. Prof. J. VENTRE (3), bls. 25: „Si on veut être assuré, contre tout départ spontané de fermentation, la concentration devra être poussée jusqu' à 36°B. au moins. On se trouve alors en présence d'un véritable sirop de raisin dont la conservation sera pour ainsi dire indéfinie."

3. DUBOURG (11) het uit 'n baie soet Sauternes-wyn van 1893 giste geïsoleer wat gisting veroorsaak het in 'n vloeistof met tot 80% inwertsuiker. Hul is geïsoleer uit wyne afkomstig van moste wat tot 600g. suiker per liter bevat het. Hul laat almal die lewulose gouer gis as die dekstrose (dus die omgekeerde van wat gewoonlik gebeur!), maar skeie geen sukrase uit nie en kan gevolglik sakkarose nie direk laat gis nie.

4. BOKORNY (12) het baie persgis („Presshefe") met hoog-persentige oplossings van druiwesuiker en rietsuiker saamgebring. By 48.8% druiwesuiker was daar nog 'n flukse gisting, maar by 48.8% rietsuiker amper niks. Die inwersie was hier dus byna nul. By 58.8% druiwesuiker was die gisting nog sterk, maar by 58.8% rietsuiker was dit nul, wat net aan 'n gebrek aan inwersie kan te wyte wees. By die konsentrasie van 74% het geen een gegis nie. Die inwertase hou dus ongeveer by 48% suiker op om te werk, en die simase eers bo 58.8%.

5. LAFAR (5), Bd. V, blss. 70—71: „Die Haltbarkeit des *Gelees, Fruchtsirupe, Marmeladen*, u.s.w. beruht ebenfalls auf ihrer osmotischen Wirkung, die das Wachstum hinzutretender Pilzkeime verhindert ... Von der Firma *Fratelli Favara* in Mazzara del Vallo in Sizilien wird Traubensaft nach vorausgegangenem Filtrieren im Vacuumapparat bei ungefähr 40° auf ein Viertel des ursprünglichen Volumens eingedampft. Trotzdem dieser sirupartige *konzentrierte Most* von ca. 62 Proz. Zucker-gehalt nicht steril ist, sondern u.a. lebensfähige Hefen, darunter regelmässig *Sacch. Apiculatus*, enthält, bleibt er doch unverändert, und geht erst nach Verdünnung von selbst in Gärung über ... Ein Zuckergehalt von 57—60 Proz. genügt also, Gärung oder anderweitige Zersetzungen zu verhindern."

6. KÖNIG (13), Bd. III, 2. Teil, S. 916, gee die volgende ontledings van sommige vrugtestrope : —

	Getal ontledings.	S.G.	Ekstrak Gew. %	Inwertsuiker Gew. %	Rietsuiker Gew. %	Droë ekstak Gew. %	Totale suur as Appelsuur Gew. %
Himbeersirup	45	1.3227	66.26	22.39	42.25	1.82	0.598
Erdbeersirup	7	1.3075	62.82	23.55	37.72	1.60	0.315
Kirschsirup	6	1.3387	68.95				0.401

7. OTTAVI (2), bls. 268: „Il concentrato del Favara presenta una densitá media di 1,35 [= ca, 70° Brix—A.I.P.] e offre questa costituzione:—

	per ettolitro	per quintale[18]
Glucosio	Kg. 90.000	Kg. 66.66
Acidi	Kg. 2.400	Kg. 1.77 "

By 700 Brix is die totale ekstrakgehalte 94.5 g. per 100 c.c.

8. CRUESS (1), bls. 409, sê: „We have found that syrup of 65° or 66° Balling will soon ferment and become mouldy, but that syrup of 70° Balling will keep perfectly."

Uit hierdie aanhalings blyk dat die aanbevole

---

[18] Dit is 100 Kg. (A.I.P.).

konsentrasies loop van 60°—70°Brix, as ons die geval van gisting by 80% inwertsuiker, deur Dubourg genoem, opvat as betekenende 80g. per 100c.c, wat ongeveer 61.6 gew. % inwertsuiker sal beteken.

By die kook van moskonfyt moet ons in die eerste plaas sorg dat hy *dik genoeg gekook word om nie later aan die werk te raak nie*. Tegelykertyd moet ons daarna strewe om 'n latere versuikering, d.w.s. uitkristailisasie van suiker (dit sal die dekstrose wees) en wynsteen, te voorkom. Ek het by die begin van my ondersoek gehoop dat daar 'n sekere konsentrasie gevind sal word, waarop nóg die een nóg die ander sal plaasvind. Uit my ondersoek is nou ongelukkig gebleke dat daar gevalle kan voorkom waarby gisting sowel as versuikering plaasvind.

EIE ONDERSOEK.
(a) Gevalle waar moskonfyte spontaan aan die werk gegaan het.

Oorsprong	S.G. by 17.5°C/17.5°C	Grade Brix.	Totale ekstrak per 100 c.c.	Inwertsuiker per 100 c.c.	Droë ekstrak per 100 c.c.	Totale suur as wynsteen-suur per ‰
1. Welgevallen, 1922	1.3107	63.5	83.2			
2. "	1.3319 (20°/20°)	67.2	89.5	79.7	9.8	6.83
3. "	1.3494	69.75	94.1	84.1	10.0	5.31
4. "	1.3398	68.2	91.3	81.7	9.6	
5. Stellenbosch Distillery 1922	1.3413	68.5	91.8	84.8	7.0	15.30

Nommers 3 en 5 het respektieflik 62.3 en 63.2 gew. % inwertsuiker bevat.

Hierdie moskonfyte het by kamertemperatuur in die laboratorium, meestal reeds gedurende die winter, aan die werk geraak. Aan die oppervlakte was 'n laag of lagie skuim aanwesig. Sodra 'n bottel aan die werk geraak het, is daar 'n watteprop opgesit. No. 3 gee die ontleding van moskonfyt A Welgevallen 1922 op 13.5.22 eer dit gegis het. No. 4 gee die ontleding van dieselfde moskonfyt op 14.11.22, dus 6 maande later, ná dit reeds 'n hele ruk swak aan die werk was. No. 5 is 'n druiwestroop wat in 'n vakuumpot gekook is, en op 11.4.22 ontleed is eer daar nog 'n gisting was. Die inwertsuiker is by Nos. 2, 3, 5 met Fehlingse oplossing volumetries bepaal, en grawimetries in geval van No. 4.

By No. 2 was 9 g. CaO_2H_2 per gelling mos(= 2g. per lit.) gebruik en die mos had oorspronklik 5.38‰ totale suur. By No. 3 was 1 lb. fyn gemaalde kalkklip (= 0.707 lb. $CaCO_3$) per 20 gellings mos gebruik en die mos had oorspronklik 5.43‰ totale suur. By No. 5 was geen kalk gebruik nie en dus is sy hoë totale suurgehalte maklik te verstaan.

(b) Moskonfyte wat nie aan die werk geraak het nie :
1. Moskonfyt van I. S. Perold, P. A. Hamlet, van 1922 met S.G. 1.3570 (17.5°C./17.5°C.) = 71.0° Brix, en 'n totale suurgehalte van 4.25‰.

2. Moskonfyt Welgevallen 1920 het nie gegis nie tot ná dit in die laboratorium in 1922 in 'n ander fles oorgegooi was. Sy s.g. op 17.5°C. per piknometer, was 1.3316 = 66.9° Brix. Geen moskonfyt met 71° Brix of meer het aan die werk geraak nie.

(c) Moskonfyte met reingis geënt.

Ten einde vas te stel op watter konsentrasie gisting nog kan plaasvind, is die hier volgende proewe gemaak.

Moskonfyt A Welgevallen 1922 is langsaam ingedik tot 79.40 Brix, en hieruit is 6 konsentrasies gemaak. Van elke konsentrasie is ca. 8 c.c. in elk van 6 steriele proefbuisies met watteproppe gegooi en toe vir ¾ uur op 100° in 'n stoomsterilisator gehou. Vier weke later is hul in elke reeks met 4 aparte spruitende reingiste geënt, een waarvan gekweek was uit gistende moskonfyt met 63.5° Brix. Die entmateriaal was 'n platinaogie vol gistende vloeistof met die reingisselle. Die samestelling van die moskonfyte was soos volg.—

No. Van Moskonfyt	Grade Brix.	Inwersuiker Gew. %	Inwersuiker per 100 c.c.	Totale suur % as wynsteensuur
I	79.4	71.1	100.4g	7.00
II	76.68	68.7	95.6g	6.67
III	74.14	66.4	91.3g	6.36
IV	71.77	64.3	87.3g	6.09
V	69.55	62.3	83.7g	5.83
VI	67.45	60.4	80.3g	5.70

Die konsentrasies II tot VI is uit I verkry deur 84.7g. (= 60 c.c.) van I met resp. 3, 6, 9. 12, 15 g. gedistilleerde water te vermeng, en hul samestelling is dienooreenkomstig uit dié van I bereken.

Voor die enting was die moskonfyt in die buisies pragtig helder en hul het stadigaan van bo af donkerder van kleur geword, wat skyn aan te duie dat daar na al die kook nog 'n aktiewe oksiderende ensiem aanwesig was. Die buisies is op 15.6.22 geënt, en tot nog toe, 7 maande daarna, het geen een van hul aan die gis geraak of troewel geword nie. Die res van Konsentrasie VI, wat in 'n ¼ lit. botteltjie oorgebly het, het spontaan aan die werk geraak, terwyl dit nie met die hoër konsentrasies gebeur het nie. Hierdie eksperiment sal voortgesit word.

(d) Gevalle van Versuikering.

1. Moskonfyt van I. S. Perold, 1922, met 71.0° Brix het totaal versuiker in 'n halfgevulde ¼ lit. flessie, wat met 'n glasprop gesluit was.
2. Druiwestroop van Stellenbosch-Distillery, 1922, met 68.5° Brix het gedeeltelik versuiker.
3. Die Konsentrasies I—IV (79.4—71.77° Brix) in voorgenoemde eksperiment het totaal tot gedeeltelik versuiker waar hul in die ¼ lit. flessies oorgebly het. In die proefbuisies wat vir ¾ uur in die stoomsterilisator verhit geword is, het nêrens versuikering plaasgevind nie. Die kwessie van versuikering word verder ondersoek.

(e) Gelyktydige versuikering en gisting.

Dit het gebeur met die druiwestroop van die Stellenbosch Distillery, 1922, met 68.5° Brix. Hieruit blyk dus dat, onder seker omstandighede, versuikering reeds kan begin terwyl gisting nog plaasvind. By die begin van my ondersoek het ek gehoop dat daar 'n konsentrasie sal gevind word waarop geen gisting meer sal plaasvind nie, terwyl die stroop dan nog nie so hoog gekonsentreer sal wees om te kan versuiker nie. Uit genoemde geval is gebleke dat so'n konsentrasie nie bestaan nie. Ons moet die moskonfyt dus so dik kook dat hy in elk geval teen gisting gevrywaar sal wees, wat m.i. die geval sal wees op 'n konsentrasie van 71° Brix. Sulke moskonfyt is baie geneig om te versuiker, en my verdere ondersoek omtrent moskonfyt sal hoofsaaklik gaan oor die vraag hoe om moskonfyt tot 71° Brix te kook sonder dat hy later sal versuiker.

OPSOMMING.

1. Om mos vir die bereiding van moskonfyt of druiwestroop vir 'n onbepaalde tyd te kan bewaar sonder dat dit aan die werk sal raak moet by die vars mos 200 mg. SO_2 per liter (= ¼ lb. SO_2 of ½ lb. metabisulfiet per lêer) gevoeg word om die mos helder te laat afsak. Die helder mos moet na omtrent 36 uur in 'n vat gepomp word, waar daar nou 1600 m. SO_2 per liter, gelyk aan 2 lb. SO_2 of 4 lb. metabisulfiet per lêer, mos bygevoeg word.

2. Ten einde die moskonfyt se totale suurgehalte taamlik laag te kry en hom lekker te laat smaak, beveel ek aan om 3½—4 lb. fyn kalsiumkarbonaat by elke 100 gellings mos (namate dit gebruik word) te voeg en saam te kook. Ek veronderslel dat die mos omtrent 5—6‰ totale suur, berekend as wynsteensuur, bevat. Van fyngemaalde kalkklip moet $(100/x) \times (3½ \text{ tot } 4)$ lb. geneem word, waar x = persentasie $CaCO_3$ in die kalkklip.

3. Kook die moskonfyt tot 'n konsentrasie van 71° Brix of Balling bereik is. Dit beteken dat die moskonfyt 'n s.g. van 1.3572 sal hê op 17.5°C. of 63.5°F., en dat 1 gelling moskonfyt op hierdie temperatuur 13 lb. 9 os. sal weeg. Op 100°C. Of 212°F. sal die stroop se s.g. ongeveer 1.3065 wees en sal 1 gelling stroop 13 lb. 1 os. weeg.

4. Sulke moskonfyt sal meesal versuiker. Hoe om dit te voorkom, vorm die onderwerp van my verdere ondersoek.

LITERATUUROORSIG.

1. CRUESS, W. V. Commercial Production of Grape Syrup, Bulletin No. 321 (May, 1920), University of California Publications.
2. OTTAVI, O. Enologia teorico-pratica, 6e ed., 1906.
3. VENTRE, J. Les utilisations possibles de la vendange en dehors de la production proprement dite du vin, Montpellier, 1921.
4. PARMENTIER, H. A. Sirops et conserves de raisin, 1809.
5. LAFAR, F. Handbuch der technischen Mykologie, 2e Aufl., 1905—1914.
6. KERP, H. Arb. Kais. Ges.-Amt., 1904, Bd. 21, S. 156, 180 u. 372; 1907, Bd. 26, S. 231 u.ff.; Chem.-Ztg., 1907, Bd. 31, S. 1059.
7. DUPONT, E., et VENTRE, J. Annales de l'Ecole nationale d'Agriculture de Montpellier, Nouv. Série, 1907, Tome 7, p. 136.
8. LINOSSIER, G., Ann. Pasteur, 1891, Tome 5, p. 170.
9. LABORDE, J. Cours d'Oenologie, Bordeaux, 1908.
10. MERZ, J. L. (A. DAL PIAZ). Die Konservierung von Traubenmost und Fruchtsaften, 2e Aufl., 1916.
11. DUBOURG, E. Contribution á l'étude des levures de vin, Revue de Viticulture, Tome viii (1897), pp. 467—472.
12. BOKORNY, TH. Beeinflussung des Hefe-Invertins durch Konzentrierte Zuckerlösungen (Chem.-Ztg. 1903, No. 90), uit Bakt. Centralblatt Abt. II, Bd. 12, S. 122—124.
13. KÖNIG, J. Chemie der Menschlichen Nahrungs- und Genussmittel, 4e Aufl.
14. WILEY. Principles and Practice of Agricultural Analysis, 1st ed.

Investigations about Moskonfyt.

In South Africa the term "moskonfyt" is used for a grape syrup that has been boiled in an open pot over a direct fire. It constitutes a light till dark brown syrup with a pleasant aromatic taste and flavour *sui generis*. It is commonly used for human consumption in the same way as Golden Syrup, but also serves for sweetening certain wines. It differs materially in colour and flavour from a grape syrup that has been obtained by boiling at a low temperature in a vacuum pan. In my opinion the term "moskonfyt" should not be applied to this latter type of syrup, which should be known and sold as "Grape Syrup."

The following points are of the greatest importance in the manufacture of Moskonfyt:—Preservation of juice or must, deacidification of must, concentration to which the syrup must be boiled, prevention of subsequent crystallisation of the syrup.

In this paper the first three points are discussed, and the results of my investigations thereanent during 1922 are communicated, whilst the last point forms the subject of further investigation, the results of which will be published in due course.

I. PRESERVATION OF MUST.

The most suitable preservative for this purpose is sulphur-dioxide or a metabisulphite. The important point is the quantity to be used. LINOSSIER (8)[19] considers an addition of 675 mg. SO_2 per litre, and LABORDE (9), I, 107, considers 500—1,000 mg. SO_2 per litre as quite sufficient to prevent any fermentation. CRUESS (1), p. 414, states that the amount of sulphurdioxide necessary to prevent fermentation is 1,200—1,500 mg. per litre in hot localities, and in cooler localities 750—1,000 mg. per litre.

In my own experiments I found that the fermentation was delayed as follows: —

---

[19] The number behind the author's name refers to the corresponding number in the summary of the literature.

(a) *Greengrape-must* of 26.00 Brix (or Balling) with a total acidity of 5.38‰ (calculated as tartaric acid) was immediately given 1 lb. Pot. metabisulphite per leaguer or about 393 mg. SO_2 per litre, when fermentation set in after 4 days.

(b) [20]*Hanepoot-must* of 23.17° Brix was given about 3½ lbs. Pot. metabilsulphite per leaguer or 1.362 mg. SO_2 per litre in a closed, full cask, and started fermenting vigorously after 16 days, the result being a dry wine. On the 6th day it contained 569.6 mg. free and 1.187 mg. total SO_2 per litre. On the 17th day, when fermentation had actively started, it still contained 281.6 mg. free and 800 mg. total SO_2 per litre.

I therefore recommend the addition of ½ lb. metabisulphite (@ 50% SO_2) per leaguer or 200 mg. SO_2 per litre fresh must left in an open tank for settling. The clear supernatant liquid must be withdrawn after about 36 hours and immediately given a further dose of 4 lbs. metabisulphite per leaguer or 1,600 mg. SO_2 per litre. This is meant for South African conditions, but will probably answer anywhere.

II. DEACIDIFICATION OF MUST.

Moskonfyt should retain a certain acidity to be of good quality. Greengrape-must with a total acidity of 5.38‰ and total extract of 25.5° Balling was treated with 2 g. CaO_2H_2 per litre, and yielded a good moskonfyt with a total acidity of 6.38‰ at 67.5° Brix or Balling.

Hanepoot-must with a total acidity of 5.43‰ and total extract of 23.48° Brix was boiled with a finely-ground limestone, containing 70.7% $CaCO^3$ at the rate of 1 lb. per 20 gallons or 3.53 g. $CaCO_3$ per litre. It gave a very nice moskonfyt with a total acidity of 5.52‰, at 69.7° Brix. Thus only 80.9% of the added limestone entered into reaction.

I recommend the addition of 3½—4 lbs. calcium carbonate to every 100 gallons of must with 5—6‰ total acidity, the two being boiled together.

---

[20] Hanepoot is the same as Muscat of Alexandria.

III. THE BEST CONCENTRATION FOR MOSKONFYT.

The following concentrations have been recommended as being sufficiently high to prevent the syrup undergoing any spontaneous fermentation: —

1. MERZ (DAL PIAZ) (10), p. 122: at least 50% sugar = 33° Bé = 60° Balling.
2. VENTRE (3), p. 25: at least 36° Bé.
3. OTTAVI (2), p. 268: S.G. 1.35 (which means about 70° Brix) and 66.66% sugar by wt.
4. CRUESS (1), p. 409: 70° Balling.

In my own investigations I noticed a spontaneous fermentation in moskonfyt of as much as 69.75° Brix, the S.G. at 17.5°C/17.5°C being 1.3494 by pycnometer. I therefore recommend boiling the syrup to 71° Brix, when S.G. at 17.5°C. will be 1.3572, and a gallon of this syrup at this temperature will weigh 13 lbs. 9 oz. At 100°C. or 212°F. the S.G. will be about 1.3065 and 1 gallon syrup will weigh about 13 lbs. 1 oz.

At the outset of my investigations I expected to find a concentration at which fermentation will no longer take place whilst crystallisation will not yet set in. During the course of my investigations I found a grape syrup, boiled in a vacuum pan, of 68.5° Brix and 15.30‰ total acidity, which both fermented and crystallised simultaneously. This proves that no such concentration exists as was looked for. The problem now reduces itself to finding out how moskonfyt must be prepared to have it at 71° Brix without running the risk of any subsequent crystallisation. My investigations of this problem will be continued during 1923.

+++

Ondersoekings Omtrent Moskonfyt
Sourced from: University of Stellenbosch
Publisher: Annale v. d. Uniwersiteit van Stellenbosch,
Printer: Nasionale Pers, Kaapstad
Dated: April 1923

Enologiese Ondersoekings (1929)

1.—DIE VERSUIKERING VAN MOSKONFYT.

Dis welbekend dat die meeste moskonfyt wat hoog genoeg gekonsentreer is, geneig is om te versuiker. Waar die mos by die begin van die konsentreer-proses nie heeltemal helder was nie, sal die daarvan gekookte moskonfyt ook troebel wees. Na sulke stroop afgekoel en 'n ruk gestaan het, sak die swewende bestanddele af en word die stroop taamlik helder. By sy verdere staan, veral as gevolg van die winterkoue, sien ons gewoonlik dát daar 'n sekere mate van kristallisasie plaasvind. Hierdie kristalle bestaan hoofsaaklik uit tartrate en suiker, waarskynlik wel net die dekstrose wat baie makliker uitkristalliseer as die lewulose—net soos mos bevat moskonfyt natuurlik hierdie suikers albei in vrywel gelyke hoeveelhede. Dis hierdie uitskeiding van kristalle van tartrate en suiker wat ons die versuikering van moskonfyt noem.

My doel by hierdie ondersoek was om te probeer uitvind hoe 'n mens die versuikering van moskonfyt kan voorkom. Literatuur hieroor kon ek nie in hande kry nie. By my vroeëre ondersoekings omtrent moskonfyt[21] het ek gevind dat moskonfyt wat vir ¾ uur in 'n stoomsterilisator verhit was in proefbuisies, nie later versuiker het nie, al was sy konsentrasie 79.40 Balling, terwyl so 'n moskonfyt anders gewoonlik baie sterk versuiker.

Dit het my direk aanleiding gegee om te probeer om die latere versuikering van moskonfyt te voorkom deur die reeds afgekoelde moskonfyt nog 'n keer te verhit.

'n Ander gedagte was om die kokende stroop vinnig af te koel en op dié manier versuikering teë te gaan. Verder word soms beweer dat 'n byvoegtng van geelsuiker, en soms 'n byvoeging van sitroensuur latere versuikering van sulke

---

[21] A. I. Perold: Ondersoekings omtrent Moskonfyt. Annale v. d. Uniw. van Stellenbosch. Jaarg. 1. Reeks A, Afd. 1. (April 1923.)

mos-konfyt belet. Al hierdie middels het ek in my ondersoekings oor hierdie vraagstuk getoets.

(a) *Vinnige afkoeling van die stroop.*

Op 7/3/23 is op die Uniwersiteitsplaas van Hanepootmos met 22.1° Marloth (= ruim 24° Balling), wat reeds vir 24 uur gemaal en in stadige gisting was, 'n moskonfyt gekook in 'n oop koperketel op 'n direkte vuur. Op ca. 22 gellings mos is 1½ lb. gemaalde kalkklip met 70.7% $CaCO_3$ gegooi, en die mos is gekook tot 'n kookpunt van 108° C. bereik was. Toe is die ketel met die moskonfyt in koue water in 20 minute afgekoel van 108° tot 45° C. Die stroop had op 20/3/23 'n totale suur-gehalte van 6.02 gr. per lit. (bereken as wynsteensuur) en 'n totale ekstrakgehalte van 74.50° Brix.

Op 29/5/23 was hierdie moskonfyt reeds half versuiker in die toegekurkte "Winchester quarts". Die vinnige afkoel van die stroop kon die latere versuikering in hierdie geval dus nie belet nie.

(b) *Byvoeging van Geelsuiker.*

Van Raisin blanc mos van ca. 20° Balling is op 15/3/23 moskonfyt gekook. In die konfytketel is 20 gellings mos gegooi, waarby 1lb. fyngemaalde kalkklip (met 70.7% $CaCO_3$) gevoeg is, en toe die temperatuur van die kokende stroop in die ketel 107° C. was, is daar 4 lb. *geelsuiker* bygevoeg. Die kookpunt het byna onmiddellik tot 108° C. opgegaan, toe die ketel van die vuur geneem is. Die konfyt het toe gewoon aan die lug afgekoel.

Op 27/4/33 had hierdie moskonfyt 'n soortlike gewig van 1.37408 (17.5°/17.5°), wat 'n totale ekstrakgehalte van 73.64° Brix aantoon.

Op 29/5/23 was hierdie moskonfyt reeds half versuiker.

(c) *Byvoeging van Sitroensuur.*

Dieselfde mos soos by (b) het 1 lb. gemaalde kalkklip op 20 gellings mos gekry en is toe gekook. Na die afskuim amper klaar was, is 'n kwart pond *sitroensuur* in 'n deel van die kokende mos in 'n emmer opgelos en toe in die ketel teruggegooi. Toe die kookpunt op 107°C. in die ketel gestyg was, is die ketel van die vuur geneem en het gewoon aan die lug afgekoel.

Op 28/4/23 had hierdie moskonfyt 'n soortlike gewig van 1.35457 (17.5°/17.5°), wat 'n totale ekstrakgehalte van 70.6° Brix aantoon.

Op 4/6/23 was hierdie stroop ca. $1/10$ versuiker, en op 26/7/23 was hierdie stroop byna ½ versuiker.

(d) *Verwarming.*

A. Die bogenoemde moskontyt (a) met 74.5° Brix was op 29/5/23 reeds half versuiker in die "Winchester quarts". Van die oorgeblewe stroop is toe in twee half lieter flesse gegooi tot hulle vol was. Die een is direk toegekurk en die ander eers na die stroop tot 90° C. verwarm was. Albei het toe naasmekaar in die laboratorium in verspreide daglig maar uit direkte sonlig bly staan.

Op 26/7/23 was die verwarmde fles se stroop nog niks versuiker nie, terwyl die ander een s'n reeds $5/6$ versuiker was. Op 17/9/24 was die toestand nog onveranderd. Óp 2/4/24 had die nog onversuikerde stroop in die nie verwarmde fles 'n soortlike gewig van 1.36212 op 17.5°C wat 71.8° Brix aantoon. Deur versuikering het die ekstrakgehalte van die oorgeblewe stroop dus met 2.7° Brix gedaal.

B. Die bogenoemde moskonfyt (b) was op 29/5/23 reeds half versuiker. Toe is twee half lieter flesse met die stroop gevul en die een op 4/6/23 tot 90° C. verwarm, en die ander nie. Albei is toegekurk. Op 26/7/23 was die verwarmde fles se stroop nog niks versuiker nie, terwyl dié van die ander een byna ¾ versuiker was. Op 2/4/24 had die nog onversuikerde stroop in die nie verwarmde fles 'n soortlike gewig van 1.36809 (17.5° C), wat gelykstaan met 72.7° Brix. Hier was die ekstrakvermindering deur versuikering dus gelyk aan 0.9° Brix.

Op 17/9/24 was die nie verwarmde stroop omtrent ¾ versuiker en die verwarmde stroop omtrent $1/6$ versuiker.

C. Die bogenoemde moskonfyt (c) is op 4/6/23 in twee half lieter flesse gegooi, die een tot 90° C. verwarm en die ander nie, en toe is albei toegekurk. Op 26/7/23 was die verwarmde stroop nog niks versuiker nie, terwyl die ander een byna ½ versuiker was. Op 17/9/24 was die verwarmde stroop steeds nog niks versuiker nie, terwyl die nie verwarmde fles gebreek was, omdat die versuikering die ekstrakgehalte van die nie verwarmde stroop so laag laat daal het dat daar 'n gisting ontstaan het, wat die fles laat bars het.

D. Proewe van 1924.

Hierdie proewe is met 3 monsters moskonfyt gemaak.

(1) Mos byna neutraal gemaak met suiwer gebluste kalk (CaO_2H_2) en in 'n koperketel tot 106° C. gekook, Die moskonfyt had op 15° C. 'n soortlike gewig van 1.3594, wat beteken 71.33° Brix. Dit was teen 20/3/24 gekook.

(2) Mos grotendeels met suiwer gebluste kalk geneutraliseer en op 10/3/24 in 'n koperketel gekook tot 107° C. Hierdie moskonfyt had op 17.5° C. 'n soortlike gewig van 1.36932, wat 72.8° Brix beteken. Sy totale suurgehalte was 10.51 0/00 (as wynsteensuur bereken).

(3) Mos grotendeels met suiwer gebluste kalk geneutraliseer en op 10/3/24 in 'n koperketel gekook (oor 'n oop vuur in al drie gevalle) tot op 108° C. Hierdie moskonfyt had 'n konsentrasie van 76.2° Brix, en 'n totale suurgehalte van 12.5 0/00 (as wynsteensuur bereken).

Op 26/3/24 is van moskonfyt (1) ses ¼ lit. flesse met glasproppe byna vol gemaak, en van (2) en (3) elk ses ½ lit. flesse byna vol gemaak en met kurkproppe toegemaak. Van elke serie is een fles so neergesit en een tot 90° C. verhit op 26/3/24, 14/4/24, 28/4/24, 12/5/24 en 26/5/24 respektieflik.

Die *resultate* met hierdie drie series behaal, was soos volg:—

By Serie (1):

Tot op 26/5/24 was daar nêrens enige versuikering nie.
Op 17/6/24 was daar ca. 5% versuikering slegs in die onbehandelde flessie.

Op 17/9/24 was die onbehandelde flessies ca. $1/6$ versuiker en die res glad nie versuiker nie.

Op 15/10/24 was die onbehandelde flessies ca. $1/5$ versuiker, terwyl die behandelde flessies almal vry van versuikering was.

Op 27/4/26 was die onbehandelde flessies nog ca. $1/5$ versuiker, terwyl die res baie min versuiker was en 'n bietjie afsaksel had.

By Serie (2) :

Op 14/4/24 was daar nêrens enige versuikering nie. Op 28/4/24 was versuikering gering, maar het duidelik begin in die nog onbehandelde flesse, terwyl die res daar vry van was.

Op 12/5/24 was daar ca. $1/6$ versuikering in die onbehandelde flesse, terwyl die res nie versuiker was nie. Op 26/5/24 was die onbehandelde flesse ruim $1/3$ versuiker en die res glad nie.

Op 17/6/24 en op 17/9/24 was die onbehandelde fles ruim ½ versuiker en die res glad nie versuiker nie.

Op 15/10/24 was die onbehandelde flesse ½ versuiker; dié wat op 26/3/24 en op 28/4/24 verhit was, had geen versuikering nie; dié wat op 14/4/24 verhit was, had 'n baie geringe versuikering; die wat op 26/5/24 verhit was, was ca. $1/6$ versuiker.

By Serie (3) :

Op 14/4/24 was die nog onbehandelde flesse reeds ¼ versuiker; dié wat op 26/3/24 verhit was, had geen versuikering nie.

Op 28/4/24 was al die onbehandelde flesse ¾ versuiker, en op 12/5/24 was hulle byna totaal versuiker.

Op 17/9/24 was onverhitte fles byna totaal versuiker;

dié wat op 26/3/24 verhit was, was ca. $^4/_5$ versuiker; dié wat op 14/4/24 verhit was, was ruim ½ versuiker; dié wat op 28/4/24 verhit was, had nouliks enige versuikering; dié wat op 12/5/24 verhit was, was net so versuiker soos dié op 26/3/24 verhitte fles; die wat op 26/5/24 verhit was, was net so versuiker soos dié wat op 28/4/24 verhit was, dus byna niks versuiker nie.

Op 15/10/24 was die onverhitte fles byna totaal versuiker en die res $^3/_4$ —$^4/_5$ versuiker.

E. *Proewe van 1926.*

(1) Teen die end van Maart is mos van Rosaki-druiwe met gemaalde kalkklip gekook tot 76.4° Brix, en toe met water verdun tot 70.0° Brix. Op 5/5/26 is ses ¼ lit. flessies daarmee byna vol gemaak, waarna hulle glasproppe opgesit is. No. 1 is nie weer verhit nie, maar Nos. 2 en 3 is vir een uur in 'n stoombad op 100°C. verhit op 5/5/26; No. 4 desgelyks op 2/6/26 en No. 5 desgelyks op 22/7/26. Op 7/9/26 was, geen enkele flessie versuiker nie.

(2) 'n Moskonfyt in 1923 gekook en met ca. 74.0° Brix, was op 5/5/26 half versuiker. Die fles is op 5/5/26 in 'n stoombad verwarm tot alles weer opgelos was. Op 20/5/26 is drie ½ lit. flesse daarmee byna vol gemaak en toegekurk. No. 1 het so bly staan, No. 2 is dieselfde dag vir een uur in die stoombad verhit en No. 3 desgelyks op 2/6/26.

Op 6/4/27 was No. 1 byna totaal (ruim $^7/_8$) versuiker. Die orige stroop had net nog 71.7° Brix. Nos. 2 en 3 het 'n konsentrasie van 73.6° Brix getoon en had net 'n bietjie afsaksel, maar was vry van versuikering.
Teen die end van die winter van 1927 was ook Nos. 2 en 3 sterk versuiker.

Kort Opsomming van Resultate.

1. Moskonfyt van 70.6° Brix het versuiker, en aangesien ek reeds by my vroeëre ondersoekings gevind het dat moskonfyt 'n konsentrasie van ten minste 71° Brix moet hê

om teen latere gisting gevrywaar te wees, volg hieruit dat moskonfyt wat genoegsaam gekonsentreer is, gewoonlik aan versuikering sal blootstaan.

2. Snelle afkoeling van die klaar gekookte stroop, en die byvoeging van geelsuiker en van sitroensuur by die kook van die stroop, soos in my proewe toegepas, belet nie die latere versuikering van die moskonfyt nie as dit dik genoeg ingekook word.

3. 'n Latere verwarming van die reeds afgekoelde moskonfyt is 'n taamlik doeltreffende middel om die versuikering daarvan—vir 'n sekere tyd altans—te voorkom. As die stroop vir een uur op 100°C. verhit word, sal dit sy versuikering gedurende die eersvolgende winter met 'n groot mate van sekerheid voorkom, alhoewel dit in 'n volgende winter mag versuiker. Hierdie verhitting belet dus nie definitief alle latere versuikering van sulke stroop nie, maar vertraag die versuikeringsproses genoegsaam om hierdie behandeling van groot praktiese waarde te maak vir fabrikante van moskonfyt.

2.—WYNBEREIDING DEUR GISTING OP LAE TEMPERATURE.

DOEL.
Gedurende Maart 1927 het ek op Welgevallen, die Proefplaas van die Landboufakulteit van die Uniwersiteit van Stellenbosch, proewe gemaak met die bereiding van wyn deur die gisting op *lae* temperature te laat plaasvind. Die hoofdoel was hier om vas te stel of die kwaliteit van so bereide wyn hoog genoeg sal wees om die koste van verkoeling deur middel van 'n ysmasjien te vergoed.

Ek wis uit my vroeëre ondersoekings[22] dat reinkulture van gisselle op hoë temperature, relatief tot die gevormde alkohol, meer vlugtige suur vorm as op betreklik lae temperature, en dit is lank reeds bekend dat daar in mos by

---

[22] "The Volatile Acidity of Wine: particularly that produced by pure Cultures of Yeast." By Dr. A. I. Perold. S.A. Journal of Science. (April 1918.)

'n spontane gisting op hoë temperature (35—40° C.) meer vlugtige suur gevorm word as op lae temperature, aangesien daar op die hoë temperature gewoonlik 'n sterk ontwikkeling van bakterië plaasvind, wat nie net 'n verhoging van die vlugtige suur veroorsaak nie, maar tegelykertyd die wyn se smaak en geur nadelig beïnvloed en hom selfs siek kan maak. Verder spreek dit vanself dat die boeket- of geurstowwe, beide dié wat in die druiwe en dus in die vars mos aanwesig is en dié wat eers gedurende die alkoholiese gisting ontstaan, baie meer deur verdamping in die lug sal verlore gaan by 'n oop gisting wat op 'n hoë temperatuur plaasvind as wanneer die gistingstemperatuur laag gehou word. Dieselfde geld ook vir die deur gisting gevormde alkohol.

Langs die Ryn en Moesel, waar die Duitsers hul wêreldberoemde Ryn- en Moeselwyne maak, is dit in die parstyd gewoonlik reeds so koud dat die giskellers kunsmatig verwarm moet word om 'n goeie gisting te verkry. In die Médoc, waar die wêreldberoemde droë rooi wyne, "Clarets", gemaak word, is die klimaat gedurende die parstyd gewoonlik so mild dat dit nie nodig is om die gistende mos af te koel nie. Die gevolg is dat die mos in hierdie gevalle op temperature van 15—20 en soms 25° C. (d.i. 59—68 en soms 77° F.) gis, en dat baie fyn wyne geproduseer word.

Waar ons in Suid-Afrika nie ons grond en veral ons klimaat kan verander nie, het ons dit in ons mag om die gistingstemperatuur van ons mos kunsmatig net so laag te hou as in die bogenoemde gevalle. Dit is vir ons net 'n kwessie om vas te stel of die verhoging van die wyn se kwaliteit genoegsaam sal wees om ons te vergoed vir die ekstra koste van sulke energieke verkoeling gedurende die mos se alkoholiese gisting,

Uit die voorgaande sal dit nou wel duidelik wees dat dit vir ons Suid-Afrikaanse wynindustrie van die grootste belang is om die waarde van sterk verkoeling gedurende die gisting van ons moste vas te stel.

INRIGTING VAN DIE PROEWE.

Die gisting het in oop sementgiskuipe of tenks plaasgevind, wat 4 vt. 6 dm. diep is en ruim 6 lêers hou as hulle vol is. Hulle is ongeveer drie-kwart volgepars, eers met Hermitage-druiwe en daarna met druiwe van Cabernet Sauvignon en veel minder Malbec, Merlot en Verdot. In die een tenk was 'n koelslang van tin, waardeur yskoue pekel van tyd tot tyd gepomp is. Die pekel is deur 'n ysmasjien koud gemaak. Die hele verkoelingsinstallasie is goedgunstiglik deur die Imperial Cold Storage and Supply Company, Ltd., van Kaapstad, geskenk aan die Uniwersiteit van Stellenbosch om hierdie en soortgelyke proewe te kan maak, en ek wens genoemde Maatskappy, en by name die Direkteure Sir David Graaff en Mnr. Karl Spilhaus, vir hierdie milde ondersteuning van harte te bedank.

Die ander tenk was van eersgenoemde deur 'n tenk geskeie, wat gedurende die duur van hierdie proewe leeg gehou is. Hier is die gisting gelei op die gewone manier, d.w.s deur 'n matige gebruik van Kalium-metabisulfiet ($K_2S_2O_5$) en verkoeling deur 'n gewone Franse moskoeler toe die gistende mos se temperatuur te hoog gegaan het.

Eers is die Hermitage gepars. Die druiwe is deur 'n ontstengelaar of "égrappoir" gemaal en die mos en doppe deur 'n pomp in die gistenks gepomp, en wel so dat een vrag druiwe se mos en doppe in die een tenk gepomp is en die volgende s'n in die ander tenk, om sodoende die inhoud van die twee tenks so eners as moontlik te hê. Altwee tenks is ewe vol gepars.

Van die begin af en gedurende die gisting is die koek doppe met 'n kruishout in albei tenks gereeld deurgedruk tot ca. 12 uur voor die jong wyn afgetap is van die doppe. Laasgenoemde is in aparte stukvate gepomp, sodat elke tenk s'n apart gehou is.

Dieselfde het met die Cabernet Sauvignon en ander genoemde druifsoorte gebeur. Die jong wyn van die twee tenks is toe by die Hermitage-wyn in die ooreenkomende stukvate gepomp.

DATA VAN DIE PROEWE.

1. *Hermitage* gepars op 4 en 5 Maart 1927.
Tenk A had die koelslang in die mos en doppe, terwyl die wyn in tenk B op die gewone manier gemaak is.

Tenk A.	Tenk B.
Mos wys 25.0° Balling op 26°C.	Mos wys 24.8° Balling op 28°C.

Gekoel :
4 Maart van 2 n.m.—9.30 n.m.
5 ,, ,, 6 v.m,— 11.30 v.m. n.m. vir enige ure.
6 Maart van 8 v.m.—10 v.m.
          6.15 n.m.—7.30 n.m.
7 ,, 9.30 v.m.—10.30 v.m.
          6.40 n.m.—8.40 n.m.
8 ,, 12.20 n.m.— 2 n.m.
9 ,, 1 1 v.m.—11.45. v.m.
Totaal gekoel 7 uur om mos koud te maak en $16^{2}/_{3}$ uur om temp. gedurende gisting laag te hou.
Gisting was sigbaar om 9.30 v.m. op 6 Maart.
Afgetap oggend van 10 Maart kort voor 8 uur, en wyn was droog.
Kuiptyd 5 ½ dag.
Gistingsduur 4 dae.
	Aand van 4 Maart om 8-uur is 1 lb. Kalium-metabisulfiet in water opgelos, op die kuip gegooi en deurgedruk.
	Op 6 Maart van 10—12 uur v.m. met Franse koeler *afgekoel* van 37°C. tot 30°C.
	Op 6 Maart van 5.30—6.05 n.m. weer met Franse koeler *afgekoel* (van 32 tot 30°C).
	Gisting was sigbaar om 9.30 n.m. op 4 Maart.
	Afgetap 9 Maart n.m. en wyn was droog.
	Kuiptyd 5 dae.
	Gistingsduur amper 5 dae

TEMPERATUURVERLOOP IN			
Tenk A		*Tenk B.*	
4 Maart 2.00 n.m.	28°C.	4 Maart 2.00 n.m.	28°C
5.30 n.m.	26 „		
8.00 n.m.	22 „		
8.30 n.m.	21 „		
9.00 n.m.	20 „		
. y.30 n.m.	20 „		
5 Maart 6.15 v.m.	20°C.	5 Maart 12.30 n.m.	26°C
8.30 v.m.	19 „	2.30 n.m.	26 „
10.00 v.m.	19 „	6.00 n.m.	27 „
12.30 n.m.	19.2 „		
2.30 n.m.	19—20 „		
(1.30 n.m.	19.5 „		
6 Maart 9.30 v.m.	20°C.	6 Maart 8.00—10 v.m.	37°C
12.00 middag	21 „	12.00 middag	30 „
6.00 n.m.	20 „	na koeling	
		5.30 n.m.	32 „
		6.05 n.m.	30 „
7 Maart 8.00 v.m.	20—24°C.	7 Maart 8.00 v.m.	31°C.
10.30 v.m.	18—18½ „		
11.30 v.m.	19.5 „		
2.30 n.m.	20 „		
5.30 n.m.	22 „	5.30 n.m.	31 „
6.40 n.m.	22—24 „		
8.00 n.m.	19 „		
8.40 n.m.	18 ,,		
8 Maart 8.00 v.m.	22—23°C.	8 Maart 8.00 v.m.	30°C.
12.30 n.m.	22 „		
2.00 n.m.	19 „		
9 Maart 8.00 v.m.	23°C.		
11.45 v.m.	20 „		
2.40 n.m.	22 „		
6.00 n.m.	22 „		
8.30 n.m.	22 „		

2. *Cabernet Sauvignon* en ander genoemde soorte gepars 9 en 10 Maart 1927. Mos in albei tenks het 24⁰ Balling gewys.

Tenk A.	Tenk B.
Gekoel:	Hier is 500 g. Kalium-metabisulfiet gegee op die 11de Maart om 9 v.m., maar dit was nie nodig om die Franse koeler te gebruik nie.
10 Maart 1.00— 2.00 n.m.	
8.45— 9-45 n.m	
11 Maart 9.00—11.00 v.m.	
1.15— 2.15 n .m,	
12 Maart 8.10—10.10 v.m.	
12.30— 2.00 n.m.	
13 Maart 9.30—10.30 v.m.	

Totaal gekoel 9½ uur.

	Tenk A.			Tenk B.	
10 Maart	5.30 n.m.	25-26°C	10 Maart	5.30 n.m.	27°C
	6.35 n.m	26-28 „		6.35 n.m	26.5 „
	7.50 n.m	24 „			
	9.40 n.m	21 „		9.40 n.m	27 „
	11.00 n.m	19 „			
11 Maart	8.00 v.m.	20°C	11 Maart	8.00 v.m.	30°C
	11.00 v.m.	19 „			
	2.15 n.m	18 „			
	7.00 n.m	22 „			
12 Maart	7.30 v.m.	22°C	12 Maart	8.30 v.m.	30°C
				2.00 n.m.	33 „
	10.10 v.m.	18 „		7.00 n.m.	33 „
	2.00 n.m.[23]	17 „			
13 Maart	9.15 v.m.	20°C			
	10.30. v.m.	18 „			
Afgetap oggend van die 14de Maart			*Afgetap* oggend van die 13de Maart		
Kuiptyd 4½ dag			*Kuiptyd* 3½ dag		

---

[23] Nog soet en goeie gisting.

By die aftap was die jong wyn in albei gevalle so te sê droog.

Die wyne van A en B is in die korresponderende stukvate op die Hermitage-wyne gepomp.

RESULTATE VAN DIE PROEWE.

(1) Dit vereis sorgvuldige en dikwels herhaalde deurdruk van die koek doppe om die temperatuur van die gistende mos in die tenk met die koelslang orals dieselfde te hê. So was die mos se temperatuur in tenk A naby die koelslang om 6.40 n.m. op dié 7de Maart 22°C., terwyl dit naby die rant van die tenk 24°C. was.

(2) In die geval van die Hermitage het die sigbare gisting 36 uur later begin in die sterk gekoelde tenk as in die nie gekoelde tenk. Dit was natuurlik te verwag, aangesien die gisselle se spruiting op die lae temperatuur (19—20°C.) baie langsamer plaasvind as op die veel hoër temperatuur (28°C.) in die ander tenk, wat net enige grade bokant die gisselle se optimale temperatuur vir spruiting (ca. 25—26°C.) was.

(3) Die kuiptyd was ½–1 dag langer in die geval van die sterk gekoelde mos as in die ander geval. Dit was te wyte aan die veel latere begin van die gisting, soos ons onder (2) gesien het.

(4) Die werklike tyd wat die gisting geduur het, was een dag korter in die geval van die sterk gekoelde Hermitage-mos as waar Kalium-metabisulfiet en die gewone Franse koeler gebruik was. Dit moet toegeskrywe word aan die vertragende uitwerking van die Kalium-metabisulfiet en van die hoë temperatuur op die gisting in laasgenoemde geval.

(5) Dit het omtrent 7 uur van verkoeling geneem om die Hermitage-mos af te koel van 28 tot 20°C. en omtrent 17 uur van verkoeling om die temperatuur van tenk A gedurende die gisting tussen 20 en 22°C. te hou.

In die geval van die Cabernet Sauvignon plus ander soorte, het die verkoeling slegs 9½ uur geduur. Hier was die hoeveelheid mos en doppe minder as in die geval van die Hermitage en die suikergehalte van die mos 1° Balling minder. Die gemiddelde gistingstemperatuur was laer (meestal 18—20°C.) as in die geval van die Hermitage. Dit was verder veroorsaak deur die laer temperatuur van die lug, wat bevestig word deur die feit dat die ongekoelde tenk se hoogste gistingstemperatuur slegs 33°C. was teenoor 37°C. in die geval van die Hermitage (in tenk B), sodat dit nie nodig was om in hierdie geval die Franse koeler te gebruik nie.

(6) Die kwaliteit van albei wynse was goed, maar die een wat op die besonder lae temperatur gegis het was darem baie fyner en beter (dit was ook die opienie van mnr. Cuthbert Burgoyne van Londen, wat hulle die 2de Mei 1927 geproe het) as die ander een. Hulle het albei 'n pragtige donker-rooi kleur gehad. Daar was baie min verskil van kleur. Die wyn wat op die lae temperatuur ontstaan het, was eleganter, skoner en fyner, en ook dunner van smaak as die ander een. Veral laasgenoemde eienskap het hom veel nader aan die Franse Claret gebring as wat ons droë rooi wyne gewoonlik is. Toe ek die twee wyne op 18/8/28 geproe het, was albei goed, maar die een wat op 'n baie lae temperatuur gegis het, was opvallend fyner en beter, en het 'n sterker en skonr boeket as die ander een gehad.

(7) *Ontleding* op 25 Maart 1927.

	Sterk gekoel. behandeling.	Gewone
Soortlike gewig (15°C.)	0.9939	0.9903
Totale ekstrak	3.10 g. per 100 c.c.	3.41 g. per 100 c.c.
Alkohol	4.29 vol. % = 25.2°P.S.	13.16 vol. % = 23.4°P.S.
Vlugtige Suur (as asynsuur)	0.37 ‰	0.45 ‰

Uit die ontledings blyk dat die sterk gekoelde mos 'n wyn gelewer het met minder ekstrak (daarom het hy dunner gesmaak), minder vluglige suur (alhoewel albei se vlugtige suur baie laag is) en 1.8°P.S. meer alkohol as die ander een.

TOEPASSING IN DIE GROOT PRAKTYK.

Daar sal nog verder proefnemings gedoen moet word om energieke verkoeling in die groot praktyk te kan invoer. So is dit byv. baie wenslik om die mos (by wit wyn) of die mos en doppe voor die gisting begin, af te koel tot op 15-20°C. (die beste temperatuurgraad sal moet vasgestel word) en dan te sien of die gistingstemperatuur nog tot sê 35°C (= 95°F.) sal opgaan. Die hoogte tot waarop die mos se temperatuur sal styg, sal natuurlik afhang van die suikerkonsentrasie in die mos en van die lug se temperatuur.

Vir die Suid-Afrikaanse mark moet die droë rooi wyne maar taamlik vol wees, sodat die gistingstemperatuur gerus tot 33°C. (= 91.4°F.) kan opgaan. Vir die Europese mark moet 'n goeie droë rooi wyn nie te vol wees nie, en dus sal die dunnere wyn soos ek in my proewe verkry het, vir hierdie mark veel beter wees.

Waar die mos alleen kuip (soos vir wit wyn) is dit wenslik om die gistingstemperatuur baie laag te hou, sê 20-22°C. (=68—71.6°F.) en dit sal in Suid-Afrika meesal net met behulp van 'n ysmasjien kan gedoen word.

3. DIE BEREIDING VAN LIGTE SOETWYN DEUR STERK VERKOELING EN FILTRASIE.

Afgesien van soetwyne wat een of ander verbode antiseptikum (soos byv. salisilsuur, natriumbensoaat, ens.) bevat, en van die duur likeurwyne van Duitsland en Sauternes wat van edelvrot-rosyntjies gemaak word, bevat haas alle soetwyne minstens 17 vol. % alkohol of ca. 30° ,,Proof Spirit" om hul teen verdere alkoholiese gisting te bewaar. Daar baie mense hier graag 'n soetwyn drink maar deur die hoë alkoholgehalte afgeskrik word, wou ek probeer om 'n soetwyn met 'n lae alkoholgehalte te maak *bloot met behulp van fiesiese middels*.

Nadat die alkoholiese gisting vir 'n korter of langer tyd aan die gang was, kan ons die gistende mos gou afkoel en daardeur die gisting tot stilstand bring. Deur filtrasie kan die vloeistof van kieme bevry word, waarna die kiemvrye of steriele vloeistof dadelik onder aseptiese kondiesies kan gebottel word. Die affiltreer van die kieme (dus ook van die gisselle) op 'n kommersiële skaal het eers moontlik geword deur gebruik te kan maak van 'n E.K. Filter wat vervaardig word deur Theo. Seitz, van Kreuznach (Duitsland), die wêreldberoemde fabrikante van asbesfilters.

Hierdie proewe val dus vanself in drie dele: die afkoel van die gistende mos, die filtreer van die koue mos, die bottel daarvan.

A. *Die Afkoel van die Gistende Mos.*

Op die 9de Maart, om 8.25 nam. is gistende Steindruiwemos op 13.2° Balling en 24°C. in die koelkamer gepomp in 'n van binne vertinde koperbak van 2 voet (diep) × 2 voet × 3 voet, met 'n kraan 2 duim van die boom af, en tot 5 duim van bo-af gevul.

Die volgende tabel gee die afkoeling aan. Hierby is die koelkamer se temperatuur met 'n groot Fahrenheit-gistermometer ireneem en dié van die mos met 'n Celsius-termometer.

Tyd.	Temperatuur van Koelkamer.	Temperatuur van Mos.	Kamer gekoel.
9 Maart 8.25 n.m.	42°F. = 5³/₉ °C.	24°C.	9 Maart 8.00 n.m.—10.00 n.m.
10 Maart 8.30 v.m.	36 ,, = 2²/₉ ,,	18 ,,	10 Maart 7.00 v.m.— 2.00 n.m.
6.35 n.m.	34 ,, = 1¹/₉ ,,	10 ,,	6.35 n.m.—10.35 n.m.
10.00 n.m.	28.5 ,, = -2 ,,	8 ,,	
11 Maart 7.00 v.m.	37 ,, = 2⁷/₉ ,,	8 ,,	11 Maart 7.00 v.m.— 2.30 n.m.
7.00 n.m.	28 ,, = -2²/₉ ,,	2 ,,	6.15 n.m.— 8.00 n.m.
12 Maart 7.30 v.m.	36 ,, = 2²/₉ ,,	2 ,,	12 Maart 7.30 v.m.— 3.00 n.m.
2.00 n.m.	24 ,, = -4⁴/₉ ,,	-1 ,,	6.15 n.m.— 9.30 n.m.
9.30 n.m.	16 ,, = -8⁸/₉ ,,	-3 ,,	
13 Maart 9.00 v.m.	29 ,, = -1⁶/₉ ,,	2 ,,	13 Maart 9.00 v.m.— 1.00 n.m.
11.30 v.m.	24 ,, = -4⁴/₉ ,,	-2 ,,	6.30 n.m.— 8.00 n.m.
8.00 n.m.	21 ,, = -6¹/₉ ,,	-3 ,,	
14 Maart 7.00 v.m.	30 ,, = 1¹/₉ ,,	-2.5 ,,	14 Mrt. 7.00 v.m.—10.15 v.m.
15 Maart 1.00 n.m.	30 ,, = -1¹/₉ ,,	0 ,,	15 Maart 1.00 n.m.— 8.45 n.m.
6.15 n.m.	20 ,, = -6⁶/₉ ,,	-2	
16 Maart 10.00 v.m.	30 ,, = -1¹/₉ ,,	-2 ,,	16 Maart 10.00 v.m.— 6.15 n.m.
17 Maart 6.50 v.m.	32 ,, = 0 ,,	-4 ,,	17 Maart ?
18 Maart 8.50 v.m.	20 ,, = -6⁶/₉ ,,	-4 ,,	18 Maart 7.00 v.m.—11.00 v.m.
19 Maart 7.00 v.m.	34 ,, = 1¹/₉ ,,	-2 ,,	19 Maart 7.00 v.m.— 8.00 v.m.
			10.30 v.m.— 1.00 n.m.
12.50 n.m.	22 ,, = -5⁵/₉ ,,	?	4.00 n.m.— 7.00 n.m.
20 Maart 8.30 v.m.	34 ,, = 1¹/₉ ,,	-2 ,,	20 Maart 8.30 v.m.—10.30 v.m.
21 Maart 7.00 v.m.	38 ,, = 3³/₉ ,,	0 ,,	21 Maart 7.00 v.m.— 8.30 v.m.
7.30 n.m.	24 ,, = -4⁴/₉ ,,	-1 ,,	5.30 n.m.— 8.30 n.m.

Aanmerkinge.—Daar 'n geskikte persoon nie gereeld beskikbaar was om die verkoelingsmasjiene te laat werk nie, kon die koelkamer nie gereeld gekoel word nie. Daar die mure en vloer van die koelkamer boonop nie van die grond geïnsuleer was nie, kon die temperatuur van die lug in die koelkamer nie konstant gehou word nie, wat op sy beurt skommelinge in die mos se temperatuur ten gevolge gehad het. Dit het gemaak dat die verkoeling onnodig langsaam plaasgevind het.

Die gisting was op die 10de Maart, om 8.30 v.m. nog fluks, om 6.35 n.m. gering, en om 10.00 n.m. baie min; die 13de Maart, om 8.00 n.m, was die mos feitlik stil: die 18de Maart, om 12.50 n.m. was daar nog enkele eilandjies skuim aan die oppervlakte van die mos te sien. Die mos het nooit heeltemal helder geword nie, aangesien die gisting, nieteenstaande die lae temperatuur, nooit absoluut opgehou het nie. Alhoewel temperature van —1 tot —4°C. laag genoeg is om die spruiting van gis-selle te verhinder, was dit tog nie genoegsaam om die werking van die simase in die gis-selle, wat by die begin van die eksperiment in die gistende mos aanwesig was, totaal op te hef nie.

Ons sien darem dat die eerste 24 ure se verkoeling, wat die gistende mos sé temperatuur van 24 tot 8°C. laat daal het, die gisting amper tot stilstand gebring het. Na 96 uur se verkoeling, waarby die mos se temperatuur gedurende die laaste 30 uur tussen — 1 en —3°C. gebly het, was daar feitlik geen gisting meer nie, altans geen gisting van enig praktiese belang nie.

Nadat die mos se temperatuur vir ruim 4½ dae tussen 0 en —4°C. gehou was (meeste van die tyd was dit op —2°C), het daar stukke ys aan die oppervlakte van die mos gevorm (van die 17de Maart af sigbaar).

B. *Die Filtreer van die Koue Mos.*

Die namiddag en aand van die 22de Maart is die mos of ligte soet wyn gefiltreer. Die filtrasie deur die Seitzse Asbesfilter het maar langsaam gegaan, aangesien die vloeistofdruk maar gering was. Nadat die E.K.-Filter vir 15 minute met stoom gesteriliseer was, is die gefiltreerde koue mos daardeur gepomp. Die E.K.-Filter het goed gewerk en net so vinnig as ons kon voorbly om die filtraat te bottel.

Waar met groot hoeveelhede vloeistof gewerk word, kan die gewone filtrasie deur 'n groter filter en onder 'n veel hoër druk geskied as wat in my geval moontlik was, wanneer die filtrasie veel gouer sal gaan en 'n volkome blink filtraat kan verkry word. Om die E.K.-Filter nie te gou te laat verstop nie, moet die vloeistof wat daarin kom heeltemal blink wees.

C. *Die Bottel van die E.K.-Filter se Filtraat.*

Behalwe dat die E.K.-Filter by die begin goed gesteriliseer moet word, is dit natuurlik nodig om die bottels en kurkproppe goed te steriliseer. In hierdie geval het ek hul vir hierdie doel met spieritus van 41°O.P. (= 80.4 vol. % alkohol) gewas. Die bottels is in die oop kellerlug gevul en dadelik toegekurk met behulp van 'n kurkmasjien wat ook met die spieritus gewas was.

RESULTAAT VAN DIE PROEF.

Die ligte soetwyn in die bottels was by die begin natuurlik blink, maar tog effens opalesserend. Behalwe 'n enkele bottel wat later aan die gis geraak het, het die groot gros goed gebly. Net die meeste het later 'n duidelik merkbare, ligte uitskeiding gevorm.

Die wyn is op 25/3/27 ontleed en had toe 'n soortlike gewig van 1.0344 (15°C.), Totale Ekstrakgehalte van 12.27 gram per 100 c.c, en Alkoholgehalte van 9.66 vol %= 17.1% P.S. Hy was dus werklik 'n ligte soetwyn. Die lang aanraking met die tin en lug in die koelkamer het hom egter 'n geringe metaalsmaak gegee, en was wel ook oorsaak van die latere troebeling in die bottel. Op 20/8/28, dus na 17 maande en 11 dae, het ek 'n bottel van hierdie wyn oopgetrek wat 'n taamlike sterk troebeling had, maar origens nog omtrent net so was soos hy in die bottel gekom het en nie die geringste teken van gisting vertoon het nie. Die mikroskopiese ondersoek van die troebeling het getoon dat dit net eiwituitskeidings was—daar was geen mikro-organismes aanwesig nie.

TOEPASSING IN DIE PRAKTYK.

Om sulke wyn op 'n groot skaal te maak, sal verdere proewe nodig wees. Vir die groot praktyk sal waarskynlik so tewerkgegaan kan word, dat die gistende mos in 'n geïnsuleerde vat gepomp word waarin daar 'n van buite vertinde koelslang is, waardeur baie koue pekel gepomp word. So kan die mos in ca. 24-48 uur afgekoel word tot op 0°C, wanneer die gisting prakties stil sal wees. Nou sal die wyn waarskynlik deur 'n sakfilter en daarna deur 'n gewone asbesfilter onder druk helder filtreer kan word, waarna dit deur die E.K.-Filter kiemvry gemaak kan word.

Die bottels en kurkproppe kan deur stoom gesteriliseer word in spesiale kiste of deur hul met spieritus van ca. 90-94 vol. % alkohol (15°C) te was. Die bottels behoort gevul en toegekurk te word in 'n besonders ontsmette vertrek waar nie met druiwe of gistende mos gewerk is nie, sodat die lug vry van gisselle kan wees. Dan moet die toegekurkte bottels vir enige weke in 'n betreklike warm vertrek gehou word om te sien of daar enige gisting ontstaan. Bly die inhoud helder, dan is dit taamlik seker dat die wyn goed sal bly. Die proppe kan met was of lak gedek word om die lug af te sluit.

Vir hierdie soort wyn sal een of ander geurige soort druif, soos Muskadel of Hanepoot, wel die beste wees.

In die geval van wyne met ca. 15 vol. % alkohol (=ca. 26.4°P.S.) en 4-10% suiker, kan van verdere fortifikasie of antiseptika afgesien word, mits die wyn van kieme bevry word deur dit deur 'n E.K.-Filter te filtreer, en dit dan in 'n steriele vat of bottel te bewaar teen latere infeksie.

4. DIE BEREIDING VAN ONGEGISTE DRUIWESAP DEUR STERK VERKOELING EN FILTRASIE.

Waar ongegiste druiwesap („Grape Juice") in die verlede berei is deur die gisselle en ander swamme dood te maak deur verhitting van die druiwesap, het ek hier 'n nuwe metode toegepas wat moontlik geword het deur die firma Seitz se E.K.-Filter, waarmee ons al die kieme uit 'n vloeistof kan verwyder. Die moeilikheid hierby is net dat vars mos slymerig is en baie lastig is om te filtreer. Daarom het ek die vars mos eers in 'n van binne vertinde koperbak in 'n koelkamer gehou om helder te word. Die koue het alle gisting belet, en die aanraking met die lug het waarskynlik daartoe bygedra dat die mos sy slymerigheid verloor het deur 'n vlokkige uitskeiding van pektienstowwe te vorm, wat tot gevolg had dat die mos helder en betreklik maklik filtreerbaar geword het. Die werk het hier in dieselfde onderdele geval as in die voorgaande geval.

A. *Die Afkoel van die Mos.*

Die 14de Maart 1927 is Hanepoot-druiwe gemaal en 'n deel van die mos is die agtermiddag afgetrek en in die koperbak in die koelkamer gepomp eer daar enige gisting waarneembaar was. Die bak was 24 duim diep en daar is 22 duim mos ingepomp. Die verloop van die temperature in die koelkamer was soos volg:

Tyd	Temperatuur van Koelkamer.	Temperatuur van Mos.	Kamer gekoel.
14 Maart 6.00 n.m.	30°F. = $-1^1/_9$ °C.	20°C.	14 Maart 7.00 v.m.—10.15 v.m.
15 Maart 1.00 n.m.	30 ,, = $-1^1/_9$,,		15 Maart 1.00 n.m.— 8.45 n.m.
6.15 n.m.	20 ,, = $-6^6/_9$,,	8 ,,	
16 Maart 10.00 v.m.	30 ,, = $-1^1/_9$,,	2 ,,	16 Maart 10.00 v.m.— 6.15 n.m.
17 Maart 6.50 v.m.	32 ,, = 0 ,,	-2 ,,	?
18 Maart 8.50 v.m.	20 ,, = $-6^6/_9$,,	-3 ,,	18 Maart 7.00 v.m.—11.00 v.m.
19 Maart 7.00 v.m.	34 ,, = $1^1/_9$,,	-1 ,,	19 Maart 7.00 v.m.— 8.00 v.m.
12.50 n.m.	22 ,, = $-5^5/_9$,,		4.00 n.m.— 7.00 n.m.
20 Maart 8.30 v.m.	34 ,, = $1^1/_9$,,	-1 ,,	20 Maart 8.30 v.m.—10.30 v.m.
21 Maart 7.00 v.m.	38 ,, = $3^3/_9$,,	0 ,,	21 Maart 7.00 v.m.— 8.30 v.m.
7.30 n.m.	24 ,, = $-4^4/_9$,,	0 ,,	5.30 n.m.— 8.30 n.m.

Die afkoeling het onnodig langsaam gegaan omdat die koelmasjien nie van die begin af aaneen kon werk nie. Dit het darem gelukkig vinnig genoeg gegaan om enige gisting te belet.

B. *Die Filtreer van die Koue Mos.*

Die namiddag van die 23ste Maart is 18 van die 22 duim mos taamlik helder uitgehewer uit die bak en deur die gewone asbesfilter filtreer. Die mos het goed en helder deurgeloop. Toe is dit deur die E.K.-Filter gepomp, wat uitstekend gewerk het. Natuurlik was die E.K.-Filter tevore met stoom ruim 15 minute gesteriliseer.

C. *Die Bottel en Toekurk van die E.K.-Filter se Filtraat.*

Die bottels en kurkproppe is kort tevore gewas met 2 lb. K-metabisulfiet + 1 lb. wynsteensuur op 1 gelling water om hul te steriliseer. Die filtraat van die E.K.-Filter is in die bottels opgevang en die proppe gou met 'n masjien in hul gedruk. Dit het in die oopkelder gebeur waar die lug heelwat gisselle bevat het.

RESULTAAT VAN DIE PROEF.

Van die 96 bottels wat so gevul is, was 66 reeds vyf dae later aan die gis, en die res, *behalwe ses*, het later ook gegis. Hierdie ses bottels se sap het nooit aan die gis geraak nie. Dit skyn aan te toon dat die E.K.-Filter wel die gisselle kon wegvang, en dat die infeksie by die invul van die filtraat in die bottels *in die oop kellerlug* en by die latere toekurk plaasgevind het, of dat die bottels en kurkproppe nie almal goed gesteriliseer was nie.

Die bottels wat tekens van gisting vertoon het, is oopgetrek en die mos nogmaals filtreer. Toe is die E.K.-Filter in 'n afgeslote vertrek geplaas en die bottels daarin met die filtraat gevul en toegekurk. Hierdie keer is die bottels, nadat hul eers met water skoon gespoel was, met spieritus uitgespoel om hul te steriliseer, en omgekeerd geplaas in 'n skoon kis, waarvan die boom ook met spieritus gesprenkel was. Die kurkproppe en die kurkmasjien sowel as die hande van die operateurs is ook met spieritus gesteriliseer. Die proppe is direk uit die spieritus in die kurkmasjien geplaas.

Hier is toe 'n baie groter sukses behaal, maar daar het tog nog enige bottels aan die gis geraak. Na 18 maande was die inhoud van die bottels wat goed gebly het, nog net so blink soos dit daarin gekom het.

Die sap is heerlik en smaak net so geurig en lekker soos die van vars Hanepoot-druiwe wat geëet word, en besit natuurlik g'n spoor van 'n kooksmaak nie, wat by die warm proses altyd min of meer die geval is. Verder besit hierdie sap al die eiwitstowwe, fosfate en vitamiene wat in die vars druiwesap aanwesig was, aangesien hier geen verhitting daarvan plaasgevind het nie. Dit is dus 'n baie gesonde en lekker vrugtesap.

Ontledings van die sap:

	Soortlike Gewig op 15° C.	Alkohol.	Totale Ekstrak.
Eerst Monster (25/3/27 ontleed)	1.0996	0.00 vol %	25.93g per 100 c.c. (= 23.7° Balling)
Monster na 2e behandeling (28/8/28 ontleed)	1.0966	0.7 vol % = 1.2° P.S.	25.42g per 100 c.c (= 23.2° Balling)

Hieruit sien ons dat die eerste monster absoluut alkoholvry was. Die geringe hoeveelheid alkohol na die twede behandeling is toe te skrywe aan die geringe gisting en aan die sterilisasie met spieritus, maar tog is dit so min dat niemand dit kan proe of merk nie.

Die ontleding op 28/8/28 is gemaak toe die sap 17 maande oud was. Dit was toe nog blink en net so geurig en lekker soos by die begin.

TOEPASSING IN DIE PRAKTYK.

In die praktyk kan die verkoeling moontlik uitgeskakel word, en in elk geval kan dit baie verkort word. Deur die mos meermale te filtreer deur altyd digter filters en veral deur onder hoë druk te filtreer sal die mos vars filtreer kan word.

Om groot hoeveelhede mos te kan verwerk sal 'n koelkamer nodig wees om die mos te kan bewaar tot dit verwerk kan word, sonder dat dit aan die gis raak. In so 'n koelkamer sal die mos bewaar kan word in staaltenks wat van binne met glasenemmel bedek is, aangesien hul spoedig die temperatuur van die omgewing aanneem.

Terselfdertyd sal sulke mos dan taamlik helder word en maklik filtreer. Die steriele filtraat kan ook in met stoom gesteriliseerde kleinerige vate of tenks aseptics opgevang en daarin bewaar word. Hieruit kan dit in 'n koffehuis of restourant onder koolsuurgasdruk getap en verkoop word, wat minder sal kos as om alles te bottel.

Goeie kurkproppe moet gebruik word, en dit sal die veiligste wees om die bottels uiteindelik toe te lak, teneinde die lug af te sluit en latere infeksies van buite te belet. Die bottels is in my proewe net toegekurk en sonder lak geberg, maar dit is minder veilig.

Na die bottels gekurk is, moet hul vir 2—3 weke in 'n betreklik warm plek gehou word om te sien of daar van hul is wat troebel word. Gebeur dit dan is dit 'n bewys dat daar in die botiel nog lewendige gisselle aanwesig is, en dat sy inhoud aan die gis sal raak. Sulke bottels word natuurlik verwyder, en net dié word verkoop wat volkome helder bly.

Die publiek se smaak sal bepaal watter druifsoorte vir hierdie doel gebruik moet word. Ek veronderstel dat Hanepoot 'n baie gewilde produk sal lewer. My ongegiste

Hanepootsap was in elk geval baie geurig en lekker. Sommige persone mag, veral gedurende die somermaande, 'n sap wat suurder is verlang. Hiervoor kan ander soorte gebruik word of wynsteensuur by die Hanepoot-mos gevoeg word.

Om *rooi* ongegiste druiwesap te maak hoef net die vars sap van Alicante-Bouschet-druiwe by die ander druiwe se sap gevoeg te word, aangesien dit baie donkerrooi van kleur is en dus 'n uitstekende kleursel vorm.

Dit ly g'n twyfel nie dat ongegiste druiwesap wat langs hierdie koue weg gemaak is, fyner, geuriger en vir die mens se gesondheid beter is as dié wat deur verhitting gemaak word. Dis dus te hope dat hierdie soort druiwesap spoedig op 'n groot skaal vervaardig sal word, om 'n lekker en gesonde alkoholvrye drank te verskaf aan diegene wat bang is vir die alkoholiese dranke, en ook aan dié wat vir 'n afwisseling 'n lekker koel drank in die somer begeer.

Oenological Investigations.

1.—INVESTIGATIONS ON THE CRYSTALLIZATION OF GRAPE SYRUP.

These investigations were conducted at the University of Stellenbosch from 1923-1927. By the crystallization of grape syrup is meant the crystallization mainly of tartrates and sugar, which usually takes place some time after the syrup has been boiled, and particulary when cold weather sets in.

Unfortunately I could not find any literature dealing with this subject. In my previous "Investigations about Moskonfyt" (or Grape Syrup)[24], I came to the conclusion that the syrup should be boiled to a concentration of at least 71° Brix in order to be safeguarded against subsequent fermentation. In these investigations a grape syrup of 70.6° Brix crystallised, thus showing that a sufficiently concentrated grape syrup will nearly always tend to crystallise. This evil is not limited merely to the inconvenience the consumers of such syrup are thereby put to, but may very easily cause such a dilution of the remaining syrup as to bring about a spontaneous fermentation which will spoil the syrup and may burst the container.

In these experiments a syrup of 74.5° Brix crystallised badly (about $5/6$ ths) and the remaining syrup showed only 71.8° Brix. In this case crystallization caused a drop of 2.7° Brix in the concentration of the remaining syrup. In another case a grape syrup of 70.6° Brix crystallised and subsequently began to ferment spontaneously and burst the bottle.

Rapid cooling of the syrup when sufficiently concentrated, the addition of yellow sugar (4 lbs. per 20 gals. juice) and of citric acid (¼ lb. per 20 gals. grape juice) during boiling, proved valueless as means of preventing the subsequent crystallization of the

---

[24] Annals of the University of Stellenbosch, Vol. 1, Series A. (April, 1923.)

syrup.

It was found that by again heating the cooled syrup for an hour in a steambath at 100°C., crystallization was prevented for one year, but set in during the next winter. This syrup had a concentration of 73.6° Brix.

Thus by heating the already cooled syrup and keeping it for one hour at a temperature of 100°C. or 212°F., we can prevent crystallization for one year with fair certainty. This subsequent heating does not absolutely prevent crystallization, but *retards* it sufficiently to make it of great value to the manufacturer of grape syrup.

2.–LOW TEMPERATURE FERMENTATION IN WINE-MAKING.

In fairly hot countries the grape juice usually ferments at rather high temperatures (30—40°C. or 86—104°F,), whereas in the cooler regions along the Rhine and Moselle the fermenting rooms usually have to be heated, whilst in the Médoc neither heating nor cooling is necessary. In these cases the temperature of fermentation is usually about 15—20 and up to 25°C. (= 59—68 and up to 77°F.), and the result is usually an excellent Hock or Claret as the case may be.

Whilst the wine-maker in a hot country is powerless to alter the climate and soil and hence the composition of the grapes, he can control the temperature of fermentation at will. For using an ordinary must cooler, cold water is necessary, and then it is usually difficult at the Cape to keep the temperature of fermentation appreciably below 30°C, and it frequently rises to 35°C. (= 95°F.) and even higher.

In these experiments Hermitage grapes of 25° Balling, and subsequently Cabernet Sauvignon with less Malbec, Merlot and Verdot grapes of 24° Balling were crushed in an égrappoir and the husks and juice allowed to ferment in two open tanks with an empty one between them. In the one tank there was a tin coil through which ice cold brine was periodically pumped to cool the mass energetically. By repeated stirring the temperature was kept fairly uniform in the tank. Cooling thus for 7 hours [25] brought the temperature of the Hermitage skins and juice down from 28°C. to 20°C, whilst that in the other tank was 26—28°C. In the latter fermentation was noticeable about 12 hours after crushing had commenced, whereas in the energetically cooled tank it commenced 36 hours later. The fermentation was over and the wine dry after nearly 5 days of actual fermentation in case of the former, and after 4 days of actual fermentation the same happened with the energetically cooled must. Hence although the actual time the must was in contact with the skins was half a day longer in case of the must fermenting at a low temperature, the fermentation here was over quicker than in the other tank.

The temperature of fermentation ranged from 18—24°C. (mostly 20—22°C.) in the energetically cooled tank, and from 20—37°C. in the other. When the temperature of the fermenting must had risen to 37°C. it was brought down to 30°C. by means of a French must cooler. About 6 hours later it was again cooled from 32—30°C. In addition it had received 1 lb. of potassium meta-bisulphile 12 hours after crushing had commenced (equivalent to about 4 oz. per leaguer must), whereas nothing was added to the other tank.

In case of the Cabernet Sauvignon, etc., grapes, 9½ hours' cooling sufficed, and the temperature of fermentation ranged from 18—20°C, whilst it was from 27—33°C. in the other tank, which was consequently never cooled. After having been on the husks for 4½ days, the must in the cooled tank was dry and drawn off. The same happened in the other tank after 3½ days.

RESULT.

The wines that fermented at the low temperatures were pumped into one stukvat and the others into

---

[25] The total cooling amounted to about 24 hours.

another. The blend of the former was a more elegant, cleaner, more delicate and somewhat thinner wine than the latter. As was to be expected, the wine that fermented at the low temperatures was nearer a Médoc dry red wine (Claret) than the other, and also had a finer bouquet and a higher alcohol content than the one that fermented at the much higher temperatures. Both had a splendid dark red colour and low volatile acidity, less volatile acid being formed at the lower temperatures of fermentation. This was to be expected.

When these wines were a fortnight old, they were analysed with the following results:

	Energetically cooled.	Ordinary treatment.
Spec. Grav. (15°C.)	0.9939	0.9963
Total Extract	3.10g per 100c.c.	3.41g per 100c.c.
Alcohol	14.29 vol % = 25.2°P.S	13.16 vol % = 23.4°P.S
Volatile Acidity (as acetic acid)	0.37 o/oo	0.45 o/oo

Our dry white wines would profit still more than the dry red wines by energetic cooling. There is not the slightest doubt that energetic cooling by means of which the temperature of fermentation can be kept at about 20–22°C. (= 68–71°F.) in case of light dry white wines and at 20–35°C. (= 68–77°F.) in case of light dry red wines, will greatly improve the quality of these wines when made in a hot climate. Hence I fully expect that, under such conditions, some kind of cold storage plant will in the near future be added to the equipment of an up-to-date winery. The cost will not be prohibitive where large quantities of wine are annually made.

3.—THE PRODUCTION OF LIGHT SWEET WINE BY ENERGETIC COOLING AND FILTRATION.

Most sweet wines are kept from fermenting by adding to them either alcohol (spirits of wine) or some or other antiseptic. In these experiments my aim was to produce a sweet wine containing no more alcohol than an ordinary light dry wine and without making use of any antiseptic whatsoever. With this object in view Stein must in full fermentation and showing 13.2° Balling at 24°C. was pumped into a tinned vessel in a cold store. After 24 hours the temperature of the must had dropped to 8°C. and the fermentation was only very slight. Although the temperature subsequently sank to -4°C, there was still a very slight fermentation noticeable, which shows that at this temperature the action of the zymase in the yeast cells present was not completely inhibited.

After having been for 13 days in the cold store, the wine was filtered through an asbestos filter and then through Seitz's E.K. Filter to remove all the microbes still present. From the E.K. filter the wine was run into sterilised bottles which were corked, everything being done as aseptically as possible. The wine in the bottles was bright, but looked somewhat opalescent. It kept will[26] in almost every instance. The wine showed a total extract of 12.27 grams per 100 c.c. and 9.66 vol. % alcohol (= 17.1° Proof Spirit). It was thus really a *light* sweet wine. The long contact with the tin gave it a metallic taste. After seventeen months I opened a bottle of this wine and found it the same as when put into the bottle, except that it contained a light though considerable deposit, which under the microscope proved to be merely albuminoids and free from organisms.

In actual practice this class of wine could be made by pumping fermenting must, at the desired stage of fermentation, into a well insulated wooden cask with a tinned cold brine coil and stirrer in it,

---

[26] Presumably a misprint of *well* (PFM 2014).

cooling it down to about -4°C. (= about 25°F.) and keeping it at this temperature for about 48 hours, when it can be filtered through an ordinary filter and thereafter through an E.K. filter, and bottled or collected in sterilised casks aseptically.

4.—THE PRODUCTION OF UNFERMENTED GRAPE JUICE BY MEANS OF ENERGETIC COOLING AND FILTRATION.

Whereas unfermented grape juice has in the past been produced by sterilizing the juice at fairly high temperatures, hence by the application of heat, I wanted to make use of cold and filtration only, using one of Seitz's E.K. filters to sterilise the juice. From a health point of view the product so obtained is much to be preferred to that produced by the hot process, as it leaves the albuminoids, phosphates, vitamins, etc., intact, which cannot be said of the hot process. In addition it preserves the natural aroma and flavour of the fresh juice of the grape.

As fresh grape juice or must is of a more or less slimy nature and hence difficult to filter, I pumped some fresh Hanepoot juice into a tinned vessel in a cold store where its temperature was brought down in 24 hours from 20°C. to 8°C. and subsequently to −3°C. It never fermented and gradually became clearer, some of the pectic materials separating out. After having been in cold store for 9 days, it was filtered through an asbestos filter and then through an E.K. filter. The candle bright filtrate was bottled as aseptically as possible. At first the bottles were merely rinsed with a sulphur dioxide solution and filled in the open cellar air. With the exception of six bottles they all turned cloudy and began to ferment. Hence their content was once more put through the E.K. filter. This time spirits of wine was used for sterilising bottles, corks, corking machine and the hands of the operator, and the work was done in a closed room. Now the result was much better, the bulk of the bottles having remained perfect. After 18 months the juice was still as bright as when put into the bottle, and had the same pleasant aroma and flavour as Hanepoot grapes when eaten fresh.

The product is perfect. When carbonated and served cold, it will constitute an ideal cool drink in summer. It is to be hoped that this kind of grape juice will soon be produced on a commercial scale as it is not only pleasant, but also most wholesome and highly nutritive.

The following analyses give some idea of the composition of the juice as first made and after a slight fermentation had set in, when a second passage through the E.K. filter became necessary.

	Spec. Grav. at 15° C.	Alcohol.		Total Extract
First Sample (analysed 25/3/27)	1.0996	0.00 vol %		25.93g per 100 c.c.
Sample after 2nd Filtration (analysed 28/8/28)	1.0966	0.7 vol % 1.2°P.S.	=	25.42g per 100 c.c

The loss in extract due to the slight fermentation thus amounted to half a gram of sugar (no tartrate, etc., having crystallised out) per 100 c.c. which could have produced about half a degree of proof spirit, so that an appreciable amount of the alcohol present in the sample that was filtered a second time must have come from the sterilisation of the bottles, corks and corking machine with spirits of wine. When produced on a commercial scale, steam will probably be found to be the best agent for sterilizing the bottles, corks and bottling-machine.

+++

Enologiese Ondersoekings
Sourced from: University of Stellenbosch
Publisher: Annale v. d. Uniwersiteit van Stellenbosch
Printer: Nasionale Pers, Kaapstad
Dated: 1929

www.ingramcontent.com/pod-product-compliance
Lightning Source LLC
Chambersburg PA
CBHW021959160426
43197CB00007B/192